Ökonomik und Wirtschaft

Volker Caspari

Ökonomik und Wirtschaft

Eine Geschichte des ökonomischen Denkens

2. Auflage

 Springer Gabler

Volker Caspari
Technische Universität Darmstadt und Goethe-
Universität Frankfurt
Darmstadt, Deutschland

ISBN 978-3-662-65496-5   ISBN 978-3-662-65497-2   (eBook)
https://doi.org/10.1007/978-3-662-65497-2

Die Deutsche Nationalbibliothek verzeichnet diese Publikation in der Deutschen Nationalbibliografie;
detaillierte bibliografische Daten sind im Internet über http://dnb.d-nb.de abrufbar.

Planung/Lektorat: Nora Valussi
Springer Gabler ist ein Imprint der eingetragenen Gesellschaft Springer-Verlag GmbH, DE und ist ein Teil von
Springer Nature.
Die Anschrift der Gesellschaft ist: Heidelberger Platz 3, 14197 Berlin, Germany

Vorwort

Die Volkswirtschaftslehre, wie man die Ökonomik im deutschsprachigen Raum immer noch nennt, kam, ausgelöst durch die Finanzkrise und die sich daran anschließende „Große Rezession", in eine Legitimationskrise, die zu ganz unterschiedlichen Schlussfolgerungen und Maßnahmen geführt hat. Eine häufig vorgetragene Kritik war, dass die Ökonomik methodisch verengt, zu formalanalytisch und auch zu sehr statistisch-ökonometrisch ausgerichtet sei. Dagegen fehle es an wirtschaftsgeschichtlichen und ideengeschichtlichen Inhalten. Nun war diese Kritik in erster Linie eine Kritik an der fachlichen Ausbildung von Ökonominnen und Ökonomen und erst in zweiter Linie eine Kritik an der Fachkultur, denn sowohl die Wirtschaftsgeschichte als auch die Ideengeschichte waren und sind durch Fachgesellschaften hinreichend gut repräsentiert. Das Problem bestand oder besteht darin, dass beide Fächer in der Fachausbildung im Laufe der Zeit marginalisiert wurden. Viele wirtschaftshistorische Professuren wurden von der wirtschaftswissenschaftlichen Fakultät an die historische Fakultät verlegt und das Fach verschwand dann sukzessive aus dem Lehrkatalog. In der Ideengeschichte war die Lage anders. Hier war es früher meistens ein Teilgebiet, das von den wirtschaftstheoretisch orientierten Professuren gelehrt wurde. Im Zuge der voranschreitenden Spezialisierung in der Forschung gab es mit der Zeit immer weniger Lehrende, die sich mit Ideengeschichte beschäftigt haben. Auch wenn die Ursachen hier andere waren als in der Wirtschaftsgeschichte, die Folgen sind die gleichen: Die ökonomische Theorie wird nur noch mit Hilfe von Lehrbüchern unterrichtet und die ideengeschichtlichen Bezüge und Entwicklungen treten sukzessive in den Hintergrund, ja verschwinden oft genug vollständig.

Nicht nur von studentischer Seite wurde „mehr Pluralismus" in der ökonomischen Ausbildung, aber auch in der wissenschaftlichen Methodik der Ökonomik gefordert, um die Ökonomik auch wieder mit den an sie inhaltlich angrenzenden Fächern wie der Politologie und der Soziologie anschlussfähig zu machen. Ganz unausgesprochen wird dabei allerdings davon ausgegangen, dass sich die Ökonomik an die anderen Sozialwissenschaften annähern soll. Warum eigentlich und warum sollten sich die anderen Sozialwissenschaften nicht an die Ökonomik annähern? Und was soll Pluralismus in

der Ökonomik heißen? Sollen die verschiedensten Theorierichtungen, die es in der Ökonomik gab und gibt, nebeneinander stehend gelehrt werden auch wenn sie sich in ihren
Aussagen widersprechen und selbst dann, wenn sie empirisch falsifiziert wurden? Würde
man in der wissenschaftlichen Medizin das Vier-Säfte Modell der griechischen Humoral-
pathologie, die Ayurvedische Lehre von den drei Doshas, die Yin-Yang Philosophie und
die biologische Physiologie gleichberechtigt nebeneinander stehend lehren? Würde man
in der Biologie die Evolutionstheorie und Kreationstheorie, in der Chemie die Phlogiston
Theorie und die Sauerstoff Theorie der Verbrennung und in der Astronomie das heliozentrische und geozentrische Weltbild gleichzeitig lehren oder gar die These von der
Welt als Suppenteller ernsthaft vertreten wollen?

Wäre es stattdessen nicht wesentlich sinnvoller, die Geschichte der verschiedenen
ökonomischen Theorien zu lehren? So kann man einerseits zeigen, warum bestimmte
Theorien gegenwärtig nicht berücksichtigt werden, warum man ihnen keine Erklärungskraft mehr zubilligt und andererseits können die Selektionskriterien für „wahre" und
„falsche" Theorien aufgezeigt und reflektiert werden. Und darüber hinaus kann man
lernen, dass es Theorien und Erklärungsansätze gab, die einfach vergessen und dann
ignoriert wurden. Beispielsweise die Quantitätstheorie des Geldes wurde lange Zeit nicht
mehr für relevant gehalten, kehrte in leicht veränderter Form zurück und wurde dann,
einige Jahre später, wieder fallen gelassen.

Das vorliegende Buch ist vor dem Hintergrund dieser Diskussion über die mangelnde
Pluralität in der Lehre entstanden. Zudem traten Studentengruppen an mich heran und
fragten, ob ich eine theoriegeschichtliche Lehrveranstaltung anbieten könne, die ich
dann in unterschiedlicher Form an der TU Darmstadt, der Ruprecht Karls Universität in
Heidelberg und an der Goethe Universität in Frankfurt hielt und noch halte. So entstand
aus den Vorlesungsunterlagen dieses Buch.

So ganz ohne Grundkenntnisse der ökonomischen Theorie kann man keine Theoriegeschichte studieren. Insofern eignet sich der vorliegende Text für fortgeschrittene
Studentinnen und Studenten in Bachelorprogrammen oder eben zu Beginn eines Master-
studiums.

Sicherlich werden Fachkollegen den einen oder anderen nicht behandelten Ökono-
nom, die eine oder andere nicht berücksichtigte Entwicklung im Fach vermissen. Letztendlich kann man nicht alles und jede Richtung behandeln, wenn man ein Manuskript
abschließen will. Aber was nicht ist, kann ja in Zukunft noch werden.

Ein solches Buch entsteht nicht ohne die tägliche Unterstützung durch die guten und
hilfreichen Mitarbeiter an meiner Professur. Mit Prof. Dr. Günther Rehme habe ich seit
Jahren einen fruchtbaren Dialog über die Entwicklungen in unserem Fach. Er hat das
gesamte Manuskript gelesen und kommentiert. Dafür danke ich ihm. Mit Dr. Sabine
Eschenhof-Kammer, Christian Berker und Tim Lueger habe ich einzelne Themen diskutiert und aus ihren Dissertationsprojekten so manche Erkenntnisse gewonnen, die

in das Buch eingeflossen sind. Last but not least danke ich vielen Generationen von Studierenden, die mit ihren Fragen und Diskussionsbeiträgen ihre Spuren hinterlassen haben.

Darmstadt
im August 2018

Vorwort zur 2. Auflage

Die 2. Auflage enthält neue Kapitel und Unterkapitel zur Geldgeschichte, zur Entwicklung des Bankwesens und zur Geschichte der Geldtheorien. Mein Dank geht an Ingo Barens, Heinz Rieter, Bertram Schefold und Peter Spahn, mit denen ich einzelne Aspekte der geldtheoretischen Entwicklungen diskutieren konnte. Da ich das Glück habe, nach der Versetzung in den Ruhestand als Seniorprofessor an der Goethe-Universität Frankfurt wieder mit Studentinnen und Studenten im lebendigen Austausch lehren und forschen zu können, danke ich auch meinen Studierenden, die mir mit ihren Fragen, Gesprächen und Examensarbeiten viele Anregungen gegeben haben.

Frankfurt am Main
im April 2022

Inhaltsverzeichnis

Einleitung

Die Volkswirtschaftslehre gehört zweifelsohne zu den Sozialwissenschaften. Ihr Erkenntnisgegenstand ist der Bereich des menschlichen Handelns, in dem es um die materielle Reproduktion, d. h. um das „Überleben" im weitesten Sinne geht. Von der ältesten Produktions- und Wirtschaftsweise, der des Jagens und Sammelns, bis zum gegenwärtigen Finanz- und Industriekapitalismus ging es den Menschen darum, durch ‚Aktivitäten' an Güter und Dienstleistungen zu gelangen, die „zum Leben" benötigt wurden bzw. werden. Ein möglicher Weg ist die Ausübung von Gewalt und Macht. So kann man einerseits stehlen und rauben und andererseits bestimmte Menschengruppen unterjochen und sie zur Arbeit zwingen (Sklaven). In Anlehnung an Franz Oppenheimer könnte man hier vom politischen Mittel sprechen. Ein anderer und friedlicher Weg wäre, einfach zu arbeiten. Franz Oppenheimer nennt dies das ökonomische Mittel. Obwohl die ökonomische Theorie sich vornehmlich mit diesem letzteren Mittel beschäftigt, sollte man Gewalt und Machtausübung in ihrer Bedeutung nicht unterschätzen. Alle diese Aktivitäten dienten zunächst und vornehmlich der direkten Nahrungsmittelbeschaffung. Aber auch die indirekt darauf ausgerichteten Aktivitäten, wie die Herstellung eines Faustkeils, eines Bogens oder eines Pfluges zählen wir zu diesen Tätigkeiten. Mit zunehmender Arbeitsteilung weiten sich diese Aktivitäten aus und verlieren u. U. ihren direkten Bezug zum ursprünglichen Ziel.

Zwar werden all diese Handlungen von einzelnen Menschen geplant und ausgeführt, doch meistens handeln die Menschen innerhalb einer Gruppe oder Gemeinschaft. Arbeitsteilung und Kooperation, d. h. gemeinsames, abgestimmtes Handeln einerseits und individuelles Handeln andererseits, sind im Grunde die zwei Seiten menschlicher Aktivitäten.

Dieses Handeln, ob individuell oder kooperativ, geschieht nach Regeln und Normen, die sich die Menschen selbst gegeben haben und immer noch geben. Sie kreieren aber auch „Gebilde", d. h. Organisationsformen und Institutionen, die nicht ständig neu

© Springer-Verlag GmbH Deutschland, ein Teil von Springer Nature 2022
V. Caspari, *Ökonomik und Wirtschaft*, https://doi.org/10.1007/978-3-662-65497-2_1

geschaffen, verändert oder abgeschafft werden und damit mehrere Menschenleben überdauern können. Die Menschen schaffen sich aber gerade auch in der direkten „Auseinandersetzung" mit der Natur Techniken der direkten und indirekten Daseinsbewältigung. Neben den sich in konkreten Gegenständen materialisierten Kenntnissen (z. B. Werkzeuge), entsteht auch Verfahrenswissen (z. B. wie bereitet man Speisen, wie heizt man einen Ofen). Die Form, dieses Wissen aufzubewahren und weiterzugeben, ist selbst wiederum eine eigene „Technik" (Erzählen und Aufschreiben). Mündliche Überlieferung und Bilder sind wohl deutlich älter als die Schrift.

Richtet sich das Augenmerk auf die reale wirtschaftliche Entwicklung, so handelt es sich um Wirtschaftsgeschichte. In der Geschichte des ökonomischen Denkens wird das Reflexionswissen der Menschen über den Gegenstand „Wirtschaft" zum Thema. Das setzt allerdings voraus, dass die Menschen zu früheren Zeiten einerseits über diesen Bereich nachgedacht haben und dass sie andererseits ihr jeweiliges Denken darüber uns mittels einer „Technik" überliefert haben und es uns dadurch zugänglich ist.

Für den europäischen Kulturkreis liegen überlieferte Schriften aus dem antiken Griechenland vor. Aus davor liegenden Zeiträumen gibt es meines Wissens keine schriftlichen Überlieferungen. Insofern kann eine Geschichte des „Reflexionswissens über die Wirtschaft" frühestens mit dieser Zeit einsetzen.

1.1   Zum Verhältnis von Wirtschaftsgeschichte und Theoriegeschichte

Wenn es überhaupt einen Siegeszug des Marxismus gibt, dann den, dass eine Grundidee des so genannten Historischen Materialismus das vorherrschende Verständnis zum Verhältnis von realer Welt und Denken geworden ist. Die Vorstellungen der Menschen über Wirtschaft müssen aus ihren realen Lebensverhältnissen abgeleitet werden. Wenn Volkswirtschaftslehre als Wissenschaft letztendlich eine praktische Absicht hat, d. h. zur Lösung wirtschaftspolitischer Probleme beitragen will, dann gibt es eine stark wirkende Kraft des „Seins" auf das „Bewusstsein". Die Probleme der realen Welt bestimmen die Fragen und Konzeptionen der Theorie. Schaut man sich die Entwicklung des Mainstreams in der Makroökonomie an, fällt jedenfalls auf, dass die wissenschaftliche Diskussion und die Modellentwicklung ganz wesentlich von den wirtschaftspolitisch dominanten Problemfeldern geprägt wurden und werden.

Die umgekehrte Kausalität, das „idealistische Credo", demzufolge das „Bewusstsein" das „Sein" bestimmt – die reale Welt dem Denkmodell folgt – ist, zumindest in der Wissenschaftsgeschichtsschreibung, seltener anzutreffen. Gleichwohl darf der Einfluss des ökonomischen Denkens auf die reale ökonomische Entwicklung nicht unterschätzt werden. So fließt z. B. industrieökonomisches Denken in das Wettbewerbsrecht ein und beeinflusst auf diesem Weg, z. B. über Sanktionen, ökonomische Verhaltensweisen und damit die reale ökonomische Entwicklung.

Ganz zweifellos sind die Grundvorstellungen, z. B. des Ordoliberalismus, in die wirtschaftspolitische Praxis eingegangen und haben so die Entwicklung der jungen Bundesrepublik Deutschland beeinflusst. Man denke auch an den Keynesianismus und das durch ihn geprägte wirtschaftspolitische Konzept der Globalsteuerung, das durch das „Wachstums- und Stabilitätsgesetz" (14.06.1967) das im Grundgesetz der BRD verankerte Staatsziel eines gesamtwirtschaftlichen Gleichgewichts (Art. 109, 2, GG) konkretisiert.

Bereits Max Weber hatte die ideengetriebenen Aspekte der wirtschaftsgeschichtlichen Entwicklung herausgearbeitet. Nur ein Beispiel, das jüngst im Rahmen bildungsökonomischer Diskussionen[1] wieder aufgegriffen wurde, sei hier genannt. Es betrifft den Calvinismus als eine Spielart der sogenannten Protestantischen Ethik. Der Calvinismus fördere eine asketische sowie eine für die Entstehung einer Berufsethik förderliche Grundhaltung. Erst durch diese zwei Seiten der calvinischen Ethik habe sich eine spezifische Rationalität entwickelt, die dem modernen Kapitalismus und seinen Institutionen ein Gesicht verliehen habe, das so eben nur im westlichen Europa entstehen konnte und dann vor allem diesen Raum und natürlich die USA prägte, wohingegen der Süden Europas die Einflusszone des Katholizismus war und im östlichen Europa byzantinische oder orthodoxe Einflüsse vorherrschten.

Durch die Reflexion über das Verhältnis von Wirtschaftsgeschichte und Ideengeschichte des Wirtschaftens kommen wir zur Geschichte des ökonomischen Denkens selbst. Schefold[2] folgend lassen sich drei Arten der Theoriegeschichte identifizieren:

1.1.1   Die positivistische Richtung

In der positivistischen Richtung herrscht die Vorstellung einer „linearen" Entwicklung und zwar, dass die ökonomische Theorie, indem sie voranschreitet, ihren Gegenstand sukzessive besser fassen und erklären kann. Der Fortschritt wird vor allem an der Entwicklung der analytischen Methoden festgemacht. Ältere Theorien erscheinen als überholt. Ein jüngstes Beispiel hierfür sind die stochastischen dynamischen allgemeinen Gleichgewichtsmodelle, die in der fortgeschrittenen Makroökonomie die traditionelle Analyse der Neoklassischen Synthese abgelöst haben.[3] Der Fortschritt wird in der sogenannten mikroökonomischen Fundierung gesehen.[4]

---

[1] Becker, S. O. und Wössmann, L. (2009), Was Weber wrong? A Human Capital Theory of Protestant Economic History, *Quarterly Journal of Economics,* 124, S. 531–596.

[2] Schefold, B. (2009), Geschichte der Wirtschaftstheorie und Wirtschaftsgeschichte. Einleitung, in: *Jahrbuch für Wirtschaftsgeschichte,* 50 (1), S. 9–26.

[3] Siehe das Symposium im *American Economics Journal Macroeconomics,* Vol. 1(1), 2009, S. 242–297.

[4] Der Begriff „mikroökonomische Fundierung" meint eigentlich eine „entscheidungslogische Fundierung". Das Makromodell ist eine Eingüter-Welt. Mikroökonomische Standardmodelle behandeln i. d. R. Mehrgut-Welten.

Die klassische, diese Richtung verfolgende Theoriegeschichte, ist die in ihrer Art bislang unübertroffene *History of Economic Analysis* von Joseph A. Schumpeter. Auch Mark Blaugs *Economic Theory in retrospect* gehört zu dieser Gattung. Noch enger fasst Jürg Niehans den Gegenstand der Theoriegeschichte in seiner *History of Economic Theory*. Da ganz konsequent nur die Herausbildung neuer Modelle und analytischer Instrumente zum Maßstab des theoretischen Fortschritts gemacht werden, übergeht Niehans die Antike, das Mittelalter und auch den Merkantilismus, da in diesen Epochen zwar Beobachtungen gemacht wurden und Einsichten entstanden seien, aber keine Theorien im analytischen Sinne. So eng sehen das weder Schumpeter noch Blaug.

Vertreter der positivistischen Richtung sind explizit oder implizit der Auffassung, dass ökonomische Grundprobleme keinem historischen Wandel unterworfen sind. Bereits der steinzeitliche Jäger und Sammler habe, ohne es natürlich zu wissen, seinen Nutzen maximiert und dabei Arbeitszeit und Freizeit in einer optimalen Weise aufgeteilt. So gesehen handelt die Theoriegeschichte von einem wissenschaftlichen Prozess des Entdeckens und Aufdeckens dieser seit Jahrtausenden bestehenden Handlungsmotivationen. Es entsteht so leicht der Eindruck, die Theorieentwicklung habe sich zwar schrittweise, aber letztendlich direkt auf die heute herrschende ökonomische Theorie zubewegt, wobei implizit unterstellt wird, dass der gegenwärtige Stand der Lehrmeinungen innerhalb der *scientific community* der Ökonomik das bewährte aktuelle Wissen umfasst, also vergangenes Wissen entweder inferior war und deshalb ausgesondert wurde oder im gegenwärtigen Wissen aufgegangen ist.

1.1.2   Die politische Richtung

In dieser Richtung wird Theorie der Wirtschaft und Wirtschaftspraxis als das Resultat der herrschenden einzelwirtschaftlichen Interessen und der politischen Machtverhältnisse verstanden. Diese Richtung ist recht populär. So wird die immer noch nachwirkende Finanzund Wirtschaftskrise als das Resultat eines in der Wirtschaftstheorie vorherrschenden „neoliberalen Weltbildes" gesehen. Der herrschende politische Wille habe die Deregulierung und Liberalisierung der Märkte (zu) weit vorangetrieben, und dieser politische Wille folge den Interessen einer oder weniger Gruppen, vor allem denen der „shareholder". Ökonomik wird genau genommen gar nicht als Wissenschaft begriffen, sondern als eine wissenschaftlich maskierte Ideologie, deren Ziel es sei, Partikularinteressen durchzusetzen oder zumindest zu bemänteln. Diese Maskerade gäbe es aber erst seit dem Anbruch der Moderne, denn in den vormodernen Gesellschaften gab es fraglos und gewollt eine Einbettung der Wirtschaft in das Politische und wiederum dessen Einbettung ins kosmologische oder religiöse Weltbild. Die aus diesen Weltbildern abgeleiteten Regeln setzten dem wirtschaftlichen Handeln – und nicht nur diesem – mehr oder weniger enge Grenzen. Es gab nichts zu bemänteln oder zu vertuschen. Das Zinsnahmeverbot ist eines der bekanntesten Beispiele hierfür. Aber auch die Beschränkung der Berufs- oder Gewerbewahl, die endgültig erst 1871 mit der Gründung des Deutschen Reichs aufgehoben wurde, war eine von vielen Beschränkungen des wirtschaftlichen Handelns, die offen dem Interesse der Zunftmitglieder diente und nicht dem Interesse der Bevölkerung, die die Produkte dieser Handwerker kaufen wollten oder mussten.

Es war sicherlich kein Zufall, dass es – mit der Renaissance einsetzend – im Prozess der Aufklärung nicht nur zu einer Erosion ständischer und zünftiger Vormachtstellungen und Regeln kam, sondern auch das Denken, die Literatur und eben auch das wirtschaftliche Handeln anderen als den bisherigen Regeln unterworfen wurde. Verbindet man mit diesem Prozess der Aufklärung negative Assoziationen, dann spricht man von Entgrenzung, Auflösung der bestehenden Ordnung usw. Steht man dazu positiv, dann beschreibt man diesen Prozess als Befreiung des (wirtschaftenden) Menschen von seinem Prokrustesbett. Dieser Wandel vollzog sich in vielen Bereichen von Gesellschaft und Staat. So wie an den Universitäten die Theologie ihre Vormachtstellung und Deutungshoheit verlor, schwand der Einfluss der Zünfte und Gilden bei der Ansiedlung von Kaufleuten und Handwerkern in den Städten. Das Patentwesen, das jedem Besitzer eines Patents ein Monopol garantierte, wurde langsam aber nachhaltig reformiert. Mit der Konsequenz, dass es in England geradezu einem Hürdenlauf gleichkam, wenn man ein Patent erlangen wollte. Wohin sollte diese Entgrenzung, diese Regellosigkeit führen? Ins Inferno? Ähnlich bedrohlich wird auch die gegenwärtige Globalisierung wahrgenommen, obwohl sie gerade vielen Gruppen in der Bevölkerung Vorteile bietet und für viele Menschen auch eine Teilhabe an ökonomischen Vorteilen ermöglicht, die ihnen bislang verschlossen blieben.

Mit genau diesen Fragen beschäftigten sich natürlich jene, die von der Befreiung profitierten, die Kaufleute, Handwerker usw. also jene, die man das städtische Bürgertum nannte, von denen viele nun, nachdem die ständischen Regeln gefallen waren, etwas unternehmen konnten und es auch taten. Die politische Ökonomie, so ihre einstige Bezeichnung, entstand zumindest in Frankreich und Großbritannien in der Auseinandersetzung mit den Folgen und Konsequenzen der Liberalisierung. Da sie zunächst die Vorteile der Befreiung betonte und in den Vordergrund rückte, erschien und erscheint sie noch immer als Interessenvertretung der Liberalisierungs-Profiteure, d. h. der Händler, Gewerbetreibenden und der Finanziers und Bankiers.

Diese Richtung der Theoriegeschichte, d. h. die Herausbildung einer politischen Ökonomie, findet sich in dem Werk von Alfred Bürgin: *Zur Soziogenese der Politischen Ökonomie: Wirtschaftsgeschichte und Dogmenhistorische Betrachtungen*. Eine ähnliche Perspektive findet sich ebenfalls in Karl Polanyis *The Great Transformation*.

1.1.3   Die relativistische (koevolutionäre) Richtung

Ein Streit über Begriffe ist zwar wenig fruchtbar, ich würde jedoch den Begriff relativistisch lieber durch koevolutionär ersetzen, weil realgeschichtliche und ideengeschichtliche Entwicklungen wechselseitig aufeinander bezogen werden. Es lassen sich in diesem wechselseitigen Prozess keine stereotypen Muster erkennen. Weder ist die Ideengeschichte ein Abbild wirtschaftsgeschichtlicher Abfolgen, noch gelingt es den Ideen, der Wirtschaftsgeschichte einen „Stempel" aufzudrücken. Am Beispiel des Merkantilismus lässt sich diese wechselseitige Beeinflussung verdeutlichen. Die Wirtschaft wird erstmals zu einem eigenständigen Untersuchungsobjekt und die Begriffs- und Theoriebildung wirkt auf die Wirtschaftspraxis zurück, indem sich die Handlungen der Entscheidungsträger auf diese Begriffswelt beziehen. Man kann einen Handelsgewinn nur dann zu steigern versuchen, wenn man eine Vorstellung hat, was es damit auf sich hat, wodurch er entsteht und wie groß er ungefähr ist. Noch offensichtlicher ist im 20. Jahrhundert die Rückwirkung der Volkswirtschaftlichen Gesamtrechnung auf die Verhaltensweisen der wirtschaftspolitischen Entscheidungsträger. Es gibt bislang relativ wenige Forschungen zu dieser Wirkungsrichtung, d. h. zu der Frage, wie sich Theoriebildung und -entwicklung auf die reale Wirtschaftsentwicklung ausgewirkt hat.

Andererseits ist es auffällig, dass die „Welt der Ideen" ein größeres „Eigenleben" führt, als man auf den ersten Blick vielleicht vermutet. So ist es letztendlich nicht wirklich klar, warum es in der zweiten Hälfte des 19. Jahrhunderts zu einer Ablösung von der klassischen politischen Ökonomie eines Ricardo oder Mill kam, obwohl die wirtschaftliche Entwicklung eigentlich recht günstig und insgesamt erfolgreich verlaufen war. Es wird nicht so recht deutlich, welcher „Erklärungsnotstand" zu einem Paradigmenwechsel beigetragen hat. Das eindrückliche Gegenbeispiel zu letzterem ist die zeitliche Koinzidenz von Weltwirtschaftskrise und „Keynesianischer Revolution". Hier schrie das reale wirtschaftliche Problem förmlich nach einer theoretischen Erklärung.

Umgekehrt scheinen theoretische Defekte im Denkgebäude der Wirtschaftswissenschaft kaum von Bedeutung für die Entwicklung des Faches zu sein. So hat die in den 60er und 70er Jahren des 20. Jahrhunderts stattgefundene Debatte über die Kapitaltheorie zu vielen Einsichten geführt, die 20 Jahre später vollkommen vergessen waren. Einig war man sich am Ende der Debatte jedoch darüber, dass eine aggregierte Produktionsfunktion nur in einem sehr speziellen Fall theoriekonsistent ist. Nachdem man das vergessen hatte, kehrte sie wieder, gleich dem „Fliegenden Holländer", der mehrfach unterging, aber nicht sterben kann. Gemäß der positivistischen Richtung der Theoriegeschichte dürfte es solch einen Untoten gar nicht geben, weil „falsche" Theorien, langfristig gesehen, nicht überleben dürften. Die politische Richtung würde diesen Sachverhalt auf bestimmte Erkenntnisinteressen zurückführen und damit einen Ideologieverdacht aussprechen.

Aus der Sicht der relativistischen Richtung wäre die „diagnostische Vermutung", dass dieses „falsche Theorieelement" vielleicht deshalb überlebt hat, weil es in der Anwendung und in den empirischen Untersuchungen zu keinen erheblichen Widersprüchen mit den ökonomischen Grundprinzipien gekommen ist. Die Alltagspraktiken und die ökonomische Semantik werfen keine Probleme auf, weil die auf ihnen basierenden Deutungen und Narrative akzeptiert werden, sowohl im Fach als auch in der Öffentlichkeit. „Falsche" Theorien überleben, weil sie praktisch „funktionieren". Ein Beispiel hierzu ist das geozentrische Modell der Astronomie. Es ermöglichte den

Seefahrern, sich mit bewährten Instrumenten erfolgreich zu orientieren. Aus ihrer Sicht bestand keine Notwendigkeit die „falsche" Theorie durch das heliozentrische Modell zu ersetzen. Die Theologen, einschließlich der katholischen Kirche, hielten natürlich aus „ideologischen" Gründen am geozentrischen Modell fest. Bis zum heutigen Tage wird für die erdnahe Raumfahrt mit geozentrischen Modellen gerechnet. Auch die Phlogiston-Theorie der Verbrennung war rund 80 Jahre herrschende Meinung in der Chemie und hinderte keinen an der Verhüttung von Eisenerzen oder der Herstellung von Schwefel-säure durch das Bleikammerverfahren. Und Öfen heizten Häuser, lange bevor man verstand, wie Verbrennung funktioniert.

Antike griechische Wirtschaft und Anfänge ökonomischen Denkens

2

2.1 Grundzüge der wirtschaftlichen Entwicklung in der Antike

Die geographischen Bedingungen Griechenlands, insbesondere die Gebirge, „trieb die Griechen auf das Meer". Max Weber verwendete den Begriff der „Küstenkultur",[1] eine auf die Stadt (Polis) ausgerichtete Produktions- und Lebensform. Es gab zu wenig Siedlungsland für die jungen Menschen. Auszuwandern war besser, als sich ständig gegenseitig zu überfallen. Man besiedelte die Küsten Kleinasiens (heutige Türkei), die Küsten des Schwarzen Meeres, Mazedonien und den Osten Siziliens sowie kleine Landstriche an der nordafrikanischen Küste. Handel und Handwerk boten den Jungen immer mehr Möglichkeiten, ihren Lebensunterhalt zu verdienen. Aber schon im achten Jahrhundert v. Chr. war das Gewerbe überfüllt, so dass die verschiedenen Handwerker untereinander im Wettbewerb zueinander standen. Bereits zu Beginn des siebten Jahrhunderts entstand – für damalige Verhältnisse – eine „Massenproduktion" relativ günstiger Gebrauchsgüter für den Export (bestes Beispiel sind die Tonvasen, die man bei Ausgrabungen noch im Marnetal, im Nordosten Frankreichs und in der russischen Steppe fand). In diesen Vasen (oder Amphoren) wurden Wein und Oliven exportiert. Darauf hatten sich viele Bauern Attikas spezialisiert. Deshalb waren viele Städte Attikas von dem Getreideanbau der Kolonisten (vor allem Mazedonien und Thrazien) abhängig: Man tauschte Olivenöl gegen Getreide. Hätte Attika sich nicht spezialisiert und die Nahrung selbst erzeugt, hätte es nur ein Drittel der tatsächlich vorhandenen Bevölkerung ernähren können. Die Spezialisierung steigerte die Produktivität der Ölerzeugung, so dass das Surplus enorm war. Dieses konnte eingetauscht werden gegen Getreide. Die dadurch erwirtschaftete Getreidemenge war dreimal so groß wie die, die man durch die eigene

---

[1] Weber, M. (1896, 2006), Die sozialen Gründe des Untergangs der antiken Kultur, in: Zur Sozial- und Wirtschaftsgeschichte des Altertums, *Max Weber Gesamtausgabe*, Bd. 6, Tübingen, S. 103.

© Springer-Verlag GmbH Deutschland, ein Teil von Springer Nature 2022
V. Caspari, *Ökonomik und Wirtschaft*, https://doi.org/10.1007/978-3-662-65497-2_2

Produktion hätte erreichen können. So war es möglich, dass Athen um 500 v. Chr. mit dem dazugehörigen Hinterland ca. 300.000 Einwohner zählte. Neben der Spezialisierung auf Öl und Wein war Athen aber auch in der günstigen Lage, am Laurion die größten Silberminen im östlichen Mittelmeer zu besitzen. Dieser Handel war aber nur wirtschaftlich sinnvoll, weil die Transporte über den Seeweg wesentlich billiger waren als über den Landweg.[2]

Etwa ab 400 v. Chr. setzte eine wirtschaftliche Stagnation ein. Die Griechen hatten nicht nur Waren in ihre kolonisierten Gebiete rund um das Mittelmeer exportiert, sondern auch ihre Produktionsweise, ihre Techniken und ihre Kultur. Also begann auch in diesen ursprünglich griechischen Gebieten die Produktion von Öl, Wein, Töpferwaren, Eisenwaren usw. Dadurch ging der Handel mit Attika zurück. In den Provinzen des Peloponnes nahm die Zahl der Sklaven und damit die Sklavenarbeit zu. Das führte zu einer Verarmung der mittleren Schicht der Handwerker und der Händler, da nur Handwerker, die Sklaven beschäftigten, billiger produzieren konnten und damit andere verdrängten. Ein großer Teil der Bevölkerung verarmte und wurde erwerbslos. Viele Griechen verdingten sich als Söldner an die Perserkönige oder betätigten sich als Piraten oder Briganten.

„Ein Bewerber um den persischen Thron warb ohne Probleme 10000 griechische Söldner an, ... "[3]

Manche wurden auch Sklaven von ehemaligen Handelspartnern griechisch besiedelter Gebiete rund um das Mittelmeer, weil sie bei ihren Gläubigern die Schulden nicht mehr erstatten konnten (Schuldknechtschaft).

Erst mit den Eroberungen Alexanders (des Großen) in Asien nahm der Handel der Griechen wieder zu, wodurch die Wirtschaftskrise abgemildert, aber nicht beseitigt wurde. So wurden Ägypten und Vorderasien zu Bereichen, in denen die griechische Wirtschaftsweise und Kultur herrschten. Nach dem Tode Alexanders im Jahr 323 v. Chr. zerfiel das Reich in kleinere Königreiche. Ägypten fiel an die Ptolemäer, die zu einer zentral geplanten Wirtschaftsweise übergingen, was von Rostovtzeff[4] aber auch Wittfogel[5] auf die Bewässerungswirtschaft zurückgeführt wird.

Im Römischen Reich wurde die griechische Wirtschaftsweise, d. h. die sklavenbasierte Oikenwirtschaft in der Agrikultur sowie die sklavenbasierte Produktion im Bergbau und im Handwerk ausgebaut. Dies war möglich, weil das römische Imperium

---

[2]Vgl. Finley, M.I. (1977), Die *antike Wirtschaft,* München: dtv, S. 26. Finley weist umgekehrt auf die immensen Transportkosten zu Lande hin.

[3]Childe, G.V. (1952), *Stufen der Kultur von der Urzeit zur Antike,* Stuttgart, S. 283.

[4]Rostovtzeff, M.I. (1955, 2012), *Gesellschafts- und Wirtschaftsgeschichte der hellenistischen Welt,* 2 Bände, Darmstadt.

[5]Wittfogel, K.A. (1962), *Die orientalische Despotie: eine vergleichende Untersuchung totaler Macht,* Köln.

durch Versklavung von Teilen der in den eroberten Territorien unterlegenen Bevölkerung eine ausreichende „Zufuhr von Sklaven" für die Sklavenmärkte sicherstellen konnte. So erklärt sich, dass die ursprünglich eher bescheidene Größe eines griechischen Oikos sich zu einem riesigen römischen Latifundium verwandeln konnte, das ein ganzes Sklavenheer zu beschäftigen vermochte. Gleichwohl blieb auch im Römischen Reich der Handel im Landesinneren eingeschränkt, was mit den bereits oben genannten hohen Transportkosten zu Lande zusammenhing.

„Die Zahlen für Transport in Diokletians Preisedikt zeigen, (…) dass die Verschiffung von Getreide von einem Ende des Mittelmeers zum anderen weniger kosten würde, als der Transport über eine Strecke von 120 km auf Wagen über Land."[6]

Der Seehandel nahm hingegen zu, zumal man mit Schiffen auch die Flüsse des gallischen und germanischen Territoriums befahren konnte. Entlang dieser Flüsse entstanden die römischen Siedlungen, aus denen sich dann gegebenenfalls Städte entwickelten. Diese Städte benötigten wiederum Landbau in ihrer unmittelbaren Umgebung, um die notwendigen Lebensmittel der Stadtbevölkerung zu erwirtschaften. Mit der auf Sklavenarbeit beruhenden Wirtschaftsweise benötigte also die Ausdehnung des Römischen Reiches einen stetigen Strom an Sklaven. Solange Rom fremde Territorien eroberte, versiegte dieser Strom nicht. Doch mit dem Ende der militärischen Ausdehnung sank die Zufuhr neuer Sklaven, die Sklavenmärkte wurden in Zahl und Umfang kleiner. Auch die „endogene Schaffung" neuer Sklaven war begrenzt, da man auf den Latifundien die Sklaven wie in militärischen Kasernen hielt und so die Geburtenrate gering war, da Sklaven eheund eigentumslos blieben.[7] In dem Maße, in dem der Strom der Sklavenarbeit versiegte, konnte eine immer größer werdende Zahl von Latifundien ihre Flächen nicht mehr bewirtschaften. Die Grundbesitzer verpachteten ihr Land an die Coloni, ehemalige Sklaven, die nun nicht mehr Eigentum des Herren waren, aber quasi zum „Sklaven des Stück Landes" wurden, das sie in Pacht erhielten.[8] Coloni waren billiger als Sklaven, denn letztere musste der Latifundienbesitzer ernähren, einkleiden und für deren Unterkunft sorgen, während Coloni für sich selbst sorgen mussten.

Nun kann man mit Pächterbauern die ursprünglich marktorientierte Produktion der Latifundien nicht aufrechterhalten, da die Coloni für ihren Eigenbedarf produzieren und das Surplus in Geld- oder Naturalform vom Grundbesitzer angeeignet wird.

„Arbeitsteilige Deckung des Eigenbedarfs des Gutsherrn wird in stets zunehmendem Maße der den »Oikos« beherrschende ökonomische Zweck. Die großen Güter lösen sich vom Markte der Stadt. Die Masse der mittleren und kleineren Städte büßte damit ihren wirtschaftlichen Nährboden: den stadtwirtschaftlichen Arbeitsund Güteraustausch mit dem umliegenden Lande, immer mehr ein. Sichtbar für uns, selbst durch das trübe, zerbrochene Glas der spätkaiserlichen Rechtsquellen, verfallen daher die Städte. Stets von neuem eifern

---

[6] Finley, M.I. (1977), Die *antike Wirtschaft,* München: dtv, S. 150.

[7] Weber, M. (1896, 2006), Die sozialen Gründe des Untergangs der antiken Kultur, a.a.O., S. 762.

[8] Es handelt sich hierbei um eine historische Vorstufe der Leibeigenschaft im Feudalsystem.

die Kaiser gegen die Flucht aus der Stadt, dagegen insbesondere, daß die Possessoren ihre Behausungen in der Stadt aufgeben und abreißen, Getäfel und Einrichtung auf ihre Landsitze übertragen."[9]

In gewisser Weise kehrt die auf Autarkie ausgerichtete Naturalwirtschaft der griechischen Antike zurück und bereitet so dem Villikationssystem des karolingischen Mittelalters den Weg. Mit dem Ende der Sklavenwirtschaft endet in den nördlichen Territorien des Römischen Reiches (Gallien, Germanien und Britannien) auch die auf die Stadt ausgerichtete „mediterrane Küstenkultur".

2.2   Polis und Oikos

Die nachfolgenden Ausführungen beziehen sich im Wesentlichen auf den Zeitraum des 4. und 5. Jahrhunderts vor Christus. Es war das Zeitalter, in dem Athen und die attische Kultur in ihrer größten Blüte standen, sowie die Zeit nach dem Peloponnesischen Krieg (431–404), in dem Athen Sparta unterlag. Diese Phase klingt dann mit dem Beginn des Reichs Alexander des Großen aus. Der Zeitraum der klassischen Polis (480–320 v. Chr.) wird durch die hellenistische Zeit (320–150 v. Chr.) abgelöst, in der nicht mehr die Polis, sondern Königs- und Fürstenhäuser zu herrschen begannen. In einer Polis gab es im Wesentlichen drei durch unterschiedlichen Rechtsstatus definierte ‚Stände': Die Bürger (Politen), die Sklaven und die Metöken. Allein die Politen hatten Stimm- und Wahlrecht. In der Regel war der Polit Eigentümer eines Oikos, d. h. eines Landbesitzes und Haushaltes, der mittels Sklavenarbeit bewirtschaftet wurde und außerhalb der Polis lag. Ziel des Oikos war die Autarkie, denn diese machte ihren Eigentümer zu einem unabhängigen Politen. Diese zahlten freiwillige Abgaben (Leiturgien) an die Polis. Innerhalb des Oikos gab es zahlreiche von Feldwirtschaft, Viehhaltung über Handwerk bis zu Lehre und Erziehungsaufgaben reichende Aufgaben, mit denen die Sklaven betraut waren. Neben den Oikos-Sklaven gab es auch Sklaven der Polis, deren Aufgaben sich von einfachen Reinigungsdiensten bis zu komplexen Verwaltungs-, Militär- und Polizeidiensten erstreckten. Sklaven konnten also durchaus in der Polis bedeutende Funktionen einnehmen und entsprechende Tätigkeiten ausüben. Die Metöken, ortsansässige „Fremdlinge" und freigelassene Sklaven, die keine Bürgerrechte hatten, aber meistens Griechen waren, mussten in geringem Umfang Steuern zahlen, genossen damit den Schutz der Polis, durften aber kein Land erwerben. Sie betrieben Handel (auch Seehandel) und Handwerk. Während Metöken für ihre Handlungen selbst verantwortlich waren, trugen die Politen die Verantwortung für sich und ihre Sklaven.

In jeder Polis gab es einen zentralen Platz, die Agora, die das Zentrum des öffentlichen Lebens bildete. Die Agora war auch ein Marktplatz, auf dem die Erzeuger

---

[9] Weber, M. (2006), Die sozialen Gründe des Untergangs der antiken Kultur, a.a.O., S. 118.

ihre Produkte austauschten. Sie war vor allem für die Metöken wichtig, weil diese keinen Oikos hatten, sondern nur durch Tausch und Handel Lebensmittel erwerben konnten. Für die Politen war der Markt von untergeordneter Bedeutung, weil sie sich auf ihre nach Autarkie strebende Hauswirtschaft stützen konnten. Gleichwohl wurden Überschüsse, die im Oikos erwirtschaftet wurden, auf der Agora gegen andere Güter getauscht. Hierbei handelte es sich aber vorwiegend um Luxusgüter, die im Oikos nicht hergestellt werden konnten.

2.3   Geld und Zins in der Antike

Das Münzwesen (die Drachme) war, vor allem auch durch den Seehandel, gut entwickelt. Dies belegen archäologische Ausgrabungen, bei denen man in vielen Gebieten Nordafrikas, Kleinasiens und Italiens attische Münzen gefunden hat. Wann genau das Geld entstand, kann nicht exakt angegeben werden. Jedenfalls gibt es aus Mesopotamien (ca. 2700 v. Chr.) keilschriftliche Überlieferungen, dass Warenlieferungen in Silber bezahlt wurden und zwar in Gewichtseinheiten. Viele gegenwärtigen Währungsnamen verweisen auf diese ursprünglichen Maßeinheiten, wie das britische Pfund, die Lira (libbra = Pfund). Auch die Mark war eine Gewichtseinheit, die im Mittelalter im Alten Reich das Pfund als Gewichtseinheit für Edelmetalle verdrängte. Die Kölner Mark entsprach 234 g. Aus ähnlichen Überlieferungen weiß man auch, dass es zu diesen Zeiten in Mesopotamien Kreditverträge gab und verbunden damit auch Zinszahlungen, die aber nicht in Silbereinheiten, sondern meistens in der Wareneinheit zu entrichten waren, über die der Kreditvertrag abgeschlossen war, z. B. Gerste oder Weizen. Bereits im berühmten Codex des Hammurapi ca. 1800 v. Chr. (Hammurap I) wurden Zinsobergrenzen festgelegt, die Wucher verhindern sollten. So lag die Zinsobergrenze für Gerste bei $33^{1}/_{3}$ %.

Metalle, insbesondere Edelmetalle, spielen in der Geldgeschichte natürlich eine überragende Rolle. Im pharaonischen Ägypten wurde in Gold gezahlt, was relativ selten war, da generell Silber als Münzmetall vorgezogen wurde. Allerdings gab es in der Frühgeschichte des Geldes vor und neben den Metallen andere Transaktionsmittel, wie z. B. Muscheln, die nicht nur in China sehr beliebt waren oder das Steingeld auf der Insel Yap[10]. Einige Jahrtausende vor unserer Zeitrechnung benutzten die Chinesen z. B. auch Perlen als Zahlungsmittel.

Etwa 600 v. Chr. gab es in der griechischen Polis Athen eine Metallwährung, d. h. Münzen. Der Name dieser Währung, die Drachme, ist über fast drei Jahrtausende bis zur Einführung des Euro das Zahlungsmittel Griechenlands geblieben. Die Drachme war im antiken Griechenland eine Silbermünze und das Silber stammte aus dem Bergwerk Laurion in Attika. Sie war weiter unterteilt in 6 Obolen.

---

[10]Vgl. Greitens, J. (2019), *Geld – Theorie – Geschichte,* Marburg: Metropolis, S. 47–48.

„In Athen war unter Solon der Preis des gewöhnlichen Ochsen 5 Drachmen, das Fünfache des Schafes."[11]

Also konnte man zu Zeiten Solons (640–560 v. Chr.) in Athen für eine Drachme ein Schaf kaufen. Auch im römischen Reich wurde ab ca. 187 v. Chr. der silberne Denar die Basismünze der Währung und entsprach 10 Asses, die aus Kupfer geprägt wurden. Kreditgeld und Banken gab es ebenfalls im antiken Rom. Man unterschied auch damals zwischen Depositen (ohne Zins) und Kredit (mit Zins). Im spätrömischen Reich wechselte man dann zum Bimetallismus, denn der Solidus, eine Goldmünze, löste den Aureus als Hauptwährung ab. In Währungssystemen mit zwei Edelmetallen musste das Austauschverhältnis zwischen Gold und Silber festgelegt werden. Schon zu Zeiten Solons lag das in Griechenland bei 1: 10 bis 1: 15 und so war es auch in der spätrömisch-byzantinischen Phase.

All dieses Münzgeld wurde von Herrschern (Könige oder Kaiser) oder herrschenden Institutionen (Name oder Symbol der Polis) geprägt und dadurch entstand ein gewisses Vertrauen in die Währung. Eine Zentralbank im modernen Sinne gab es seinerzeit nicht.

2.4   Ökonomisches Denken bei Xenophon und Aristoteles

Wie reflektieren zeitgenössische griechische Autoren die offensichtlich bestehenden wirtschaftlichen Sachverhalte? Man kann sich hier nur auf erhaltene Texte stützen wie z. B. die Texte des Aristoteles und Xenophons.

Die wohl umfassendsten Ausführungen finden sich bei Aristoteles. Sie sind von besonderer Bedeutung, weil sie durch die Schriften von Thomas von Aquin ökonomische Denkfiguren des abendländischen Mittelalters stark beeinflusst haben. Das ökonomische Denken des Aristoteles kreist um die Polis und die Hauswirtschaft. Die Ökonomik (οικονομική) umfasst alles, was Haus, Hof und Familie zusammenhält. Es geht dabei um die Erfüllung der Aufgaben, die die materielle Reproduktion sichern. Für Aristoteles ist Ökonomik mehr mit Menschen als mit Dingen befasst. Dazu zählen vor allem die Sklaven, die er als die „lebendigen Organe" des Oikos beschreibt. Da die Werkzeuge ihre Aufgaben nicht von selbst erfüllen, seien Sklaven eine ökonomische Notwendigkeit. Außerdem entspräche die körperliche Arbeit der Natur, insbesondere wenn es sich um Barbaren handele. Für bedenklicher hält er den Umstand, wenn Sklaven nur durch Missgeschick zu Sklaven wurden und ihrem Herrn überlegen sind.

Die Zielfunktion des Politen, d. h. des Eigentümers eines Oikos, ist, durch die Hauswirtschaft die materielle Basis des „guten Lebens" bereitzustellen. Ein „gutes Leben" setzt ein natürliches Leben voraus. Von den folgenden vier Lebensweisen, so Aristoteles, seien aber nur drei natürlich, eine hingegen unnatürlich, nämlich die auf den Gelderwerb zielende

---

[11] Böckh, A. (1851), *Die Staatshaushaltung der Athener,* 2. Aufl., Berlin, S. 104–105.

Lebensweise. Sie sei unnatürlich, weil sie auf kein Endziel, sondern ein Zwischenziel aus-gerichtet sei. Eine natürliche Lebensweise hänge von der „Natur eines Menschen" ab. Rohe Naturen frönten dem Genussleben, edle und tatenfrohe Naturen verfolgten ein politisches Leben, philosophische Naturen strebten ein betrachtendes Leben an.[12]

Zu einer natürlichen Lebensweise müsse noch eine „mit Vernunft verbundene Tätig-keit der Seele und entsprechendes Handeln" hinzutreten und zwar ein „volles Leben lang". Zum „guten Leben" gehöre eben auch das „gute Verhalten". Das „gute Leben" ist als Final-ziel klar umrissen und begrenzt. Ihm dienen die οικονομική (Haushaltungskunst) und die κτητική (Beschaffungskunst). Bei der ersten geht es um die Verwendung der Dinge im Haus, bei der letzteren um deren Beschaffung. Hinzu tritt die natürliche Erwerbskunst, bei der es um die durch Tauschhandel zu beschaffenden Güter geht, die nicht im Oikos selbst hergestellt werden können, aber dem „guten Leben" im Haus dienen. Indem also die Erwerbskunst dem Endziel des „guten Lebens" dient, ist sie begrenzt, sie ist Mittel zum Zweck. Somit fügt sie sich harmonisch in das System ein, denn für Aristoteles ist alles in der Natur zweckgemäß (Natur als teleos). Die Existenz von Pflanzen, Tieren und Sklaven dient dem freien Menschen, und dessen Freiheit dient höherer Erkenntnis.

Von der natürlichen Erwerbskunst unterscheidet Aristoteles die Bereicherungskunst als eine unnatürliche Erwerbskunst, weil sie keinem höheren Ziel dient, weil sie nicht Mittel zum Zweck, sondern Selbstzweck ist. Er nennt sie ρηματιστικ (Chrematistik). Die Grenze zwischen natürlicher Erwerbskunst und Chrematistik zieht er wie folgt. Ein Schuh kann auf zwei Arten gebraucht werden: Er kann getragen werden oder als Tauschmittel benutzt werden. Tauschen zwei Haushalte Schuhe gegen Wein aus, weil sie ungleich ausgestattet waren, so ist das natürliche Erwerbskunst. Erzeugt ein Schuster Schuhe nur zum Zweck des Tausches, dann liegt Missbrauch vor.

So wie Platons „guter Hirte" beim Hüten an das Wohl der Schafe denkt und nicht an das Braten und Verspeisen derselben oder gar an deren Verkaufserlös, so denkt ein guter Schuster an die Eigenschaften des Schuhs, die ein Träger von einem guten Schuh erwarten darf und nicht an dessen Verkaufspreis. Schefold bemerkt hierzu:

„Dass wir uns heute kaum einen Arbeiter, wohl aber einen Künstler mit dieser Haltung denken können, unter völliger Hingabe an den „Eigenwert" des Gegenstandes, der hier mehr ist als der standardisierte Gebrauchswert, entspricht der Tatsache, dass wir im Unterschied zu den Griechen die künstlerische von anderer Arbeit streng geschieden denken und erleben ..."[13]

Wenn der Erwerb von Geld, das eigentlich Tauschmittel ist, zum Selbstzweck wird, dann handelt es sich um chrematistischen Erwerb. Letzterer gilt als unnatürlich, weil nicht final. Obwohl Aristoteles die praktische Bedeutung der Chrematistik im Wirt-schaftsleben einsah, wollte er sich damit nicht beschäftigen.

---

[12] Aristoteles (1985), *Nikomachische Ethik*, 4. Aufl., Hamburg: Meiner, S. 5–6.

[13] Schefold, B. (1989), Platon und Aristoteles, in: *Wirtschaftsstile,* Bd. 1, Frankfurt/Main: Fischer, S. 134.

Interessant ist, wie Aristoteles den Gütertausch in seine Behandlung der Gerechtigkeit einbettet. Neben Mut, Mäßigkeit, Wahrhaftigkeit, gilt die Gerechtigkeit als die vollkommenste Tugend.[14] Die Ausübung der Tugenden ist der Weg zum höchsten Gut, dem menschlichen Glück und damit auch Gegenstand der (Nikomachischen) Ethik. Gerechtigkeit „im Allgemeinen" bedeutet, den Einklang mit den Gesetzen zu wahren. Aristoteles unterscheidet die verteilende von der ausgleichenden Gerechtigkeit. Die verteilende Gerechtigkeit…"bezieht sich auf die Zuerteilung von Ehre oder Geld oder anderen Gütern, die unter die Staatsangehörigen zur Verteilung gelangen können".[15]

Ungerechtigkeit sei immer eine Verletzung der Gleichheit, d. h. des Mehr oder Weniger. Das Mittlere zwischen den Extremen ist das Gleiche.

„Nun muss das Recht ein Mittleres, Gleiches und Relatives sein, das heißt eine Beziehung auf bestimmte Personen haben. (…) Denn es sind zwei Personen, für die es ein Recht gibt, und es sind zwei Sachen, in denen ihnen ihr Recht wird. Und es muss dieselbe Gleichheit bei den Personen, denen ein Recht zusteht, vorhanden sein, wie bei den Sachen, worin es ihnen zusteht: wie die Sachen, so müssen auch die Personen sich verhalten. Sind sie nämlich einander nicht gleich, so dürfen sie nicht Gleiches erhalten."[16]

Aristoteles weist darauf hin, dass Gerechtigkeitsprobleme gerade dadurch zustande kämen, wenn Gleichen Ungleiches oder Ungleichen Gleiches zuteil käme. Gerechtigkeit zwischen zwei Parteien muss also die „Würdigkeit" der Personen berücksichtigen. Schefold schreibt hierzu:

„Das Verhältnis zwischen den Bürgern A u. B wird, nachdem sie je ihre Anteile C und D erhalten haben, nach Ausübung distributiver Gerechtigkeit gleich sein wie vorher, symbolisch bedeutet das, dass aus A : B = C : D auch (A + C) ≠ (B + D) = A : B folgen muss – eine Gleichung, die aus dem Strahlensatz folgt."[17]

Aristoteles bemerkt treffend, dass nicht jedermann unter Würdigkeit dasselbe verstehe.

„Demokraten erblicken sie in der Freiheit, die oligarchisch Gesinnten in Besitz oder Geburtsadel, die Aristokraten in der Tüchtigkeit[18]

Der Standard, auf den die Proportionalitätsregel anzuwenden ist, kann also nicht unabhängig von der politischen Verfassung bestimmt werden. Die Festlegung des Standards entspringt letztlich einer gesellschaftlichen Konvention.

Neben der verteilenden Gerechtigkeit kennt Aristoteles noch die ausgleichende oder kommutative Gerechtigkeit. Diese ist aufgerufen, wenn Streitigkeiten über Verkauf,

---

[14] Aristoteles (1985), a.a.O., S. 102–108.

[15] Ebenda, S. 106.

[16] Ebenda, S. 106–107.

[17] Schefold, B. (1989), a.a.O. S. 141.

[18] Aristoteles (1985), S. 107.

Darlehen, Nutznießung und Bürgschaft, oder Diebstahl, Ehebruch, Mord, Kuppelei, Sklavenentführung usw. zu regeln ist. Hier spielt der Status keine Rolle. Es werden Schäden ausgeglichen oder unrechtmäßige Gewinne zurückgezahlt. Die sich auf den Tausch beziehende Gerechtigkeit nennt Aristoteles „Gegenseitigkeit". Auch hier wird das Prinzip der verteilenden Gerechtigkeit (Proportionalität) angewendet:

Der Baumeister A und der Schuster B tauschen Haus C gegen Schuhe D. Es muss gelten $A: B = C: D$.[19] Es bedeutet, dass das Tauschverhältnis zwischen Haus und Schuhen die relative Stellung von Baumeister zu Schuster reflektieren muss, um als gerecht zu gelten.

Die soziale Stellung einer Person begründet also eine „Wertigkeit" und diese muss sich im Austausch wieder herstellen. Wenn also der Baumeister eine höhere soziale Stellung als der Schuster hat, müssen Bauwerke „wertvoller" als Schuhe sein. Allerdings genügt diese Proportionalitätsgleichung nicht, um ein Tauschverhältnis im Sinne der Preistheorie zu bestimmen, denn messen wir A, B, C, D in physischen Größen, so sind die Proportionen völlig unsinnig. Misst man in Geldgrößen und würden sich beispielsweise das Haus gegen ein Paar Schuhe tauschen, d. h. es gilt $C = D$, dann folgt auch $A = B$, d. h. die Gleichheit des Erlöses und damit eine Tautologie. Aristoteles erkennt, dass durch die Verwendung von Geld als Tauschmittel de facto eine Vergleichbarkeit zwischen physisch unterschiedlichen Gütern hergestellt wird. Was ihm jedoch völlig fehlt, ist ein vom Geld unabhängiger Wertbegriff, wie ihn die ökonomische Theorie später in Form der objektiven (Arbeit) oder der subjektiven (Nutzen) Werttheorie hervorgebracht hat.

War die Wirtschaftsweise der griechischen Antike „modern" oder „primitiv"? „Modern" meint, dass sie in mancherlei Hinsicht kapitalistische Züge trug, wie z. B. eine auf Markt und Handel ausgerichtete Produktion. Hier werden gern die Vasenproduktion und Töpferwaren überhaupt genannt. Dies wurde von dem Althistoriker Eduard Meyer behauptet, während die Gegenthese, die Wirtschaftsweise sei „primitiv" gewesen, von dem Nationalökonom Karl Bücher vertreten wurde. Bücher begriff die Wirtschaftsweise der Polis als „primitiv", weil es in ihr um Konsumtion und nicht um Produktion für den Markt ging. Dies führte zu der um die Wende vom 19. ins 20. Jahrhundert ausgetragenen sogenannten Bücher – Meyer Kontroverse[20].[21]

---

[19] Aristoteles (1985), S. 112.

[20] Finley, M.I. (Ed.) (1979), *The Bücher-Meyer controversy,* New York: Arno Press.

[21] Sehr ausführlich wird diese Kontroverse von Beate Wagner-Hasel in ihrem Buch *Die Arbeit des Gelehrten – der Nationalökonom Karl Bücher (1847–1930),* Frankfurt/M: Campus, 2011, behandelt.

Man muss die Bedeutung dieser Kontroverse vor dem Hintergrund der Machtverschiebung in der deutschen Wissenschaftslandschaft des gerade 20 Jahre alten Deutschen Reiches sehen. Die Historiker waren auf dem „Rückmarsch" und die „Nationalökonomen" in Form der Historischen Schule waren im „Aufwind". Die Historiker wollten durch den Hinweis auf die „Modernität" der antiken griechischen Wirtschaft die Bedeutung ihres Faches herausheben und damit den Anspruch erheben, auch für die Gegenwartsdeutung zuständig zu sein. Das führte zum Konflikt mit den Ökonomen.

Wann genau das Geld entstand, kann nicht exakt angegeben werden. Jedenfalls gibt es aus Mesopotamien (ca. 2700 v. Chr.) keilschriftliche Überlieferungen, dass Warenlieferungen in Silber bezahlt wurden und zwar in Gewichtseinheiten. Viele gegenwärtige Währungsnamen verweisen auf diese ursprüngliche Maßeinheiten, wie das britische Pfund, die Lira (libbra = Pfund). Auch die Mark war eine Gewichtseinheit, die im Mittelalter im Alten Reich das Pfund als Gewichtseinheit für Edelmetalle verdrängte. Die Kölner Mark entsprach 234 g. Aus ähnlichen Überlieferungen weiß man auch, dass es zu diesen Zeiten in Mesopotamien Kreditverträge gab und verbunden damit auch Zinszahlungen, die aber nicht in Silbereinheiten, sondern meistens in der Wareneinheit zu entrichten waren, über die der Kreditvertrag abgeschlossen war, z. B. Gerste oder Weizen. Bereits im berühmten Codex des Hammurapi ca. 1800 v. Chr. (Hammurap I) wurden Zinsobergrenzen festgelegt, die Wucher verhindern sollten. So lag die Zinsobergrenze für Gerste bei $33^{1}/_{3}$ %.

Metalle, insbesondere Edelmetalle, spielen in der Geldgeschichte natürlich eine überragende Rolle. Im pharaonischen Ägypten wurde in Gold gezahlt, was relativ selten war, da generell Silber als Münzmetall vorgezogen wurde. Allerdings gab es in der Frühgeschichte des Geldes vor und neben den Metallen andere Transaktionsmittel, wie z. B. Muscheln, die nicht nur in China sehr beliebt waren oder das Steingeld auf der Insel Yap[22]. Einige Jahrtausende vor unserer Zeitrechnung benutzten die Chinesen z. B. auch Perlen als Zahlungsmittel.

Etwa 600 v. Chr. gab es in der griechischen Polis Athen eine Metallwährung, d. h. Münzen. Der Name dieser Währung, die Drachme, ist über fast drei Jahrtausende bis zur Einführung des Euro das Zahlungsmittel Griechenlands geblieben. Die Drachme war im antiken Griechenland eine Silbermünze und das Silber stammte aus dem Bergwerk Laurion in Attika. Sie war weiter unterteilt in 6 Obolen.

> *„In Athen war unter Solon der Preis des gewöhnlichen Ochsen 5 Drachmen, das Fünffache des Schafes“*[23]

Also konnte man zu Zeiten Solons (640–560 v. Chr.) in Athen für eine Drachme ein Schaf kaufen.

Mit der Ausbreitung der Münznutzung entstand der Beruf des Trapeziten, des Münzwechslers, weil man in den Städten meistens nur die jeweils in einer Stadt geprägten Münzen nutzen konnte und deshalb die Trapeziten brauchte. Sie tauschten die Münzen und erzielten ihr Einkommen durch die Differenz im Preis zwischen Ankauf und Verkauf der verschiedenen Münzen. Erst mit der Herrschaft Alexanders des Großen und dem Beginn des Hellenismus im 4. Jahrhundert v. Chr. begann die Drachme als Münze zu dominieren, was den Trapeziten zunehmend ihre Existenz nahm. Sie verlegten sich

---

[22] Vgl. Greitens, J. (2019), *Geld – Theorie – Geschichte,* Marburg: Metropolis, S. 47–48.
[23] Böckh, A. (1851), *Die Staatshaushaltung der Athener,* 2. Aufl., Berlin, S. 104–105.

sukzessive auf die Annahme von Einlagen, wodurch reisende Händler weniger Münzen mit sich führen mussten, weil sie über die Trapeziten Zahlungen abwickeln konnten.[24]

Auch im Römischen Reich wurde ab ca. 187 v. Chr. der Denar die Basismünze einer Silberwährung und entsprach 10 Asses, die aus Kupfer geprägt wurden. Kreditgeld und Banken gab es ebenfalls im antiken Rom. Man unterschied auch damals zwischen Depositen (ohne Zins) und Kredit (mit Zins). Im spätrömischen Reich wechselte man dann zum Bimetallismus, denn der Solidus, eine Goldmünze, löste den Aureus als Hauptwährung ab. In Währungssystemen mit zwei Edelmetallen musste das Austauschverhältnis zwischen Gold und Silber festgelegt werden. Schon zu Zeiten Solons lag das in Griechenland bei 1: 10 bis 1: 15 und so war es auch in der spätrömisch-byzantinischen Phase.

All dieses Münzgeld wurde von Herrschern (Königen oder Kaisern) oder herrschenden Institutionen (Name oder Symbol der Polis) geprägt und dadurch entstand ein gewisses Vertrauen in die Währung. Eine Zentralbank im modernen Sinne gab es seinerzeit nicht.

---

[24] Bogaert, R. (1986), *Grundzüge des Bankwesens im alten Griechenland,* Konstanz: Universitätsverlag Konstanz, S. 9.

Die Wirtschaft im Mittelalter

Die ökonomische und soziale Entwicklung im Mittelalter (ca. 600–1500 n. Chr.) verlief nördlich der Alpen anders als südlich der Alpen. Die sogenannte agrarische Revolution des Mittelalters fand schwergewichtig nördlich der Alpen statt und bestimmte ganz wesentlich die Entwicklung der nordalpinen Stadt und die Verschiebung des europäischen Schwerpunkts von Süden nach Norden. Als wichtige Ursachen hierfür gelten die Auflösung des Villikationssystems, die Einführung des schweren Pflugs und der Übergang zur Drei-Felder-Wirtschaft. Die Auflösung des Villikationssystems (Fronhofsystem), das sich zwischen 600 und 900 n. Chr. herausgebildet hatte und als die klassische Grundherrschaft gilt, ist zuerst zu nennen. Der Fron- oder Herrenhof (villa oder curtis domenica) wurde vornehmlich durch Sklavenarbeit bewirtschaftet. Das war in einem gewissen Sinn das römische Erbe der Kolonisation (coloni). Zum Herrenhof gehörte das Salland (terra salica), welches in Hufen mit abhängigen Bauernstellen mit Landnutzungsrechten aufgeteilt war. Der Nutzer einer Hufe war zu Frondiensten und bestimmten Abgaben (Naturalabgaben) verpflichtet. Die Wandlungen dieses Systems setzten im 11. Jhdt. ein und waren im 13. Jhdt. abgeschlossen. Sie bestanden im Wesentlichen darin, dass die Abgaben zunächst immer weniger in Arbeitsform und immer mehr in Form von Produkten erbracht werden mussten. Mit der Zeit nahm dann auch diese Form der „Rentenzahlung" ab und sie wurde durch die Geldzahlung ersetzt. Dieser Wandel der Abgabenform erwuchs aus der zunehmenden Arbeitsteilung zwischen Stadt und Land. Wenn die Grundherren die „Produkte der Stadt" erwerben wollten, mussten sie sie zunächst gegen Naturalien, später gegen Geld eintauschen. Daher das Bedürfnis der Grundherren nach Zahlung der Bodenrente in Geldform. Dieser Prozess von der Arbeitsrente über die Produktenrente zur Geldrente lockerte die Bindungen und Abhängigkeiten zwischen Grundherren und Bauern. Der Entscheidungsspielraum der abhängigen Bauern nahm zu, ihr Eigeninteresse stieg. Der wirtschaftliche und soziale Lebensmittelpunkt der abhängigen Bauernschaft verlagerte sich vom Fronhof zum Dorf.

© Springer-Verlag GmbH Deutschland, ein Teil von Springer Nature 2022
V. Caspari, *Ökonomik und Wirtschaft*, https://doi.org/10.1007/978-3-662-65497-2_3

Ein weiterer wichtiger Faktor im Wandel des Feudalsystems war die Einführung einer technischen Neuerung, die des schweren Pflugs.[1] Sie führte zu weiteren technischen Änderungen, nämlich zur Einführung des Kummets. Der schwere Pflug war eine Entdeckung der Spätantike, kam jedoch auf den leichten Böden des Mittelmeerraums nicht zur Anwendung, weil er die Bodenaustrocknung und -erosion förderte. Für die schweren und nassen Böden Nordeuropas bewirkte er hingegen einen wahren Fruchtbarkeitsschub.

Das Kummet war eine chinesische Erfindung aus dem 5./6. Jahrhundert, die erstmals in karolingischer Zeit in Westeuropa auftauchte. Damit konnte das Pferd den Ochsen als Zugtier ablösen. Einher damit ging die Entwicklung des Hufeisens, welches das Pferd auf den schweren, nassen Böden erst voll einsatzfähig machte. Da es dem Ochsen nun in der Kraftentfaltung ebenbürtig, hinsichtlich der Schnelligkeit, Lenkbarkeit und Ausdauer aber weit überlegen war, schlummerte in dieser technischen Innovation ein Produktivitätspotential, das sich erst dann voll entfalten konnte, als sich Dorfgemeinschaften entwickelten. Denn das Halten von Zugtieren war für den einzelnen Bauer kaum, für die Gemeinschaft jedoch leichter möglich. Formen des Gemeineigentums an Grund und Boden (Allmendeland) gab es dadurch auch, diese waren aber lange vorher im Germanischen Recht wohl etabliert.

Der dritte wichtige Faktor war der Übergang von der Zwei-Felder-Grasfeld-Wirtschaft zur Drei-Felder-Wirtschaft. Die Drei-Felder-Wirtschaft war weit vor dem 8. Jahrhundert bekannt, setzte sich aber erst im Hochmittelalter vollends durch. Drei-Felder-Wirtschaft heißt nicht nur eine Änderung der Fruchtfolge im Drei-Jahres Rhythmus, sondern auch die Ausweitung der Bebauung auf ein Sommerfeld, auf dem vorwiegend Gerste, Hafer und Leguminosen angebaut wurden, wohingegen das Brotgetreide (Dinkel, Weizen und Roggen) auf dem Winterfeld gedieh. Die Brache wurde mehrmals umgepflügt, um der Verunkrautung vorzubeugen. Gegenüber der Zwei-Felder-Wirtschaft stieg der Ertrag im zeitlichen Durchschnitt um bis zu 50 %, obwohl man lediglich 16 % mehr Fläche bebaute. Mit dem Übergang auf die Drei-Felder-Wirtschaft war häufig auch eine Flurbereinigung verbunden, die zu einer koordinierten Bewirtschaftung zwang. Auch dies führte zu einer größeren Koordination und Selbstverwaltung in den Dörfern. In Südeuropa fand, bis auf die Lombardei, die Drei-Felder-Wirtschaft weniger Verbreitung, weil wegen des fehlenden Sommerregens das Sommerfeld wegfiel.

Die Änderung der Agrartechnik (schwerer Pflug/Kummet) und die Änderung der Bebauungsmethoden führten zu einem deutlichen Produktivitätszuwachs. Dies hatte mindestens zwei unmittelbare Folgen: Die Nahrungsmittelversorgung verbesserte sich und als deren Folge explodierte die Bevölkerungszahl. Die zweite Folge betraf die Sozialstruktur, weil unter dem Einfluss der geänderten Technik und der Bebauungsmethoden dörfliche Strukturen entstanden. Die Leibeigenen lebten nun nicht mehr auf

---

[1]Vgl. White, L. (1962), *Medieval Technology and Social Change,* Oxford University Press, (deutsche Übersetzung (1968)), *Die mittelalterliche Technik und der Wandel der Gesellschaft,* München.

dem Hof, sondern in einem Dorf. Beide Entwicklungen bildeten eine wesentliche Grundlage für die Entstehung und das Wachstum der Städte, für die Feudalherrschaft und für die ritterlich-höfische Kultur des Hochmittelalters.

Die Städte nahmen zunächst alles auf, was „vom Land floh": entlaufene und befreite Leibeigene, Mönche, entrechtete Vasallen etc. Sie alle waren vom Land oder vom Dorf geprägt und suchten in der Stadt eine neue Lebenschance. Durch die rechtliche Gleichstellung aller Stadtbürger kam es dann im Laufe der Zeit zu einer Zurückdrängung aller einstigen Herrschaftsträger und es entwickelte sich der für die nordalpine Stadt typische Aufbau einer bürgerlich-städtischen Sozialstruktur, die in Gilden und Zünften genossenschaftlich organisiert und nicht mit Adeligen und deren feudalen Verhaltensmustern durchsetzt war. In der südalpinen Stadt (Italien) entwickelte sich die Sozialstruktur in der Stadt anders, weil die Adeligen eben nicht auf dem Land, sondern in der Stadt lebten. In dieser Hinsicht ist die italienische Stadt ein Nachfahre der griechischen Polis. Es kam zu keiner Ausformung individueller Bürgerrechte und damit auch nicht zu einer individuellen Demokratieerfahrung. Für die wirtschaftliche Entwicklung war jedoch wichtig, dass sich die Austauschbeziehungen zwischen Stadt und Land nördlich der Alpen (durch diesen Unterschied in der Sozialstruktur) etwas anders gestalteten als südlich der Alpen. In Italien entwickelten sich Handwerk, Handel und Bankwesen, doch Ansätze zu einer Industrialisierung wurden immer wieder durch die Aristokratie, die sich letzten Endes auf ihr ‚Land' zurückziehen konnte, zurückgedrängt.

3.1 Das Hochmittelalter (11. bis 14. Jahrhundert)

Während sich die räumlich-geographischen Gegebenheiten des Frühmittelalters kaum änderten, kam es im Hochmittelalter zu einer deutlichen Klimaänderung. Das sogenannte hochmittelalterliche Klimaoptimum war allerdings nicht von langer Dauer, denn bereits um 1300 setzte eine Abkühlung ein, wodurch sich die Bedingungen für die Agrarwirtschaft verschlechterten.[2]

Die klimatischen Verhältnisse für die Agrarwirtschaft hatten sich im 11. und 12. Jahrhundert erheblich verbessert. Man baute bis weit nach Nordengland Wein an. Auch im Territorium des heutigen Deutschlands lag die Weinbaugrenze deutlich nördlicher als heute. In Island wurde Getreide angebaut. Selbst die Küsten Grönlands wurden besiedelt und landwirtschaftlich genutzt.[3] In den skandinavischen Siedlungsgebieten der Normannen wurden Apfelbäume gepflanzt und kultiviert. Es war im Durchschnitt 1–2 °C wärmer als gegenwärtig. Das mildere Klima wirkte sich nicht nur positiv auf die Landwirtschaft aus, sondern begünstigte auch die Küstenschifffahrt, besonders in

---

[2] Über die Ursachen dieser Erwärmung besteht keine Klarheit; es wird jedoch darüber geforscht. Sicher ist, dass es nichts mit anthropogenem CO_2 Ausstoß zu tun hatte.

[3] Der englische Name *Greenland* weist darauf hin, dass das Land grün und nicht weiß war.

Tab. 3.1 Bevölkerung in Europa

	650 n. Chr	1000 n. Chr	1340 n. Chr
Mittelmeerländer	9 Mill.	17 Mill.	25 Mill.
West- und Mitteleuropa und Skandinavien	5,5 Mill.	12 Mill.	35,5 Mill.
Slawische Länder und Ungarn	3,5 Mill.	9,5 Mill.	13 Mill.
Summe	18 Mill.	38,5 Mill.	73,5 Mill.

Quelle: Handbuch der Europäischen Wirtschafts- und Sozialgeschichte, Bd. 2, Hrsg. H. Kellenbenz, Stuttgart, 1980, S. 18

der Nord- und Ostsee. Wie bereits im vorherigen Kapitel angesprochen, verbesserten sich auch durch die Verbreitung des schweren Pfluges die Bodenerträge. Auch die Bespannung änderte sich. Ochsen wurden durch Pferde ersetzt, die schneller „arbeiten" konnten und besser zu dirigieren waren. Durch die besseren Anbaumethoden (Pflug, Dreifelderwirtschaft) nahm das Verhältnis von Ernte (output) zu Aussaat (input) gegenüber den Relationen des Frühmittelalters deutlich zu. Le Goff nennt für Weizen eine etwa zwei- bis vierfache Menge der Ernte in Relation zur Aussaat auf burgundischen Besitzungen Clunys im 12. Jahrhundert.[4] Ähnliche Relationen nennt er für die bischöflichen Ländereien von Winchester in England. Auf besonders gepflegten Böden konnte der Ertrag sogar das Achtfache der Aussaat betragen.[5] Zu Bedenken ist allerdings, dass, nach wie vor, die Viehhaltung relativ gering war, wodurch wenig tierischer Dung anfiel. Die Folge der verbesserten Ernährungslage war ein erhebliches Bevölkerungswachstum. Obwohl man keine sicheren statistischen Grundlagen besitzt und auf Stichproben, meist aus den Unterlagen von Klöstern, zurückgreifen muss, wird in der einschlägigen Literatur davon ausgegangen, dass sich die Bevölkerung in Europa zwischen 1000 und 1350 im Durchschnitt mindestens verdoppelt hat.[6] In West- und Mitteleuropa ergab sich fast eine Verdreifachung, denn kurz vor Ausbruch der Pest 1348 lebten dort ca. 35 Mill. Menschen (Tab. 3.1). 300 Jahre vorher waren es 12 Mio. Dieses Bevölkerungswachstum nahm dann mit dem Ausbruch der Pest ein Ende und leitete eine Krise der spätmittelalterlichen Wirtschaft ein.[7] Angesichts des statistischen Materials als „kühn" zu bezeichnende Rechnungen kommen zu folgenden Zahlen für die Entwicklung der Bevölkerung vom Frühmittelalter bis kurz vor dem Ausbruch der ersten Pestwelle.

---

[4]Le Goff, J. (1965), *Das Hochmittelalter*, Fischer Weltgeschichte Bd. 11, Frankfurt/M.: Fischer, S. 25.

[5]Vgl. Le Goff, a.a.O., S. 188.

[6]Duby (1981), a.a.O., S. 185/186, Duby kommt für England auf eine Verdreifachung. Russel (1983), in: Cipolla/Borchardt (1983), Bd. 1, S. 21.

[7]Vgl. Abel, W. (1980), *Strukturen und Krisen der spätmittelalterlichen Wirtschaft,* Stuttgart.

Die wichtigste zu Beginn des Hochmittelalters einsetzende Entwicklung in der Wirtschaft war die langsame Auflösung des Villikationssystems. Zwei Faktoren griffen in diesem Prozess ineinander. Die Grundherren waren zunehmend an Geldeinkünften interessiert, da sie nur durch Geld Luxusgüter kaufen konnten. Die leibeigenen Bauern mussten daher immer seltener ihre Grundabgaben in Form von Fronarbeit auf dem Salland leisten. Stattdessen wurden diese Grundrenten als Produktenrente, aber immer häufiger auch als reine Geldrente erhoben. Das nun freigesetzte Salland konnte von den Grundherren selbst bewirtschaftet oder an freie Bauern verpachtet werden, sodass neben die Feudalrente noch eine (bis zum heutigen Tag bekannte) Bodenrente als Einnahmequelle trat. Dieser Prozess war schleichend und erstreckte sich, Mischformen durchlaufend, über Jahrhunderte. Die Bauern selbst erhielten durch die Umwandlung der Feudalrente in Produkten- oder Geldrente die Möglichkeit, ihre gesamte Arbeit auf ihrer Hufe bzw. dem gepachteten Land einzusetzen. Es entstand somit ein Anreiz zur Mehrproduktion, da entstehende Überschüsse (Surplus) nicht abgeführt werden mussten, sondern beim Bauern verblieben. Diese konnten dann auf Marktflecken gegen Geld oder spezielle Handwerksprodukte, meist Töpfereiwaren oder Eisenwerkzeuge, eingetauscht werden. Insgesamt nahm der direkte Einfluss der Grundherren auf die leibeigenen Bauern ab – das Herrschaftsverhältnis wurde durch den Rückgang der Frondienste (Arbeitsrente) abstrakter und damit lockerer. Die Bedeutung des Sallandes nahm ab, und da die Grundherren immer häufiger Güter über Märkte beschafften, nahm auch die Bedeutung der Villikationshandwerker ab. Sie wurden auf den Domänen nicht mehr benötigt und wanderten in die Marktflecken, wo sie als freie Handwerker ihre Dienste anboten. Es kam zu einer Wanderungsbewegung der Menschen vom Land in die entstehenden Städte und zu einem einsetzenden Austausch zwischen „Stadt" und „Land", der insbesondere die europäische Wirtschafts- und Gesellschaftsentwicklung nördlich der Alpen maßgeblich prägte.

Zunächst wollen wir uns noch mit den Zielen des wirtschaftlichen Handelns der Grundherren befassen. Wirtschaftliches Handeln findet immer im Rahmen gesellschaftlicher und kultureller Wertvorstellungen statt, und diese Wertvorstellungen und Verhaltensweisen hatten sich im Hochmittelalter im Vergleich zum Frühmittelalter nicht geändert. Grundherrschaftliches, aristokratisches Leben war so sehr vom Krieg geprägt, dass sogar die eigentliche Zerstreuung des Adels davon noch beeinflusst wurde. So waren Turniere und Ritterspiele die Fortsetzung des Kriegs unter etwas geänderten Rahmenbedingungen, und die Jagd war eine Zerstreuung mit dem Nebeneffekt einer besseren Versorgung mit tierischem Eiweiß.[8] Aber auch (Fress- und Sauf-) Gelage gehörten zum Lebensstil des Adels. Je ausgeprägter die Verschwendung, je ausufernder der Lebensstil, desto größer war das gesellschaftliche Ansehen. Als Konsequenz ergab sich, dass die Feudalrente nach Abzug des Saatguts von den Grundherren nahezu vollständig konsumiert wurde. Le Goffs Urteil über die Grundherren ist vernichtend:

---

[8]Vgl. hierzu Bloch, M. (1982), *Die Feudalgesellschaft*, Stuttgart: Propylen, S. 388 ff., hier S. 401.

„Luxus der Wohnung, Kleidung und Nahrung zehrt die Einkünfte ... auf. Die Verachtung der Arbeit und das fehlende technische Verständnis lassen sie die Vorgänge und Produkte des Wirtschaftslebens nur als Beute ansehen.“[9]

Für das, was man in der modernen ökonomischen Theorie mit Investitionen (oder Kapitalakkumulation) bezeichnet, blieb nahezu nichts übrig. Letztendlich wurden meist nur die abgenutzten Produktionsmittel, d. h. die Scheunen und Ställe repariert oder bestenfalls ersetzt. Es wurden fast ausschließlich Ersatzinvestitionen, kaum Neuinvestitionen (Nettoinvestitionen) getätigt. Wenn überhaupt netto investiert wurde, dann handelte es sich um Vieh. Und dort, wo Grundherren über ihre Verhältnisse lebten und es zu Landverkäufen kam, bildete sich in geringem Umfang ein Bodenmarkt aus. Auch hier kam es nur zu individuellen Erweiterungsinvestitionen durch den Zukauf von Land. Da das Land gesamtwirtschaftlich eine nicht vermehrbare Größe darstellt, verlor der Eine, was der Andere gewann. In der Summe kam kein neues Land hinzu. Allerdings änderte sich die Verteilung des Bodens. Ein Teil der adeligen Grundbesitzer begann zu verarmen, der andere Teil nannte immer größere Landflächen sein eigen. Es kam zu einer Konzentration des Landbesitzes. Der käufliche Erwerb war nur eine Möglichkeit, in den Besitz von Land zu kommen. Neben den Rodungen,[10] worauf wir bereits hingewiesen haben, bestand auch die Möglichkeit, Brachland zu besiedeln. Davon gab es vor allem östlich der Elbe im Gebiet des heutigen Deutschland eine große Menge, da die dort ansässige slawische Bevölkerung die schweren Böden nicht bebaute, weil sie mit ihren noch überwiegend hölzernen Pflügen und Geräten nur die lockeren und leichten Böden bearbeiten konnten. Die gesamte Gegend wurde durch Einwanderer aus dem niederdeutschen und flämischen Raum besiedelt. Der für diese Gegend noch heute benutzte Landschaftsname *Flämig* erinnert daran. Es wird geschätzt, dass sich zwischen 1150 und 1350 etwa 400.000 Menschen dort niederließen.[11]

Insgesamt war die „Bevölkerungsexplosion“ im Hochmittelalter eine Folge der klimatischen Erwärmung und der Verbesserungen in der landwirtschaftlichen Technik. Sie führte aber auch dazu, dass immer schlechtere Böden (Grenzböden, auch marginale Böden genannt) bebaut wurden, sodass der Ertragszuwachs geringer als der Bevölkerungszuwachs war. Damit sank die pro Kopf verfügbare Menge an Nahrungsmitteln. Die Landwirtschaft „ernährte“ oftmals nicht mehr die Bauernfamilien, sodass diese nach Nebenerwerbsmöglichkeiten Ausschau hielten oder in die sich entwickelnden Städte abwanderten. In der Stadt konnten sie ihren Lebensunterhalt nur durch eine handwerkliche Tätigkeit oder als Händler erwirtschaften. Blieben sie auf dem Land, trat

---

[9] Vgl. Le Goff; a.a.O., S. 28.

[10] Viele Ortsnamen mit den Endungen -rode, -reuth, -brand, -scheid (in England -ham) verweisen auf diesen Tatbestand.

[11] Vgl. Volckhardt, O. (2004), Mittelalter, in: Schefold, B. (Hrsg.), *Wirtschaftssysteme im historischen Vergleich,* Stuttgart: Steiner, S. 429.

häufig eine handwerkliche Tätigkeit als Nebenerwerb hinzu. Diese konnte im Laufe der Zeit zum Haupterwerb, die landwirtschaftliche Tätigkeit zum Nebenerwerb werden.

In den Städten war die hygienische Situation schlecht, sodass die Sterblichkeit dort wesentlich höher als auf dem Land war. Trotzdem wuchsen die Städte, womit deutlich wird, dass der Zuzug vom Land relativ groß gewesen sein muss. Die Stadt war in rechtlicher und wirtschaftlicher Hinsicht gewissermaßen das „Gegenmodell" zur Feudalgesellschaft in der Feudalgesellschaft. Die Städte waren nicht das Eigentum von Grundherren. In der Stadt gab es keine Lehensverhältnisse und keine Leibeigenschaft. Bereits in der karolingischen Zeit verliehen Lehensherren bestehenden Städten das Marktrecht oder trugen direkt zur Entstehung von Städten bei, indem sie Ortschaften das Marktrecht verliehen. Mit ihrer Verteidigung gegen räuberische und kriegerische Übergriffe waren die Grundherren allerdings überfordert, da sie genug mit dem Schutz ihrer eigenen Villikation zu tun hatten. Deshalb verliehen sie oft mit dem Marktrecht auch das Recht der Städte auf Selbstverteidigung. Die Städte befestigten sich, die Kaufleute gründeten Schutzbünde (Gilden), und auch die Handwerker begannen sich genossenschaftlich zusammenzuschließen (Zünfte). Die Städte organisierten sich untereinander und schlossen Bünde, von denen die Hanse im deutschsprachigen Gebiet der bis zum heutigen Tag bekannteste Städteverbund gewesen sein dürfte. Insgesamt dehnte sich im Hochmittelalter die Handelstätigkeit deutlich aus,[12] wodurch die Tauschwirtschaft zunahm, ohne allerdings ein dominantes Strukturmerkmal zu sein. Nach wie vor wurde alles überlagert von der agrarischen Produktion und vom Lehensverhältnis. Allerdings nahm durch den Handel, die Messen usw. die „Macht des Geschrieben" zu. Der mittelalterliche Kaufmann begann den schriftkundigen Mönchen „Konkurrenz" zu machen, denn er war in den Städten Buchhalter und Schreiber zugleich; auch das Rechnen, die Vertragsarten, die Gewichtsmaße und die Wareneigenschaften muss-te er kennen. Seine Bildung unterschied sich deutlich von der des gelehrten Mönchs und des in Waffenspielen geübten und kunstsinnigen Adeligen.

Für die Entwicklung des Mittelalters war die Zunahme der Tauschwirtschaft, insbesondere die zwischen Stadt und Land, von herausragender Bedeutung. Denn in dem Maße, in dem die Stadtwirtschaft an Bedeutung gewann, verlor die Villikationswirtschaft und das Lehenssystem seine prägende Wirkung.

Mit der in der Mitte des 13. Jahrhunderts einsetzenden Klimaverschlechterung und der inzwischen stark gewachsenen Bevölkerung begann die spätmittelalterliche Krise der europäischen Agrarwirtschaft. Gerade die ärmeren Teile der Bevölkerung litten als erste an Unterernährung und diese bildete natürlich den Keimboden für Epidemien. Die erste Hungersnot brach 1316 aus. Die ganz große Katastrophe ereilte die Bevölkerung 1347 mit dem Ausbruch der ersten Pestwelle. Danach setzte eine wirtschaftliche Krise von großem Ausmaß ein.

---

[12]Vgl. Le Goff, a.a.O. S. 194. Er verweist auf die Entstehung eines Wegenetzes über die Alpen, sodass die Handelszentren Nordeuropas mit denen von Nord- und Mittelitalien verbunden wurden.

3.2   Das Spätmittelalter (14. bis 17. Jahrhundert)

Diese relativ lange Zeitspanne von rund 400 Jahren lässt sich durch zwei zentrale Eckdaten begrenzen. Sie beginnt mit dem Ausbruch des *Schwarzen Todes* im Jahr 1347 und endet mit dem Ausbruch bzw. dem Ende des *Dreißigjährigen Krieges* (1618–1648). Nach beiden Ereignissen kam es zu nachhaltigen ökonomischen Einbrüchen in Europa. Unterteilen lässt sich dieser Zeitraum in das Zeitalter vor und nach der Entdeckung anderer Erdteile durch die portugiesischen und spanischen Versuche, „nach Indien" zu gelangen. Portugal war für die Ostroute, Spanien für die Westroute zuständig. Diese Expansion hatte Rückwirkungen auf die europäische Wirtschaft, die sich allerdings sehr unterschiedlich auf die verschiedenen europäischen Regionen und Länder auswirkte.

Die Erwärmung während des sogenannten *mittelalterlichen Klimaoptimums* hatte um 1250 ihren Höhepunkt überschritten. Die einsetzende Abkühlung wurde erst ca. 50 Jahre später deutlich spürbar. Es kam zu großen Sturmfluten an der Nordseeküste, die große Landflächen im Meer versinken ließen und die Kontur der niederländischen und deutschen Nordseeküste nachhaltig veränderten. In den Chroniken wird berichtet, dass weit über 100.000 Menschen bei diesen Naturkatastrophen umkamen. Es ereigneten sich extreme Wetterkapriolen mit zu nassen und kühlen Sommern aber auch mit zu trockenen Sommern und mit großer Winterkälte.[13] Dies hatte entsprechenden Einfluss auf die Landwirtschaft. Es kam 1316 zu den ersten größeren Ernteeinbrüchen und nachfolgenden Hungerkatastrophen. Die schlechten Erträge auf den Grenzböden in Kombination mit der klimatischen Abkühlung führten zur Mangelernährung, wodurch es bereits vor dem Ausbruch der Pest im Jahr 1346 zu einer Stagnation der Bevölkerungsentwicklung kam.

Die Pest wurde durch ein Schiff, das von der Krim nach Genua segelte, eingeschleppt und breitete sich entlang der Küstenstädte des Mittelmeers und der Handels- und Pilgerrouten ins europäische Binnenland aus. Sie erreichte Mitte 1348 den Norden Frankreichs und war 1348/49 bereits über den Kanal nach England vorgedrungen und breitete sich von dort nach Deutschland, Südskandinavien und Osteuropa aus. 1350 hatte der *Schwarze Tod* ganz Europa überrollt. Die Seuche flammte immer wieder auf. So in Deutschland in den Jahren 1357–62, 1370–76, 1380–83. Aber auch andere Epidemien wie Typhus, Fleckfieber, Cholera und Lepra (Aussatz) brachen wegen der schlechten hygienischen Verhältnisse und der eingeschränkten Ernährungslage immer wieder aus. Die Städte waren von Epidemien stärker betroffen als das viel weniger dicht besiedelte Land. Kellenbenz kommt auf der Basis eigener Berechnungen[14] zu einem durchschnittlichen Bevölkerungsrückgang

---

[13] Die eindrucksvollen Winterbilder der Gebrüder Brueghel zeigen oft zugefrorene Kanäle mit Schlittschuh laufenden Menschen und tief verschneite holländische Landschaften. Das war eine Zeit, in der es relativ kalt in Mitteleuropa war.

[14] Vgl. Kellenbenz, H. und R. Walter (1986), Das Deutsche Reich 1350–1650, in: *Handbuch der Europäischen Wirtschafts- und Sozialgeschichte,* Bd. 3, (hrsg. Fischer, W., et al.), Stuttgart, S. 828.

von 32 % für Europa im Zeitraum von 1340–1450. Deutschland wich nicht von diesem europäischen Durchschnitt ab. Für den annähernd gleichen Zeitraum errechnete Dubois[15] einen Bevölkerungsrückgang zwischen 58–67 % in französischen Städten. So hatte Montpellier vor 1348 ca. 40.000 Einwohner und um 1470 waren es nur noch ca. 13.200. Ähnliche Zahlen liegen für Toulouse, Aix, Arles und andere Städte vor. Auch in England nahm die Bevölkerung drastisch ab und erreichte in der Mitte des 15. Jahrhunderts mit 2. Mill. Einwohnern[16] ihren Tiefpunkt. (Im Vergleich dazu hatte Deutschland um 1470 ca. 10 Mill. Einwohner.)

Der gravierende Bevölkerungsrückgang hatte für das gesamte Wirtschaftsgeschehen erhebliche Auswirkungen. Es entstanden die sogenannten Wüstungen, d. h. zahlreiche Hufen wurden nicht mehr bewirtschaftet, da die Bauern durch die Pest gestorben waren. Die Bauernhäuser verfielen, die Felder versteppten und der Wald drang langsam wieder vor. Insgesamt nahm die Produktion von Getreide und anderen Feldfrüchten ab. Der Bedarf an diesen Lebensmitteln wurde aber ebenfalls geringer, da weniger Menschen weniger Nahrungsmittel benötigen. Da das Vieh nicht von der Pest betroffen war, veränderte sich die Relation zwischen Viehbestand und der Zahl der Menschen deutlich. Pro Kopf war nun wesentlich mehr Vieh vorhanden. Auch die Fläche, um das Vieh grasen zu lassen, war hinreichend vorhanden. Es war sogar hilfreich Viehherden zu halten, da sie durch Verbiss des Gehölzes das Vordringen des Waldes aufhielten. Die Viehzucht nahm als Folge deutlich zu[17] und damit auch der Fleischverbrauch. Nach Berechnungen von Abel[18] übertraf der Fleischverbrauch in vielen Gebieten Deutschlands 100 kg pro Kopf im Jahr. (Im Vergleich dazu lag der Fleischverzehr in der BRD im Jahre 2004 nach Angaben des BVDF bei 60,6 kg pro Kopf der Bevölkerung.[19]) Die Nachfrage nach Brotgetreide ging allmählich aber nachhaltig zurück. Einerseits wegen der Schrumpfung der Bevölkerung und andererseits, weil Fleisch Brot und Gemüse ersetzte. Die Nachfrage nach Getreide nahm stärker ab als die Produktion desselben. Als Folge kam es zu einem starken Preisverfall des Getreides, der ca. 1370 einsetzte. In Frankfurt/M. lag 1370 der Preis für 100 kg Roggen bei ca. 43 g Silber. Im Jahr 1380 musste man nur ca. 23 g Silber für die gleiche Menge Roggen zahlen. Bereits um 1400 war der Preis unter 20 g Silber gefallen. In rund 30 Jahren hatte sich der Preis für Roggen halbiert. Um 1480 lag der Preis für Roggen bei ca. 12 g Silber für 100 kg.[20] Dieser Preisverfall, auch der anderer

---

[15]Vgl. Dubois, H. (1986), Frankreich 1350–1500, in: *Handbuch der Europäischen Wirtschafts- und Sozialgeschichte,* Bd. 3, (hrsg. Fischer, W., et al.), Stuttgart, S. 611. *(HdeWS).*

[16]Vgl. *HdeWS*, a.a.O., S. 504.

[17]Vgl. Abel, W. (1980), a.a.O., S. 17.

[18]Vgl. derselbe, S. 41 ff.

[19]http://www.bvdf.de/inzahlen/zadafa06.html. Der Fleischverbrauch, der auch die Futterverarbeitung beinhaltet, belief sich in 2004 auf 88,9 kg pro Kopf der Bevölkerung.

[20]Vgl. Abel, a.a.O., S. 74 (Abb. 3).

Getreidesorten, hatte Konsequenzen für die grundherrschaftliche und die bäuerliche Wirtschaft.

Die Grundherren erlebten einen gravierenden Einbruch ihrer Einnahmen, da zahlreiche Gehöfte leer standen und somit weder Feudalrente noch Pachteinnahmen (Bodenrente) entstanden. Hungern mussten die Grundherren nicht, da die Domänenwirtschaft ausreichend Nahrungsmittel hervorbrachte. Wurde die Rente als Produktenrente abgeführt, litten die Grundherren, wie auch die Bauernschaft, am Preisverfall des Getreides, zumal die Preise für die gewerblichen Produkte stiegen, da die Zahl der Handwerker und Gewerbetreibenden in den Städten durch die Epidemien ebenfalls stark zurückgegangen und somit das Angebot der gewerblichen Produkte gesunken war. Teile der adeligen Grundherren kamen in wirtschaftliche Schwierigkeiten, die entweder zu einer Verschuldung oder zum Bankrott führten. Früher oder später musste der Grundbesitz teilweise oder sogar ganz verkauft werden. Es begann ein Prozess der Konzentration des Bodens in Händen der Grundherren, die – aus welchen Gründen auch immer – nicht in wirtschaftliche Schwierigkeiten gekommen waren. Einen immer größeren Teil der Feudal- und Bodenrente verlangten die Grundherren von ihren Grundholden in Geldform, um sich gegen den Preisverfall der Naturalgüter zu schützen. Der Mangel an Arbeitskräften wirkte sich freilich auch auf die Domänenwirtschaft negativ aus; das Salland konnte nicht mehr bebaut werden. Die Grundherren sahen sich gezwungen, die Feudalabgaben und den Pachtzins zu senken, um die vakanten Bauernstellen wieder zu besetzen. Auch das bisherige Salland wurde oft gegen geringe Rentenzahlungen verpachtet, da die bäuerlichen Haushalte wegen der geringen Getreidepreise gezwungen waren, ihre Produktion auszudehnen, um über die erhöhte Menge den preisbedingten Erlösrückgang zu kompensieren. Ein heutiges Unternehmen würde bei sinkenden Preisen seiner Produkte mit einer Reduktion der produzierten Menge reagieren. Die damalige Bauernschaft reagierte mit einer Ausweitung der produzierten Menge. Das war insofern ökonomisch rational, weil mithelfende Familienangehörige (Geschwister, Frau und Kinder), keinen Lohn erhielten und damit keine Kosten entstanden. Jede zusätzliche Arbeitseinheit kostete nichts, brachte aber einen zusätzlichen Erlös.

Da weniger Land für den Getreideanbau benötigt wurde, konnte die restliche Fläche anders genutzt werden. Neben verstärkter Viehhaltung wurden auch vermehrt Nutzpflanzen, wie z. B. Flachs, aber auch Futterpflanzen und Hülsenfrüchte angebaut. Durch die vermehrte Viehhaltung fiel Dung an, wodurch die Erträge auf den intensiv bewirtschafteten Feldern anstiegen. Vor allem in England, aber auch in Deutschland und Frankreich nahm die Schafzucht zu, die den Rohstoff für die sich langsam entwickelnde Wollstoffherstellung bereitstellte.

Teile der Bauernschaft gingen in die von der Pest entvölkerten Städte. Die Städte lockten mit allerlei Vergünstigungen. Diejenigen, die sich zu einer solch radikalen Änderung ihres Lebens nicht entscheiden wollten, blieben auf dem Land und begannen in den Wintermonaten Nebenerwerbstätigkeiten aufzunehmen. Häufig im Bereich der Textilherstellung, d. h. Wolle oder Leinen spinnen und weben. Dies war durchweg lukrativ, weil die Preise für gewerbliche Produkte gestiegen, die für landwirtschaftliche Produkte gefallen waren. So konnten vom Flachsanbau, der anschließenden Ernte und der Verarbeitung bis zum fertigen Leinentuch, je nach der Größe der bebauten Fläche, mehrere Mitglieder einer Bauernfamilie ihren Lebensunterhalt erarbeiten. Die neben-erwerbstätigen Bauern waren konkurrenzfähig zum städtischen Gewerbe, da sie ihre Lebensmittel nicht kaufen mussten und diese somit keine Produktionskosten darstellten. Aus diesen gewerblichen Tätigkeiten auf dem Lande entwickelte sich im späten 14. und im 15. Jahrhundert das *Verlagssystem*. Die Händler kauften auf den Märkten Rohstoffe (Wolle, Baumwolle, Flachs, usw.) und ließen sie durch „Heimarbeit" von den Bauern weiterverarbeiten. Die Endprodukte waren aber Eigentum des Kaufmanns. Dieses System hatte für die Kaufleute den Vorteil, dass sie keine großen Investitionen in Web-stühle, Spinnräder, Walkmühlen usw. vornehmen mussten, da die Bauern diese „Kapital-güter" sowieso besaßen. Die Bauern mussten sich nicht mit dem Verkauf der Produkte befassen. Die Teilung der Arbeit hatte wieder eine höhere Stufenleiter erreicht.

Der sogenannte Prozess der Verstädterung setzte nun langsam ein. Die Zentren waren Oberitalien, Niederlande und Belgien. Aber noch lebte die große Bevölkerungsmehr-heit auf dem Lande. Im deutschen Reichsgebiet lebten ca. 1,25–1,75 Mill. Menschen in Städten. Das waren ca. 10–15 % der Gesamtbevölkerung.

In den Städten entwickelten sich im ausgehenden 14. Jahrhundert die Handwerks-zünfte, nachdem sich bereits im 11. Jahrhundert Kaufmannsgilden gebildet hatten.[21] Solche genossenschaftlichen Institutionen sind ein Charakteristikum der mittelalterlichen Wirtschaft, das bis in die Gegenwart spürbaren Einfluss auf die sozioökonomischen Verhältnisse des europäischen Kontinents ausübt. Zünfte definierten Qualitätsmaßstäbe für die handwerklichen Produkte und die handwerkliche Ausbildung. Die Lehrlinge und Gesellen lebten in der Familie des Meisters und wurden dort verpflegt. Es war im Hochmittelalter noch nicht üblich, dass sie einen Lohn für ihre Mitarbeit bekamen. Das änderte sich erst im Spätmittelalter. Selbständiger Handwerker konnte nur der werden, der von einer Zunft „zugelassen" wurde. Die Zünfte regulierten damit die Zahl der Bäcker, Fleischer, Schmiede etc., die sich in einer Stadt ansiedeln durften und sorgten so dafür, dass jeder Handwerker ein „standesgemäßes Auskommen" hatte. Es herrschte also keine Gewerbefreiheit. Einerseits war damit durch die beschränkte Zahl der Hand-werker das Angebot an handwerklichen Gütern beschränkt und damit die Preise für diese Güter höher als sie bei Gewerbefreiheit gewesen wären, andererseits aber wetteiferten die Handwerker untereinander um die Qualität ihrer Produkte. Jeder wollte natürlich der beste Bäcker, Uhrmacher, Schmied, etc. sein. Es dominierte Qualität vor Quantität.

In dieser Zeit gab es einige technische Erfindungen und Verbesserungen. Die bedeutendste war wohl die Erfindung des Buchdrucks um 1450 durch Gutenberg. Sie

---

[21] Vgl. hierzu eine Untersuchung von O. Volckart; Die *„mittelalterliche lex mercatoria"*, in: Vol-ckart, O. (2002), *Wettbewerb und Wettbewerbsbeschränkung in Politik und Wirtschaft,* Marburg: Metropolis, S. 136–180.

hatte direkte und indirekte langfristige Effekte. Der direkte Einfluss war, dass sich mit dem Buchdruck ein neues Gewerbe entwickelte, dass das Monopol der Klöster auf die Vervielfältigung alles Geschriebenen (damals vor allem der Bibel) aufhob. Neben den geistlichen Schriften konnten sich vor allem die Ratgeberliteratur und die (prä-) wissenschaftlichen Texte leichter verbreiten. Da die Drucktypen gegossen werden mussten (Bleiguss), entwickelte sich auch hieraus ein völlig neues Gewerbe, in dem es über die Zeit auch zu Verbesserungen kam. Die indirekten Effekte der Entdeckung des Buchdrucks bestanden natürlich in der Möglichkeit und der Geschwindigkeit Wissen, aber auch einfach Informationen, zu verbreiten. Damit entstand auch ein Anreiz in der Bevölkerung, das Lesen zu lernen, obgleich natürlich zu dieser Zeit der überwiegend größte Teil der Bevölkerung nicht lesen und schreiben konnte.

Im Maschinenwesen wurden die Wassermühlen verbessert. Durch größere Mühlräder und die Änderung der Schaufelstellung (rudimentäre Vorläufer der Turbine) erhöhte man die Leistung der Mühlen. Es gab neben den Getreidemühlen, die im ganzen Land verbreitet waren, vor allem Walkmühlen zum Walken von Stoffen, die sich vor allem in der Nähe von Städten (mit Wasserläufen) ansiedelten, da dort die Stoffe weiterverarbeitet wurden. Es gab aber auch durch Mühlen angetriebene Hammerwerke, in denen Eisen geschmiedet wurde. So brachten einige Mühlen die Kraft auf, sogenannte „Bärengewichte" zu bewegen. Das waren Hämmer mit einem Gewicht von ca. 1,5 t, die mehrere Schläge pro Minute ausüben konnten. „Leichtere" Hämmer von ca. 300 kg brachten es immerhin auf 60–120 Schläge pro Minute.[22]

In der sagenumwobenen Alchemie wurde nach der „Formel für Gold" gesucht. Als Nebenprodukt entdeckte man Eisenlegierungen und legte den Grundstein für die wissenschaftliche Metallurgie. Im Bergbau wurden durch Wassermühlen (und Windmühlen) betriebene Entwässerungssysteme entwickelt, die es ermöglichten, in tiefere Schichten vorzudringen und den Abbau der Erze und des Salzes erleichterten.

Auch die Schiffs- und Segeltechnik wurde verbessert. Die Karavelle löste die Kogge ab. Mit der Karavelle, die mindestens zwei Masten hatte, konnte man auch segeln, wenn der Wind nicht direkt „von hinten" blies. Das ermöglichte das sogenannte „lateinische Segel"; ein Dreieckssegel, das am hinteren Mast befestigt war. Diese technische „Neuerung" war eine gewisse Vorbedingung, um Hochseeschifffahrt zu betreiben. Die Galeone war dann zu einem späteren Zeitpunkt der Schiffstyp der spanischen Flotte, mit dem man große Lasten transportieren konnte. Die Fleute löste später die Galeone ab und brachte den Holländern einen entscheidenden Vorteil im Überseehandel. Dieser Schiffstyp war relativ schmal und lang, hatte eine enorme Segelfläche und war daher ziemlich schnell.

---

[22] Vgl. Kellenbenz, H. (1986), Die Wirtschaft und Gesellschaft Europas 1350–1650, in: *HdeWS*, Bd. 3, S. 51/52.

Das Stichwort des Überseehandels ist nun gerade gefallen. Inwiefern war er für die europäische Wirtschaftsentwicklung von Bedeutung? Man muss hier vor Übertreibungen warnen. Es darf vermutet werden, dass die sogenannte „europäische Expansion", d. h. die von Europa ausgehende Erkundung der Welt, einen überwältigenden Einfluss auf das menschliche Bewusstsein ausgeübt haben muss, denn hier wurde gleichsam die empirische Bestätigung erbracht, dass die „Welt" nicht in einem „Suppenteller liegt", sondern rund ist.[23] Der Handel als solcher wurde in quantitativer Hinsicht davon zunächst nur geringfügig beeinflusst. Die Spanier holten große Mengen Goldes aus den eroberten Gebieten Süd- und Mittelamerikas auf die Iberische Halbinsel. Es kam zur „Preisrevolution", d. h. zu einer Inflation, die allerdings vor allem die Anrainer des Mittelmeers betraf und nach Norden hin deutlich abnahm. Sie war in Frankreich nur halb so hoch wie in Spanien und in England wiederum nur halb so hoch wie in Frankreich.[24]

Zunächst waren die Frachtmengen der Schiffe noch klein und über 50 % der ausgelaufenen Schiffe kehrten nicht in ihren Heimathafen zurück, weil sie Stürmen, Navigationsfehlern oder Piraten zum Opfer fielen. Erst später, im 17. und 18. Jahrhundert, nahm die quantitative Bedeutung des Überseehandels zu. Neben Gewürzen wurden neue Pflanzen, Holz und Naturfarben eingeführt. Aber auch ohne den Überseehandel entwickelte sich der Handel innerhalb Europas im Spätmittelalter auch und gerade zwischen den Städten und Messezentren recht beachtlich. Der einzelne Kaufmann stand vor dem Problem der Kapitalbeschaffung, d. h. der Finanzierung der Güter und des Transports derselben. Eine große Finanzinnovation war der Wechsel. Dadurch mussten der Kaufmann oder sein Handlungsreisender kein Geld mehr bei sich tragen. Diese Form des Kredites wurde im Lauf des Spätmittelalters immer beliebter und breitete sich schrittweise aus. Handelshäuser waren im 14. Jahrhundert noch überwiegend Familienunternehmen, wie die Medici in Florenz oder die Fugger und Welser in Augsburg.

Noch in der zweiten Hälfte des 15. Jahrhunderts begann sich die Bevölkerung von den Pesteinbrüchen „zu erholen", d. h. es kam zu einem Bevölkerungswachstum, das auch im 16. Jahrhundert anhielt. Erst mit dem Einsetzen des 30-jährigen Krieges, dessen Ausbruch auf das Jahr 1618 datiert wird, kam es zu einem erheblichen Bevölkerungsrückgang im Deutschen Reich, der aber nicht nur auf den Krieg, sondern auch auf wiederholte Ausbrüche der Pest zurückzuführen war.[25] Der gesamte Bevölkerungszuwachs des 16. Jahrhunderts wurde in dieser Zeit zerstört. Kellenbenz kommt zu dem

---

[23] Dass die Erde rund ist, wussten bereits die Pythagoräer. Sowohl Aristoteles als auch Heraklit lieferten dafür Argumente. Im Mittelalter war dieses Wissen z. T. „vergessen" worden. Nicht jedoch in gelehrten Kreisen, die zugegebenermaßen sehr klein waren. Erst in der Renaissance wurde Aristoteles wiederentdeckt.

[24] Vgl. Kellenbenz (1986), in: *HdeWS,* Bd. 3, S. 93 ff.

[25] Die Stadt Frankfurt/Main wurde vom 30-jährigen Krieg weitgehend verschont, weil sie neutral blieb. Sie büßte in diesem Zeitraum aufgrund von Pestausbrüchen ca. 1/3 ihrer Bewohner ein.

Ergebnis, dass die Bevölkerung um 43 % reduziert wurde, d. h. von 16 Mill. zu Beginn des Kriegs auf 10 Mill. nach dessen Beendigung im Jahr 1648 (Westfälischer Friede).[26] Damit fiel die Bevölkerung im Deutschen Reich erstmals hinter die Bevölkerung Frankreichs zurück. In einzelnen Regionen nahm der Bevölkerungsrückgang apokalyptische Züge an. So lebten 1619 im Großherzogtum Württemberg 400.000 Menschen. Nach dem 30-jährigen Krieg lebten davon noch ca. 50.000. In der Stadt Löwenberg, in Schlesien, lebten von den ursprünglich 6500 Einwohnern vor dem Krieg noch 40 !! nach dem Krieg.[27]

Die sogenannte „Preisrevolution" im 16. Jahrhundert war im Deutschen Reich eher einer wachsenden Diskrepanz zwischen der Entwicklung der Bevölkerung einerseits und der Produktion andererseits geschuldet als den Goldimporten der Spanier. Die Nachfrage nach Nahrungsmitteln nahm drastisch zu, doch die Produktion konnte nicht ausgeweitet werden, wodurch die Preise anstiegen. Die Reallöhne, nicht nur der Handwerksgesellen, sanken. Kellenbenz schreibt hierzu:

> „Während ein Augsburger Maurergeselle am Anfang des 16. Jahrhunderts noch das 1,4 –
> 1,5fache des Mindestbedarfs seiner Familie decken konnte, war es ihm seit 1550 nur noch
> möglich, 75 % davon durch seinen Lohn zu bestreiten."[28]

Als Folge davon nahmen das Betteln und das Vagantentum erheblich zu. In den Städten kam es zu Plünderungen der Bäckereien. Die Räte vieler Städte ließen aus Vorräten Brot backen und an die Bedürftigen verteilen. Diese Schicht der Bedürftigen waren Menschen, die sich außerhalb der bürgerlichen Stadtgesellschaft befanden. Der oberste Stand waren die Patrizier, es folgten die in Gilden organisierten Kaufleute. Danach kamen die Handwerker, die sich in Zünften organisiert hatten. Daneben gab es Beisassen, die kein volles Bürgerrecht hatten. Neben unehelich Geborenen, denen der Zugang zu den Zünften nahezu unmöglich war, zählten auch die Lehrlinge, Handwerksgesellen, Maurer, Zimmerleute sowie die Fuhrleute, Schiffer und Dienstboten zu diesem Stand. Von diesem untersten Stand, der z. B. in Lübeck um 1400 42 % der Stadtbevölkerung ausmachte, lebten ca. 14 % in Armut. In Oberdeutschland (Süd- und Südwestdeutschland) gab es größere Gegensätze. Bis zum Beginn der Reformationszeit (um 1520) nahm die wirtschaftliche Ungleichheit in den Städten noch zu.

Auch auf dem Land nahm die soziale Differenzierung zu. Man kann das deutlich an der Einteilung der Bauernschaft in unterschiedliche Schichten erkennen. Da die Rechte und Pflichten der Bauern an der Hufe hingen, machte sich die Schichtung an der Besitzgröße fest: So gab es Vollhufer (Namen wie Hofer, Huber stammen daher).

---

[26] Kellenbenz H. und R Walter, (1986) in: *HdeWS*, Bd. 3, S. 828–9.

[27] Gall nennt für Kaiserslautern einen Rückgang von 3200 auf 200 Einwohner und für das von Tilly verheerte Magdeburg einen Rückgang von 30.000 auf 2500 Einwohner. Vgl. hierzu: Gall, L. (1989), *Bürgertum in Deutschland*, Berlin, S. 28.

[28] Kellenbenz (1986), *HdeWS*, Bd. 3, S. 892.

Weiter gab es Halbhufer, Viertelhufer bis zum Sechzehntelhufer (Seldner, Seldmann). Noch kleinere Parzellen bewirtschafteten die Kätner, Kötter, Gärtner und Häusler.[29] Der Abgabendruck, die wachsende Bevölkerung und die zunehmende Schichtung ließen gerade die unteren Schichten mehr und mehr verarmen. Als die Grundherren dann auch noch die Jagd und die Fischerei sowie den Holzeinschlag auf der Allmende begrenzten, kam die Bauernschaft durchweg in erhebliche wirtschaftliche Bedrängnis. Ausgehend vom Südschwarzwald und dem Allgäu entbrannten zwischen 1524 und 1525 in ganz Südwestdeutschland Bauernaufstände. Ihre Anführer, wie Götz von Berlichingen, Florian Geyer oder Thomas Müntzer, sind teilweise sogar zu Gestalten der Literatur geworden. Bei diesen Aufständen entstand erheblicher materieller Schaden durch Plünderungen und Brandschatzungen. Mit großer Vehemenz, brachialer Gewalt und Strafgerichten schlugen die Grundherren diese Aufstände nieder. Dies wirkte lange nach, und die wirtschaftliche Lage der Bauernschaft verschlechterte sich weiter. Die „alten Rechte" auf Fischfang, Jagd und Holzeinschlag auf der Allmende kehrten nicht mehr zurück.

Bis zum Ausbruch des 30-jährigen Kriegs war das 16. Jahrhundert eine Phase der Prosperität der Städte gewesen, obgleich die Schichtung und soziale Differenzierung zugenommen hatten und damit auch sehr arme Schichten der Stadt- und auch der Landbevölkerung entstanden waren. Das Gleiche traf aber auch für den Adel und die bürgerlichen Schichten zu. Auch Teile des Landadels verarmten – andere wurden wohlhabender; es kam zu einer Spreizung der Vermögen. Der steigende Wohlstand der Städte hatte zu einer enormen Bautätigkeit geführt, die noch bis zum Beginn des Kriegs anhielt. So wurden in vielen Städten Rat- und Zeughäuser gebaut (z. B. Augsburg 1609, 1615; Bremen 1609; Danzig 1600, Darmstadt 1598). Auch Schlösser wurden renoviert, ausgebaut oder sogar neu errichtet (z. B. Aschaffenburger Schloss 1605) Aber noch immer konnte die Produktion mit dem Anstieg der Bevölkerung nicht Schritt halten. Gewerbe und Handel ließen kein einheitliches Bild erkennen. So hatten die oberdeutschen Handelshäuser z. T. erhebliche Verluste erlitten, andere Städte, wie z. B. Frankfurt am Main oder Leipzig, erlebten eine wirtschaftliche Blüte. Das sächsisch-schlesische Textilgewerbe, das als Verlagssystem organisiert war, entwickelte sich z. B. sehr gut. Insgesamt waren jedoch die Produktivitätssteigerungen zu gering, um mit dem Bedarf der wachsenden Bevölkerung mithalten zu können, sodass es zu den bekannten Preisschüben kam. So stand die Wirtschaft im Deutschen Reich vor dem Ausbruch des 30-jährigen Krieges zwar nicht „am Abgrund"; es gab jedoch deutliche Hinweise auf eine krisenhafte Entwicklung.

Im Krieg kam es zu schweren Zerstörungen an Mensch, Land und Kapital. Das Land wurde einfach nicht mehr bebaut, und so nahmen die Wüstungen wieder zu. Der Viehbestand nahm rapide ab, Gehöfte und Häuser wurden zerstört oder verfielen einfach, weil sie verlassen wurden. Der Fernhandel kam nahezu zum Erliegen. Es kam zu erheblichen

---

[29] Vgl. hierzu Kellenbenz (1986), *HdeWS*, Bd. 3, S. 841.

Umschichtungen im Wohlstand, weil bestimmte Regionen im Alten Reich ziemlich verschont wurden. Dazu gehörten Schleswig–Holstein, große Teile Niedersachsens, das westliche Westfalen, das Rheinland und die Alpenländer. Aber auch Sachsen, Nordhessen, Nordbayern und Böhmen waren weniger stark betroffen. So profitierten die Bauern in Schleswig–Holstein davon, dass in Mecklenburg, Pommern und Brandenburg ganze Landstriche unbebaut blieben und verfielen.

Am Ende des Kriegs waren die durch die Überbevölkerung entstandenen Krisenphänomene verschwunden. Jetzt herrschte Mangel – vor allem Mangel an Arbeitskräften. Überall sanken die Agrarpreise und die Preise für gewerbliche Waren. Als sich die Wirtschaft zu erholen begann und die Nachfrage nach Rohstoffen aus dem Ausland anzog, wurde deutlich, dass nahezu alle internationalen Handelsverbindungen abgebrochen waren. Das Deutsche Reich war in seiner wirtschaftlichen Entwicklung gegenüber der Westeuropas erheblich zurückgefallen. Allerdings hatten auch andere westeuropäische Länder, insbesondere Frankreich und England, konfessionelle oder bürgerkriegsähnliche Auseinandersetzungen zu durchstehen, sodass man, Vierhaus folgend, von einer „allgemeinen Krise des siebzehnten Jahrhunderts" sprechen könnte.

In dieser Situation ist es folgenreich gewesen, dass die einzelnen Landesherren und ihre Regierungen wirtschaftspolitisch aktiv wurden. Es setzte die Phase des Merkantilismus und Kameralismus ein, in der man die wirtschaftlichen Verhältnisse zu bessern trachtete, indem die Territorialmacht (Landesfürsten) selbst wirtschaftlich tätig wurde. Da Deutschland auch kulturell in seiner Entwicklung ins Hintertreffen geraten war, suchten die wirtschaftlichen, politischen und geistigen Eliten nach Vorbildern im europäischen Ausland. Die Musik und die Baukultur wurden aus Italien „importiert", Verwaltungstechniken und höfische Sitten schaute man sich in Frankreich ab. Vierhaus kommt insgesamt zu dem folgenden Urteil:

> *„Kein Land aber ist durch Kriege so sehr erschöpft, in seiner biologischen und ökonomischen Substanz so schwer getroffen worden wie Deutschland."* [30]

3.2.1 Die Entwicklung nach dem 30-jährigen Krieg

Die Folgen des dramatischen Bevölkerungsverlusts waren denen nach der ersten Pestwelle sehr ähnlich: leer stehende Höfe, verwüstetes Land und Arbeitskräftemangel. Doch im Unterschied zum 14. Jahrhundert reagierten die Territorialherrscher im 17. Jahrhundert mit politischen, vor allem bevölkerungspolitischen Maßnahmen. So wurden Glaubensflüchtlinge aufgenommen und angesiedelt. Französische Waldenser wanderten nach Württemberg aus, in der Lausitz und in Sachsen siedelten aus Böhmen vertriebene

---

[30] Vierhaus, R. (1978), *Deutschland im Zeitalter des Absolutismus*, J. Leuschner (Hrsg.), Deutsche Geschichte, Bd. 6, Göttingen: V&R, S. 21.

Protestanten. Salzburger Exilanten und französische Réfugiés wanderten in großer Zahl in Brandenburg und Ostpreußen ein und Hugenotten wurden im nördlichen Hessen (Schwalm) sowie in Berlin angesiedelt.

Neben den Zuwanderungen gab es auch Abwanderungen. Einmal nach Übersee (USA) aber vor allem nach Ungarn und Rumänien als Folge der Habsburgischen Siedlungspolitik. Bereits in der ersten Hälfte des 18. Jahrhunderts war die Bevölkerungszahl wieder auf dem Stand wie vor dem Beginn des 30-jährigen Kriegs. In den Realteilungsgebieten[31] Südwestdeutschlands schlug der Bevölkerungsmangel in Bevölkerungsdruck um. Die Höfe und Felder wurden zu klein, um eine Familie zu ernähren. Es kam zu einer ungeheuren Auswanderungswelle. Bekannt sind die „Schwabenzüge" mit über 100.000 Aussiedlern, die sich in den Donauregionen, am Schwarzen Meer und in Südrussland niederließen. Pfälzische Handwerker zogen nach Ostpreußen, und die Auswanderung nach Nordamerika stieg an.

In den Städten nahm die Einwohnerzahl langsamer zu als auf dem Land. Umso wichtiger war die Zuwanderung aus den ländlichen Gebieten. Diese Wanderung in die Städte wurde von den Territorialherrschern nicht mehr behindert. Die Städte selbst lockten mit den Bürgerrechten und Zunftmitgliedschaften. Die Preisbewegungen für Agrarprodukte spiegeln die Bevölkerungsentwicklung wider. Nach dem Ende des 30-jährigen Kriegs kam es durch den Rückgang der Bevölkerung zu einem Rückgang der Nachfrage nach Nahrungsmitteln. Die Agrarpreise fielen, die Preise für gewerbliche Produkte blieben nahezu konstant. Wegen der Arbeitskräfteknappheit stiegen die Löhne. Das Interesse, eine Bauernstelle zu übernehmen, war sehr gering, denn die Verdienstchancen waren ebenfalls gering. Als Folge blieb das Land brach und der Preis für Land sowie der Pachtzins sanken beträchtlich. Landgüter verloren daher erheblich an Wert. Oft belief sich der Preis auf $^1/_3$ bis ¼ seines Vorkriegswerts.[32] Mit der zunehmenden Bevölkerung nahm dann im 17. Jahrhundert die bebaute Fläche wieder zu. Sie wuchs nach Angaben von Vierhaus von 1650 bis 1800 um 60 %. Der Ertrag pro Fläche stieg hingegen nur um ca. 20 %.[33] Als Konsequenz kam es in der zweiten Hälfte des 18. Jahrhunderts zu einer Verschlechterung der Ernährungslage, da die agrarische Produktion nicht mit der Rate der Bevölkerung wuchs. Die Preise der Agrarprodukte stiegen, die Lohneinkünfte blieben hingegen nahezu konstant. Am Ende des 18. Jahrhunderts erkannte man, dass eine Ökonomie, die ganz überwiegend auf einer landwirtschaftlichen Grundlage beruhte, nur durch eine Verbesserung der landwirtschaftlichen Technik und durch eine modernisierte Agrarverfassung Entwicklungschancen hatte. Dem stand jedoch das Feudalsystem mit seinen personellen Verflechtungen von Hof (Regierung) und Adel im Wege.

---

[31] Bei der Realteilung wird die Erbschaft auf alle Erben aufgeteilt. Beim Anerbenprinzip erhält ein Erbe (meistens der Erstgeborene) das Haupterbe, z. B. den Hof.

[32] Vgl. Vierhaus, a.a.O.; S. 31.

[33] Vgl. Vierhaus, a.a.O.; S. 36.

Im Bereich der gewerblichen Wirtschaft (überwiegend in den Städten) kam es zunächst zu ähnlichen Nachkriegsphänomenen wie in der Landwirtschaft. Es fehlten Arbeitskräfte, die Produktionsmittel und die Verkehrswege waren zerstört, die Handelsbeziehungen waren verfallen. Doch erholte sich die gewerbliche Wirtschaft wesentlich schneller als die Landwirtschaft. Um 1700 war die Stagnation überwunden. Das System der Zünfte war vollkommen intakt geblieben und wirkte auf die Landbewohner anziehend. Die Zünfte gewährten Rechtssicherheit, ein standesgemäßes Auskommen – also im weitesten Sinne ein für damalige Verhältnisse „sicheres Leben", das auf dem Land niemals möglich war. Gleichzeitig war das Zunftsystem aber mit Starrheit und Wettbewerbsfeindlichkeit verbunden. So wurde die Zahl der Meisterstellen begrenzt. Konkurrenz durch neu eintretende Meister wurde somit ausgeschaltet. Dieser durch die Eintrittsbarrieren entstandenen Abgeschlossenheit stand die „Öffnung und Bewegung" entgegen, die durch die erzwungene Wanderschaft der Handwerkslehrlinge bestand. Insbesondere die nachgeborenen Söhne der Meister mussten, wenn sie das Handwerk des Vaters erlernen und fortführen wollten, bei einem anderen Meister, oft in einer anderen Stadt, in die Lehre gehen. Ihnen ging es ähnlich wie den nachgeborenen Söhnen des kleinen und mittleren Adels. Sie waren gezwungen, in „fremden Diensten" ihre Ausbildung und ihr Glück zu suchen. Lothar Gall fasst dieses scheinbar Gegensätzliche wie folgt zusammen:

> *„Die Notwendigkeit, die eigene Existenz in jeder Generation aufs neue in der Fremde, fern der ursprünglichen Heimat und vertrauten Lebenswelt, zu suchen und in der Fremde doch gleichzeitig auf im Kern bekannte Verhältnisse und Strukturen, Zunft und Rat, auf ganz ähnliche Formen, Bräuche und Zeremonien zu treffen – das enthielt Herausforderung und Geborgenheit zugleich, vermittelte das Gefühl und Bewusstsein, auf sich selbst gestellt und doch nicht orientierungslos dem ganz anderen ausgeliefert zu sein. Wanderschaft war immer auch Heimkehr in eine in den Grundzügen vertraute Welt, in der man nach »der Väter Art« leben konnte."*[34]

Während die gewerblichen Güter in handwerklicher Einzelproduktion gefertigt wurden, hatte sich im Bereich der Textilherstellung das Verlagssystem seit dem 15. Jahrhundert verbreitet. Es hat sich vor allem in den Regionen ausgebreitet, die von großen Marktflecken weit entfernt waren. In der Leinenweberei war das Schlesien, Ost- und Nordwestfalen, Nordhessen, Niederrhein und Schwaben. In der Woll-, Baumwoll- und Seidenweberei lag der Schwerpunkt in Sachsen. Auch in der Kleineisenerzeugung (Bergisches Land, Sauerland), der Handwaffenerzeugung (Thüringen) und in der Glaserzeugung breitete sich das Verlagssystem aus. Nach Vierhaus betrug der Anteil der im Verlagssystem organisierten gewerblichen Produktion am Ende des 18. Jahrhunderts 43,1 %. Der Anteil der handwerklichen Produktion lag bei 49,9 %, und der Anteil der Manufakturen war mit 7 % ausgesprochen gering. Das Manufaktursystem

---

[34] Gall, L. (1989), *Bürgertum in Deutschland,* Berlin, S. 46.

nahm überhaupt erst im 18. Jahrhundert leicht zu. Vorher gab es nur ganz verein-
zelte Manufakturen, die zunächst meistens von Landesherren gegründet wurden, um
bestimmte Luxusartikel für den Hof herzustellen. Später wurden sie von Privaten mit
Unterstützung durch die Landesherren gegründet. Anfangs wurden in Manufakturen
Porzellan und Teppiche, aber vor allem große Mengen Tuche produziert. Später, in
der zweiten Hälfte des 18. Jahrhunderts, wurden auch die Zuckerherstellung, die Bier-
brauerei und die Tabakverarbeitung manufakturmäßig organisiert. Es kam auch zu
Mischformen zwischen Manufaktur und Verlagssystem, wie in der 1650 gegründeten
Calwer Zeughandlungskompagnie. Im Jahr 1787 waren in dieser Gesellschaft,
die übrigens bis zum heutigen Tage existiert, 933 Wollproduzenten sowie 3–4000
Spinnerinnen und Garnkämmer organisiert. Jedoch nur 168 Personen arbeiteten in den
Manufakturgebäuden, die anderen arbeiteten zu Hause.[35]

Beide Organisationsformen, das Verlagssystem und die Manufaktur, kennzeichnen
die Anfänge kapitalistischen Produzierens und Wirschaftens. Im Verlagssystem gehört
dem das Endprodukt, der die Rohstoffe vorfinanziert und das Endprodukt auf den Markt
bringt. Das waren die Kaufleute und die Händler. Die Produktionsmittel waren das
Eigentum der Heimarbeiter. In der Manufaktur wurden neben den Rohstoffen auch die
Produktionsmittel von den Gründern bereitgestellt und vorfinanziert. Der Kapitalbedarf
eines Manufakturgründers war also wesentlich größer als der eines Verlagshändlers. Der
steigende Kapitalbedarf für private und landesherrschaftliche Projekte rückte das Bankwesen in den Blickpunkt. Neben London, das nicht nur heute, sondern bereits seit dem
18. Jahrhundert der bedeutendste Finanzplatz Europas (damals der Welt) war, spielten
natürlich Paris und Wien eine große Rolle.

Im Ganzen gesehen mangelte es im Deutschland des ausgehenden 18. Jahrhunderts
nicht mehr an Arbeitskräften. Auch Kapital stand zur Verfügung. Dennoch entwickelte
sich die Wirtschaft in Deutschland in mancher Hinsicht anders als die Englands. Die
industrielle Revolution nahm ihren Ausgang in England und griff dann auch auf den
europäischen Kontinent über.

Frankreichs wirtschaftliche Entwicklung im Spätmittelalter glich in großen Zügen
der in Deutschland. Es wurden die gleichen Produktionstechniken verwendet, die Pest
wütete ebenfalls im 14. Jahrhundert, und es kam auch dort zu einem Bevölkerungsrückgang mit den bereits oben besprochenen Folgen für die wirtschaftliche Entwicklung.
Es gab allerdings auch einige Unterschiede. Frankreich lag im 14. und 15. Jahrhundert
mehrmals im Krieg mit England. Dies führte zu einer relativ mächtigen Zentralherrschaft
des Königs, der ein stehendes Heer unterhielt, das durch Steuern auf den Warenumsatz
(1/20), die Getränke (1/13) und das Salz finanziert wurde (es gab aber auch direkte
Steuern). Die Gewerbetreibenden waren auf das Militär und den Hof ausgerichtet, denn
beide waren wichtige Abnehmer.[36] Im 16. und 17. Jahrhundert entwickelte sich am Hof

---

[35] Vgl. Vierhaus, a.a.O., S. 41.
[36] Vgl. Dubois, H. (1986), *HdeWS*, Bd. 3, S. 615.

eine Schicht von „Staatsbeamten", die monarchische Gewalt exekutierten und tief in die Wirtschaft eingriffen. Merkantile Wirtschaftspolitik in Frankreich ist mit dem Namen J. B. Colbert (1619–1683), dem Generalintendanten für nahezu alle wirtschaftlich relevanten Bereiche der französischen Monarchie, untrennbar verbunden. Wir werden im ideengeschichtlichen Kapitel zum Merkantilismus auf Colberts Bedeutung für die Wirtschaftspolitik im absolutistischen Frankreich noch zurückkommen.

Im Ganzen gesehen gab es im Mittelalter eine Vielzahl sozialer und wirtschaftlicher Lebensformen: Burgen, Höfe, Städte und Klöster. Diese Lebensformen lassen sich nur schlecht mit einer starren Lebens- und Standespyramide beschreiben.

„Vielmehr handelte es sich um eine unerhörte Vielfalt und Buntscheckigkeit verschlungener personaler Beziehungen, Abhängigkeiten, Herrschaftsgefügen, aber auch Freiheitsräumen, die kaum überblickbar waren."[37]

3.2.2 Geld im Mittelalter

Im Frühmittelalter nahm der Handel innerhalb Europas deutlich ab. Damit einher ging natürlich auch ein Rückgang im Geldwesen. Erst im Hochmittelalter kam es durch die Gründung von Marktflecken zu vermehrtem Handel und damit auch zu einer Ausweitung des Geldwesens. Der Silberbergbau (z. B. 1168 in Freiberg) entwickelte sich langsam und im Spätmittelalter hatte er sich gut entfaltet. Von Sardinien über Schwaz in Tirol, Kuttenberg in Böhmen bis Sala in Schweden und Kongsberg in Norwegen erstreckten sich die Bergwerke und die Münzstätten, in denen die verschiedenen Silbermünzen geprägt wurden. Während in Europa die Silbermünzen, also eine „Silberwährung" vorherrschte, dominierte in der islamischen Welt Gold als Münzmetall. Dieses Gold kam aus dem damaligen Westsudan und wurde an den Oberläufen der Flüsse Niger und Senegal gewonnen.[38]

Die langsame Ausweitung des Geldwesens hing auch mit dem schleichenden Zerfall des Villikationssystems zusammen. In dem Maße, in dem die Bauernschaft ihre Renten in Naturalien und in Geld an ihre Fronherren abliefern musste, nahm ihr Interesse am Tausch ihrer Produkte gegen Geld (Münzen) zu. Das Gleiche galt auch für die Fronherren, denn die hatten auf ihren Höfen weniger produzierende Leibeigene und mussten sich die relevanten Güter auf den Märkten kaufen.

---

[37] Bürgin, A. (1993), *Zur Soziogenese der Politischen Ökonomie*, Marburg: Metropolis, S. 176.
[38] Vgl. North, M. (2009), *Kleine Geschichte des Geldes*, München: Beck-Verlag, S. 22.

Das Geldwesen bekam einen weiteren expansiven Impuls durch die sogenannte „kommerzielle Revolution"[39], die in den hochentwickelten italienischen Städten statt-fand, denn dort hatten sich die „Schaltzentralen" des Fernhandels herausgebildet: Genua und Pisa als Städte mit direktem Zugang zur See auf der westlichen Seite der italienischen Halbinsel und Venedig auf der adriatischen Seite, während im Binnen-land natürlich Bologna, Florenz und Siena hervorstachen. Die Verschriftlichung der Geschäftsvorgänge durch Kontokorrentrechnung und später doppelte Buchführung, die Kenntnisse der verschiedenen Münzen, ihrer Feinheitsgrade und Wechselkurse erforderten eine Ausbildung und Spezialisierung, die an anderen Orten Europas nicht existierte. Auf einer Art Rechenbrett, genannt *banca,* wurden die Münzen angeordnet. Diese Entwicklung in Italien während des Hochmittelalters brachte eine Schicht von Kaufleuten hervor, deren Kenntnisse und Handelstechniken sich nur sehr langsam und mit Zeitverzögerungen in die Städte des Westens und Nordens Europas ausbreiteten. Der Fernhandel fand nicht zwischen Ländern, sondern zwischen Städten und nur dort statt. Davon zu unterscheiden ist der lokale Handel, wo es um landwirtschaftliche und hand-werkliche Produkte des täglichen Bedarfs ging. Der Fernhandel war reich mit Risiken behaftet – von Raub und Wegelagerei einerseits bis zu Wetterunbilden andererseits – die zum Verlust des gesamten Handelsguts und der mitgeführten Geldsummen führen konnten. Die Einführung des Wechsels als Mittel geldlosen Zahlungsverkehrs schaffte Abhilfe. Das setzte allerdings voraus, dass es ein Netz von Kaufleuten gab, die die Ein-lösung des Wechsels und damit den Zahlungsvorgang zum Abschluss des Geschäftsvor-gangs ermöglichte. Neben den Kaufleuten, die mit den Gütern handelten, benötigte man also auch die Geldwechsler (bancherius, lat.), die die Zahlungsvorgänge ermöglichten. Solche Wechselurkunden aus den o. g. italienischen Stadtstaaten sind seit der Mitte des elften Jahrhunderts dokumentiert.

Das Spätmittelalter war massiv von der Pest und ihren Folgen geprägt. So kam es durch den allgemeinen Rückgang der wirtschaftlichen Aktivität auch zu einem Rückgang der Münzproduktion. Diese monetäre Kontraktion wurde zusätzlich durch eine Edel-metallknappheit der europäischen Bergwerksreviere befördert.[40]

---

[39] Der Begriff geht auf Karl Polanyi zurück. Vgl. hierzu Polanyi, K. (1944), *The Great Trans-formation,* deutsche Ausgabe 1977, Wien: Europaverlag, S. 88.
Eine bedeutende Arbeit zur kommerziellen Revolution ist: Lopez, R.S. (1955, 2001), *Medieval Trade in the Mediterranean World,* Columbia University Press.
[40] Vgl. North, M. (2009), a.a.O., S. 38 ff.

Spiegelungen der Wirtschaft im Denken der Scholastik

4

Fragt man sich, ob und wie sich diese Vielfalt in Wirtschaft und Gesellschaft im Schrifttum, d. h. in der theoretischen Reflexion wiederfindet, muss man sich zunächst verdeutlichen, dass fast ausschließlich Ordensleute und Vertreter der katholischen Kirche über die entsprechende Ausbildung, Bildung und Zeit verfügten, um sich mit solchen reflexiven Fragen zu beschäftigen. Auch Universitäten wie Bologna oder Paris waren ja fest in der Hand des Klerus. Die Deutung, Interpretation und Erklärung der ‚Welt' war fest eingebettet in die Theologie, d. h. die christliche Theologie. Das Studium der alten Texte, der griechischen und lateinischen Sprache und die Interpretation und Erklärung der Welt im Lichte dieser Texte war Aufgabe der „Scholaren", ihre Wissenschaft nannte und nennt man die Scholastik.

Schumpeter unterscheidet drei Phasen der Scholastik, wobei er die erste Phase von 900 bis 1299, die zweite Phase von 1300 bis 1399 und die dritte Phase von 1400 bis 1699 einordnet.[1]

Demnach gehört das Hochmittelalter zur ersten Phase der Scholastik. In diesen Zeitraum fiel die Verbesserung der agrarischen Produktionstechniken, die wir im vorherigen Kapitel angesprochen haben. Als Folge dieser Verbesserungen und der in der ab ca. 980 einsetzenden und bis in das 13. Jahrhundert anhaltenden Klimaerwärmung kam es zu einer weiteren Ausdehnung der agrarischen Produktionsmöglichkeiten, die zu einer Verbesserung der Ernährung und damit auch zu einem Bevölkerungswachstum führten. Gerade während der Zeit der Staufer (1138–1254) kam es in den Territorien des heutigen Deutschlands zu einem Wachstum der Städte, was indirekt auch mit einem Ausbau der

---

[1] Schumpeter, J.A. (1965), *Geschichte der ökonomischen Analyse*, Teilband 1, Göttingen: Vandenhoeck & Ruprecht, S. 128 ff.

© Springer-Verlag GmbH Deutschland, ein Teil von Springer Nature 2022
V. Caspari, *Ökonomik und Wirtschaft,* https://doi.org/10.1007/978-3-662-65497-2_4

Handelsstraßen einherging. In dessen Folge nahm der Handel deutlich zu und wurde zumindest für die norddeutschen Städte (die Hanse) von größerer Bedeutung als für die süddeutschen Städte, die eher einen handwerklichen Schwerpunkt ausbildeten. In Frankreich und auf der britischen Insel konnte man ähnliche Entwicklungen verzeichnen, da sich natürlich auch dort das Klima erwärmte und die veränderten Bebauungstechniken angewendet wurden. In all diesen Regionen kam es zu einem Bevölkerungswachstum und zu einem Anstieg der Stadtgründungen als auch zu einer Zuwanderung in schon bestehende Städte.

Mit dem Vordringen des Handels gewannen die Themen „Preis", „Geld, Zins und Wucher" an Bedeutung. Die Frage nach der Begründung des Privateigentums wurde bereits früher gestellt und auch Fragen der Arbeitsethik waren Themen, die die Kirchenväter schon erörtert hatten. Die zweite und dritte Phase der Scholastik fiel vollständig in die spätmittelalterliche Wirtschaftsgeschichte, wobei sich im Spätmittelalter vielfach bereits merkantilistisches Gedankengut entwickelt hatte. Das werden wir im entsprechenden Kapitel natürlich aufgreifen.

Das scholastische Denken hat im Wesentlichen drei Bezugspunkte. Da ist erstens, wie bereits angedeutet, die theologisch-philosophische Tradition der Kirchenväter zu nennen und als zweiter Bezugspunkt kommt die aristotelische Tradition hinzu. Das war aber erst in größerem Umfang möglich, nachdem die zweite Übersetzung der *Nikomachischen Ethik* aus dem Griechischen in das Lateinische durch den Engländer Robert Grosseteste, Bischof von Lincoln, in den Jahren 1246/47 abgeschlossen worden war.[2] Das römische Recht bildet den dritten Bezugspunkt.[3]

Auf den ersten Blick ist es irritierend, dass die gesamte agrarökonomische Entwicklung, die Beziehungen zwischen Lehnsherren und leibeigenen Bauern und die zwischen Stadt und Land kaum reflektiert wurden. Nur die Handelsentwicklung hat ihren Niederschlag in dem Thema des Zinsnehmens gefunden.

4.1 Privateigentum

Kaufer[4] weist darauf hin, dass die scholastischen Autoren keine Kenntnisse über das Eigentum in archaischen Zeiten hatten, sondern den paradiesischen Zustand, in dem alle Güter Allen gehörten, als Naturzustand ansahen. Mit dem Sündenfall seien private

---

[2] Eine erste Übersetzung stammte von einem Laien, Burgundio von Pisa, der von 1110 bis 1193 lebte.

[3] Einen sehr guten Überblick über diese drei einflussreichen Traditionen liefert Odd Langholm in seinem grundlegenden Werk: *The Legacy of Scholasticism in Economic Thought*, C.U.P., 1998.

[4] Kaufer, E. (1998), *Spiegelungen wirtschaftlichen Denkens im Mittelalter*, Innsbruck, S. 92 ff.

Eigentumsrechte notwendig geworden, um Nachlässigkeit, Betrug und Zwietracht einzudämmen. Allerdings ende die „private Grenze" des Eigentums dort, wo die extreme Not des anderen beginne, argumentiert Thomas von Aquin.[5]

Für den Dominikaner Thomas von Aquin ist Privateigentum eine vernunftgemäße Ergänzung des Naturrechts, weil etwas dann gut ist, wenn es sich durch persönliche Einsicht als gut erweist.[6] Die Franziskaner, vertreten durch John Duns Scotus, folgten der thomistischen Auffassung mit der Einschränkung, dass jede Eigentumsordnung immer nur positiv-rechtlichen Ursprungs sein könne und damit diskretionär gestaltbar sei, sofern die Autorität des Gesetzgebers legitim ist. Dies ist Ausdruck der franziskanischen Position, dass „voluntas est superior intellectu". Kaufer leitet aus dieser Grundüberzeugung der Franziskaner die Ursprünge der subjektiven Wertlehre ab.[7]

4.2   Der gerechte Preis

Albertus Magnus (Albert der Große, ca. 1200–1280) war Mitglied der Dominikaner und einer der großen Gelehrten des Hochmittelalters. Er gilt als der Theologe, der durch seine ausführliche Kommentierung der aristotelischen Schriften die Renaissance der aristotelischen Philosophie bewirkte. Im Folgenden kommt das in seiner Behandlung des „gerechten Preises" zum Ausdruck.

Im römischen Recht galt jeder Vertrag im Prinzip als gerecht, wenn die Vertragspartner den Kaufvertrag über ein entsprechendes Gut freiwillig abgeschlossen hatten. Damit war im Prinzip jeder Preis, der durch einen freiwilligen Kontrakt zustande gekommen war, auch „gerecht". Das entsprach nicht den Maximen des aristotelischen Konzepts der ausgleichenden (kommutativen) Gerechtigkeit. Albert bemerkte hierzu:

> *„Ein derartiger Tausch (freiwilliger Tausch zweier Besitzgegenstände, V.C.) beruht näm-*
> *lich im bürgerlichen Leben auf dieser Form des Gerechten, die man als Wiedervergeltung*
> *bezeichnet; und eine Nichtbeachtung dieses Gerechten bedeutet die Auflösung des Tausches*
> *unter den Bürgern." (S. 31) (…) „Der Baumeister (muss) vom Schuster dessen Arbeits-*
> *produkt in Empfang nehmen und andererseits muss der Baumeister dem Schuster dafür*
> *zahlen, was dem Schuster nach gerechter Wiedervergeltung zukommt. Denn nur wenn diese*
> *Forderung erfüllt ist, wird Übereinstimmung nach Arbeit und Kosten herrschen. (…) Wenn*

---

[5] Darauf hatte sich Kardinal Frings in seiner Silvesterpredigt von 1946 berufen und den Menschen wegen des „Kohlenklauens" im harten Winter Absolution erteilt. Natürlich hat der Kardinal Schwierigkeiten mit der britischen Militärverwaltung bekommen, sich dann aber auf die katholische Moraltheologie berufen.

[6] Vgl. Kaufer (1998, S. 94).

[7] Vgl. Kaufer (1998, S. 95).

aber bei solchen Tauschverträgen nicht so verfahren wird, so führt diese Nichtbeachtung der Gleichheit nach Proportion zur Auflösung der Gemeinschaft, weil keine Wiedervergeltung nach Arbeit und Kosten stattfindet. "[8]

Unter „Kosten" versteht Albert im Prinzip die Kosten aller Inputs außer der bereits berücksichtigten Arbeitsinputs.[9]

Für Thomas von Aquin ist die Wirtschaft integriert in die Lehre von den Tugenden und Bestandteil der Gerechtigkeitslehre. Hierin folgt er Aristoteles und seinem Lehrer Albertus Magnus. Es ist die Lehre vom gerechten Handeln und vom gerechten Habitus. Ein Tausch(-vertrag) gilt dann als gerecht, wenn niemand sich mehr Wert aneignet als dem anderen zufällt. Geschieht dies doch, dann muss der erzielte Gewinn zurückerstattet werden (restitutio). Der „gerechte Preis" (pretium iustum) kann allerdings nie genau, sondern muss schätzend ermittelt werden. Die Grenzen nach oben und unten, ab denen ein Betrug vorliegt, ergaben sich aus einer Proportionalitätsregel. Da man auch im Mittelalter an der durch das römische Recht implementierten Vertragsfreiheit festgehalten hatte, nannte der Verkäufer einen Ausgangspreis und der Käufer versuchte ihn herunterzuhandeln. Dazwischen lag der „gerechte Preis". Wie weit konnte nun der Preis heruntergehandelt werden, ohne dass Betrug vorlag, d. h., der Verkäufer Restitution verlangen konnte oder vom Vertrag zurücktreten durfte? Antwort: Wenn der Endpreis um mehr als die Hälfte unter dem „gerechten Preis" lag. Die obere Schadensgrenze lag beim Doppelten des „gerechten Preises". Wenn sich der tatsächlich erzielte Preis p_t innerhalb der Grenzen

$$\frac{1}{2}p* \leq p_t \leq 2p*,$$

befand, galt der Tausch(vertrag) als gerecht. Gab es Streit, ermittelte ein Gericht den „gerechten Preis". Diese Gerichte mussten nun die Frage beantworten, wonach sich der Wert eines Guts bemisst. Der Naturwert eines Dings, so Thomas von Aquin, ergäbe sich aus der Schöpfung. Demzufolge sei der Naturwert einer Maus größer als der von Brot. Unter dem Aspekt des Gebrauchs, d. h. bezogen auf den Menschen, ist die Maus aber schädlich, da sie Getreide oder Brot wegfresse, das Brot hingegen sei nützlich. Unter Gebrauchswert versteht er die funktionale, d. h. objektive Nützlichkeit (utilitas) eines Dings. Brot ist nützlich, weil es der Ernährung dient. „Gerechter Tausch" (Preis) bedeute nun, dass äquivalente, objektiv nützliche Gütermengen ausgetauscht werden. Thomas von Aquin erkannte allerdings an, dass ein Verkäufer, der zu seinem Gut eine

---

[8] Albertus Magnus, (1651), *Ethica*, IV. Bd., Liber V, Tract. II, caput IX, in: Diehl, K. und Mombert, P. (1920), *Ausgewählte Lesestücke zum Studium der Politischen Oekonomie, Wert und Preis I*, Sturrgart:G. Fischer, S. 31–37, hier S. 33–34.

[9] Albertus Magnus geht interessanterweise im Falle des Tauschs nicht auf die „verteilende Gerechtigkeit" ein, im Rahmen derer Aristoteles den Tausch behandelte. Stattdessen beruft er sich auf die kommutative Gerechtigkeit.

hohe affektive Bindung hatte, einen höheren Preis verlangen durfte. Umgekehrt war es hingegen verboten, die hohe affektive Bindung eines Käufers an ein Gut auszunutzen. Preisdiskriminierung war also verboten und restitutionspflichtig. In der Frage der Wertbestimmung kam wiederum durch die franziskanische Argumentation ein weiterer Aspekt hinzu. Für Duns Scotus galt ja, dass der „Wille über der Vernunft" steht, und darin folgte ihm San Bernardino von Siena, der bis zum heutigen Tage als der Heilige der Toskana gilt und dessen Bildnis man in Kirchen, Kapellen, und an Straßenkreuzungen in der Toskana antrifft. San Bernardino folgte Thomas in seiner Definition des Gebrauchswerts (valor usalis). Er fügte aber neben der funktionalen Nützlichkeit noch die der Seltenheit und die der ertragsmäßigen Schwierigkeit der Beschaffung, sowie die persönliche Wohlgefälligkeit eines Dings hinzu. Wir würden sagen: Seltenheit, Ressourcenkosten und subjektive Wertschätzung. Gerade im Aspekt der „subjektiven Wertschätzung" sieht Kaufer das in der franziskanischen Argumentation hinzutretende voluntaristisch-subjektive Moment, das später dann in der subjektiven Werttheorie seinen Niederschlag fand.[10]

Anders als bei Aristoteles, der bei der Behandlung des „gerechten Tauschs" die soziale Stellung der Tauschpartner berücksichtigt sehen wollte, trat dieser Aspekt auch bei Johannes Buridanus (ca. 1300–1358) in den Hintergrund. Er betonte die Stärke des Bedürfnisses als Ursache für einen höheren Wert.

„Wir sehen nämlich, dass zu der Zeit, wo Mangel an Wein herrscht, derselbe teuer wird, eben weil wir seiner mehr bedürfen"[11]

Buridanus wies darauf hin, dass, wenn dieser Satz richtig wäre, ein Armer sein Getreide teurer verkaufen müsste als ein Reicher, denn das Bedürfnis des Armen sei ja wesentlich größer als das des Reichen. Buridanus begriff hier den Unterschied zwischen Marktnachfrage und Individualnachfrage:

… *„nicht das Bedürfnis dieses oder jenes Menschen (bestimmt) den Wert der Tauschgegenstände,…, sondern das gemeinsame Bedürfnis derer, die unter sich tauschen können."*[12]

Buridanus hat also den Unterschied zwischen der Nachfrage des einzelnen Marktteilnehmers und der Nachfrage aller Marktteilnehmer und damit auch den Unterschied zwischen Marktpreis und dem Angebots- bzw. Nachfragepreis des einzelnen Marktteilnehmers erkannt.

Man muss sich verdeutlichen, dass es im Hochmittelalter keine freie oder gar vollkommene Konkurrenz auf den Märkten gab. Aber auch eine extreme Monopolisierung

---

[10]Vgl. E. Kaufer, S. 95–11.

[11]Buridanus, J. (1920, [1489], Questiones super decem libros ethicorum Aristotelis ad Nichomachum, Ausgabe Paris 1489, in: Diehl/Mombert (1920), *Ausgesuchte Lesestücke zum Studium der politischen Ökonomie*, IV. Bd.; Wert u. Preis, 1. Abteilung, Karlsruhe, S. 39.

[12]Ebenda, S. 40.

lag selten vor, wenn man einmal von den Bannrechten absieht, die den Schutz einzelner Dörfer und Weiler an die Nutzung der Mühlen oder Brauereien des Schutz- oder Burgherren banden und damit Monopolanbieter für allfällige Leistungen waren. Auf den mittelalterlichen Märkten kam es eher zu Formen des bilateralen Tausches, der dem Handeln und Feilschen eines Basars nahekam. Die Produkte waren nicht homogen, sondern typisch für einen bestimmten Handwerker, also herrschte, modern ausgedrückt, sowohl horizontale als auch vertikale Produktdifferenzierung vor und insofern wurde bei jedem Tausch quasi die Preiselastizität der jeweils anderen Seite getestet. Natürlich gab es auch Preisdiskriminierung. Der Eine zahlte für das nahezu gleiche Gut mehr als der Andere. Hier kam dann die Regel zum Einsatz, dass der tatsächlich gezahlte Endpreis nur innerhalb der Spanne zwischen ½- und dem 2-fachen des „gerechten Preises" liegen durfte. Ein „gerechter Preis" sollte Stabilität in die gesellschaftliche Reproduktion bringen. Denn nur wenn „gerechte Preise" herrschen, kann jeder Marktteilnehmer sich in seinem Handwerk oder Gewerbe reproduzieren, d. h. ökonomisch überleben.

4.3 Zins und Wucher

Es gab bereits in der griechischen Antike eine Missbilligung des Preises für ein Darlehen von „nach Maß, Zahl oder Gewicht" bestimmbaren Gütern wie Getreide, Öl oder Geld. Auch im Alten Testament, d. h. in den fünf Büchern Moses (Tora oder Pentateuch) finden sich Hinweise auf ein Verbot des Zinsnehmens. Aber noch älter sind Hinweise auf Darlehen im Reich der Sumerer rund 3200 v. Chr. Regelungen zum Zinsnehmen finden sich im Gesetz des Hammurabi (1750 v. Chr) und auch im Gesetz von Ur-Nammu (2100 v. Chr.) sowie von Lipit-Ishtar (1930 v. Chr.).[13]

Der Preis für ein Darlehen heißt „usura" oder „Wucher". Wer ein Haus, einen Ochsen oder einen Pflug mietet, hat ein Dach über dem Kopf oder den Ertrag des bearbeiteten Bodens und kann das Haus, den Ochsen oder den Pflug zurückgeben. Er kann einen Preis für die Nutzung des gemieteten Guts zahlen, weil er einen Ertrag hat. Leiht nun ein Hungernder eine bestimmte Menge Getreide, so kann er diese nicht vollständig als Saatgut investieren, sondern er muss sie konsumieren, was aber die Chancen der Rückerstattung erheblich mindert. Wenn also schon die schlichte Rückerstattung eine Schwierigkeit darstellt, ist jeglicher Zins „Wucher". So oder ähnlich argumentierten die Menschen in jenen früheren Epochen.

In Ökonomien mit geringer Produktivität, in denen man kaum über die Subsistenz hinauskam, konnte sich eine Gemeinschaft keine Zinszahlungen leisten, wenn man Schuldknechtschaft und Sklaverei dauerhaft auf niedrigem Niveau halten wollte. Bereits Solon legte den Grundstein für den wirtschaftlichen und gesellschaftlichen Aufstieg

---

[13] Ellickson, R., Thorland, C., (1995), Ancient land law: Mesopotamia, Egypt, Israel, *Chicago-Kent Law Review* 71, 321–411.

Athens, indem er die Schuldknechtschaft aufhob. Im antiken Israel galt jedes 50. Jahr als Jobeljahr, denn zu Beginn dieses Jahres wurde mittels des Jobels – dem Horn des Widders – ein Erlass aller Schuldknechtschaft verkündet. Gesellschaften, die personale Freiheitsrechte bewahren wollten, mussten den Darlehenszins rechtlich verbieten oder religiös ächten.

4.3.1 Wucher als Sünde: die jüdisch-christliche Perspektive

Im fünften Buch Mose, 23, 20–21 (Luther-Bibel) findet sich die folgende Passage:

> *„Du sollst von deinem Bruder nicht Zinsen nehmen, weder für Geld noch Speise noch für alles, wofür man Zinsen nehmen kann. Von dem Ausländer darfst du Zinsen nehmen, aber nicht von deinem Bruder...*

In Psalm 15 wird die Frage „Wen nimmt Gott an?" beantwortet:

> *„Wer untadelig lebt und tut, was recht ist, (…) wer sein Geld nicht auf Zinsen gibt und nimmt nicht Geschenke wider den Unschuldigen. Wer das tut, wird nimmermehr wanken."*

Im Neuen Testament wird sowohl in Matthäus 25, 14–30 als auch in Lukas 19, 12–27 ein Gleichnis erzählt, aus dem deutlich hervorgeht, dass in der Zeit der Abfassung des Neuen Testaments Zinsnehmen im Zusammenhang mit Wechsel- und Geldgeschäften üblich war, aber die Darstellung eines „harten Mannes, der erntet, wo er nicht gesät habe" zeigt, dass dieses Verhalten negativ bewertet wurde.

Die Kirchenväter, insbesondere Augustinus, argumentierten, Gott habe als Schöpfer den Menschen über die geschaffenen Dinge gesetzt. Aber die Zeit gehöre allein Gott. Das Zinsnehmen fordere Zinsen für den bloßen Ablauf der Zeit. Es werde nicht mal Rücksicht auf arbeitsfreie Tage genommen. Das Geld soll unaufhörlich „arbeiten".

Verschiedene altkirchliche Synoden und Konzile verboten den Klerikern das Zinsnehmen und drohten mit der Exkommunikation beim Zuwiderhandeln.[14] Diese Position wurde noch durch weitere Konzile bestätigt und nachdem in England 787 das Zinsverbot eingeführt wurde, untersagte auch *Karl der Große* 789 für den Bereich des karolingischen Reichs allen Klerikern und Laien das Zinsnehmen.[15] Die verschiedenen Laterankonzile der folgenden Jahrhunderte verschärften die angedrohten Strafen noch und auch im kanonischen Recht wurde das Zinsverbot verankert.[16]

---

[14] Seipel, I. (1907), *Die wirtschaftsethischen Lehren der Kirchenväter*, S. 175.

[15] Geitmann, R. (2008), Der Zins als Problem für Juden Christen und Muslime, S. 91, in: Weis, M. und Spitzeck, H. (Hrsg.), *Der Geldkomplex*, Bern: Haupt.

[16] Le Goff, J. (2008), *Wucherzins und Höllenqualen. Ökonomie und Religion im Mittelalter*, Stuttgart: Klett-Cotta, S. 31.

4.3.2   Die aristotelische Perspektive

Aristoteles sah im Geld ein reines Tauschmittel. Als solches könne es nichts hervorbringen. Wenn hingegen Geld gegen Zins verliehen werde, dann bringe der Tausch etwas hervor, aber etwas Widernatürliches, den Zins. Denn aus Geld könne ja kein Geld entstehen, weil es steril und nicht fruchtbar sei. Daher seien alle Zinsgeschäfte widernatürlich. Aus beiden Traditionen entwickeln die scholastischen Doktoren ihre Argumentationen, um das kanonische Zinsnahmeverbot zu begründen. Wir unterscheiden dabei die dominikanische von der franziskanischen Argumentation, weil die Franziskaner interessanterweise die ersten Pfandleihhäuser, die Montes Pietatis, gegründet haben. In der Spätscholastik argumentiert die Schule von Salamanca nicht mehr pauschal für ein Verbot des Zinsnehmens. Wir werden die Position des Jesuiten Ludwig Molina behandeln.

Für den Dominikaner Albertus Magnus lag die Ursache des Zinsnehmens in der menschlichen Habgier. Da nun Habgier aber als Todsünde galt, war Zinsnehmen mehr als verwerflich. In weltlichen Zusammenhängen ließ er Zinsnehmen zu, weil das zeitliche Wohlergehen als Aufgabe des Staates Zinsnahme erforderlich machen kann. Der Kirche hingegen sei es verboten, weil sie sich um das „ewige Wohl" zu kümmern habe. Albertus Magnus muss hier zähneknirschend mithilfe dieser „scholastischen Spitzfindigkeit" die sich in der realen Wirtschaft ausbreitenden Handels- und Geldgeschäfte akzeptieren. Auch Thomas von Aquin folgt seinem Lehrer Albertus und erklärt das Verleihen von Geld gegen Zins für eine Todsünde. Aber ergänzend zu Albert greift er auf Aristoteles Güterbegriff zurück. Es gebe zwei Arten von Gütern. Solche, die im Gebrauch untergehen, wie z. B. Nahrungsmittel und solche, die bei ihrem Gebrauch nicht untergehen, bei denen die Nutzung übertragen wird. Bei solchen Gütern, die bei ihrer Nutzung untergehen, muss beim Zurückerstatten nur der Gegenstand selbst ersetzt werden, aber keinesfalls ein darüber hinaus zu zahlender Zins. Bei einem Haus muss für den Gebrauch eine Miete bezahlt werden und beim Erstatten des Hauses das Haus selbst zurückgegeben werden. Er setzt damit Miete als gleichbedeutend mit Zins. Da nun Geld aber zu den Gütern gehöre, bei denen das Gut und dessen Gebrauch zusammenfallen, kann eine Zinszahlung nicht legitimiert werden. Er lässt aber auch Ausnahmen vom Zinsverbot zu. Eine solche Ausnahme liege vor, wenn in einem Vertrag ein Ausgleich als „Ersatz für den Schaden des Gebers"[17] enthalten sei. Es kann nämlich ein Fall eintreten, bei dem der Schaden, den der Kreditgeber hat, kleiner ist als der, den der Kreditnehmer ohne das geliehene Geld haben würde. Der Darlehensnehmer zahlt eine Entschädigung an den Darlehensgeber für die Zeit des Verzichts, während der das Darlehen dem Geber nicht zur Verfügung steht. Keinesfalls darf aber ein entgangener Gewinn, lucrum cessans, berücksichtigt werden. Ein zweiter Fall betrifft eine Situation, in der ein Darlehensnehmer mit seiner Rückzahlung in Verzug gerät. Hier ist Zinsnahme, das damnum

---

[17] Thomas von Aquin (1985), *Summa theologica III*, 78, 2, Stuttgart: Kröner, S. 359.

emergens, legitim. In einem Punkt geht Thomas von Aquin über seinen Lehrer Albertus hinaus: Er befreit den Zinszahler vom Vorwurf der Beihilfe zur Sünde mit Hilfe des Arguments von Aristoteles, dass Unrecht erleiden keine Sünde ist.

Zwischen den Dominikanern und den Franziskanern kam es zu einer Auseinandersetzung, weil die Dominikaner den von den Franziskanern gegründeten Pfandleihhäusern (Mons Pietatis – Berg des Mitleids) Wucher vorwarfen. Diese Pfandleihhäuser wurden in der Mitte des 15. Jahrhunderts von den Franziskanern mit dem Ziel eingerichtet, an Arme Geld zu verleihen, um sie vor den Wucherern, die zu jener Zeit zwischen 32½ und 43½ % Zins verlangten, zu schützen.[18] Die franziskanischen Zeitgenossen von Albertus Magnus und Thomas von Aquin unterschieden sich in ihrer Grundhaltung nicht von der dominikanischen Grundposition. Zinsnahme ist Sünde! In der Begründung allerdings unterschieden sie sich, weil die Franziskaner stärker auf die Bibel rekurrierten als auf die Schriften des Aristoteles. Besonders deutlich wird dies bei Bonaventura (1221–1274), der als der bedeutendste Vertreter der älteren Franziskanerschule gilt[19]. So betont Bonaventura, wie im franziskanischen Denken üblich, den Willen („voluntas est superior intellectu"), dass nämlich ein verzinstes Darlehen „nicht aus Liebe zum Nächsten, sondern aus der Liebe zu Münzen" vergeben werde.[20] Bonaventura baut allerdings ein kleines Schlupfloch für eine Zinszahlung bei einer Darlehensvergabe ein, denn nur wenn Zinsen von Anfang an vereinbart gewesen seien, sei das Sünde. Wenn hingegen der Darlehensnehmer eine Gegengabe zahlt, dann sei das akzeptabel. Wenn man also bei einem Darlehen stillschweigend von einer Gegengabe ausgehe, dann käme es wiederum auf den „Willen" an. Wenn der Darlehensgeber bei der Vergabe des Darlehens nur auf einen Zins gehofft habe, dann ist die Zinszahlung verwerflich. War die Zinszahlung jedoch nicht das Hauptmotiv der Darlehensvergabe, dann darf die Gegengabe (Zinszahlung) als legitim angesehen werden. Es entstand so ein Interpretationsspielraum, weil auf nicht direkt beobachtbare Motive der wirtschaftlichen Handlung rekurriert wurde. Da bei den von den Franziskanern später gegründeten Pfandleihhäusern das Hauptmotiv darin bestand, armen, in Not geratenen Menschen mit einem Darlehen über die ärgste Not zu helfen, war eine moderate Gegengabe – eine Zinszahlung – nicht verwerflich, sondern legitim.

Die bislang behandelten Autoren gehören zur Hochscholastik. In der Spätscholastik, vor allem in der Schule von Salamanca, wird das Verbot der Zinsnahme weiter „aufgeweicht". Dieses Aufweichen entsteht, weil neben der ethischen Urteilsfindung (normative Orientierung) auch die Sachanalyse an Bedeutung gewinnt. Der Jesuit Ludwig Molina (1535–1600) war ein herausragender Vertreter dieser

---

[18] Noonan, J.T. (1957), *The Scholastic Analysis of Usury,* Cambridge/Mass.: Harvard University Press, S. 295.

[19] Sein ursprünglicher Name war Johannes Fidanza.

[20] „non ex amore proximi, sed ex amore nummi", Bonaventura (1589), *Opera Omnia*, Bd. 2, Commentarii Lucae, VI. 81, Vatikan, S. 157.

wirtschaftsethischen Schule. Molina hat sich durch Befragung der Kaufleute ein Bild
über ihre Beweggründe, Vertragsgestaltungen und Handlungen gemacht. Die Lehre
von der Unfruchtbarkeit des Geldes und von seiner Vernutzung im Tausch wird fallen
gelassen. Molina erkennt, dass investiertes „Geld" nicht unfruchtbar ist, während
konsumiertes „Geld" tatsächlich unfruchtbar ist. Der Unterschied zwischen Investitionskredit und Konsumkredit wird erkannt. Zwar halten auch die Vertreter der Spätscholastik
am Zinsverbot fest und verdammen den Wucher, weichen aber das Verbot so auf, dass
Kredit- und Darlehensvergabe mit moderaten Zinsen nicht als Wucher gebrandmarkt
werden können.

Von den protestantischen Reformatoren finden wir bei Luther die strengste Ablehnung
des Wuchers, wobei Luther nie zwischen Zinsnahme und Wucher unterschied. Ganz
ähnlich den Franziskanern stützte sich Luther auch nicht auf die Argumente des „Philosophen", d. h. des Aristoteles, sondern auf die der Bibel. Ganz ähnlich auch Zwingli
(1484–1531), der sich ebenfalls nur auf die Bibel berief. Zwingli unterschied aber
göttliche Gerechtigkeit und menschliche Gerechtigkeit, wobei für letztere die Obrigkeit zuständig sein soll. Zinsnehmen ist dann im Rahmen der göttlichen Gerechtigkeit verboten, während sie nach der menschlichen Gerechtigkeit durch die Obrigkeit
legitimiert sein kann.

Die Position Calvins (1509–1564) findet sich in einem Antwortbrief an einen Freund,
der ihn gebeten hatte, ihm seine Haltung zur Zinsnahme zu erläutern.[21] Calvin schrieb:

> „*Erstens gibt es keinerlei Zeugnis in der Heiligen Schrift, durch das der Wucher völlig
> verboten wird. Denn der Ausspruch Christi, der üblicherweise dafür sehr augenscheinlich
> eingeschätzt wird, nämlich „leiht" (Lk 6,35) (1), ist fälschlicherweise in diesen Sinn ver-
> dreht worden. Denn so, wie er an anderer Stelle die verschwenderischen Gäste und die ehr-
> geizigen Gelage der Reichen tadelt und daraufhin befiehlt, eher die Blinden, die Lahmen
> und andere Arme der Straße einzuladen, die nicht das Gleiche zurückgeben können – so will
> er auch an dieser Stelle die sündhafte Gewohnheit der Welt korrigieren, Geld zu verleihen
> und er befiehlt uns, grundsätzlich an die zu verleihen, bei denen es keinerlei Hoffnung gibt,
> es wiederzubekommen."*[22]

Anders als Luther sah Calvin auch in den alttestamentlichen Aussagen nur dann eine
bindende Norm für seine Zeit, wenn diese sich mit den Forderungen nach der Billig-
keit und der Barmherzigkeit deckten. Viele Beispiele Calvins verdeutlichen, dass er
neben den früher üblichen Konsumtivkrediten die Investivkredite berücksichtigte, die zu
seiner Zeit im süddeutschen und schweizerischen Wirtschaftsraum schon eine größere
Verbreitung gefunden hatten. Was Calvin jedoch dezidiert ablehnte ist, wenn man aus
dem „Gewinn aus Zins" ein Gewerbe mache. Das passte nicht zu seiner Arbeitsethik. Ein

---

[21] 81 Biéler, A. (1961), *La Pensée Économique et Sociale de Calvin*, Genf, S. 456.
[22] 82 Calvin, CO 10a, 245–246; Übersetzung: Albrecht Thiel, http://www.ekd.de/calvin/wirken/
zinsnehmen.html; Stand: 06.04.18.

fleißiger, vermögender Privatmann kann gelegentlich Kredite vergeben, aber ein Bankier müsste wohl gegen seine Grundsätze verstoßen.

Zusammenfassend können wir festhalten, dass Zwingli in der Frage der Zinsnahme zwischen Luther und Calvin stand. Luther lehnte die Zinsnahme streng ab, Calvin erlaubte zum besonderen Schutz der Armen Zinsnahme bei investiven Darlehen. Zwingli blieb theologisch streng, überließ aber die Frage, ob es Wucher oder gerechtfertigte Zinsnahme ist, der weltlichen Obrigkeit. Die Reformatoren haben damit keine wesentlich andere theologische Auffassung vom Zinsnehmen wie die Spätscholastik insgesamt. Sie begründeten ihre Positionen jedoch fast ausschließlich, indem sie das Alte und Neue Testament auslegten. Ein Rekurs auf Aristoteles findet sich bei ihnen nicht.

Die behandelten scholastischen Autoren einte ihre Methodik, so sehr sie auch unterschiedliche Auffassungen in der einen oder anderen Frage vertraten. Sie argumentierten normativ und nicht positiv, sie generalisierten kaum, sondern trafen viele Fallunterscheidungen. Die Grundfragen drehten sich um wirtschaftliche Sachverhalte und Vorgänge, die im alltäglichen Leben einerseits zu Auseinandersetzungen zwischen Beteiligten führten und andererseits eben die Frage aufwarfen, ob dieses wirtschaftliche Handeln mit den Grundsätzen des damaligen christlichen Weltbildes und der christlichen Ethik verträglich waren. Das wirtschaftliche Handeln wurde als eingebettet in diese Geisteswelt rein normativ behandelt. Erst mit der Spätscholastik trat neben die rein dogmatische Betrachtung auch die Beobachtung wirtschaftlicher Vorgänge und führte so schrittweise zu immer neuen Fällen, d. h. zu einer erweiterten Kasuistik, in der dann den realen wirtschaftlichen Vorgängen mehr Raum gegeben wurde. So entstand aus dem „verbotenen" *lucrum cessans,* dem entgangenen Gewinn, schrittweise die Vorstellung entgangener Möglichkeiten und somit der viel spätere Begriff der Opportunitätskosten.

Die von den scholastischen Philosophen aufgestellten Regeln und Normen sollten die mittelalterliche Sozialordnung stabilisieren helfen, denn diese Ordnung war, normativ gesehen, die göttliche, d. h. von Gott gewollte Ordnung. Insofern sollten die Regeln sicherstellen, dass jeder Mensch an dem Platze, den ihm die göttliche Ordnung zugewiesen hatte, auch bleiben konnte, indem er sich ökonomisch und sozial reproduzieren konnte – von Generation zu Generation. Gerade die Reproduzierbarkeit, d. h., ökonomisch überleben zu können, ist ein Kernbestandteil der normativen Bedeutung des „gerechten" Preises. Wenn der Käufer nicht übervorteilt wird und der Verkäufer seine „Kosten" erstattet bekommt, dann kommt, so die Vorstellung, keiner der beiden Tauschpartner in eine die Reproduktion gefährdende Schieflage.

Auch das Verbot der Zinsnahme zielte auf den Reproduktionsaspekt. In einer Produktions- und Wirtschaftsweise, in der kaum ein Surplus, d. h. ein positives Nettoprodukt, erwirtschaftet wurde und die Ökonomie immer in der Nähe einer Subsistenzökonomie verharrte, waren Darlehen fast ausschließlich Konsumtivkredite, d. h. sie dienten dazu, das nackte Überleben zu gewährleisten. Hier geriet der Darlehensnehmer nahezu immer in eine schwierige Lage, die ihn schnell in die Schuldknechtschaft kommen ließ. Erst mit der langsam steigenden Produktivität der Agrarökonomie, der Entwicklung des Handels und der städtischen Wirtschaft entstand dann der

Investitionskredit. Dem produzierenden oder investierenden Darlehensnehmer entstand ein Surplus, aus dem er den Zins nun zahlen konnte, ohne seine Reproduktionsfähigkeit zu gefährden.

Einige scholastische Autoren haben beachtliche ökonomisch-theoretische Zusammenhänge durchdacht. So auch der Franziskaner Peter Johann Olivi (1248–1298) in seinem Werk *Traktat über Verträge*[23]. In höchst subtiler Weise behandelt er dort Risiken der intertemporalen Preisänderungen, die im Handel und bei Kreditverträgen entstehen. Und er schreibt dem Kapital eine „quandam racionem seminalem lucri", d. h. eine dem Saatgut ähnliche Eigenschaft, Profite zu generieren, zu. Olivi begreift auch die Bedeutung von Güterzinssätzen, d. h. Zinssätze, die in Gütereinheiten ausgedrückt werden und erkennt, dass je nach gewähltem Numeraire in einem Fall Wucher und im anderen Fall kein Wucher vorliegen kann.[24] Nachdem die Wucherdebatte beendet wurde und das scholastische Denken durch merkantilistische Autoren verdrängt wurde, vergaß man das Konzept der Güterzinssätze oder auch Eigenzinssätze bis sie von Sraffa und Keynes in ihrer Debatte 1932 mit Hayek über dessen Konjunkturtheorie wieder aufgegriffen wurden. Friedrich August von Hayek hatte bereits 1928 das Konzept des intertemporalen Gleichgewichts formuliert, in dem Eigenzinssätze im Zusammenhang mit Termingeschäften auf Zukunftsmärkten von Bedeutung sind. Darauf werden wir im Kap. 12 eingehen.

---

[23] Olivi, P.J. (2021), *Traktat über Verträge,* Hamburg: Felix Meiner Verlag.

[24] Schefold, B. (2018): Thomas von Aquin, Petrus Johannes Olivi und Antonius von Florenz. Mittelalterliche Kapitalkritik und die Weberthese, in: Historisches Jahrbuch, Jg. 138, hrsg. v. Thomas Brechenmacher und Christoph Campmann, Freiburg i. Br.: Herder, S. 92–118.

Das Zeitalter des Merkantilismus

5

Mit der Entfaltung des „Tausches zwischen Stadt und Land" und der Entwicklung des Handels zwischen den Handelszentren (z. B. Hanse, Süddt. Städteverbund) gewann im späten Mittelalter die Geldwirtschaft an Bedeutung. Die Höfe der adeligen Herrscher mussten irgendwie an die Handelswaren kommen, insbesondere an jene, die man am eigenen Hofe nicht produzierte oder produzieren konnte. Ein Mittel an Geld zu kommen war, Gold- und Silberminen, die im eigenen Territorium lagen, auszubeuten und Münzen zu prägen (Schlagschatz). Eine zweite Quelle waren Eroberungsfeldzüge und Raub, vor allem auch zur See.

Die Regenten, Grafen, Herzöge, Kurfürsten, Könige und Kaiser begannen in ihren Territorien den Handel zu fördern. Die Höfe selbst hatten je nach der Größe ihrer Territorien einen Bedarf an Luxusartikeln einerseits und Kriegsmaterial andererseits. Dies führte zur Gründung von Manufakturen („Staatsbetriebe"). Zur Verbesserung des Handels wurden Verkehrswege planvoll ausgebaut, das Rechts- und Verwaltungswesen (Polizey) entwickelt, das Maß-, Gewichts- und Münzwesen vereinheitlicht. Insgesamt wurde das Ziel einer „aktiven Handelsbilanz" verfolgt, die das Ausland in Form von Gold zu zahlen hatte. Der Reichtum eines Landes wurde mit der Menge Gold gleichgesetzt, die aus der aktiven Handelsbilanz resultierte. Der Kameralismus gilt als kontinentaleuropäische und speziell „deutsche" Version des Merkantilismus. Er entwickelte sich in den kleinen Grafschaften und Fürstentümern des deutschsprachigen Raums und hielt sich relativ lange, während in Frankreich und England das merkantile ökonomische Denken relativ schnell von der Physiokratie bzw. vom Smithschen System der „natürlichen" Freiheit abgelöst wurde. In der dogmengeschichtlichen Literatur hat man „Merkantilismus" als ein ökonomisches System aufgefasst, das auf der Koordination bestimmter Politiken beruht, wie Verkehrspolitik, Zollpolitik, Handwerkspolitik usw., die zum Ziel haben, die Staatsmacht durch Wachstum der nationalen

© Springer-Verlag GmbH Deutschland, ein Teil von Springer Nature 2022
V. Caspari, *Ökonomik und Wirtschaft*, https://doi.org/10.1007/978-3-662-65497-2_5

Wirtschaft zu vergrößern. Eli F. Heckscher hat diesen Systemgedanken in den Mittelpunkt seiner klassischen Studie „Der Merkantilismus" gestellt.[1] Nun taucht der Begriff
„Merkantilismus" in der Literatur vor Smith nicht auf. Smith führte diesen Begriff ein,
um die wirtschaftspolitischen Lehren, die seiner Lehre vom „System der natürlichen
Freiheit" vorausgingen, zu charakterisieren. Man kann also durchaus die These vertreten,
dass es gar kein „merkantilistisches" Lehrsystem gab – ein kameralistisches hingegen
schon.[2] Da sich der Begriff eingebürgert hat, werden wir ihn hier weiterhin verwenden.

Der Merkantilismus war als eine wirtschaftspolitische Kunstlehre in allen Teilen
Europas, von Spanien und vom Königreich Neapel bis nach Schweden, verbreitet.
Allerdings traten die verschiedenen europäischen Länder und Regionen zu unterschiedlichen Zeitpunkten in die merkantilistische Epoche ein. Dabei sind Merkantilismus und
politischer Absolutismus Parallelentwicklungen oder zwei Seiten einer Medaille. In
England, Frankreich und den Niederlanden begann die merkantilistische Epoche relativ
früh, d. h. im 16. Jahrhundert, im Alten Reich auf dem Kontinent und in Skandinavien
im Wesentlichen nach dem Westfälischen Frieden von 1648. In Spanien und Portugal
dominierte der Überseehandel und so kam es durch die Fixierung auf Gold- und Silberimporte zu keiner gewerblichen Entwicklung. Die spanische Inquisition schaffte
ein Klima des Misstrauens und der Angst, was die wirtschaftliche Entwicklung des
Landes massiv hemmte. Italiens Stadtstaaten verloren im 17. Jahrhundert ihre ökonomische Bedeutung, weil der Handelsschwerpunkt Europas sich in den Nordwesten des
Kontinents, d. h. in die Niederlande verschoben hatte und weil die marktorientierte Wirtschaftsweise auf größere Märkte als die relativ kleinen Stadtstaaten angewiesen war. In
Russland kam es erst zu Beginn des 18. Jahrhunderts unter dem Zar Peter I. (der Große)
zu merkantilistischen Projekten.

Mit der wirtschaftshistorischen Entwicklung korrespondiert die ideengeschichtliche
Abfolge. Die ältesten merkantilistischen Schriften stammen aus Frankreich und England.
Als erster französischer Merkantilist gilt Antoine de Montchrestien (auch Montchrétien)
(1575–1621) mit seinem *Traicté de l'oeconomie politique* (1615). Mit diesem Buch
taucht der Begriff „politische Ökonomie" erstmals auf. Es folgen dann die Werke
von Pierre le Pesant de Boisguillebert (1646–1714) und Maximilian de Sully (1560–
1641). Jean-Baptiste Colbert (1619–1683) gilt als der für Frankreich einflussreichste
Merkantilist. Der „Colbertismus" prägte die Regierungsepoche Ludwigs des XIV.

Thomas Mun (1571–1641) gilt als der älteste englische Merkantilist. Sein Werk
lautet: *England's Treasure by Forraign Trade,* und erschien 1664. Es folgten William
Petty (1623–1687), *Political Arithmetick,* 1690. Als letzter britischer Merkantilist gilt
James Steuart (1712–1780), mit seinem Werk *An Inquiry into the Principles of Political
Economy,* 1767. Steuart war nur 11 Jahre älter als Adam Smith, d. h., dass beider

---

[1] Heckscher, E.F. (1932), *Der Merkantilismus*, 2 Bd, Jena.
[2] Vgl. Tribe K. (1993), Mercantilism and the Economics of State Formation in: Magnusson L.
(Hrsg.), *Mercantilist Economics*, Recent Economic Thought Series, vol 33, Dordrecht: Springer.

Lebens- und Schaffenszeitraum sich lange überschnitten: und doch gilt der eine noch als Merkantilist, während der andere das natürliche System der Freiheit dagegensetzte.

Auf dem europäischen Kontinent, im Alten Reich, kam es im Prinzip erst nach dem Ende des 30-jährigen Kriegs zu einer merkantilen Entwicklung. Ein wichtiger Autor war Johann Joachim Becher (1635–1682), mit seinem Buch *Politischer Discurs* (Von den eigentlichen Vrsachen/deß Auf- und Abnehmens/der Städt/Länder/und Republicken), 1668. Mit starkem Bezug zum Habsburger Reich und kurz nach dem Erscheinen des Buchs von Becher, schrieb Bechers Schwager Philipp Wilhelm von Hörnigk (1640–1714), das Werk *Österreich über alles, wann es nur will*, 2. Aufl. 1684. Bedeutend war auch Johann Heinrich Gottlob von Justi (1717–1771) mit den Werken *Staatswirthschaft, oder systematische Abhandlung aller ökonomischen und Kameralwissenschaften*, 1758 und *Grundsätze der Polizeywissenschaft*, Göttingen 1756.

In den verschiedenen europäischen Regionen herrschten unterschiedliche wirtschaftspolitische Schwerpunkte vor, die einerseits den Entwicklungsstand der Region und andererseits die Problemlage der jeweiligen Region widerspiegelten. Englands geografische Lage als Insel legte nahe, dass Handel, insbesondere der Überseehandel, wichtig war. Das gleiche galt für Holland, das sich früher als Großbritannien dem Handel öffnete und die dazu nötige Infrastruktur schuf. Es waren Kanäle und Straßen, die die Handelszentren an den Küsten mit dem Binnenland verbanden. Deshalb konzentrierten sich die merkantilistischen Autoren dort auf die Maßnahmen zur Förderung von Handel, Überseehandel und Verkehr.

Der französische „Colbertismus" galt als sehr regulatorisch und erstreckte sich von der Gewerbepolitik (Regulierung der Zünfte) über die Verkehrspolitik bis zur Handelspolitik. Colbert, der 1665 von Ludwig dem XIV. zum Generalkontrolleur der Finanzen ernannt wurde, führte zunächst eine „Verwaltungsreform" durch, indem er den Provinzregierungen ihre Eigenständigkeit entzog und sogenannte Intendanten einsetzte. Colbert zielte auf eine „aktive" Handelsbilanz, d. h., er förderte den Export und erschwerte den Import, um den Goldbestand im Land zu erhöhen. Importe wurden einerseits durch hohe Importzölle beschränkt und andererseits gründete er Manufakturen, um unentbehrliche Güter, wie z. B. den Import von edlen niederländischen Tuchen, in Frankreich herstellen zu können. Natürlich musste auch der chronisch defizitäre Hofstaat unterhalten werden und nicht zuletzt das mit 400.000 Mann größte stehende Heer Europas.[3]

Im Alten Reich war die Lage völlig anders als in den erwähnten Regionen, denn in Frankreich, Großbritannien und den Niederlanden dominierte der Zentralstaat. Das galt vor allem in Frankreich, aber auch England war im Vergleich zum Alten Reich sehr zentralistisch strukturiert. Im Alten Reich schlug nahezu jede zentrale wirtschaftspolitische Maßnahme fehl, wenn sie den Einzelinteressen der verschiedenen Regionen

---

[3] Rund 100 Jahre später, also um 1750, war das stehende Heer dann auf 200.000 Mann geschrumpft.

zuwiderlief. Da die lokalen Pestwellen und der 30-jährige Krieg im 17. Jahrhundert zu einer erheblich dezimierten Bevölkerung führten, stand bei den Kameralisten die Bevölkerungspolitik im Vordergrund. Daneben wurde der Gewerbepolitik, dem Bergbau und den Verkehrswegen besondere Aufmerksamkeit zuteil. Geografisch bedingt, spielten der Überseehandel und die Kolonialwirtschaft keine Rolle. Im Vordergrund stand die Idee der Staatenbildung, d. h., aus einer feudalistischen Landgrafschaft einen funktionierenden Staat mit einer ordentlichen Staatswirtschaft zu entwickeln.

Mit der Zunahme des Tauschhandels und der Geldwirtschaft entstand auch die Notwendigkeit einer Rechnungslegung und Bewirtschaftung der Höfe und ähnliches galt natürlich auch für die Kaufleute und Handelshäuser in den Städten. Die doppelte Buchführung, die bereits während der Renaissance im späten 15. Jahrhundert von Benedetto Cotrugli (Benedikt Kotruljević) (1416–1469), einem aus Dubrovnik stammenden Kaufmann in Neapel, entwickelt wurde, zog sukzessive in die Handelshäuser der italienischen Stadtstaaten ein und an den Höfen entwickelte sich die Kameralistik (camera: fürstliche Schatzkammer), deren Grundprinzipien noch heute im Staatshaushaltungsdenken der Finanzwissenschaft zu finden ist. Die Funktionsweise des italienischen Stadtstaates wurde zu einem Vorbild für die absolutistischen Territorialstaaten Europas. Der theoretische Rahmen des Kameralismus, wenn man überhaupt von einem sprechen kann, war von einzelwirtschaftlichem Denken und von einer Haushaltsperspektive geprägt, die wiederum von der Hausväter-Literatur herrührte. Ihr Ziel war eine gute Haushaltsführung. Daher auch die Maxime, dass man nur ausgeben kann, was man eingenommen hat oder „wer viel einnimmt und wenig ausgibt, wird reich". Darauf beruhte die Politik der aktiven Handelsbilanz. Güter exportieren bedeutete, dass Einnahmen entstanden, die seinerzeit vor allem in Gold und Silber anfielen. Dann sollten möglichst alle Güter des Lebens autark hergestellt werden, so dass wenig importiert werden musste und damit geringe Ausgaben entstanden. Als Folge sollte nun der Gold- und Silberschatz wachsen. Die Vorteile der Arbeitsteilung wurden nicht begriffen und damit wurden sie auch nicht propagiert oder gar gefördert. Diese Sichtweise zeigt, dass einzelwirtschaftliches Haushaltsdenken auf die Gesamtwirtschaft übertragen wurde. Wir wissen heute, dass dies unzulässig ist und zu völlig falschen Schlussfolgerungen und Urteilen führen kann. Gleichwohl herrschte diese Denkweise nahezu zwei Jahrhunderte vor und brachte eine Handlungslogik hervor, die sich stark von der durch die Scholastik geprägten Zeit unterschied. Eine Besonderheit des Kameralismus war, dass der Adressat der „guten Ratschläge" und Maximen der Landesfürst, also der jeweilige Herrscher eines Territoriums, war. Das Ziel dieser Maximen war, den Reichtum des Herrscherhaushalts zu mehren, wobei aber die Kameralisten implizit dachten, dass der steigende Reichtum des Herrscherhaushalts irgendwie allen Untertanen zugutekomme. Eine klare Unterscheidung von Individuum, Gesellschaft und Staat findet man bei den meisten Kameralisten nicht. Der Herrscherhaushalt ist der Staatshaushalt und im Kameralismus wird fraglos davon ausgegangen, dass der Staat in einem Allgemeininteresse (was immer das ist) und eben auch vernünftig handelt. Die besondere Betonung der Staatsverwaltung und des Verwaltungshandelns überhaupt kommt auch darin zum Ausdruck, dass dies als eigenständige Thematik in der sogenannten *Polizeywissenschaft* behandelt wurde. Die Fokussierung auf den Staat war im britischen Merkantilismus nicht vorhanden, wohingegen es diesbezüglich im französischen Merkantilismus Parallelen zum Kameralismus gab. Dies zeigte sich in einer Denkschrift Colberts für die vom König Ludwig XIV präsidierte Sitzung des Conseil de Commerce vom 3.8.1664, in der sich Colbert mit seiner Lagebeschreibung und seinem Maßnahmenkatalog direkt an den Herrscher wandte.[4] Deutlich wird, dass Colbert den fehlenden Überseehandel als Frankreichs „Defizit" im Vergleich zu Holland und England ansah und daher den Schiffsbau und den Aufbau einer Überseehandelsflotte forcieren wollte. Frankreichs Manufakturwesen, das vornehmlich auf Luxusgüterproduktion für den Hofstaat und nicht auf Massenproduktion ausgerichtet war, wurde keiner Veränderung unterzogen, sondern in dieser Ausrichtung ausgebaut.

Bei den englischen Merkantilisten wird dem Handel (Überseehandel), seinem Ausbau und seiner Entwicklung große Aufmerksamkeit geschenkt. Natürlich ist auch hier die ökonomische Denkfigur die der Haushaltswirtschaft. Die Einnahmen müssen größer als die Ausgaben sein. Deshalb wurde dieser Überschuss, der in der Regel in Form von Edelmetallen anfiel, als Reichtum angesehen. Da man nun wissen wollte, wie reich man wirklich war, begann man „zu zählen, zu messen und zu wiegen". William Pettys (1623–1687) „*Political Arthmetick*" – 1676 geschrieben aber erst 1690 veröffentlicht – ist ein solches Beispiel. Ein anderes Beispiel sind die Arbeiten von Gregory King (1648–1712).[5]

In der englischen merkantilistischen Literatur sieht man sehr schön, dass ökonomische Themen aus vielen, mit dem Handel, Geld, den Wechselkursen, Zinsen und den Zöllen verquickten Fragestellungen angesprochen werden, aber ein klares theoretisches System fehlt. Merkantilisten sind „Projektemacher" und, wie Schumpeter sie charakterisierte, „Pamphlet Schreiber". Sie propagierten einzelne Maßnahmen, die zu mehr Reichtum führen sollten. Dabei war der Adressat gewissermaßen die interessierte Öffentlichkeit, die mehr oder weniger mit den Parlamentsangehörigen und der Regierung gleichzusetzen war. Hier unterschied sich der englische vom französischen Merkantilismus und vom Kameralismus, die beide vornehmlich eine Staatsperspektive einnahmen. Wenn man sich abschließend das Werk James Steuarts (1712–1780), des letzten englischen Merkantilisten anschaut, dann fällt auf, dass seine große Abhandlung *An Inquiry into the Principles of Political Economy* aus dem Jahr 1767 sehr systematisch ist und sich keinesfalls auf eine Fragestellung aus dem Handel oder Geldwesen beschränkt.

---

[4]Vgl. hierzu Bürgin, A. (1993), *Zur Soziogenese der Politischen Ökonomie*, Marburg: Metropolis, S. 283 ff.

[5]Vgl. hierzu: Pierenkemper, T. (2017), Gregory King (1648–1712) Buchillustrator und Sozialstatistiker – Zur Geschichte von Wirtschaftsstatistik und National Accounting, in: Caspari, V. (Hrsg.), *Kontinuität und Wandel in der Institutionenökonomie*, Studien zur Entwicklung der ökonomischen Theorie Bd. XXXIII, S. 137–177, Berlin: Duncker & Humblot.

Abschließend soll festgehalten werden, dass sowohl im Merkantilismus als auch im Kameralismus „die Wirtschaft" als ein eigenes System, das sich aus dem gesellschaftlichen Universum herausgelöst und ausdifferenziert hat, verstanden wird. Man beginnt, dieses gesellschaftliche Teilsystem zu untersuchen und begreift, dass es nach einer eigenen inneren Logik funktioniert, die, wenn man sie erkennt, sowohl individuell als auch gesamtstaatlich genutzt werden kann, um dem Ziel eines materiell besseren Lebens näher zu kommen. Die Schwäche des merkantilen ökonomischen Denkens besteht in seiner einzelwirtschaftlichen Orientierung und seiner Blindheit gegenüber dem, was in der Physiokratie das *produit net* und dann bei Smith die wertschöpfende Arbeit genannt wird.

Geld in der frühen Neuzeit und im Merkantilismus

In der frühen Neuzeit und im frühen Merkantilismus kam es durch den verstärkten Handel wieder zu einer Belebung des Silberbergbaus und des Bergbaus überhaupt. Viele Bergwerke wurden entwässert und man fand oft genug neue und ertragreiche Adern. Auch wurde durch neue Techniken Erzen ihre metallenen Elemente entzogen (Amalgamationsverfahren mit Hilfe von Quecksilber). Man tauschte das Metall (Kupfer, Silber und Messing) gegen Stoffe aus dem Süden Europas. Ein weiterer Impuls für die Ausweitung der Münzproduktion war die Entdeckung der amerikanischen Kontinente und die Erschließung der dortigen Gold- und Silbervorkommen in Peru. In Potosi (Peru)

> „beuteten zehntausende zwangsverpflichteter Indios die 1545 am Cerro Rico entdeckten riesigen Silbervorkommen in 4000m Höhe unter mörderischen Arbeitsbedingungen aus. Potosi und Hochperu wurden so für 100 Jahre zum führenden Silberproduzenten und Exporteur der Welt. "[6]

Wie kam das Silber als Münzgeld in den europäischen Wirtschaftskreislauf? Natürlich über den Handel. Im Alten Deutschen Reich kam es insbesondere über das Handelshaus der Fugger, die in vielen Handelszentralen Europas Kontore hatten, und über die beiden Könige von Kastilien und Aragon, Karl I. und dann dessen Sohn Phillip II., die während des gesamten 16. Jahrhunderts herrschten, in den Wirtschaftskreislauf. Dabei fiel die Expansion des spanischen Kolonialreichs in die zweite Hälfte und damit in die Regierungszeit Phillips II., dessen Finanzbedarf u. a. auch durch Kriege (Seekrieg mit England (Armada) und flandrische Provinzen) recht groß war. Das führte zu der sogenannten „Preisrevolution", in deren Folge zunehmend auch Kupfermünzen und Scheidemünzen mit geringerem Silbergehalt geprägt wurden. Arbeiten von Michael North folgend erhöhten sich die Preise im 16. Jahrhundert teilweise um das Drei- bis Vierfache, was natürlich auf das Jahr umgerechnet mit etwa 1,4 % Inflation p.a. aus heutiger Sicht moderat erscheint. Diese sogenannte „Preisrevolution" kann man aus heutiger Perspektive monetär erklären und die massiven Silberimporte Spaniens und die verstärkte Bergbauaktivität in Europa anführen. Es gibt daneben aber auch ein güter-

---

[6] North, M. (2009, a.a.O., S. 74).

wirtschaftliches Erklärungsnarrativ, dass die nach der Pestepidemie wieder zunehmende Bevölkerung ins Spiel bringt. Wächst die Bevölkerung, dann steigt unmittelbar die Nachfrage nach Grundnahrungsmitteln und damit die Nachfrage nach Brotgetreide. Es kam sukzessive zu Preisanstiegen in diesem Bereich, weil die Böden begrenzt waren und die Fruchtbarkeit sich nicht beliebig steigern ließ[7] und die „kleine Eiszeit" nicht gerade günstige klimatische Verhältnisse bot.[8] Es darf vermutet werden, dass beide Faktoren, die monetären und die güterwirtschaftlichen, für dieses Phänomen der „Preisrevolution" verantwortlich waren.

Das 16. Jahrhundert war auch eine Zeitspanne in der die „Kommerzielle Revolution", wie sie Polanyi[9] nannte, aufblühte. Es kam zur Gründung von Wechselbanken und Börsen, denn der Wechsel hatte sich seit dem 15. Jahrhundert zu einer verbreiteten Form des bargeldlosen Zahlungsverkehrs entwickelt. Neben den Wechselbanken wurden in den europäischen Handelszentren die ersten Börsen gegründet. So in Antwerpen (1531), später in Lyon und Toulouse im Jahr 1546 sowie in Rouen 1566. Dem Vorbild der Antwerpener Börse folgend, gründete man 1540 die Augsburger und die Nürnberger Börse, 1558 in Hamburg und 1566 in Köln und im Jahr 1585 taten sich in Frankfurt/Main Messekaufleute zusammen, um einheitliche Wechselkurse festzulegen. Dieses Ereignis gilt heute als Geburtsstunde der Frankfurter Wertpapierbörse. In England gründete Thomas Gresham im Jahr 1571 die Londoner Börse.

Diese Börsen waren überwiegend Warenbörsen, in denen der Warenverkehr bargeldlos verhandelt wurde und Handelsgeschäfte abgeschlossen wurden. Der Wertpapierhandel umfasste im Wesentlichen Wechsel und den Handel von Wechseln mit Übertragungsvermerk auf einen anderen Eigentümer, Indossament genannt. Unter einem Indossament versteht man einen Vermerk auf der Rückseite eines Wechsels, durch den der bisherige Inhaber den neuen Inhaber anerkennt. Übertragen werden sowohl Eigentum wie auch die Rechte des Papiers.

Exkurs: Der Münzfuß

Der Münzfuß legt die Zahl der Münzen fest, die aus einer bestimmten Menge Metall geschlagen (geprägt) werden soll. Dabei kann die gesamte Metallmenge nicht nur aus einem Edelmetall bestehen, sondern auch andere Metalle (z.B. Kupfer) enthalten, um die Münzen härter zu machen. Im Münzsystem der Karolinger war das Pfund die Maßeinheit. Es galt, dass aus einem Pfund Silber 20

---

[7]Vgl. Abel, W. (1980), *Strukturen und Krisen der spätmittelalterlichen Wirtschaft*, Stuttgart: Lucius & Lucius.

[8]Vgl. hierzu Behringer, W. (2010), *Kulturgeschichte des Klimas,* 5. Aufl., München: Beck Verlag, S. 148 ff.

[9]Polanyi, K. (1978, [1944]), *The Great Transformation,* deutsche Ausgabe, Wien: Europaverlag und Frankfurt/M.: Suhrkamp Verlag.

Solidi (Schillinge) geschlagen wurden. 1 Solidi entsprachen 12 Denari (Pfennige), so dass also aus einem Pfund Silber auch 240 Denari (Pfennige) gemünzt wurden. Dieses System, nicht die Silberbindung, galt in Großbritannien bis 1970.

In der frühen Neuzeit löste im Alten Reich die Mark das Pfund als Gewichtseinheit ab. Das Augsburger Reichsmünzedikt von 1566 legte fest, dass aus einer Kölner Mark Silber 9 Reichstaler geprägt werden sollten. Der Silbergehalt war mit 888,888 ‰ festgelegt worden.

Das 17. Jahrhundert stand zumindest in Zentraleuropa unter dem Einfluss des 30-jährigen Krieges und der massenweisen Prägung von Scheidemünzen mit zunehmend geringerem Edelmetallgehalt. Auch Kupfermünzen wurden verstärkt geprägt. Beides war dem Rückgang der Silberproduktion auch in Südamerika geschuldet. Man spricht auch von der „Kipper und Wipper Zeit", wobei „kippen" das Aussortieren von Münzen betraf[10]und zwar weil sie einen hohen Edelmetallgehalt hatten. Durch Münzverrufe wurden bestimmte Münzen für ungültig erklärt, eingezogen und für 10 alte Münzen 7 neue Münzen mit gleichem Münzfuß ausgegeben. Damit bereicherte sich natürlich der die Münzen prägende und ausgebende Fürst. Auch wurden die eingezogenen Münzen eingeschmolzen und sodann mit Kupfer oder anderem Metall „gestreckt". Anschließend wurden sie mit einem höheren Nominalwert „geschlagen" und in den Umlauf gebracht. Den Münzgewinn eignete sich die fürstliche Prägeanstalt an und er addierte sich über die Zeit zum sogenannten „Schlagschatz". Gerade während des 30-jährigen Krieges fand eine dramatische Münzverschlechterung statt, die von den verschiedenen Fürsten- und Landesherren betrieben wurde, um ihre kriegsbedingten Ausgaben zu finanzieren und ihre Schuldenstände zu kontrollieren. Die einzelnen Landesfürsten konnten diese Strategien der Münzverschlechterung wählen, weil ihnen die Reichsmünzordnung von 1559 als territoriale Münzherren die Ausgabe von kleineren Münzen (Pfennige, Kreuzer oder Groschen) mit einem gegenüber den Kurantmünzen[11] geringeren Edelmetallgehalt (meistens Silber) erlaubte.

Die Kipper und Wipper Zeit" während des 30-jährigen Kriegs ging einher mit zunehmender Inflationierung oder anders ausgedrückt, mit erheblichem Preisauftrieb, der zu Armut und Hungertod führte. Zudem hinterließ diese Zeit in der Bevölkerung eine negative Einstellung zum Geldwesen insgesamt.

---

[10] „Kippen" kann auch das Beschneiden oder Abfeilen der Münzränder beinhalten. Man gewann dadurch das gewünschte Edelmetall und konnte es einschmelzen. Die Münzen behielten ihren Nominalwert bei gleichzeitig sinkendem Metallwert. Aus diesem Grund hat man später die Münz- ränder geriffelt, denn dadurch fallen abgefeilte oder abgeschnittene Ränder schnell auf.

[11] Kurantmünzen enthalten gegenüber den Scheidemünzen den vollen Edelmetallgehalt.

Die Lage im Alten Reich kann nicht generalisiert werden. Die Niederlande wurden von den monetären Wirren deutlich weniger berührt. Sowohl in den südlichen als auch in den nördlichen Provinzen wurden je zwei silberne Großmünzen geschlagen und diese wurden vor allem in den Ostseeraum und nach Asien exportiert um dort den Handel mit den Niederlanden zu finanzieren. Die Niederlande stellten aber auch als Zentrum des Edelmetallhandels anderen Nationen die benötigten Finanzmittel für den Überseehandel zur Verfügung.[12] Auch hier wirkte „Gresham's Law"[13]. Das Geld mit dem hohen Silbergehalt wurde der Geldzirkulation entzogen und es blieb das mit dem niedrigen Silbergehalt in der Zirkulation.

Auch in England hatten die Wirren des 30-jährigen Kriegs keinen Einfluss und England wollte, den Niederlanden folgend, auch den Überseehandel finanzieren. Doch das wollte der merkantilistische Staat nicht und stellte Edelmetallexport unter Strafe. Erst in den 1660er Jahren wurde der Edelmetallexport erlaubt und es begann der Wettbewerb mit den Niederlanden. Eine institutionell wichtige Regelung erleichterte das Prägen von Münzen: Die Münze im Londoner Tower verzichtete auf die Seignorage (Prägegebühren) und senkte damit die Kosten der Transformation von Edelmetall in Münzen. Jeder konnte dort Edelmetall in englisches Münzgeld verwandeln lassen. Auch hier begann das Greshamsche Gesetz zu wirken und es wurden immer mehr Rufe nach einer Münzreform laut. England begann sich vom Bimetallismus, der seit dem Mittelalter vorherrschte, ganz langsam zu verbschieden und es setzte sich eine Goldwährung durch. Im Jahr 1663 wurde der *Guinea,* eine Goldmünze mit 8,4 g Gold, erstmals maschinell geprägt, die sich bis 1816 im Umlauf befand und deren Wert 20 Shilling=1 £ Sterling entsprach. Im Jahr 1774 wurden ausschließlich Goldmünzen zum gesetzlichen Zahlungsmittel erklärt. In Großbritannien galt der Goldstandard bis in die 20er Jahre des 20. Jahrhunderts.

Nach dem Abklingen der „Preisrevolution" in der zweiten Hälfte des 17. Jahrhunderts kam es zu einem Mangel an Münzgeld in Europa, wofür die Niederlande und England verantwortlich gemacht wurden. Deren Ostindienkompanien hatten das Silbergeld genutzt, um im großen Umfang Güter aus Indien bzw. Südost-Asien zu importieren. Im Alten Reich kam es erneut zu einem Verfall der Silberwährungen und das Währungsdurcheinander nahm seinen Lauf, so dass dann Mitte des 18. Jahrhunderts die größeren Länder wie Preußen und Österreich versuchten, stabilere Münzfüße und damit stabile Münzen zu etablieren. In beiden Ländern wurde der Taler, in Österreich der Konventionstaler und in Preußen der (Graumannsche) Reichstaler eingeführt. Später trat

---

[12] Vgl. hierzu North, M. (2009, S. 108).

[13] Gresham's Law besagt, dass „schlechtes" Geld „gutes" Geld verdrängt. Das „gute" Geld wird entweder gehortet oder für Geschäfte genutzt, in denen von der Gegenseite nur Geld mit hohem Edelmetallgehalt akzeptiert wird.

dann für Bayern, das Königreich Württemberg, die Markgrafschaft Baden und die Landgrafschaft Hessen-Darmstadt der Gulden hinzu, wohingegen in der Landgrafschaft
Hessen-Kassel der Taler galt. Mit dem Niedergang des Alten Reichs kam es dann im
19. Jahrhundert zu weiteren Veränderungen im Geld- und Währungswesen der deutschen
Territorien.

Die Physiokratie

6

Frankreich musste im 18. Jhdt. eine schwere, anhaltende Wirtschaftskrise bewältigen. Nach einem ganzen Jahrhundert planvoller, merkantilistischer Wirtschaftsförderung, von Heinrich IV. (1553–1610) und seinem Wirtschaftsminister Sully bis zu Colbert (1619–1683), hatten die zahlreichen Kriege (vor allem mit England) und die mit Dekadenz verbundene Gleichgültigkeit der Monarchen gegenüber der Wirtschaft des Landes das Gewerbe, die Landwirtschaft und die Staatsfinanzen völlig zerrüttet. Die wirtschaftspolitischen Maßnahmen bestanden in einer Erhöhung der Steuern und Abgaben bei gleichzeitiger Plafondierung des Getreidepreises, um Hungersnöte und Aufstände zu vermeiden. Die Konsequenz war, dass der Getreideanbau reduziert wurde und eine Landflucht einsetzte, weil man mit Landwirtschaft seinen Lebensunterhalt nicht mehr sichern konnte. In der Mitte des 18. Jhdt. waren ca. 25 % der vormals genutzten Fläche verödet, die Staatsfinanzen waren zerrütteter und die Wirtschaftslage katastrophaler als vor den wirtschaftspolitischen Maßnahmen.

Die Physiokraten[1] führten diesen Verfall auf eine merkantilistische Politik zurück, die in der Förderung des Handels ihre Hauptaufgabe sah. Sie stellten dem merkantilen Denken ein neues „Systèm d'economic politique" entgegen, das in der Produktion und nicht im Handel die Quelle nationalen Reichtums sah. Bei den Physiokraten verengte

---

[1] Die Schule der Physiokraten ist untrennbar mit dem Namen François Quesnay (1694–1774), dem Leibarzt der Madame Pompadour, verbunden. Er gehörte zusammen mit Diderot, Condillac, Helvetius, Turgot u. a. zu einer Gruppe von fortschrittlichen Denkern an der Akademie der Wissenschaften in Paris.

© Springer-Verlag GmbH Deutschland, ein Teil von Springer Nature 2022
V. Caspari, *Ökonomik und Wirtschaft*, https://doi.org/10.1007/978-3-662-65497-2_6

sich der Begriff der Produktion jedoch auf die agrarische Produktion, auf die natürlichen Grundlagen der Produktion. Daher auch der Begriff Physiokratie, d. h. „Herrschaft der Natur" (Physis = Natur und kratos = Herrschaft [griech.]). Die Physiokraten traten aus dem bisherigen Rahmen des ökonomischen Denkens heraus, das sich als Teilgebiet der praktischen Philosophie (Ethik) vornehmlich mit normativen Fragestellungen befasste und sie begannen in einem naturwissenschaftlichen Selbstverständnis nach den „Naturgesetzen" der Produktion und Zirkulation zu suchen. Turgot (1727–1781) formulierte das für die landwirtschaftliche Produktion noch heute gelehrte „Ertragsgesetz" und Quesnay übertrug die physiologisch-medizinische Entdeckung des Blutkreislaufs (entdeckt 1628 bei Tieren vom englischen Arzt Harvey) auf das Wirtschaftsgeschehen. In dem berühmten „Tableau économique" von 1758, auf das sich Leontief, der Begründer der modernen Input–Output-Analyse ausdrücklich beruft, wird der volkswirtschaftliche Geld- und Güterkreislauf analysiert.[2]

Quesnay und mit ihm die Schule der Physiokratie entdeckte – modern gesprochen – die Wertschöpfung in der Produktion (*produit net*) und identifizierte das Surplus oder das Nettoprodukt als die eigentliche Quelle des Reichtums. Indem er allerdings Wertschöpfung mit der Entstehung von Gütern gleichsetzte, erschien ihm nur die agrarische Produktion (eingeschlossen Viehzucht, Fischfang und Bergbau) als wertschöpfend, da alle anderen „Sektoren" diese aus der Natur gewonnenen Güter nur umarbeiteten. Diesen „Fehler" zu entdecken und das Konzept der Wertschöpfung auf die gesamte Produktion anzuwenden, blieb Adam Smith vorbehalten. Die grundsätzliche Erkenntnis jedoch, dass es auf die Produktion und die Wertschöpfung und nicht auf den „Werthandel" ankommt, führte zu wichtigen wirtschaftspolitischen Folgerungen und Empfehlungen der Physiokraten. Die waren im Wesentlichen:

- Förderung der Landwirtschaft durch die Reinvestition der Renteneinkommen der Landeigentümer in die landwirtschaftliche Produktion statt Luxuskonsum.
- Begünstigung des landwirtschaftlichen Unternehmertums, d. h. die Landeigentümer sollten selbst zu einer rationellen Produktion übergehen oder ihr Land an leistungsfähige Unternehmer verpachten. Bauern sollten zu Lohnarbeitern werden.
- Freier Handel, vor allem mit Agrarprodukten und mit dem Ausland.
- Politik des hohen Getreidepreises, statt eines niedrigen Preises.
- Die Besteuerung muss den „Reinertrag" (Einkommensquellen) und nicht das Vermögen als Bemessungsgrundlage haben.
- Besteuerung der Landwirtschaft, nicht des Handwerks.

---

[2] François Quesnay ([1759], 1965), *Tableau Économique*, 3. Ausg., Berlin: Akademie Verlag.

Die französischen Könige Ludwig XV. (von 1715 bis 1774 und Ludwig XVI. ab 1774 hatten nicht mehr die Kraft, die physiokratischen Reformversuche durchzusetzen. Zwar wurde Turgot 1774 Finanzminister, verlor diese Position jedoch 1776 wieder. Wirtschaftspolitisch war das das Ende der Physiokratie und mit der Revolution 1789 fand dann sowieso eine völlige Neuorientierung statt. Insgesamt ist von dieser Schule keine große wirtschaftspolitische Strahlkraft außerhalb Frankreichs ausgegangen.[3]

---

[3]Physiokratische Experimente wurden in der Markgrafschaft Baden auf Anraten des Ökonomen J.A. Schlettwein durchgeführt. Schlettwein hatte in Jena studiert und war nach seiner Karlsruher Zeit an der Universität Gießen tätig, wo er Dekan an der ersten ökonomischen Fakultät in Deutschland war.

Das Zeitalter der klassischen politischen Ökonomie

7.1 Großbritannien zwischen Merkantilismus und industrieller Revolution

Im Jahr 1723 wurde J. S. Bach Thomaskantor in Leipzig, Voltaire veröffentliche das Epos „La Henriade" und der große englische Baumeister Christopher Wren starb. Keiner konnte im Voraus wissen, dass der in diesem Jahr im schottischen Städtchen Kirkcaldy geborene Junge mit dem Namen Adam Smith einmal der „Adam der Nationalökonomie" werden sollte. Als Smith ein Jahr alt wurde, erblickte im damals preußischen Königsberg ein anderer intellektueller Gigant das Licht der Welt: Immanuel Kant. Als Smith 1790 starb, hatte er drei englische Könige erlebt (George I. († 1727), George II. († 1760) und George III. (bis 1820); alle House of Hanover).

England war mit seiner merkantilistischen Politik zur größten Handelsnation der Welt geworden. Es hatte Indien, die amerikanische Ostküste, Teile des heutigen Kanada und Standorte in Ostasien kolonisiert. Dass vor allem der Seehandel neben der Landwirtschaft wirklich bedeutend war, kann man damit belegen, dass um 1700 die Seeleute die zweitgrößte Gruppe der Lohnarbeiter bildeten. Die größte Gruppe war die der Landarbeiter.[1] Nach guter merkantilistischer Sitte wurden das Kanalsystem, die Flüsse und die Straßen ausgebaut, um die Häfen mit dem Binnenland zu verbinden. Zwischen 1700–1750 stieg die Produktion für den heimischen Markt um 7 %, für den Export um 77 %.[2]

Es entstanden nun nicht nur Märkte für Güter, sondern auch immer ausgeprägter Märkte für die Produktionsfaktoren Boden, Arbeit und Kapital. Bodenmärkte hatten sich, natürlich in noch geringem Umfang, im Spätmittelalter entwickelt. Arbeitsmärkte

---

[1] Hobsbawm, E.J.E (1969), *Industrie und Empire,* Bd. I, Frankfurt/M: Suhrkamp, S. 23.
[2] Ebenda, S. 47.

© Springer-Verlag GmbH Deutschland, ein Teil von Springer Nature 2022
V. Caspari, *Ökonomik und Wirtschaft,* https://doi.org/10.1007/978-3-662-65497-2_7

entstanden in einem größeren Umfang erst, nachdem die Leibeigenschaft abgeschafft worden war. Kapitalmärkte entwickelten sich erst sehr viel später.

In England waren die Voraussetzungen für die Entstehung von Arbeitsmärkten relativ günstig, weil die Aufhebung der Leibeigenschaft en passant, d. h. schleichend stattfand – sozusagen freiwillig von den Landlords forciert wurde. Die Landlords wollten die Bauern regelrecht „loswerden". Dieser Prozess der „Bauernbefreiung" setzte mit der „Enclosure"-Bewegung ein.[3] Zwischen 1761–92 wurden 478.000 acres ($\cong$ 195.000 ha) $\approx$ 2000 km^2 Allmende Land in Schafweide umgewandelt. Von 1792–1815 stieg die Zahl der Einhegungen auf über 1 Mill. acres ($\cong$ 405.000 ha) $\approx$ 4050 km^2. Die Landlords entzogen damit gerade den Ärmsten der Bauernschicht die Existenzgrundlage und zwangen sie zur Lohnarbeit (Tagelöhner) als Landarbeiter oder Viehhirte. Auch wurden Bauern ausgekauft, d. h. sie erhielten für den ihnen im Rahmen der Grundherrschaft übertragenen Boden einen bestimmten Geldbetrag. Wollten sie dem Hof angeschlossen bleiben, mussten sie den Boden jetzt pachten – oder gehen! So entstanden kapitalistische Bauern. Sie pachteten Land, stellten Landarbeiter gegen Lohnzahlungen ein und produzierten Getreide oder Schafsfleisch (-wolle). Das Ziel war nun nicht mehr, den Lebensunterhalt und die Rente für den Grundherrn zu erwirtschaften, sondern „Produktion für den Markt". Zog der Pächterbauer vom Markterlös Pacht und Lohnzahlungen ab, blieb das übrig, was seine Lebensgrundlage bildete!

Die Produktivität in der Landwirtschaft nahm zu durch:

- Fruchtwechselwirtschaft, steigerte die bebaubare Fläche um ein Drittel.
- Zucht, steigerte die „Leistung" der gezüchteten Merkmalsausprägung (z. B. Milchleistung, Wollleistung, Fleischleistung)
- Mechanisierung der Landwirtschaft (z. B. die Sämaschinen)

Diese „Agrarrevolution" war mit einem Anstieg der Ernteerträge verbunden. Das war die Voraussetzung dafür, dass Menschen, die in die Industrie abwanderten, von ihrem Einkommen, das sie dort erhielten, ausreichend Lebensmittel kaufen konnten. England produzierte so viel Getreide, dass es bis ca. 1810 Getreide exportierte, während es erst zwischen 1811 und 1830 zum Importeur, hauptsächlich von Weizen, wurde. Nach der Aufhebung der Getreidezölle 1846 stieg der Anteil des Importweizens auf 30 %.

Es war nicht der internationale Handel Englands, sondern seine binnenwirtschaftliche Entwicklung, die den Boden für die industrielle Entwicklung bildete. Bereits in der Mitte des 18. Jhdt. waren die realen Löhne in Großbritannien doppelt so hoch wie in Frankreich. Die kaufkräftige Bevölkerung entfaltete eine enorme Nachfrage nach gewerblichen Produkten, vor allem Kleidung, Güter des täglichen Bedarfs und Ausstattungen (Töpfe, Bratpfannen, Bestecke usw.). Eine wesentliche Voraussetzung für die Versorgung

---

[3] „Enclosures" waren die Einhegungen und auch Einzäunungen von Land, das Gemeineigentum war und von den Landlords besetzt wurde, um es es zu ihrem Privateigentum zu erklären.

der Bevölkerung mit diesen Waren und für den Export und Import von Waren war der Aufbau einer Transportinfrastruktur. Von den Holländern lernte man den Kanalbau, der durch große private aber auch öffentliche Mittel finanziert wurde. David Landes verweist darauf, dass es etwa um 1750 über tausend Meilen schiffbarer Wasserstraßen gab.

> *„Zwischen 1760 und 1780 verbanden schiffbare Wasserwege und feste Straßen die großen Industriezentren des Nordens mit denen der Midlands, die Midlands mit London und dieses mit dem Severnbecken und dem Atlantik.“*[4]

Der eigentliche Durchbruch industrieller Produktionsmethoden fand in der Baumwollverarbeitung und in der Eisenindustrie statt.[5] Letztere legte die Grundlage für die Entwicklung der Eisenbahn, die neben den Kanälen und den Straßen die zentrale Transportinfrastruktur bildete und damit die Grundlage für die nächste Stufe einer enormen Marktausweitung schuf. Baumwolle, Eisen, Kohle und Dampfkraft sind die Stichworte, ohne die eine Darstellung der industriellen Revolution selten auskommt. England war das Land der Wollstoffe. Durch die Kolonien war man aber auch mit der Baumwolle vertraut. Daraus Garne zu spinnen um dann Stoffe zu weben, war für die in der Wollspinnerei und Weberei erfahrenen Engländer kein Problem. Mit der ersten durch Pferdekraft (1768) und später (1790) durch Dampfkraft angetriebenen Spinnmaschine von Arkwright und der Erfindung des mechanischen Webstuhls durch Cartwright im Jahre 1784 begann der Prozess der Industrialisierung der Textilherstellung. Cartwright, der 1787 eine mechanische Weberei mit Dampfantrieb gründete, musste diese bereits 1793 wieder schließen, weil der Betrieb unrentabel war. Die Zeit war noch nicht reif für eine Textilfabrik. Spinnerei und Weberei wurden zu dieser Zeit in England, wie auf dem europäischen Kontinent, noch im Verlagssystem betrieben. Im Verlagssystem waren die Risiken mangelnden Textilabsatzes nicht auf den Verleger (Unternehmer) konzentriert, sondern jeder Spinner oder Weber trug einen Teil des Risikos, z. B. seinen Webstuhl nicht für Verlagsarbeiten nutzen zu können; allerdings konnte er immer auch für den Eigenbedarf weben. In einer kapitalistischen Fabrik werden die Webstühle als Produktionsmittel vom Unternehmer finanziert. Fehlt die Marktnachfrage nach Textilien, stehen die Maschinen still. Die Kapitalkosten können jetzt nicht gedeckt werden, und der Unternehmer gerät in eine „finanzielle Schieflage“, aus der er sich u. U. nur dadurch befreien kann, indem er die Produktionsmittel verkauft und die Fabrik auflöst. Dieses Insolvenzrisiko nimmt ab, wenn die Märkte für Textilien wachsen und die Nachfrage nach Stoffen sich verstetigt. Der Übergang zur industriellen Fertigung und zur kapitalistischen Wirtschaftsorganisation wird also immer durch eine Ausdehnung und ein Wachstum der Märkte begünstigt. Cartwrights mechanisierte Fabrik stand noch einer zu geringen und unstetigen Marktnachfrage gegenüber. Deshalb rentierte

---

[4] Landes, D. (1973), *Der entfesselte Prometheus,* Köln, Kiepenheuer&Witsch, S. 57.

[5] „Wer industrielle Produktion sagt, meint Baumwolle“ schreibt der britische Wirtschaftshistoriker Hobsbawm in seinem Buch *Industrie und Empire,* Bd. 1, S. 55.

Tab. 7.1 Britische Roheisenproduktion 1740–1854

Zeitraum	Jahresdurchschnittliche Produktion in Tonnen
1740	17
1781–1790	69
1791–1800	127
1800–1814	248
1815–1819	330
1820–1824	418
1825–1829	669
1830–1834	700
1835–1839	1142
1840–1844	1465
1845–1849	1784
1850–1854	2716

Quelle: *HdeWS*, Bd. 4, S. 433

sich die Fabrikproduktion nicht – noch nicht. Das sollte sich mit der Ausweitung der Verkehrswege, dem wachsenden englischen Binnenmarkt und der steigenden Nachfrage nach englischen Tuchen auf dem europäischen Kontinent noch ändern. Durch die Mechanisierung und Automatisierung der Produktion sanken die Produktionskosten in der Textilherstellung erheblich, wodurch auch die Preise für Textilien deutlich sanken. So zahlte man um 1850 nur noch 1/8 des Preises für Baumwollprodukte, der um 1780 entrichtet werden musste.[6] Dieser drastische Preisrückgang des mittels mechanischer Webstühle produzierten Baumwolltuches erklärt, warum die Nachfrage nach Tuch innerhalb Englands – aber auch auf dem Kontinent – stark anstieg.

Die nachhaltigsten Auswirkungen auf die industrielle Entwicklung ging von der Eisenverarbeitung aus, denn Maschinen und Werkzeuge, Eisenbahnen, Brücken, Gebäude und Gebrauchsgegenstände (z. B. Kessel, Bügeleisen, Kamingitter, Leuchter, etc.) waren (und sind) vom Werkstoff Eisen geprägt. Aber auch die Landwirtschaft und die Textilindustrie nutzten den Werkstoff für die Verbesserung der dort eingesetzten Gerätschaften. Bisher aus Holz gefertigte Wellen und Zahnräder z. B. von Mühlen, wurden jetzt aus Eisen hergestellt. Ab 1740 nahm die britische Roheisenproduktion kontinuierlich zu. (siehe Tab. 7.1) Dieses gewaltige Wachstum der industriellen Roheisenproduktion wäre allerdings ohne fossile Energie, d. h. Kohle, nicht möglich gewesen. Eine kleine Dreisatzrechnung kann das verdeutlichen: Der Brennwert einer Tonne Kohle (9700 KWh) entspricht im Durchschnitt 5,2 m³ Holz. 1 ha Niederwald bringt einen jährlichen Zuwachs

---

[6]Vgl. Niedhart, G. (1993), Großbritannien 1750–1850, in: Mieck, I. (Hrsg.) *HdeWS*, Bd. 4, S. 401–461, hier S. 431.

von ca. 5 m³ Holz. Will man den Holzbestand konstant halten, darf man nur den o. a. jährlichen Zuwachs fällen. Um 1560 betrug die jährliche Fördermenge Kohle 210.000 t, was
dem Brennwert einer Waldfläche von 2100 km² entsprach. Das beanspruchte ca. 1.4 %
der gesamten Fläche von England und Wales.[7] Um 1825 wurden ca. 22.000.000 t Kohle
gefördert. Das entsprach dem Brennwert von 220.000 km² Waldfläche. Großbritannien
erstreckt sich auf 219.805 km², sodass spätestens ab diesem Zeitpunkt jeder Quadratmeter
Großbritanniens mit Wald hätte bewachsen sein müssen, hätte man den Brennwert der
Kohle in Holz zur Verfügung stellen wollen.

Die Eisenverhüttung mittels Kohle (Koks) war zunächst nicht ohne Probleme. Bisher hatte man die Hochöfen mit Holzkohle befeuert. Das so gewonnene Eisen war nur
geringfügig verunreinigt. Der Eisenproduktion waren jedoch durch die Produktion von
Holzkohle Grenzen gesetzt, die durch den Einsatz von Kohle verschwanden.

Doch entstand durch die Nutzung des Kohlekokses in der Eisenverhüttung eine nicht
unerhebliche Verunreinigung des Eisens – je nach der Güte der verwendeten Kohle.
Durch die Erfindung des Puddelns von Henry Cort gelang es, den Anteil des Kohlen-
stoffs im Roheisen deutlich zu reduzieren.[8] Damit war es möglich, Schmiedeeisen (oder
Stahl) in großen Mengen herzustellen, was eine Voraussetzung für die Ausbreitung der
Eisenbahn war. So konnte man einerseits Eisbahnschienen und andererseits Dampflokomotiven und Waggons herstellen. Mit der Eisenbahn und dem Dampfzeitalter wurde
die zweite Welle der industriellen Revolution eingeleitet. Die Dampfkraft erlaubte die
Mechanisierung der Arbeitsprozesse in einem großen Stil – die Fabrik, abgeleitet aus
der Manufaktur, wurde zur charakteristischen Produktionsstätte des industriellen Zeit-
alters. Die Eisenbahn erlaubte die Verbindung verschiedenster Regionen miteinander
und ermöglichte gegenüber den bisherigen Transportgeschwindigkeiten einen „Quanten-
sprung". Distanzen zu überwinden, für die man bisher Tage brauchte, reduzierte sich
auf Stunden. Damit nahm auch die Geschwindigkeit, mit der sich Informationen verbreiteten, sehr schnell zu. Das Leben insgesamt „beschleunigte" sich.

*„Sie (die Eisenbahn, Verf.) erzeugte das Gefühl einer riesenhaften, die ganze Nation
umspannenden, komplexen, genau aufeinander abgestimmten Ordnung, wie sie im Eisen-
bahnfahrplan symbolisiert war."*[9]

Wer allerdings vermutet, dass die Entwicklung der Eisenbahn vor allem das Trans-
portbedürfnis der Industrialisierung widerspiegelt, der irrt, denn der größte Teil des

---

[7]Vgl. hierzu Sieferle, R.P. (1982), *Der unterirdische Wald – Energiekrise und industrielle
Revolution,* München, Beck, S. 136.

[8]Das Bessemer Verfahren und das Thomas Verfahren verbesserten die Reduktion des Kohlenstoff-
gehalts des Eisens und waren entscheidende Schritte zur Verbesserung der Stahlqualität. Beide Verfahren wurden von Briten entwickelt. Später folgten das Siemens-Martin und das Linz-Donawitz
Verfahren.

[9]Hobsbawm, a.a.O., S. 112.

Landes hatte einen Zugang zum Meer, zu einem Fluss oder Kanal, und der Transport auf dem Wasserweg war zwar langsam, aber ungeheuer billig. Da viele industrielle Güter nicht verderblich waren, spielte die Geschwindigkeit gar keine Rolle, solange die Lieferungen stetig erfolgten. Verderblich waren nur die Erzeugnisse der Landwirtschaft und der Fischerei. Viele Strecken, die übrigens nicht vom Staat, sondern von privaten Unternehmen finanziert wurden, wurden deshalb auch gar nicht in dem Maße wie nötig genutzt und waren somit nicht sehr profitabel.

> *„Das war schon damals völlig klar, und tatsächlich haben realistisch denkende National-ökonomen wie J. R. McCulloch öffentlich davor gewarnt, mehr als eine beschränkte Anzahl von Hauptstrecken oder von Strecken für schweren Güterverkehr zu errichten, und waren damit den heutigen Rationalisierungsvorschlägen um mehr als ein Jahrhundert voraus."*[10]

Hobsbawm wollte hier auf die enormen Überinvestitionen in das Schienennetz aufmerksam machen. Er konzedierte natürlich, dass Transportbedürfnisse den Ausschlag für den Eisenbahnbau gaben. So entstanden gerade von den Kohlegruben Bahnlinien zu den Flüssen, Kanälen oder an die Küste, um die Kohle dort auf die Schiffe zu verladen und weiter zu befördern. Die erste Bahnlinie Englands wurde 1825 eröffnet, war 27 Meilen lang und verband Darlington und Stockton. 1830 wurde dann die erste Linie von einem wichtigen Industriedistrikt (Manchester) zu einem Seehafen (Liverpool) eröffnet. 1843 waren bereits 2000 Meilen (3219 km) Schienennetz vorhanden, und 1867 war es auf 12.000 Meilen (19.312 km) gewachsen.

Der Eisenbahnbau erforderte die Bereitstellung großer Kapitalmengen. Das gleiche galt für die Entwicklung des Fabriksystems. Ein kleines Beispiel soll das verdeutlichen. Eine Spinnmaschine vom Typ „Jenny" mit 40 Spindeln kostete im Jahr 1792 £ 6. Eine vollautomatische Spinnmaschine vom Typ „Mule" mit bis zu tausend Spindeln kostete um 1850 bereits über £ 1000.[11] In den Anfängen der Industrialisierung überwog die Selbstfinanzierung. Man griff auf individuelle Ersparnisse zurück oder borgte Geld bei Freunden. Banken spielten in der Industriefinanzierung selten eine Rolle; sie beschränkten ihr Geschäft meist auf Wechseldiskontierung und Überziehungskredite. Später nahm die Bedeutung des Bankkredits zu, aber auch die Aktien- oder Industrieobligationsfinanzierung nahm zu. Niedhart weist darauf hin, dass in keinem Land der Aktien- und Wertpapiermarkt (= Kapitalmarkt) bereits im 18. Jahrhundert so entwickelt war wie in Großbritannien.[12] London löste Amsterdam als Drehscheibe des internationalen Kapitalmarktes ab und ist es bis heute geblieben. In der Mitte des 19. Jahrhunderts war Großbritannien das am weitesten industrialisierte und wohlhabendste Land der Welt; es galt als die Werkstatt der Welt.

---

[10] Ebenda, S. 113. Hobsbawm veröffentlichte das im Jahr 1969, und es ist bis in die Gegenwart ein die Deutsche Bahn beherrschendes Thema.

[11] Vgl. Niedhart, a.a.O., S. 440.

[12] Vgl. Niedhart, a.a.O., S. 441.

Vom Resultat her gesehen ist der Wandel von einer agrarisch geprägten Ökonomie zu einer Industriewirtschaft eine so gewaltige Umwälzung, dass der Begriff
der „Revolution" sinnvoll ist. Da sich der Prozess allerdings auf 100 bis 150 Jahre
erstreckte, handelte es sich um einen relativ langsamen Umgestaltungsprozess, so dass
sich nichts von heute auf morgen schlagartig änderte, was man i. d. R. mit dem Begriff
einer Revolution assoziiert. Gerade die wirtschaftshistorische Forschung der letzten
10–15 Jahre hat diese Perspektive eines eher langsamen Prozesses bestätigt, während die
ältere Literatur noch von einer stürmischen Entwicklung sprach und die Wachstumsraten
sowie die Rate des technischen Fortschritts wesentlich größer angenommen wurden, als
neuere Daten und Berechnungen ergeben haben.[13]

Der englische Historiker George Macaulay Trevelyan beschreibt die politischen und
institutionellen Rahmenbedingungen in der Lebenszeit von Smith wie folgt:

> *„Life under the first two Georges … moved under conditions that were bound to hasten
> that great change, if certain mechanical inventions should chance to be made. The peculiar
> laws and custom of Hanoverian England allowed an unusual freedom to the individual, and
> did little do discourage private initiative; religious toleration left Dissenting merchants in
> perfect liberty to devote their energies to money-making, while they were prevented from
> taking part in public life; commerce and manufacture were impeded by relatively few
> restrictions of State, municipality or guild; a free trade area extended from John o'Groats
> to Land's End, in contrast to the innumerable customs barriers then dividing up Germany,
> Italy and France; Science in the land of Newton was honoured and exploited …"*[14]

7.2   Adam Smith (1723–1790)

Im Jahre 1776 erklärten die amerikanischen Staaten ihre Unabhängigkeit und im
gleichen Jahr, jedoch vier Monate früher (am 9. März), erschien das ökonomische
Hauptwerk von Adam Smith *An Inquiry into the Nature and the Causes of the Wealth
of Nations* (WN). Ein Jahr vor Smiths Tod, 1789 brach die Französische Revolution aus.

Wie bereits erwähnt, wurde Smith im Jahre 1723 geboren und wuchs in der
schottischen Stadt Kirkcaldy auf. Er lebte also in einer Zeit, in der das Land und die
Wirtschaft noch merkantilistisch geprägt waren und sich die „grüne" Revolution in der
Landwirtschaft anbahnte. Maschinerie und Dampfkraft spielten noch keine Rolle. Heinz
Kurz nennt es das Zeitalter von „Korn und Tand". Korn als Symbol für die agrarische
Perspektive und Tand steht für die in den Manufakturen hergestellten Luxusartikel der
adeligen Oberklasse.

---

[13]Vgl. Harley, C. Knick und N.F.R. Crafts, (2000), Simulating the Two Views of the British
Industrial Revolution, *The Journal of Economic History,* Vol. 60, 3, S. 819–841.

[14]Trevelyan, G.M. (1942), *A Shortened History of England,* New York: Longmans, S. 387/88.

Nach Studien in Glasgow und Oxford wurde Smith 1751 (mit 28 Jahren) Professor für Logik, ab 1752 Professor für Moralphilosophie an der Universität Glasgow. 1759 erschien sein erstes Hauptwerk *The Theory of Moral Sentiments*. In den nächsten Jahren hielt er *Vorlesungen über Jurisprudenz* (LJ 62/63 und 63/64), in denen er im letzten Teil „Of Police" ökonomische Fragestellungen aufgriff. In diesem Entwurf war Ökonomie, wie bei den kontinentalen Autoren auch, Bestandteil der Staatswissenschaften. 1764 wurde Smith Privatlehrer des Herzogs von Buccleuch und legte seine akademischen Ämter nieder. Er erhielt eine bis an sein Lebensende terminierte Leibrente von 300 Pfund. Noch im gleichen Jahr begab er sich mit seinem Schüler auf eine zwei Jahre dauernde Reise durch Frankreich. Er lernte Voltaire, Turgot und Quesnay kennen. 1766 kehrten sie nach London zurück, er arbeitete an der dritten Auflage der *Theory of Moral Sentiments* und beriet den Schatzkanzler Townshend. 1767 kehrte er nach Kirkcaldy zurück und arbeitete nun neun Jahre am *Wealth of Nations*.

Im Jahre 1778 erhielt Smith ein finanziell interessantes Angebot. Er übernahm für 600 Pfund Jahreseinkommen[15] das Amt eines Zollkommissars von Schottland. Dazu zog er nach Edinburgh. Nun hatte er durchaus Zeit, sich weiteren Studien und schriftstellerischer Arbeit hinzugeben. 1787 wurde Smith Nachfolger von Edmund Burke als Lord Rector der Universität Glasgow. In den letzten Jahren überarbeitete er nochmals seine *Theory of Moral Sentiments* sehr gründlich und wenige Wochen vor seinem Tod erschien dieses Werk in seiner heute vorliegenden Fassung. Es zeigte, dass Smith seinem moralphilosophischen Werk eine große Aufmerksamkeit schenkte, während er den *Wealth of Nations* niemals überarbeitet hat.

7.2.1 Smiths Menschenbild

Die meisten Studierenden der Volkswirtschaftslehre werden mit Adam Smith als dem Begründer der Volkswirtschaftslehre als eigenständiger Fachdisziplin Bekanntschaft gemacht haben. Gleichwohl gibt es Dogmenhistoriker wie z. B. Erich Streissler, die dem Smithschen Werk Originalität absprechen, oder wie Schumpeter kritisieren, Smith habe wichtige Autoren ignoriert,[16] bzw. sei über den analytischen Beitrag dieser teilweise noch merkantilistischen Autoren keinen Schritt hinausgekommen. Der britische Dogmenhistoriker Mark Blaug sieht das ganz anders.[17] Bei der Behandlung der Frage,

---

[15] Das entspricht einem Lebensstandard, den man im Jahr 2015 mit ca. £ 70.000 = € 99.700 Jahreseinkommen hätte. Hinzu traten ja noch die £ 300 Leibrente. Im „prestige value" lag Smith auf dem Niveau eines „Millionärs". Vgl. https://www.measuringworth.com/ppoweruk.

[16] Vgl. Schumpeter, J.A. (1965), *Geschichte der ökonomischen Analyse,* 2 Bde., Göttingen: Vandenhoeck & Ruprecht, S. 586.

[17] Blaug, M. (1962, 1997), *Economic Theory in Retrospect,* Cambridge: University Press.

ob ein Werk oder ein Beitrag wichtig oder bedeutend gewesen ist, kommt es darauf an, anhand welcher Kriterien man einem Autor Bedeutung beimisst. Schumpeter, aber vor allem Niehans[18] ziehen als Kriterium die rein analytische Weiterentwicklung oder den methodischen Bruch mit einer Tradition als Kriterium heran. Man könnte aber auch gerade das Synthetisieren einerseits oder die ordnende Darstellung andererseits als ein Merkmal für eine nachhaltige Bedeutung heranziehen. Selbst das Popularisieren wäre ein nachvollziehbares Kriterium für die Entscheidung, einen Autor als bedeutend einzustufen.

Aus koevolutionärer Sicht würde man einen Autor dann als wichtig oder bedeutend charakterisieren, wenn er mit seinen Beiträgen zur Erklärung und Interpretation seiner Zeitepoche sowohl aus der zeitgenössischen als auch aus der heutigen Perspektive Wesentliches beigetragen hat. Gerade im letzteren Sinne muss das Werk von Adam Smith als wesentlich eingestuft werden. Wenn man von Werk spricht, dann soll damit gemeint sein, dass man seinen genuinen Beitrag zur ökonomischen Wissenschaft, also den *Wealth of Nations,* auch im Licht seines früheren Werks *Theorie der ethischen Gefühle (TeG)* beurteilen muss.

Smith war neben Hume und Hutcheson der wichtigste Vertreter der schottischen Aufklärung, die sich sowohl von der empirisch orientierten englischen Aufklärungsphilosophie als auch von der deutschen transzendental-logischen Philosophie Kants unterschied, ja vielleicht gerade in der praktischen Philosophie „zwischen" der englischen und der deutschen Richtung lag. Die Figur des „impartial spectators", des unbeteiligten Beobachters, ist gewissermaßen eine pragmatische Version von Kants kategorischem Imperativ. Ein Mensch verfügt über die Fähigkeit aus sich herauszutreten und sich „von außen", d. h. von den eigenen Empfindungen unabhängig, zu betrachten. Aus dieser „äußeren Perspektive" überlegt der Mensch, wie er sich anderen Menschen gegenüber verhalten soll, ob er Regeln einhalten oder brechen soll? Dabei handelt es sich um Fragen, die oft und kürzlich auch im Zusammenhang mit der Finanzkrise angesprochen werden: Zerstört das Gewinnmotiv die Moral oder gilt umgekehrt, dass moralisches Handeln die Wirtschaftlichkeit behindert? Es geht hierbei um eine ganz zentrale Frage, nämlich der nach der Stabilität einer sozialen Ordnung, d. h. um die Frage, was eine menschliche Gesellschaft zusammenhält. Üblicherweise wird Smiths Vorstellung in etwa wie folgt kolportiert: Die Menschen handeln egoistisch, aber durch das System der Konkurrenz wird deren individuell egoistisches Handeln in gesamtgesellschaftlich nützliche Handlungsergebnisse verwandelt. Ausgangspunkt dieser Argumentation ist folgende Passage aus dem *Wealth of Nations:*

> *„Nicht vom Wohlwollen des Metzgers, Brauers und Bäckers erwarten wir das, was wir zum Essen brauchen, sondern davon, dass sie ihre eigenen Interessen wahrnehmen. Wir wenden*

---

[18] Niehans, J. (1990), *A History of Economic Theory:* Classic Contributions 1720–1980, The Johns Hopkins University Press.

uns nicht an ihre Menschen- sondern an ihre Eigenliebe, und wir erwähnen nicht die
eigenen Bedürfnisse, sondern sprechen von ihrem Vorteil."[19]

Dies wird in aller Regel als eigennütziges Verhalten der Wirtschaftssubjekte interpretiert. Man kann diese Passage aber auch ganz anders begreifen, wenn man Smiths
TeG kennt. Das Wirtschaftssubjekt, das Brot erwerben möchte, kann es selbst backen
oder es beim Bäcker kaufen. Wenn es das Brot beim Bäcker erwerben will, so Smiths
Vermutung, ist es sinnvoll, wenn der Käufer sich in den Verkäufer (Bäcker) hineinver-
setzt. Welche Beweggründe für einen Brotverkauf würden ihn, den eigentlichen Käufer,
an Stelle des Bäckers zum Brotverkauf anregen, wenn er als Bäcker seinen Lebensunterhalt erarbeiten müsste? Dieses Konzept des sich in den Anderen hineinversetzen zu
können, nennt Smith das Prinzip der „sympathy", das wir heute mit Empathie übersetzen
sollten. Smith definiert „sympathy" wie folgt:

> *„Mag man den Menschen für noch so egoistisch halten, es liegen doch offenbar gewisse*
> *Prinzipien in seiner Natur, die ihn dazu bestimmen, an dem Schicksal anderer Anteil zu*
> *nehmen, und die ihm selbst die Glückseligkeit dieser anderen zum Bedürfnis machen,*
> *obgleich er keinen anderen Vorteil daraus zieht, als das Vergnügen, Zeuge davon zu sein.*"[20]

Egoismus oder ‚self-love', schließt Empathie nicht aus, denn Empathie ist nicht gleichzusetzen mit Altruismus oder Wohlwollen (benevolence). Auch ist ‚sympathy' kein
camouflierter Egoismus:

> *„Wenn ich mit dir Beileid empfinde, weil du deinen einzigen Sohn verloren hast, und ich*
> *deinen Kummer nachzufühlen trachte, dann überlege ich nicht, was ich (…) erdulden würde,*
> *wenn ich einen Sohn hätte und dieser unglückseligerweise stürbe, sondern ich überlege,*
> *was ich erdulden würde, wenn ich wirklich du wäre, und ich tausche nicht nur meine Ver-*
> *hältnisse mit den deinen, sondern ich tausche auch die Person und die Rolle mit dir. Ich*
> *empfinde darum meinen Kummer durchaus nur um deinetwillen, nicht im Mindesten um*
> *meinetwillen.*"[21]

Für die Smithsche Moralphilosophie war es wichtig, dass „sympathy" kein egoistisches
Prinzip ist. Genau mit diesem Punkt wendete er sich gegen Mandeville,[22] der hinter
jeder tugendhaften Handlung das Laster der Eitelkeit am Werke sah, während Smith den
Eigennutz, wenn er mittels „sympathy" reflektiert wurde, für eine Quelle tugendhafter
Handlungen hielt. Diese Reflektion vollzog sich in der Gestalt des „impartial spectators":

---

[19] Smith, A. (1976, [1776]), *An Inquiry into the Nature and the Causes of the Wealth of Nations,*
(Glasgow edition of the works and correspondence of Adam Smith, Vol 1 und 2), Oxford University Press. Zitiert nach der deutschen Ausgabe, Recktenwald, H.C. (Hrsg.) (1974), *Wohlstand*
der Nationen, München: Beck, S. 17.

[20] Smith, A. (1977, [1926]), *Theorie der ethischen Gefühle,* Hamburg: Felix Meiner, S. 1.

[21] Ebenda, S. 528–529.

[22] Vgl. Smith, a.a.O., S. 513 ff.

...„und nur durch das Auge dieses unparteiischen Zuschauers können die natürlichen Täuschungen der Selbstliebe richtiggestellt werden."[23]

Das Gewinnstreben als die ökonomische Entäußerung des Eigennutzes (bzw. der Selbstliebe) wird von Smith in höchst origineller Weise mit dem „sympathy"-Prinzip verknüpft.[24] Nach langen Abwägungen und Überlegungen stellte Smith die These auf, dass die meisten Menschen mehr „sympathy" mit der Freude anderer als mit deren Leid empfinden.[25] Der Selbstschutz unterdrücke ein zu starkes Gefühl des Mitleidens. Natürlich sei es hingegen, an den freudigen Empfindungen anderer teilzuhaben. Aus diesem Grund „sympathisiere" der Mensch eher mit den Reichen als mit den Armen. Smith hielt diese Haltung zwar für bedauerlich, aber für eine dem Menschen eigene Haltung, die von Moralphilosophen aller Zeiten beklagt worden sei.

> *„Dass Wohlstand und hoher Rang oft mit jener Achtung und der Bewunderung betrachtet werden, welche alleine der Weisheit und Tugend gebühren, und dass die Verachtung, die doch von Rechts wegen nur das Laster und die Torheit treffen sollte, sich oft in höchst ungerechter Weise gegen Armut und Schwäche kehrt, das ist die Klage der Moralphilosophen zu allen Zeiten gewesen."*[26]

Diese Asymmetrie der „sympathy" verursache gleichsam das Gewinnstreben der Menschen, d. h. ihr Streben nach sozialem Aufstieg und nicht, wie man vermuten könnte, die Annehmlichkeiten des Besitzes oder der Verfügung über eine große Gütermenge.

Es ist vor allem in der deutschsprachigen Smith-Rezeption, die von der historischen Schule beeinflusst wurde, behauptet worden, dass zwischen der *Theorie ethischer Gefühle* und dem *Wohlstand der Nationen* ein erheblicher Unterschied im Menschenbild und daher ein Widerspruch zwischen den beiden Werken bestünde.[27] Gegen diese Auffassung spricht, dass Smith 14 Jahre nach dem Erscheinen des *Wohlstands der Nationen* in der Neuauflage (1790) der *Theorie ethischer Gefühle* ein Vorwort verfasst hat, in dem er explizit auf sein ökonomisches Werk hinweist. Eine grundlegend andere Perspektive oder gar ein Umschwung von Grundüberzeugungen finden sich in diesem Vorwort nicht. Insofern darf man davon ausgehen, dass beide Werke aus ein und derselben Grundperspektive verfasst wurden. Wen es verwundert, dass Smith seine *Theorie ethischer Gefühle* im *Wohlstand der Nationen* nicht zitiert, mag Bescheidenheit vermuten oder es

---

[23] Ebenda, S. 203.

[24] Vgl. hierzu: Reich, H. (1991), *Eigennutz und Kapitalismus,* Berlin: Duncker & Humblot, S. 60 ff.

[25] Vgl. Smith, a.a.O., S. 62.

[26] Smith, a.a.O., S. 87.

[27] Erste Andeutungen hierzu finden sich bei K. Knies (1853), *Die politische Ökonomie vom Standpunkte der geschichtlichen Methode,* sowie bei Oncken, A. (1898), Das Adam-Smith-Problem, *Zeitschrift für Sozialwissenschaft 1,* S. 25–33; S. 101–108 und S. 276–287.

damit rationalisieren, dass impact-Faktoren und Bibliometrie damals noch unbekannt waren.

Wenn man sich – die Smithsche Moralphilosophie vor Augen – die Frage stellt, ob Smith als Verfechter eines reinen Individualismus dargestellt werden darf, dann muss man das deutlich zurückweisen. Richtig ist sicher, dass für Smith die Gesellschaft nicht allein durch Gesetz und Moral zusammengehalten wird, wie es in den scholastischen Tugendlehren der Fall war. Natürlich spielt der Eigennutz (selflove) eine Rolle aber eben keine rein negative und daher moralisch verwerfliche. Denn der Eigennutz ist nicht gleichzusetzen mit Gier oder Unersättlichkeit. Über das „sympathy" Prinzip und den „unbeteiligten Beobachter" erfolgt eine Reflexion des eigennützigen Verhaltens, so dass Eigennutz im aristotelischen Sinn ein „Mittlerer" ist, also ein Mittelding zwischen Wohltätigkeit und Geiz.

> „Der eine (der Geizige, V.C.) ist um geringe Dinge um ihrer selbst willen ängstlich besorgt, der andere schenkt ihnen seine Aufmerksamkeit bloß infolge des Lebensplanes, den er sich selbst festgesetzt hat."[28]

Und weiterhin wird eigennütziges Handeln, so wie Smith es versteht, nicht nur gebilligt, sondern auch geachtet:

> „Charaktergewohnheiten wie Wirtschaftlichkeit, Fleiß, Umsicht, Aufmerksamkeit, geistige Regsamkeit, werden nach allgemeinem Dafürhalten aus eigennützigen Beweggründen gepflegt, und doch hält man sie zugleich für sehr lobenswürdige Eigenschaften, die die Achtung und Billigung eines jeden verdienen."[29]

Wenn dieses schon reflektierte eigennützige Handeln im Wettbewerb auf das gleiche Handeln anderer Gesellschaftsmitglieder stößt, dann treten die ökonomischen „checks and balances" in Kraft, die im *Wohlstand der Nationen* behandelt werden.

Wenden wir uns nun dem ökonomischen Werk Smiths zu. Das Gesamtwerk gliedert sich in fünf Bücher mit den folgenden Überschriften und inhaltlichen Hinweisen: Buch I behandelt „Of the Causes of Improvement of the productive Powers of Labour, and of the Order according to which its Produce is naturally distributed among the different Ranks of the People." Wir würden es gegenwärtig mit dem Begriff der Allokations- und Verteilungstheorie beschreiben, wobei allerdings auch der technische Fortschritt bei Smith am Anfang des Buchs bereits behandelt wird. Buch II handelt von „Of the Nature, Accumulation, and Employment of Stock." Hier geht es schlicht und ergreifend um die Kapitalakkumulation. Buch III widmet sich „Of the different Progress of Opulence in different Nations". Man kann es recht treffend als seine vergleichende bzw. historische

---

[28] Smith, a.a.O., S. 263.
[29] Ebenda, S. 506.

Wachstumsanalyse ansehen. Buch IV hat den Titel „Of Systems of political Oeconomy", was man mit „Über unterschiedliche Systeme der Wirtschaftspolitik" übersetzen kann. Bleibt noch das letzte Buch (V) „Of the Revenge of the Sovereign or Commonwealth", in dem es um die öffentliche Wirtschaft, also auch um die Staatsaufgaben und -ausgaben geht. Traditionell nennt man das im deutschsprachigen Raum „Die Finanzwissenschaft", im Englischen „Public Economics".[30]

Bereits im ersten Satz in der „Einführung" stellt sich Smith diametral gegen die merkantile Auffassung von Wohlstand. Damit erweiterte er auch die Wohlstandskonzeption der Physiokraten, die ihrerseits auch den merkantilen Reichtumsbegriff kritisiert hatten:

> *„Die jährliche Arbeit eines Volkes ist die Quelle, aus der es ursprünglich mit allen notwendigen und angenehmen Dingen des Lebens versorgt wird, die es im Jahr über verbraucht. Sie bestehen stets entweder aus dem Ertrag dieser Arbeit oder aus dem, was damit von anderen Ländern gekauft wird.*
>
> *Ein Volk ist daher umso schlechter oder besser mit allen Gütern,…, versorgt, je mehr oder weniger Menschen sich in den Ertrag der Arbeit oder in das, was sie im Austausch dafür erhalten, teilen müssen".*[31]

Smith widmet sich umgehend der Frage, wie sich der Wohlstand einer Nation steigern lässt. Die Antwort gibt er rasch:

„Die enorme Steigerung der Arbeit, die die gleiche Anzahl von Menschen nunmehr infolge der Arbeitsteilung zu leisten vermag, hängt von drei verschiedenen Faktoren ab:

1. der größeren Geschicklichkeit jedes einzelnen Arbeiters,
2. der Ersparnis an Zeit, die gewöhnlich beim Wechsel von einer Tätigkeit zur anderen verloren geht und
3. der Erfindung einer Reihe von Maschinen, welche die Arbeit erleichtern, die Arbeitszeit verkürzen und den einzelnen in den Stand setzen, die Arbeit vieler zu leisten".[32]

Der Grad der Spezialisierung und der Arbeitsteilung, – wir würden hinzufügen: die Realisierung von „economies of scale" – wird begrenzt durch die Größe des Marktes. Dieser Thematik widmet Smith das dritte Kapitel. Über die Kapitalbildung und den Einsatz von Maschinen handelt das gesamte zweite Buch. Darauf kommen wir noch zurück.

---

[30] In den letzten Jahren ist im deutschen Sprachraum eine erhebliche Verwirrung eingetreten, weil man in der öffentlichen Diskussion glaubt, dass die Finanzwissenschaft sich mit den Finanzmärkten beschäftigt, was aber falsch ist. Das Fach, das sich mit der Finanzwirtschaft und den Finanzmärkten beschäftigt, heißt im Englischen ‚Finance' und im Deutschen Finanzierung.

[31] Smith (1976, a.a.O. S. 3).

[32] Ebenda, S. 12.

7.2.2   Natürlicher Preis, Marktpreis und Preise in kommandierter Arbeit

Nachdem Smith die Arbeit und die Arbeitsteilung als Quelle des Wohlstands identifiziert hat, wendet er sich der Frage zu, wie man diesen misst. Dass das Geld dabei eine Rolle spielt und zwar eine trügerische, erläutert er mit zahlreichen Beispielen, denn Geld ist nur dann ein gutes Maß, wenn es selbst über die Zeit seinen Wert, d. h. seine Kaufkraft, behält.

Smith unterscheidet demzufolge den Nominalpreis vom Realpreis, – wir sagen heute Geldpreis und relativer Preis.

> *„Der wirkliche oder reale Preis aller Dinge, also das, was sie einem Menschen, der sie haben möchte, in Wahrheit kosten, sind die Anstrengungen und Mühe, die er zu ihrem Erwerb aufwenden muss". (…) „Nicht mit Gold oder Silber, sondern mit Arbeit wurde aller Reichtum dieser Welt letztlich erworben."[33] (…) „Immer und überall ist das teuer, was schwer zu bekommen ist oder für das man viel Arbeit aufwenden muss. Umgekehrt ist das billig, was leicht oder mit nur wenig Arbeit zu haben ist. Arbeit allein ist somit der letzte und wirkliche Maßstab, nach dem der Wert aller Waren zu allen Zeiten und an allen Orten gemessen und verglichen werden kann, da sie sich niemals in ihrem Wert verändert."[34]*
>
> *„Für den Arbeiter haben gleiche Mengen Arbeit stets gleichen Wert, doch erscheint er dem, der ihn beschäftigt, bald höher, bald niedriger. Er kauft nämlich Arbeit manchmal mit mehr, manchmal mit weniger Waren, so dass es für ihn den Anschein hat, als ob der Preis der Arbeit wie der aller Waren schwanke. (…) In Wahrheit aber sind es die Waren, deren Preise sich ändern."[35]*

Wenn Güter oder Waren mittels Arbeit, Boden und Kapital hergestellt werden, dann muss die Entlohnung dieser Dienste Bestandteil der Güterpreise sein, d. h. Lohn, Gewinn und Rente sind – freilich in ganz unterschiedlichem Ausmaß – Bestandteile des Güterpreises. Smith unterscheidet begrifflich zwischen natürlichen Preisen und Marktpreisen.

> *„Den tatsächlichen Preis, zu dem eine Ware gewöhnlich verkauft wird, nennt man ihren Marktpreis. Er kann entweder höher oder niedriger als der natürliche Preis oder ihm genau gleich sein."[36]*

Der natürliche Preis stellt gewissermaßen einen Attraktor oder ein Gravitationszentrum für die Marktpreise dar. Der Marktpreis hängt vom Verhältnis der angebotenen Menge zur wirksamen Nachfrage ab. Er tendiert zum natürlichen Preis, denn bei einem über dem natürlichen Preis liegenden Marktpreis erhalten die eingesetzten Produktionsfaktoren eine höhere Entlohnung, was zu Produktionsausdehnungen führt und damit zu

---

[33] Ebenda, S. 28.
[34] Ebenda, S. 30.
[35] Ebenda, S. 31.
[36] Ebenda, S. 49.

einer höheren Güterzufuhr. Dies lässt den Marktpreis wieder sinken. Bei einem unter dem natürlichen Preis liegenden Marktpreis kommt es zu Produktionseinschränkungen und damit zu einem Ansteigen des Marktpreises. Der natürliche Preis einer Ware ergibt sich, wenn die Einzelbestandteile, d. h. die Arbeitsleistung, der Kapitaldienst und der Bodendienst, je zu ihren natürlichen Raten bezahlt werden.

$$p_i^n = w^K N + r^K K + \varrho^K L$$

N, K, L sind die Mengen Arbeit, Kapital und Boden, die in einer Einheit Ware i enthalten sind, w^K, r^K, ϱ^K sind die natürliche Lohn-, Profit- und Rentrate.

Wie Smith die natürlichen Preise dieser Faktoren bestimmt sieht, behandeln wir später. Zunächst nehmen wir an, dass diese Preise theoretisch existieren. Dann ergibt sich der natürliche Preis eines Guts durch das Aufaddieren der einzelnen Faktorkosten. Es wird deshalb auch das „adding-up" Theorem von Smith genannt. Aus diesem ergibt sich, dass z. B. ein Anstieg der natürlichen Lohnrate (Profitrate, Rentrate) zu einem Anstieg aller natürlichen Güterpreise führen müsste. David Ricardo hat dieses Smithsche Theorem aufgegriffen und widerlegt. Aber darauf werden wir, wenn wir Ricardo behandeln, eingehen.

Smith trägt auch arbeitswerttheoretische Überlegungen vor. Das darf nicht mit dem Messkonzept der Preise in kommandierter Arbeit verwechselt werden. Ein Preis in kommandierter Arbeit ist nichts anderes als der Geldpreis einer Ware dividiert durch die Geldlohnrate. Ein solcher relativer Preis gibt an, wie lange der Geldlohnbezieher arbeiten muss, um eine Einheit des betreffenden Gutes, z. B. einen Haarschnitt, kaufen zu können. Die Arbeitswerttheorie besagt hingegen, dass der Wert eines Gutes aus der in ihm enthaltenen oder verkörperten Menge Arbeit(szeit) besteht. Smith ist der Ansicht, dass die Arbeitswerttheorie in primitiven Wirtschaftssystemen, in denen kaum Kapital als Produktionsmittel eingesetzt wird, eine gewisse Erklärungskraft hat, nicht jedoch in Produktionsund Wirtschaftsweisen, in denen viele Produktionsmittel eingesetzt werden. Smith vertritt damit eine historisch orientierte Arbeitswertlehre.

7.2.3 Der natürliche Lohn

Die natürlichen Faktorpreise, d. h. der natürliche Lohn, die natürliche Profitrate und die natürliche Rentrate ergeben sich bei freier Konkurrenz auf den jeweiligen Faktormärkten. Smith sieht im Wesentlichen drei die natürliche Lohnrate bestimmenden Faktoren wirken. Je höher die Arbeitsproduktivität, desto höher kann der Lohn steigen. Als zweiten Einflussfaktor nennt er die Verhandlungsmacht der Arbeiter. Da Arbeiter sich schlecht zusammenschließen könnten, sei ihre Verhandlungsmacht gegenüber Unternehmen eher gering. Das wirke tendenziell lohnsenkend. Schließlich, als dritten Faktor, nennt er gute Lebens- und Arbeitsbedingungen. Diese führten in Verbindung mit hohen Löhnen zu einem Wachstum der Arbeitsbevölkerung. Könne die wachsende Arbeitsbevölkerung in der Produktion absorbiert werden, ergäbe sich kein Einfluss auf die natürliche Lohnhöhe. Könne die wachsende Bevölkerung nicht absorbiert werden, komme es durch einen Arbeitsangebotsüberschuss zu tendenziell sinkenden natürlichen Löhnen.

7.2.4 Die Bodenrente

Ein Grundeigentümer kann seinen Boden verpachten oder selbst bewirtschaften. Erlös abzüglich der Lohnsumme ergibt die Rente, wenn er das Land selbst bewirtschaftet. Verpachtet er den Boden, erhält er die Rente als Pachtzahlung vom Pächter. Smith erwähnt, dass die Fruchtbarkeit und die Lage des Bodens die Rentenhöhe bestimmen. Er vermischt damit zwei Aspekte, nämlich den Fruchtbarkeitsaspekt, der zu Differential-renten der extensiven Art führt, mit der Lage – Entfernung zur Stadt –, die zu Intensitäts-renten führt. Jedenfalls fällt ihm auf, dass die Rente eigentlich kein Bestimmungsfaktor des natürlichen Preises einer Ware sein kann, d. h. er widerspricht seiner eingangs angeführten These, der p^K sei bestimmt durch die Summe von Lohn, Gewinn und Rente.

> *„Man sollte also beachten, dass die Rente auf andere Weise als Lohn und Gewinn an der Zusammensetzung der Güterpreise beteiligt ist. Hoher oder niedriger Lohn und Gewinn sind die Ursache für einen hohen oder niedrigen Preis, während eine hohe oder niedrige Rente die Folge von ihm ist."*[37]

Also gilt: Eine Rente ist hoch, wenn bei gegebenem Lohn und Gewinn der Preis hoch ist und vice versa. Die Unstimmigkeiten in Smiths Rententheorie wurden später von David Ricardo aufgegriffen und beseitigt.

7.2.5 Der Kapitalgewinn

Mit der Akkumulation von Kapital, so Smith, nehme der Lohn zu, der Profit jedoch sinke. Wie erklärt er diese inverse Beziehung? Sein Argument beruht auf dem Konkurrenzprinzip. Mehr Kapital erlaube es, mehr Arbeiter zu beschäftigen, wodurch die Lohnsumme (nicht der Lohnsatz) steige. Gleichzeitig nimmt innerhalb der Branche die Konkurrenz zwischen den verschiedenen Unternehmern zu und damit müsse der Profit sinken. Smith gesteht, dass es nicht leicht ist, das empirisch zu beobachten, wes-halb er glaubt, den Zins als eine Ersatzgröße für den Profit nehmen zu dürfen.

> *„Obwohl es also nicht gelingen dürfte, den Kapitalgewinn für die Gegenwart und die Ver-gangenheit einigermaßen genau im Mittel zu berechnen, läßt sich doch mit Hilfe des*

---

[37] Smith (1976, a.a.O., S. 126–127).

Geldzinses ein ungefähres Bild von ihm gewinnen. Man kann wohl von dem Grundsatz oder der Erfahrung ausgehen, dass überall dort, wo der Einsatz von Geld ein gutes Geschäft verspricht, gewöhnlich auch viel für seine Ausleihe bezahlt wird ... "[38]

7.2.6 Kapitalbildung oder produktive und unproduktive Arbeit

Eine provozierende, ja ideologische Argumentation entwickelt Smith im zweiten Buch, in dem Kapitalbildung und Wachstum der Wirtschaft behandelt werden. Es geht um die Proportionen zwischen produktiver und unproduktiver Arbeit und deren Einfluss auf die Kapitalakkumulation.

„Es gibt eine Art Arbeit, die den Wert eines Gegenstandes, auf den sie verwandt wird, erhöht, und es gibt eine andere, die diese Wirkung nicht hat. "

Die erste nennt er „produktive" Arbeit, die zweite charakterisiert er als „unproduktiv".

„Wohlhabend wird also, wer viele Arbeiter beschäftigt, arm hingegen, wer sich viele Dienstboten hält".[39]

Und er fährt fort:

... „Auch die Arbeit einiger angesehener Berufsstände in einer Gesellschaft ist, wie die der Dienstboten, unproduktiv. ... Zum Beispiel, die Tätigkeit des Herrschers samt seiner Justizbeamten und Offiziere, ferner das Heer und die Flotte ... "[40]

Zu den „Unproduktiven" zählt er auch: Geistliche, Rechtsanwälte, Ärzte, Schriftsteller, Schauspieler, Clowns, Musiker, Opernsänger und Tänzer. Alle, so fährt er fort, lebten vom Jahresertrag, der durch produktive Arbeit und Bodenleistung geschaffen wurde. Da nun auch der Lebensunterhalt der „Unproduktiven" aus diesem Jahresertrag stamme, bliebe nur der Rest für die „Produktiven". Je kleiner dieser Rest sei, desto weniger bliebe für die Akkumulation und damit für das Wirtschaftswachstum.

„Schon beim Entstehen aus Boden oder produktiver Arbeit teilt er sich (...) auf: Der eine Teil, durchweg der größte, ist in erster Linie dazu bestimmt, das Kapital zu ersetzen, oder die Vorräte, verbrauchte Rohstoffe und Fertigwaren, zu erneuern, die aus dem Kapital stammen. Der andere Teil bildet Einkommen, das entweder dem Kapitaleigner als Gewinn oder einem anderen als Bodenrente zufließt. "[41]

---

[38] Smith (1976, a.a.O., S. 76).

[39] Ebenda, S. 272.

[40] Ebenda, S. 273.

[41] Ebenda, S. 273–274.

Profit plus Rente kann nun produktiv oder unproduktiv verwendet werden, d. h. die Unternehmer und die Landadligen sind dafür verantwortlich, ob die Überschüsse (Profit plus Rente) produktiv, d. h. investiv und damit die Kapitalakkumulation steigernd oder konsumtiv, d. h. die Kapitalakkumulation schwächend, verwendet werden. Smith zählt zahlreiche Beispiele für Regionen in Europa auf, in denen in erster Linie Einkommen für unproduktive Arbeit ausgegeben wird und stellt diesen andere Regionen gegenüber, in denen Einkommen investiert wird.

> *„Vor der Vereinigung mit England waren in Edinburgh Handel und Gewerbe nur gering entwickelt. Erst als das schottische Parlament nicht mehr dort zusammentrat und die Stadt aufhörte, unerlässlicher Wohnsitz des Hoch- und Landadels in Schottland zu sein, änderte sich das etwas. Doch blieb Edinburgh auch weiterhin Sitz der wichtigsten Gerichtshöfe … und anderer Behörden, so dass dort immer noch ein beträchtliches Einkommen ausgegeben wird. Im Vergleich mit Glasgow, dessen Einwohner hauptsächlich durch Investitionen Beschäftigung finden, ist die Handels- und Gewerbetätigkeit weit schwächer. Gelegentlich konnte man beobachten, wie die Bewohner eines großen Marktfleckens, dessen Gewerbe bereits ganz gut entwickelt war, zusehends untätiger wurden und allmählich verarmten, nachdem ein Großgrundbesitzer in der Nachbarschaft seinen Wohnsitz eingerichtet hatte."*[42]

Auf den ersten Blick unterläuft Smith ein ähnliches Vorurteil wie den Physiokraten. Diese sahen nur in der landwirtschaftlichen Produktion die Quelle des Nettoprodukts. Smith weitet das Wertschöpfungskonzept aus, schließt allerdings Dienstleistungen als unproduktiv aus, weil diese unter den damaligen gesellschaftlichen Verhältnissen nicht „verkauft", sondern konsumiert wurden. Wenn ein Unternehmerhaushalt seinen Gewinn nicht spart (= investiert) und damit nicht produktive Arbeit kauft, sondern stattdessen Dienstboten anstellt, dann konsumiert er. Aus heutiger, kreislauftheoretischer Sicht ergäbe sich im ersten Fall ein Vervielfältigungseffekt. Im zweiten Fall findet Konsum statt, der direkt statt indirekt zu Beschäftigung führt. Hätte der Unternehmer eine Yacht gekauft, wären ebenfalls Arbeiter beschäftigt worden. Der Unterschied ist jedoch, dass nur durch die investive Verausgabung von Gewinn die Produktionskapazität wächst. Smith übt mit dieser Unterscheidung implizit Kritik an den Landlords und an denen, die den Lebensstil des (Feudal-)Adels kopieren und konsumieren statt zu investieren. Im Gegenzug legitimiert er den Gewinn dadurch, dass dieser dann zum allgemeinen Wohlstandswachstum führt, wenn die bürgerlichen Unternehmer diesen Gewinn sparen und ihn in produktive Arbeit investieren. So kommt der Gewinn indirekt den Arbeitern zugute, weil durch die Steigerung der Produktivität der Arbeit die Waren billiger werden und damit der Reallohn steigt, d. h. die Realeinkommen der Arbeiter steigen. Damit hat sich der Kreis geschlossen. Smith ist wieder dort angelangt, wo er anfing: Was die Ursache des Wohlstands ist und wie man ihn mehrt.

---

[42] Smith (1976, S. 278).

7.2.7   Smiths wirtschafts- und finanzpolitische Vorstellungen

Alles bisher Behandelte ist eher wirtschaftstheoretischer Natur. Was aber waren Smiths wirtschaftspolitische Einschätzungen und Empfehlungen? War er ein Advokat des *laissez-faire?* Dazu muss man das vierte Buch des *Wohlstands der Nationen* studieren. Hier wendet sich Smith den „Systemen der Politischen Ökonomie" zu. Er unterscheidet zwei Systeme: (a) das Handels- oder Merkantilsystem und (b) das Agrarsystem, worunter er die wirtschaftspolitischen Lehren der Physiokraten verstand.

„*Es ist eine weit verbreitete Ansicht, Reichtum bestehe in Geld, Gold oder Silber.*" So beginnt das erste Kapitel des vierten Buchs, das mit „Grundsätze des Handels- und Merkantilsystems" überschrieben ist. Er zeigt an zahlreichen Beispielen ganz anschaulich, worin der Denkfehler dieser Sichtweise besteht.

> „*Die Erfahrung lehrte Adel wie Kaufleute, dass der Außenhandel den Reichtum des Landes erhöht, aber wie und in welcher Weise, wusste keiner von ihnen. Die Kaufleute waren zwar genau im Bilde, wie der Außenhandel den eigenen Wohlstand heben konnte, denn schließlich gehörte dies zu ihrem Geschäft. Nicht dazu gehörte indes die Einsicht, auf welchem Wege er zum Reichtum der Nation beiträgt.*"[43]

Zunächst kritisiert Smith diese durch Thomas Muns Buch *England's Treasure by Forraingn Trade* verbreitete Auffassung und die damit implizite Unterschätzung des Binnenhandels. Gerade aber der Binnenhandel sei von wesentlich größerer Bedeutung, weil sich hinter dessen Ausweitung die verstärkte Arbeitsteilung und damit die eigentlich Quelle des Wohlstands verberge.

Im Verlauf des gesamten vierten Buches setzt er sich kritisch mit den vom Staat eingerichteten Monopolen auseinander und zeigt, wie diese immer zu Angebotsbeschränkungen führen und wie die Marktpreise dauerhaft über den natürlichen Preisen lägen.

> „*In der merkantilistischen Wirtschaftsordnung aber wird das Wohl des Verbrauchers beinahe ständig dem Interesse des Produzenten geopfert, und man betrachtet offenbar die Produktion und nicht den Konsum als letztes Ziel oder Objekt allen Wirtschaftens und Handelns*".[44]

Smith schließt das Kapitel mit weiteren Beispielen aus dem Außenhandel, in welchen er wiederholt aufzeigt, dass die merkantilistischen Regulierungen immer zugunsten der Manufakturbesitzer und der Produzenten getroffen wurden. Diese Regulierungen führten zu Angebotsbeschränkungen und damit zu Preisen weit über dem als natürlich angesehenen Preis.

Im folgenden neunten Kapitel beschäftigt sich Smith mit dem „Agrarsystem" bei dem es sich um die wirtschaftspolitischen Konzepte der Physiokratie handelt. Zunächst

---

[43] Smith (1976, a.a.O., S. 351).

[44] Ebenda, S. 558.

aber rechnet er mit Colbert ab, der alle „Vorurteile des Merkantilismus übernommen" habe und der die Landwirtschaft durch hohe Steuern und zu niedrige Preise für Agrarprodukte, „um Lebensmittel für die Stadtbewohner billig zu halten", sehr in ihrer Entwicklung hemmte. Die Folge war eine Unterversorgung nicht nur mit Brot, sondern mit vielen anderen Lebensmitteln.

Smith will das System der Physiokratie nicht vertieft analysieren, weil es nirgends in der Welt praktiziert werde und es damit keine Anschauung davon gebe und weil es somit noch keinen Schaden angerichtet habe. Smith erläutert Quesnays *Tableau Économique* und findet die Bezeichnung „la classe stéril", als abfällig oder herabwürdigend, denn

> „*die unproduktive Klasse ist dennoch für die beiden anderen Stände nicht nur nützlich, sondern weit mehr als das. (...) Mit Hilfe der unproduktiven Klasse werden die Landwirte viel Mühe und viele Sorgen los, die sonst ihre Arbeit auf dem Feld beeinträchtigt hätte.*"[45]

Insgesamt lobt Smith allerdings das wirtschaftspolitische Ziel der Physiokratie, die verschiedenen Klassen von Regulierungen und Beschränkungen des Austauschs und der Warenzirkulation zu befreien, unter denen sie im Merkantilsystem Colberts gelitten haben.

Am Ende des Kapitels betont Smith nochmals die Vorteile einer wirtschaftspolitischen Ordnung ohne Begünstigungen und Beschränkungen einzelner Sektoren oder Klassen, um dann aber doch darauf zu verweisen, dass dies nicht bedeute, dass der „Herrscher" (Staat) nun untätig werden dürfe. Im System der natürlichen Freiheit habe der Souverän drei grundlegende Aufgaben: (1) die Landesverteidigung, den Schutz des Individuums vor Ungerechtigkeiten (Polizei und Justiz) sowie (3) *„bestimmte öffentliche Anstalten und Einrichtungen zu gründen oder zu unterhalten, die ein einzelner oder eine kleine Gruppe aus eigenem Interesse nicht betreiben kann, weil der Gewinn ihre Kosten niemals decken könnte"*.[46] Um diese Aufgaben durchführen zu können, benötige der Souverän Einnahmen. Dieser Thematik widmet er sich in seinem letzten, dem fünften Buch mit dem Titel *Die Finanzen des Landesherrn oder des Staates.*

Smith stellt fest, dass sowohl die Sicherung der Landesverteidigung als auch die des Polizei- und Justizwesens Aufgaben des Staates darstellen, die mit der Entwicklung des Staatswesens zunehmende Ausgaben erfordern, da sowohl die Ausdifferenzierung der Aufgaben als auch deren Komplexität zunehmen. Zu diesen beiden klassischen öffentlichen Aufgaben tritt bei Smith die Aufgabe des Staates hinzu, für die Infrastruktur zu sorgen, d. h., diese zu erhalten und gegebenenfalls auszubauen. Interessant sind auch seine Überlegungen zur öffentlichen Bereitstellung von Bildungsinstitutionen.

Zur Infrastruktur zählt Smith die öffentlichen Straßen und Wege, die Brücken und die Kanäle. Deren Bau, Erhaltung und Pflege hält er für eine eindeutige öffentliche Aufgabe.

---

[45] Ebenda, S. 566.
[46] Smith (1976, a.a.O., S. 582).

Die Infrastruktur diene der wirtschaftlichen Entwicklung, weil der Gütertransport und damit die gesamte Versorgung im Lande verbessert werden. Smith spricht sich ausdrücklich für eine Finanzierung dieser Infrastrukturausgaben aus, denn dadurch zahle der, der auch den Vorteil daraus ziehe.

Smith, der ja sowohl Universitäts- als auch Privatlehrer war, hatte eine große Kenntnis von den griechischen und römischen Bildungsideen und Bildungseinrichtungen. Er sah gerade in der verstärkten Arbeitsteilung und der zunehmenden Spezialisierung, die er ja bereits auf den ersten Seiten des *Wohlstands der Nationen* als wachstumsfördernd beschrieb, auch eine negative Seite und zwar die der Einförmigkeit durch stupende Wiederholung der immer gleichen körperlichen und geistigen Prozesse.

> *„So ist es ganz natürlich, dass er verlernt, seinen Verstand zu gebrauchen, und so stumpf-sinnig und einfältig wird, wie ein menschliches Wesen nur eben werden kann. Solch geistige Trägheit beraubt ihn nicht nur der Fähigkeit, Gefallen an einer vernünftigen Unterhaltung zu finden oder sich daran zu beteiligen, sie stumpft ihn auch gegenüber differenzierten Empfindungen, wie Selbstlosigkeit, Großmut oder Güte, ab, so dass er auch vielen Dingen gegenüber, selbst jenen des täglichen Lebens, seine gesunde Urteilsfähigkeit verliert.“*[47]

Deshalb sollte sich die Öffentlichkeit (d. h. der Staat) vor allem um die Bildung der unteren Schichten kümmern, hingegen sich bei den oberen Schichten zurückhalten, da die es von selbst nicht versäumten. Er hielt es daher für richtig, wenn der Staat für die unteren Schichten allgemeinbildende Schulen errichtet, ja er tendierte sogar dazu, diese Schulbildung allen als verpflichtend aufzuerlegen. Nicht nur weil die Bürger dann lesen, schreiben und rechnen können, sondern weil der Staat einen nicht unbeträchtlichen Nutzen daraus zöge.

> *„Denn je gebildeter die Bürger sind, desto weniger sind sie Täuschungen, Schwärmerei und Aberglauben ausgesetzt, die in rückständigen Ländern häufig zu den schrecklichsten Wirren führen.“*[48]

Deshalb soll der Staat allgemeinbildende Grundschulen einrichten, aber das Lehrergehalt nur zum Teil tragen, so dass sich die Lehrer noch einen leistungsabhängigen Teil ihres Gehalts „erarbeiten“ müssen, der von den Eltern als Schulgebühr zu erheben wäre. Smith kannte aus eigener Anschauung der Verhältnisse im damaligen Oxford, dass Professoren gar nicht mehr zu ihren Vorlesungen erschienen waren, als sie ein festes Gehalt bekamen, das ihnen zum Leben ausreichte.[49]

---

[47] Ebenda, S. 662.

[48] Ebenda, S. 667.

[49] Tatsächlich war das schottische Schulwesen bereits im 15. und 16. Jahrhundert besser entwickelt als das englische. Nahezu jeder Pfarrbezirk hatte eine Schule, die von der Church of Scotland finanziert wurde, und am Ende des 17. Jahrhunderts, also noch zu Smiths Lebzeiten, hatte Schottland fünf Universitäten, England nur zwei.

Das letzte Kapitel des fünften Buches handelt von den Staatsschulden. Smith merkt zunächst an, dass Herrscher in vormittelalterlichen Gesellschaften sich einen Schatz zulegten, um im Kriegsfall oder in wirtschaftlich schlechten Zeiten die Ausgaben für Soldaten, bzw. für den Hofstaat, aufrecht halten zu können. Süffisant beschreibt er dann, wie die Herrscher in der Regel dem Luxus verfallen und ihren Schatz in Prunk und Tand verwandeln. Smith sieht dann aber in den Kriegen die größere Ursache der Schulden des Herrschers, die er nun auch Staatsschulden nennt. Er beschreibt die Verschuldungs-exzesse Englands ab ca. 1690 bis zu seiner Gegenwart und greift auf die Unterscheidung von produktiver und unproduktiver Arbeit zurück, um darauf hinzuweisen, dass Kredite, die der Staat aufnimmt, die Ausgaben für produktive Arbeit senke und die für unproduktive Arbeit ansteigen lasse, weil der Staat diese Mittel doch eher konsumtiv statt investiv verwende. An dieser grundlegenden Problematik hat sich bis zum heutigen Tage nichts Wesentliches geändert.

Smith zeigt an historischen Beispielen, die bis in die Zeit des Römischen Reichs zurückreichen, dass die Verschuldung meist so hoch war, dass man sich mit „Tricks" daraus befreite. Diese bestanden meist in einer Anhebung der nominalen Münzwerte oder einer Reduktion des Edelmetallgehaltes bzw. einer Kombination von beiden.

Er diskutiert Vorschläge zur Anhebung oder Einführung diverser Steuern und Gebühren. Sollte das aber auf Dauer der Entwicklung abträglich sein, so bliebe nur die Reduktioner Ausgaben. Da Großbritannien im Vergleich zu anderen ähnlich ent-wickelten Ländern geringe Ausgaben für das Militär habe, bliebe nur die Möglichkeit, die Ausgaben für die Kolonien (gemeint sind die US-Kolonien) einzustellen, was Smith für vernünftig hält.

> „...wenn Teile des britischen Reichs nicht dazu gebracht werden können, dass sie zum Unterhalt des ganzen Empires beitragen, dann ist es sicherlich für die Briten an der Zeit, dass sie sich die Kosten für die Verteidigung dieser Provinzen im Kriegsfalle vom Leibe halten und im Frieden keinerlei Beitrag mehr zu ihrer Zivil- oder Militärregierung leisten. Großbritannien sollte künftighin in seinen Vorstellungen und Plänen von den tatsächlichen Gegebenheiten (...) ausgehen, und somit von einer Rolle, die nicht mehr länger als über-ragend, sondern nur noch als zweitklassig bezeichnet werden kann."[50]

Gegenwärtig diskutiert man Staatsschulden vor dem Hintergrund der Konjunktur-steuerung und der Bereitstellung öffentlicher Güter. Was öffentliche Güter betrifft, ist Smith offensichtlich eindeutig für eine entsprechende öffentliche Bereitstellung und damit auch deren Finanzierung. Die Schuldenproblematik entsteht seit der Implementierung der antizyklischen Fiskalpolitik heute hauptsächlich durch kredit-finanzierte Konjunkturprogramme und nicht durch Kriegsaktivitäten. Zu Smiths Zeiten waren die Kriegs- und Militärausgaben der wesentliche Treiber der Staatsverschuldung.

---

[50] Ebenda, S. 819.

Smiths Antipathie gegen die überbordende Verschuldung des Staates hat mit seiner Abneigung gegen Kriege ebenso viel zu tun, wie mit seinem liberalen Credo und seiner Kritik an der Regulierungsdichte des Merkantilismus.

7.3 David Ricardo (1772–1823)

David Ricardo entstammte einer jüdischen Familie und war im englischen Sinne „uneducated". Mit 14 Jahren begann er als Laufbursche an der Londoner Börse, später war er Börsenhändler und mit 42 Jahren (1814) setzte er sich zur Ruhe. Er starb mit 51 Jahren an den Folgen einer Mittelohrvereiterung.

David Ricardo wurde in die erste Phase der industriellen Revolution hineingeboren, die mit der „grünen" Revolution ihren Anfang nahm und in der die Mechanisierung durch Dampfmaschinen noch in den Kinderschuhen steckte, sich aber bereits abzeichnete. Die erste Eisenbahnstrecke, die „Stockton and Darlington Railway" wurde am 27. September 1825 mit der Fahrt der von Stephenson gebauten Lokomotive „Nr. 1" eröffnet. Das geschah allerdings zwei Jahre nach Ricardos Ableben. Ricardo hat die Bedeutung der Mechanisierung erkannt und dieser Entwicklung mit dem Kap. 31 „On Machinery" in den *Principles* Rechnung getragen. Während Smiths Perspektive „agrozentrisch" war, weitete sich Ricardos Blick auf das beginnende Zeitalter der Eisenindustrie, der Mechanisierung der Textilindustrie und der aufstrebenden Dampftechnik.

Smiths zentrales Erkenntnisinteresse lag in der Messung des Wohlstands und der Erklärung seiner Ursachen und seines Wachstums. Dagegen richtete Ricardo sein Augenmerk auf die Verteilung des Wohlstands.

> „*Die Anteile am Gesamtprodukt der Erde, die unter den Namen Rente, Profit und Lohn jeder dieser Klassen zufallen, werden jedoch in verschiedenen Entwicklungsstufen der Gesellschaft sehr unterschiedlich sein, (…) Das Hauptproblem der Politischen Ökonomie besteht in dem Auffinden jener Gesetze, welche diese Verteilung bestimmen*"[51]

schrieb er in der Einleitung zu *On the Principles of Political Economy, and Taxation* (1817). Ansonsten folgte Ricardo Smiths Auffassungen über Political Economy und er beschäftigte sich …„*besonders mit jenen Stellen in den Werken Adam Smiths (…) bei denen er glaubte, Gründe für eine abweichende Meinung zu haben.*"[52]

Ricardo hat in den *Principles* einige Theoreme erarbeitet, die bis zum heutigen Tage zum Kanon der Wirtschaftstheorie gehören. Dazu gehören die Theorie komparativer

---

[51] Ricardo, D. (1951), *On the Principles of Political Economy and Taxation,* (in. Sraffa, P. (Hrsg.), The Works and Correspondence of David Ricardo, Vol. I), Cambridge: University Press. Hier alle Zitate nach der deutschen Ausgabe von (1959), *Grundsätze der Politischen Ökonomie und der Besteuerung,* Berlin: Akademie-Verlag, S. 3.

[52] Ebenda S. 4–5.

Kostenvorteile im Außenhandel, die Theorie der Bodenrente, die Wirkung von verschiedenen Steuern, die logische Verbindung von Preis- und Verteilungstheorie und das Denken in Modellen.

Beginnen wir mit dem letzten Punkt. Im Unterschied zu Smith, der seine theoretischen Überlegungen sehr anschaulich präsentierte, empirische und historische Vergleiche anstellte und wirtschaftspolitische Fragen und Systemfragen behandelte, ist Ricardos Vorgehensweise eher analytisch und deduktiv. Auch er veranschaulichte seine theoretischen Ableitungen mit Beispielen. Allerdings mit Rechenbeispielen, nicht mit wirtschaftshistorischen Exkursen. Ricardo reduziert einen komplexen Sachverhalt auf die wesentlichen Beziehungen, durchdenkt dann das „Modell" und kommt so zu seinen Schlussfolgerungen. Schumpeter[53] hat diese deduktive Methodik als „Ricardian Vice"[54](Ricardianisches Übel) verhöhnt, um aber damit auch die gesamte englische Nationalökonomie, einschließlich Marshall und Keynes, zu treffen. Was Schumpeter mit „Ricardian Vice" meinte, bezeichnet man auch als die Methode der „isolierenden Abstraktion",[55]die die methodische Grundlage der angelsächsischen Theoriebildung geliefert hat. Schumpeter, der methodisch ein überzeugter Walrasianer war, hatte große Vorbehalte gegen diese, sich auf relativ wenige Variablen und Kausalvermutungen stützende Methodik, die vor allem in der später von Keynes geprägten Makroökonomik eine wichtige Rolle spielen sollte.

7.3.1 Wert, Produktionskosten und Verteilung

Die nun folgenden Überlegungen Ricardos zur logischen Verbindung von Preis- und Verteilungstheorie sind eines der Kabinettstücke der klassischen ökonomischen Theorie und zugleich ein Beispiel für die Methode der isolierenden Abstraktion. Ricardo griff die Smithsche Theorie des Warenwerts auf und zeigte die logische Inkonsistenz des sogenannten „Adding-up" Theorems. Er führte seine Argumentation durch, indem er streng analytisch von Smiths Werttheorie ausging und dann die Preis- und Verteilungstheorie entwickelte. Bei dieser Vorgehensweise wird der Fehler von Smith schnell deutlich. Zunächst zur Ausgangsdefinition der Wertbestimmung durch Arbeit. Ricardo unterschied – Smith folgend – zwischen dem Gebrauchswert und dem Tauschwert einer Ware. Der Gebrauchswert einer Ware entspringt ihrer funktionalen Nützlichkeit und ist die Voraussetzung des Tauschwerts. Der Aspekt der Knappheit oder Seltenheit eines

---

[53] Schumpeter, J.A. (1965), *Geschichte der ökonomischen Analyse,* Teilband 1, Göttingen: Vandenhoeck & Ruprecht, S. 584.

[54] Vgl. die Klarstellung von Heinz D. Kurz (2008), „Ricardian Vice", in: *International Encyclopedia of the Social Sciences,* 2. Aufl., S. 241/2.

[55] Vgl. Schlicht, E. (1985), *Isolation and Aggregation in Economics,* Berlin, Heidelberg, New York: Springer.

Guts wird entweder in der Rententheorie oder in der Marktpreisbildung aufgegriffen und wird erst im Anschluss an die Theorie der natürlichen Preise behandelt. Der Tauschwert einer reproduzierbaren Ware ergibt sich durch die in ihr verkörperte Menge Arbeit. Biber und Hirsch tauschen sich im Verhältnis zu der Arbeitszeit, die zwei Jäger benötigen, um jeweils einen Hirsch oder einen Biber zu erlegen. Benötigt ein Jäger 4 Std. um einen Biber zu erlegen aber nur 1 Std. für einen Hirsch, dann tauschen sich 1 Hirsch $= \frac{1}{4}$ Biber oder 4 Hirsche $= 1$ Biber. In Arbeitswerten ausgedrückt $U_H = 1\ l$, $U_B = 4\ l$, wobei U_H *und* U_B den Arbeitswert des Hirschs bzw. des Bibers bezeichnen und l die direkte Arbeit(-szeit) angibt.

Erlernen nun im Zuge der Arbeitsteilung die Biber-Jäger eine Jagdtechnik, die es erlaubt, Biber schneller, sagen wir in 2 Std., zu erlegen, dann sinkt der Arbeitswert eines Bibers, da jetzt nur noch 2 Std. Arbeit in ihm vergegenständlicht sind. Ändert sich die Arbeitszeit zum Erlegen eines Hirsches nicht, dann steigt der Tauschwert des Hirsches im Verhältnis zum Biber, weil sich jetzt 2 Hirsche $\triangleq$ 1 Biber austauschen. Dies geschieht jedoch nur, wenn die neue Jagdtechnik von allen Jägern angewendet wird. Beherrscht nur ein Jäger diese Jagdtechnik, dann bleibt das alte Tauschverhältnis und der Innovator muss nur 2 Std. statt 4 Std. jagen, um 4 Hirsche einzutauschen. Er gewinnt 2 Std., die er nach Belieben allokieren kann. Er kann weiterjagen oder seine Zeit auf andere Tätigkeiten (auch Ausruhen) verwenden.

Allerdings sind Waffen und Fallen zur Biberjagd eigentlich Kapital (Produktionsmittel), ohne die die Verausgabung von Arbeit nicht zum Ziel führt. Ist deren Wert nicht auch zu berücksichtigen und daher relevant für die Bestimmung des Tauschwerts?

„Ohne irgendeine Waffe können weder Biber noch Hirsche zur Strecke gebracht werden, und daher wird der Wert dieser Tiere nicht allein durch die zu ihrer Erlegung notwendige Zeit bestimmt, sondern auch durch die zur Beschaffung des Kapitals des Jägers erforderliche Zeit und Arbeit… "[56]

Wenn nun die Herstellung der Waffen zur Hirschjagd die gleiche Arbeitszeit erfordert wie die Herstellung von Biberfallen, tauschen sich Waffen und Biberfallen 1:1, aber im Hirsch bzw. im Biber sind jetzt auch die Kapitalkosten enthalten.

$$1 \text{ Hirsch} \triangleq 1 \text{ Std. } \ell + 8 \text{ Std. } \ell^W = 9 \text{ Std.}$$

$$1 \text{ Biber} \triangleq 4 \text{ Std. } \ell + 8 \text{ Std. } \ell^F = 12 \text{ Std.}$$

Nimmt man der Einfachheit halber an, eine Waffe und eine Falle können nur einmal verwendet werden ($=$ zirkulierendes Kapital), ergeben sich die o. g. direkt und indirekt verausgabten Arbeitsmengen. In diesem Fall tauschen sich nun 1 Biber $\triangleq 1\frac{1}{3}$ Hirsch.

In aller Regel, so Ricardo, werden die Proportionen von direkter und indirekter Arbeit, d. h. von Arbeit und Kapital, von Ware zu Ware divergieren und nur in seltenen

---

[56] Ricardo (1959, S. 21–22).

Fällen übereinstimmen. So steckt in einem Haarschnitt relativ viel direkte Arbeit und wenig Kapital (indirekte Arbeit), in einem PKW hingegen steckt wesentlich mehr indirekte als direkte Arbeit, d. h. mehr Kapital als Arbeit. Wir sagen ja auch, ein Haarschnitt werde arbeitsintensiv, ein Auto hingegen kapitalintensiv produziert.

Um nun herauszufinden, ob der natürliche Preis eines Hirschs bzw. eines Bibers den Arbeitswerten entspricht, bewerten wir die geleistete Arbeit mit dem uniformen Lohnsatz w. Wir unterstellen, dass der Lohnsatz in einer Rechnungseinheit, die über die Zeit konstant ist, gezahlt wird. Es gelte $w = 10$ €/Std. Für den einfachsten Fall, in dem wir die Kosten der Waffen und der Fallen ignoriert haben, ergibt sich:

$$1 \text{ Hirsch} \stackrel{\wedge}{\to} = 1 \text{ Std.} \ell \to 10.1 = 10 \, €$$

$$1 \text{ Biber} \stackrel{\wedge}{\to} = 4 \text{ Std.} \ell \to 10.4 = 40 \, €$$

Ein Hirsch hat den Preis 10 €, ein Biber kostet 40 €. Das Tauschverhältnis entspricht dem Preisverhältnis und die Preise in Lohneinheiten $\hat{P}$ entsprechen den Arbeitswerten:

$$\frac{X_\text{H}}{X_\text{B}} = \frac{4\text{H}}{1\text{B}} = \frac{U_\text{B}}{U_\text{H}} = \frac{4}{1} = \frac{40€}{10€} = \frac{P_\text{B}}{P_\text{H}} = \frac{\hat{P}_\text{B}}{\hat{P}_\text{H}} = \frac{4}{1}.$$

Nun nehmen wir die erste Modifikation vor und bedenken, dass zur „Produktion" von Hirsch und Biber auch Produktionsmittel (Kapital) benötigt werden, d. h., indirekte Arbeit oder Arbeit der Vorstufe zu berücksichtigen ist.

$$1\,\text{H} \stackrel{\wedge}{\to} = 1\,\text{Std.}\ell + 8\,\text{Std.}\ell^\text{W}_{-1} = 1.10\,€ + 8.10\,€ = 90\,€$$

$$1\,\text{B} \stackrel{\wedge}{\to} = 4\,\text{Std.}\ell + 8\,\text{Std.}\ell^\text{F}_{-1} = 4.10\,€ + 8.10\,€ = 120\,€$$

Es folgt:

$$\frac{X_\text{H}}{X_\text{B}} = \frac{\frac{4}{3}\text{H}}{1\text{B}} = \frac{U_\text{B}}{U_\text{H}} = \frac{4}{3} = \frac{P_\text{B}}{P_\text{H}} = \frac{120}{90} = \frac{\hat{P}_\text{B}}{\hat{P}_\text{H}} = \frac{12}{9}$$

Die Preise in Lohneinheiten $\hat{P}$ entsprechen **nicht** den Arbeitswerten, aber sie sind ihnen proportional! Aber **alle** Relationen entsprechen dem Tauschverhältnis!

Nun heben wir die Voraussetzung auf, dass in beiden Prozessen gleich viel indirekte Arbeit (= Kapital) verwendet wird. Außerdem unterstellen wir, dass die Herstellung eines Bogens wiederum indirekte Arbeit erfordert, nämlich die des Holzschlagens und des Lagerns des Holzes und der Fertigung einer Sehne.

$$1\,\text{H} \stackrel{\wedge}{=} 1\,\text{Std.}\,\ell_0 + 1\,\text{Std.}\,\ell^\text{W}_{-1} = 1\,\text{Std.}\ell^\text{S}_{-2} + 7\,\text{Std.}\,\ell^\text{H}_{-3} = 10\,€$$

$$1\,\text{B} \stackrel{\wedge}{=} 4\,\text{Std.}\,\ell_0 + 8\,\text{Std.}\,\ell^\text{F}_{-1} = 12\,€$$

Befinden wir uns in einer arbeitsteiligen Gesellschaft und wird „kapitalistisch" produziert, dann muss der Unternehmer Material und Lohn vorschießen, sonst kann der Arbeiter nicht arbeiten und leben. Also enthalten auf jeder Produktionsstufe die Produktionskosten auch einen Profitanteil.

$$1\,\text{H} \stackrel{\triangle}{=} 1\,\text{Std.}\,\ell_0 + 1\,\text{Std.}\,\ell_{-1}^{\text{W}} + 1\,\text{Std.}\,\ell_{-2}^{\text{S}} + 7\,\text{Std.}\,\ell_{-3}^{\text{H}} = 10\,\text{Std.}$$
$$(1+r)10 + (1+r)^2 10 + (1+r)^3 10 + (1+r)^4 \cdot 70 = P_{\text{H}}$$

$$1\,\text{B} \stackrel{\triangle}{=} 4\,\text{Std.}\,\ell_0 + 8\,\text{Std.}\,\ell_{-1}^{\text{F}} = 12\,\text{Std.}$$
$$(1+r)40 + (1+r)^2 \cdot 80 = P_{\text{H}}$$

Für den Fall, dass die Verzinsung (rate of profits) $r = 0$ wäre, folgt

$$\frac{U_{\text{B}}}{U_{\text{H}}} = \frac{10}{12} = \frac{P_{\text{H}}}{P_{\text{B}}} = \frac{120}{90} = \frac{\hat{P}_{\text{B}}}{\hat{P}_{\text{H}}} = \frac{12}{9}$$

Auch in diesem Fall gilt, dass die Preise in Lohneinheiten den Arbeitswerten entsprechen $\hat{P} = U$ und die natürlichen Preise proportional zu den Arbeitswerten sind.

Nehmen wir nun den Fall, dass die Verzinsung positiv ist, z. B. $r = 10\,\%$. Es ergibt sich

$$\frac{U_{\text{B}}}{U_{\text{H}}} = \frac{10}{12} \neq \frac{P_{\text{H}}}{P_{\text{B}}} = \frac{138,9}{140} = \frac{\hat{P}_{\text{B}}}{\hat{P}_{\text{H}}} = \frac{13,9}{14} = \frac{1\,\text{B}}{1,007\,\text{H}}.$$

$$\text{Für } r = 20\,\% \text{ ergibt sich } \frac{U_{H}}{U_{B}} = \frac{10}{12} \neq \frac{P_{H}}{P_{B}} = \frac{188,9}{163,2} = \frac{\widehat{P}_{B}}{\widehat{P}_{H}} = \frac{18,9}{16,3} = \frac{1B}{0,86H}.$$

Ricardo erkennt, dass nur unter sehr speziellen Bedingungen die Arbeitswerte das Tauschverhältnis zwischen Hirsch und Biber erklären und zwar in dem Sinne, dass sie den Preisen in Lohneinheiten gleich oder proportional sind. Im Allgemeinen führen Änderungen der Verzinsung (Profitrate) jedoch zu Abweichungen der Preise in Lohneinheiten von den Arbeitswerten, die sogar nicht einmal der Tendenz nach das Austauschverhältnis zwischen Hirsch und Biber bestimmen. Denn während der Arbeitswert anzeigt, dass im Biber mehr Arbeit verkörpert ist als im Hirsch und somit sich mehr Hirsch gegen weniger Biber tauschen müsste, wird das tatsächliche Tauschverhältnis von der Höhe der Profitrate bestimmt. Bei $r = 10\,\%$ stimmt noch die von den Arbeitswerten signalisierte Tauschrelation, bei $r = 20\,\%$ hat sie sich bereits ins Gegenteil verkehrt, Biber ist billiger als Hirsch, obwohl im Biber mehr Gesamtarbeit enthalten ist.

Die Preise, d. h. die natürlichen Preise, sind also eine komplexe Funktion der Profitrate r; Preise sind abhängig von einer Verteilungsvariablen. Tatsächlich variiert die gesamte Verteilung mit den Preisen. Wenn nämlich die Profitrate steigt, dann steigen ja auch die Preise in Lohneinheiten.

$$r = 10\,\% \qquad\qquad\qquad r = 20\,\%$$
$$\widehat{p_H} = 13,9, \frac{w}{p_H} = 0,072 \qquad \widehat{p_H} = 18,9, \frac{w}{p_H} = 0,053$$
$$\widehat{p_H} = 14 \qquad\qquad\qquad \widehat{p_H} = 16,3$$
$$\text{Da}\,\widehat{p_H} = \frac{p_H}{w}\ \text{folgt}\ w_H = \frac{w}{p_H}.$$

Steigen die Preise in Lohneinheiten, dann fällt deren Kehrwert, der Geldlohn dividiert durch den Güterpreis. Daraus ergibt sich eine inverse Beziehung zwischen Reallohn und Profitrate, was bedeutet, dass bei einem Anstieg (Rückgang) der Profitrate der Reallohn fällt. (steigt). Was bedeutet das für das *Adding-up* Theorem von Smith? Das *Adding-Up* Theorem besagt, dass der natürliche Preis sich aus dem natürlichen Lohn, dem natürlichen Profit und der natürlichen Rente additiv ergibt, d. h. dass der natürliche Preis sich aus diesen Kostenbestandteilen zusammensetzt. Dieses Theorem ist logisch nicht haltbar, weil der Profit $= r \cdot K$, nicht nur von r, sondern auch von K abhängt. Nun besteht K ja aus Waren, deren Preise auch von r abhängen. Um p^n durch $r \cdot K$ zu bestimmen, müssten alle anderen Preise bereits auf ihrem natürlichen Niveau liegen und damit würde man das, was zu beweisen ist, einfach voraussetzen. Außerdem gerät das *Adding-Up* Theorem Smiths in einen logischen Widerspruch zu einer anderen grundlegenden Erkenntnis Ricardos. Wenn das Theorem stimmte, müsste eine Steigerung des natürlichen Lohns zu einem Anstieg aller Preise führen. Ricardo fragt „gemessen in welchem Standard"? Hätte Smith geantwortet „in Geld", dann würde Ricardo darauf hinweisen, dass dann der Preis des Geldes (seine Kaufkraft) gesunken sein muss, entgegen der Smithschen These, dass alle Preise gestiegen sind.

> „Bevor ich diesen Gegenstand verlasse, mag die Feststellung angebracht sein, dass Adam
> Smith und alle die ihm folgenden Autoren nach meiner Kenntnis ausnahmslos behaupteten,
> ein Steigen des Preises der Arbeit (Lohn) habe eine gleichmäßige Erhöhung des Preises
> aller Waren zur Folge. Ich hoffe, es ist mir gelungen zu zeigen, dass es keine Gründe für
> eine derartige Ansicht gibt, und dass nur jene Waren steigen werden, für die weniger fixes
> Kapital als für das Medium, in welchem der Preis ausgedrückt wird, angewendet worden ist
> und dass alle jene, für die mehr verwendet wurde, sicherlich im Preis fallen werden, sobald
> die Löhne steigen"[57]

Ricardo hat gezeigt, dass ein Anstieg des Reallohns zu einem Rückgang der Profitrate führen muss. Damit fällt das *Adding-Up* Theorem endgültig in sich zusammen, weil ein Rückgang der Profitrate auch einige Preise sinken lassen wird.

Das Problem des unveränderlichen Wertmaßes, d. h. einer Ware, deren Wert sich mit Variation der Verteilung (Lohn-Profitrate) nicht ändert, sollte Ricardo nicht mehr loslassen. Sraffa, der Herausgeber der Ricardo-Gesamtausgabe, fand in den vierziger

---

[57] Ricardo (1959, S. 45).

Jahren (1943) im Nachlass Ricardos ein bis zu diesem Zeitpunkt völlig unbekanntes Manuskript, das den Titel „Absolute Value and Exchangeable Value" trägt. Ricardo arbeitete bis wenige Tage vor seinem Tod daran. John Stuart Mill, an den das Manuskript überging, schien die Thematik nicht wichtig genug gewesen zu sein, denn er publizierte es nicht und so verschwand es, bis Sraffa es wiederentdeckte.

7.3.2 Rententheorie

Smith verwickelte sich in der Rententheorie in inkonsistente Behauptungen. Gemäß des *Adding-Up* Theorems ist die „natural rate of rent" ein bestimmender Faktor der natürlichen Preise. An anderer Stelle lässt er die Rente ein Resultat hoher Marktpreise sein. Rente entstehe, weil der Marktpreis über den Kosten für Lohn und Profit läge. Wie kann dann die natürliche Rente „Ursache" der natürlichen Preise sein? Der Widerspruch sollte offensichtlich sein und so sah das auch Ricardo. Er stellte die Rententheorie, indem er auch auf das von Turgot beschriebene Gesetz vom abnehmenden Ertragszuwachs zurückgriff, auf marginaltheoretische Grundlagen.

Ricardo unterschied drei Arten der Rente: 1. Differentialrente, 2. Intensitätsrente, 3. Standortrente oder räumliche Rente.

ad 1) Wenn Böden unterschiedlicher Qualität bebaut werden, entstehen auf den Böden hoher Qualität hohe Renten. Die Rente sinkt mit der Qualität des bebauten Bodens. Auf dem „Grenzboden", d. h. dem Boden, der gerade noch bebaut werden kann, entsteht keine Rente, weil dieser „frei" ist, d. h., von keinem Grundherrn angeeignet wurde. Der Grenzboden wird bebaut, weil die Nachfrage nach Getreide und somit der Preis für Getreide so hoch ist, dass es sich lohnt, diesen Boden zu bebauen. Er wirft jedoch wegen seiner niedrigen Fruchtbarkeit nur die herrschende uniforme Profitrate und den Subsistenzlohn ab. Der Preis für Getreide entspricht den Produktionskosten auf dem schlechtesten Boden, weshalb die fruchtbareren Böden eine Rente abwerfen.

ad 2) Die Intensitätsrente entsteht, wenn auf homogenem Land die Produktion intensiviert wird, bis durch zusätzlichen Einsatz von Arbeit und Kapital die Ertragszuwächse zu fallen beginnen. Auf allen Böden entsteht die gleiche „Knappheitsrente".

ad 3) Der dritte Typ entspringt standortbedingten Vorteilen. Sind Städte Marktplätze, dann werfen stadtnahe Böden höhere Renten ab als stadtferne. Dieser spezielle Rententypus wurde 1826 von Johann Heinrich von Thünen[58] genauer analysiert. Böden in der Nähe von Städten unterliegen der Konkurrenz unterschiedlicher Verwendung, z. B. Wohnhausbau versus Gemüseanbau. Wie der Boden genutzt wird, hängt von den relativen Preisen zwischen Gemüse und Wohnraum ab. Ist Gemüse relativ teuer, dann wird der Gemüseanbau eine Rente abwerfen, umgekehrt, wenn Wohnraum relativ teuer

---

[58] Thünen, J.H. von (1926, [1842]), *Der isolierte Staat,* Jena: Gustav Fischer Verlag.

ist. Mit dem Steigen der landwirtschaftlichen Produktivität und dem Sinken der Transportkosten erklärt sich, dass im Laufe der Entwicklung eben Gemüse relativ billiger als
Wohnraum wurde und somit der Hausbau eine Rente abwirft.

7.3.3 Außenhandel

Ein bleibender Beitrag zur Theorie des Außenhandels war Ricardos Theorem der
komparativen Kostenvorteile.

> *„Zwei Menschen können beide Hüte und Schuhe erzeugen, und einer ist dem anderen
> in beiden Tätigkeiten überlegen. Aber in der Herstellung von Hüten kann er seinen
> Konkurrenten nur um ein Fünftel oder 20 Prozent überflügeln, und in der Schuherzeugung
> übertrifft er ihn um 1/3 oder 33 Prozent. Wird es nicht in beider Interesse liegen, dass der
> Überlegene sich ausschließlich mit der Schuherzeugung und der Unterlegene mit der Hut-
> macherei beschäftigt?"*[59]

Diese Überlegung lässt sich auf zwei Länder übertragen von denen eines absolute
Kostenvorteile haben kann. Und trotzdem lohnt es sich für beide Länder, sich jeweils
auf ein Produkt zu konzentrieren. In Ricardos Beispiel spezialisiert sich England auf
die Tuchproduktion und Portugal produziert Wein. Tauschen beide Länder nun Wein
und Tuch aus, stellen sie sich besser als in dem Fall, in dem sie jeweils beide Güter
selbst herstellen. Ricardos Argumentation gilt allerdings nur unter der Voraussetzung,
dass die Produktionsfaktoren Kapital und Arbeit immobil sind. Den Fall mit mobilen
Produktionsfaktoren haben später Heckscher und Ohlin untersucht. Die Folgerung aus
Ricardos kleinem Modell ist, dass Arbeitsteilung Vorteile für alle ermöglicht, die aber
nur realisiert werden können, wenn Länder sich für freien Handel entscheiden, also
Handel, der nicht durch die damals bekannten merkantilistischen Praktiken (Zölle,
Monopole, etc.) beeinträchtigt wird.

7.3.4 Besteuerung

Ricardo geht ausführlich auf Besteuerungsfragen ein. Was soll besteuert werden (Steuer-
objekt) und wie wirkt die jeweilige Steuer (Steuerinzidenz)? Das sind die beiden
Fragen, die bis zum heutigen Tage die Gemüter in der öffentlichen Diskussion erhitzen.
Ricardo behandelt Steuern auf die Bodenrente, auf das Eigentum an Boden, Gebäuden
sowie Gold und Rohprodukten. Selbst den Zehnten behandelt er, bevor er auf die Ein-
kommensteuern, getrennt nach Lohn und Profit, zu sprechen kommt. Auch der Armensteuer, die nicht von den Armen, sondern von den Gemeinden erhoben wurde, wendet er

---

[59] Ricardo, D. (1959, FN, S. 122–123).

sich noch zu. Diese Armensteuer war eher eine Sozialabgabe, um die Armenfürsorge zu finanzieren.[60]

7.3.5 Über Maschinerie und Mechanisierung

Um 1811 entstanden vor allem in den Bezirken Englands, in denen sich die Baumwollindustrie ausbreitete, Aufstände der Arbeiter, die sich gegen die Verschlechterung der Lebensumstände richteten. Bekannt wurden diese Aufstände unter dem Begriff der „Aufstand der Ludditen" bzw. dem der Maschinenstürmerei. Die „Ludditen" beklagten, dass vor allem die Arbeiterschaft unter der Einführung der Maschinerie und der mechanisierten Produktion leiden würde. Ricardo nahm das Thema ernst und fügte 1821 in die dritte Auflage seiner *Principles* das Kap. XXXI „Über Maschinerie" (On Machinery) ein, in dem er sich fragt, ob Maschinerie mehr oder weniger Arbeitsplätze schafft als sie verdrängt. Ricardo war ursprünglich optimistisch, d. h. er argumentierte, dass Kapitalakkumulation – und nichts anderes passiere bei der Einführung von Maschinen – zu einer wachsenden Beschäftigung führe. Diese Einschätzung änderte sich und so revidierte er seine Ansicht dahingehend, dass es darauf ankomme, ob die an einer Stelle durch die Maschinen verdrängte Beschäftigung an anderer Stelle in der Ökonomie wieder entstehen könne. Ricardo sah, dass dies nicht automatisch und immer der Fall sein muss.

> *„Wenn ich hundert Leute auf meiner Farm beschäftige, und ich stelle fest, dass die für fünfzig dieser Leute verwendeten Nahrungsmittel für die Haltung von Pferden aufgewendet werden können, die mir einen höheren Ertrag von Rohprodukten liefern, nachdem ich den Zins für das Kapital, das der Kauf der Pferde beanspruchen wird, in Rechnung gestellt habe, so wird es für mich von Vorteil sein, die Menschen durch die Pferde zu ersetzen, und ich werde das dementsprechend tun. Doch das liegt nicht im Interesse der Arbeiter, und sofern das von mir bezogene Einkommen sich nicht derart erhöht, dass es mich instand setzt, die Leute ebenso wie die Pferde zu beschäftigen, so ist es offensichtlich, dass Bevölkerung überzählig wird und die Lage des Arbeiters sich allgemein verschlechtert."*[61]

Ricardo sah die Mechanisierung durch die Einführung von Maschinen sehr differenziert. Ihm war auch klar, dass es Gewinner und Verlierer dieses Prozesses gab und geben wird. Zwar nütze die Verbilligung der mittels Maschinen hergestellten Waren den Grundeigentümern und Kapitalisten, aber im Falle der Arbeiterklasse sei das keineswegs eindeutig.

---

[60] Grundlage der Armensteuer war das Armengesetz (Poor Law), das ursprünglich im Jahr 1601 von Elizabeth I. erlassen wurde.

[61] Ricardo, D. (1959, S. 389–390).

> *„Ich bin jedoch überzeugt, dass die Ersetzung der menschlichen Arbeit durch Maschinen oft den Interessen der Klasse der Arbeiter sehr schadet.* "[62]

Nicht in den *Principles,* jedoch in seinen Briefen findet man sogar recht utopisch anmutende Gedanken zu dieser Thematik, denn er bedenkt den Fall einer voll automatisierten Wirtschaft und den damit verbundenen Nachteilen für die Arbeiterschaft.

> *„If machinery could do all the work that labour now does, there would be no demand for labour. Nobody would be entitled to consume anything who was not a capitalist, and who could not buy or hire a machine.* "[63]

7.4   Karl Marx (1818–1883)

Karl Marx wurde 1818 in Trier geboren und starb 1883 in London, in jenem Jahr also, in dem John M. Keynes und Joseph A. Schumpeter geboren wurden. Nach Abschluss des Gymnasiums im Jahr 1835 begann er ein Studium der Jurisprudenz und Kameralistik in Bonn. Ein Jahr später, 1836, wechselte er an die Friedrich-Wilhelms Universität in Berlin, wo sich der Schwerpunkt seiner Studien von der Jurisprudenz weg bewegte und die Philosophie-und Geschichtsstudien an Bedeutung zunahmen. Im Jahr 1841 promovierte er an der Universität Jena zum Dr. phil. und übernahm im Jahr 1842 den Posten eines Redakteurs bei der *Rheinischen Zeitung,* die am Anfang des gleichen Jahres von liberalen Bürgern in Köln gegründet worden war. Die Zeitung unterlag allerdings einer strengen Zensur durch den preußischen Staat, was zu einer Einstellung der Zeitung im Jahr 1843 führte, woraufhin Marx als Redakteur zurücktrat. Es kam infolgedessen zu einer Übersiedlung nach Paris und dann auf Betreiben Preußens zur Ausweisung von Marx aus Frankreich. Marx floh nach Brüssel, legte dort seine preußische Staatsbürgerschaft nieder und blieb bis zu seinem Tod staatenlos. Nach kurzem Zwischenaufenthalt in Paris siedelte er 1849 nach London über und blieb dort bis zu seinem Tod. Er lebte dort von journalistischer Arbeit und mit Hilfe der massiven finanziellen Unterstützung durch Friedrich Engels.

7.4.1   Die Werttheorie

Marx warf Ricardo vor, die Arbeitswertanalyse „zu früh" abgebrochen zu haben, indem er den Profit/die Profitrate eingeführt habe, ohne sie aus der Werttheorie abgeleitet zu

---

[62] Ebenda, S. 382.

[63] Ricardo, D. (1951), *The Works and Correspondence of David Ricardo,* Vol. 8, Letters 1819–June 1821, S. 399–400. Diesen Hinweis verdanke ich Heinz Kurz.

haben. Für Marx hatte Ricardo Wert- und Preisebene nicht ordentlich voneinander getrennt analysiert. Dies wollte Marx nachholen, um dann zu zeigen, dass nach Transformation der Werte in Preise die Profite auf der Ausbeutung der Arbeitskraft beruhen. Er wollte damit u. a. zeigen, dass Preise diese soziale „Ungerechtigkeit" verschleiern, weil sie „oberflächlich gesehen" den Tausch von äquivalenten Warenmengen anzeigen, sich jedoch hinter der Äquivalenz die „Ausbeutung der Arbeitskraft" verbirgt. Seit Jahrtausenden wurde durch die Herrschaft einer Minderheit der Mehrheit (z. B. durch Sklavenarbeit oder Frondienste) die Last auferlegt, das Realeinkommen der Minderheit zu erarbeiten. Im Kapitalismus sei dieses Herrschaftsverhältnis durch den Tausch wertäquivalenter Waren, zu denen eben auch die Arbeitskraft gehöre, verschleiert. Die Analyse der Wertebene soll diesen Schleier entfernen und das „Wesen des Kapitalismus" offen legen.

Der Kern des Marxschen Ansatzes besteht in der Unterscheidung zwischen dem Wert der in einer Ware vergegenständlichten Arbeit und dem Wert der Arbeitskraft. Nehmen wir der Einfachheit halber an, der Arbeiter werde mit dem Produkt entlohnt, das er produziert. Der Arbeitstag sei 8 Std. lang und ein Arbeiter produziere in diesen 8 Std. 8 Brote, d. h. 1 Brot enthält eine Std. Arbeit. Der Wert der Arbeitskraft, d. h. sein Reallohn, sei 4 Brote pro Arbeitstag. Der Arbeiter erzeugt in 4 Std. Arbeit seinen Lohn. Diese Zeit nennt Marx die „notwendige" Arbeit. In weiteren 4 Std. leistet er „Mehrarbeit", die zu 4 weiteren Broten führt. Diese 4 Brote sind je 1 Std. Arbeit wert, also insgesamt 4 Std. wert. Das ist der Mehrwert, den sich der Kapitalist aneignet, denn dem Kapitalisten gehört ja das Resultat des Produktionsprozesses, d. h., alle 8 Brote. 4 davon zahlt er als Lohn, die 4 restlichen tauscht er ein. Marx erläutert mit diesen Begriffen u. a. auch den Druck der Konkurrenz, der zur Gewinnmaximierung zwingt und damit die Ausbeutung erhöht. Die Ausbeutungsrate ist das Verhältnis von Mehrarbeit zu Gesamtarbeit. Gewinnmaximierung bedeutet nun, den Anteil der Mehrarbeit an der Gesamtarbeit zu erhöhen, bzw. den Reallohn zu drücken. Bei konstanter Gesamtarbeitszeit heißt Lohnrückgang (von 4 auf 3 Brote) Reduktion von notwendiger Arbeit zugunsten der Mehrarbeit (von 4 auf 5 Brote). Ist der Lohn auf das Subsistenzminimum gesunken, dann lässt sich die Mehrarbeit nur steigern, indem man den Arbeitstag von z. B. 8 auf 10, 11, 12 h ausweitet. Diesen historischen Zeitabschnitt nannte Marx die Phase der Produktion von absolutem Mehrwert. In mehreren Gesetzgebungsrunden wurde in der Mitte des 19. Jahrhunderts der Arbeitstag in England auf 10 Std. begrenzt. Um nun den Mehrwert zu steigern, muss der Kapitalist die Arbeit produktiver machen. Wenn durch Mechanisierung und Kapitaleinsatz ein Arbeiter in der Lage ist, in 2 Std. 4 Brote zu produzieren (d. h. der Arbeitswert des Brotes sinkt auf ½ Std. inkorporierter Arbeit) und dies sein Lohn ist, dann kann er in den restlichen 8 Std. Mehrarbeit = 16 Brote produzieren. Bei begrenzter Gesamtarbeitszeit muss der Kapitalist die Produktivität der Arbeit erheblich steigern, um den Mehrwert (die Mehrarbeit) zu maximieren. Marx nannte diese zweite Phase die Produktion von relativem Mehrwert.

7.4.2 Der tendenzielle Fall der Profitrate

Der Konkurrenzdruck zwingt den einzelnen Kapitalisten, die Mehrwertrate zu steigern. Das gelingt bei einem gesetzlich beschränkten Arbeitstag aber nur durch die Steigerung der Arbeitsproduktivität, wodurch der relative Mehrwert steigt, wenn der Reallohn konstant gehalten werden kann. In der Zeit, in der Marx lebte, geschah dies vor allem durch die Mechanisierungsprozesse und die Einführung von Maschinerie, insbesondere durch die Dampfkraft.

Mechanisierung einerseits und die Einführungen von Maschinen andererseits ließen das fixe Kapital anwachsen. Wenn Arbeitskraft eingespart und durch Maschinen ersetzt wurde, sank die vorzuschießende Lohnsumme, die Marx variables Kapital *(v)* nannte. Das in den Maschinen verkörperte Kapital bezeichnete er als konstantes Kapital *(c)*, das durch die Einführung von Maschinen zunahm. Das Verhältnis von konstantem Kapital zu Gesamtkapital nannte Marx die *organische Zusammensetzung des Kapitals [c/(c+v)]*, ein Ausdruck, der der Kapitalintensität *(K/L)* ähnlich ist. Ein Anstieg der organischen Zusammensetzung des Kapitals ist gleichbedeutend mit einem Anstieg der Kapitalintensität. Die Profitrate, gemessen in Arbeitswerten, definierte Marx als Mehrwert zu Gesamtkapital, also *m/c+v*. Steigt nun das konstante Kapital schneller als der Mehrwert, kommt es zu einem Sinken der Profitrate. Diesen langfristigen, im Zuge der Kapitalakkumulation stattfindenden Prozess beschrieb Marx als den „tendenziellen Fall der Profitrate", der zyklische Krisen auslösen würde und zu einem Zusammenbruch des Kapitalismus führen müsste, weil die fallende Profitrate Stagnationsszenarien bei gleichzeitiger Verelendung der Arbeiterschaft hervorbringe. Die Verelendung der Arbeiterschaft begründete er mit einem dauerhaften Überangebot von Arbeit, der sogenannten „Reservearmee der Arbeit". Solange diese bestehe, könne der Reallohn nicht dauerhaft über das Subsistenzniveau steigen; das Wohlstandsniveau der Arbeiter bliebe niedrig. Die Kombination aus stationärer ökonomischer Entwicklung und gleichzeitig niedrigem Reallohnniveau müsse zu erheblichen sozialen Konflikten führen, die sich in einer Revolution entladen und dann zu einem anderen Wirtschafts- und Gesellschaftssystem führen würden.

Dieser Prozess ist aus mehreren Gründen nicht eingetreten. Erstens, weil die Profitrate bis zum heutigen Tage zwar schwankt, aber keinem eindeutig fallenden oder steigenden Trend unterliegt. Zeitens, weil das dauerhafte Überschussangebot an Arbeit in den Industrieländern weitgehend verschwunden ist, und weil die Wachstumsrate der Bevölkerung deutlich gesunken ist und damit der „Nachschub" für die „Reservearmee der Arbeit" verebbt ist. Die Art des technologischen Fortschritts, der mit der Mechanisierung und der Einführung von Maschinen begann, war und ist im Wesentlichen arbeitssparend. Damit war es möglich, die Arbeiter am Produktivitätsfortschritt durch steigende Reallöhne zu beteiligen, was sie aus der Verelendung herausgeführt hat und die Neigung, gesellschaftliche Revolutionen durchzukämpfen, deutlich reduziert hat. Nicht umsonst brach die Französische Revolution im späten 18. Jahrhundert in einem

Land mit niedrigen Reallöhnen aus. In England waren im gleichen Zeitraum die Reallöhne mindestens doppelt so hoch und damit die gesellschaftliche Stimmung deutlich weniger revolutionsgeladen.

7.4.3 Das Transformationsproblem[64]

Marx war der Ansicht, die Ebene der Werte sei der der Preise vorgelagert oder anders ausgedrückt: Die Preisebene sei die Erscheinung, das Oberflächliche, wohingegen die Wertebene das Wesen der Erscheinung, also das unter der Oberfläche „wesende" sei. Auf der Ebene der Erscheinung seien die „wahren" Beziehungen und Verhältnisse verschleiert. Das haben wir im vorangegangen Kapitel schon angesprochen. So sei die Ausbeutung durch die Vertragsfreiheit und Freiheit des Tauschs auf dem Markt verschleiert und das Wesen der Sache sei nur durch die Wertebene erkennbar. Dort trete das Wesen der Herrschaftsverhältnisse im Kapitalismus klar zu Tage.

Wenn man im Marxschen Sinne das Wesen einer Sache erkannt hat, dann muss auch etwas davon auf der Oberfläche erscheinen, denn sonst wäre die Analyse des Wesens ja weitgehend ohne Bedeutung für die Erscheinungsebene. Kurzum, Wertebene und Preisebene müssen miteinander verbunden werden, d. h., die Arbeitswerte müssen in einer eindeutigen Beziehung zu den Preisen stehen. Das gilt übrigens auch für die Nutzentheorie, wenn als Bedingung erster Ordnung für das Vorliegen eines Haushaltsoptimums das Verhältnis der Güterpreise dem Verhältnis der Grenznutzen entsprechen muss. Auch hier sind Wertebene und Preisebene verknüpft. Daraus ergeben sich normative Implikationen, beispielsweise, dass die individuellen Bedürfnisse (Nachfragen) auf der Marktebene, wo Preise entstehen, erscheinen und befriedigt werden.

Marx glaubte, dass die Arbeitswerte den Preisen entsprächen, wenn sich Mehrwert und Profit wertmäßig entsprächen. Es gelang erst rund 100 Jahre später mathematisch nachzuweisen, unter welchen speziellen Voraussetzungen die Arbeitswerte den Produktionspreisen proportional sind: wenn in allen Sektoren der Volkswirtschaft die gleiche organische Zusammensetzung des Kapitals $\frac{c}{c+v}$ vorliegt.

7.4.4 Positive und normative Aspekte der Arbeitswerttheorie

Die Arbeitswertlehre kann als eine positive Theorie der langfristigen Preise begriffen und empirisch getestet werden. Das ist auf der Grundlage von Input-Output Tabellen oft

---

[64] Einen umfassenden Überblick hierzu gibt Bertram Schefold (2004), Einführung. Der dritte Band: Herkunft und Wirkung, in: Karl Marx: *Das Kapital. Kritik der politischen Ökonomie.* Dritter Band. Hamburg 1894. Berlin: Akademie Verlag, MEGA II, 15: Karl Marx, Friedrich Engels, Gesamtausgabe. Zweite Abteilung: „Das Kapital" und Vorarbeiten, Bd. 15, Apparat, pp. 871–910.

durchgeführt worden und in der einschlägigen Literatur gut dokumentiert.[65] Man kann dann darüber streiten, ob die Produktionspreise oder die „natürlichen" Preise im Sinne der Klassik durch die Arbeitswerte hinreichend gut approximiert werden oder nicht und ob die durch die Arbeitswerte induzierte Technikwahl auch auf der Preisebene kostenminimal ist.

Eine ganz andere Seite der Arbeitswertlehre sind ihre normativen Implikationen. Grundlegend ist in diesem Zusammenhang der Ausbeutungsbegriff, denn durch ihn assoziiert man einerseits ein Herrschaftsverhältnis und außerdem ein moralisches bzw. soziales Fehlverhalten. Ein Mensch wird durch ein Herrschaftsverhältnis um die Früchte der eigenen Anstrengungen gebracht, oder anders herum: Durch ein Herrschaftsverhältnis eignet sich jemand etwas „unrechtmäßig" an, was eigentlich von einem anderen geschaffen worden ist. Die Arbeitswerttheorie, so die Behauptung, decke das Herrschaftsverhältnis auf, das durch den freien Vertragsabschluss und den freien Tausch auf dem Markt verschleiert werde.

Der Ausbeutungsbegriff fußt auf zwei Prämissen: Nur Arbeit schaffe Wert und jeder Arbeiter sei produktiv, d. h. produziere ein Surplus. Aus beiden Prämissen folgt logisch, dass jeder Arbeiter einen Mehrwert erzeugt, denn er schafft mehr Wert als ihm selbst durch den Tauschwert seiner Arbeitskraft, den Lohn, zufließt. Folglich wird der Arbeiter ausgebeutet. Die Schlussfolgerung ist logisch wahr, die Frage ist allerdings, ob die Prämissen beide wahr sind. Sind es normative Prämissen, dann sind sie nicht mehr hinterfragbar. Dann lauten sie eigentlich „alle Arbeit gelte als wertvoll", „alle Arbeiter gelten als produktiv". Fasst man beide Prämissen aber als Annahmen über reale Zustände auf, dann kann man sich fragen, ob „alle Arbeit Wert schafft". Dazu muss man Wert definieren und messen können. Analoges gilt für die Prämisse, alle Arbeiter seien produktiv. Für den letzteren Fall kann man zahlreiche Beispiele finden, dass Menschen nicht in der Lage sind, ein Surplus zu produzieren, sondern lediglich ihre Subsistenz erarbeiten können. Daraus folgt, dass diese Menschen weder ausgebeutet werden noch sich selbst ausbeuten. Es dürfte sogar hinreichend viele Beispiele dafür geben, dass Menschen noch nicht mal in der Lage sind, ihre Subsistenz zu erarbeiten. Wer nicht jagen kann und wem die Natur keine sammelbaren Pflanzen oder Früchte bereithält, kann seine Subsistenz kaum sicherstellen.

Wir sehen, dass die Marxsche Arbeitswerttheorie auf Prämissen beruht, die entweder normativ aufgefasst werden und damit nicht hinterfragbar sind, oder als Annahme über reale Verhältnisse und damit als hinterfragbar gelten können. Die häufig vorgetragene Kritik an der neoklassischen Ökonomik, sie beruhe auf unrealistischen Annahmen, wie

---

[65] Fröhlich, N. (2010), Die Überprüfung klassischer Preistheorien mit Hilfe von Input-Output-Tabellen, *Wirtschaft und Statistik*, 5/2010, S. 503–508. Ochoa, E. (1989), Values, prices and wage-profit curves in the U.S. economy, *Cambridge Journal of Economics*, 13(3), S. 413–429. Tsoulfidis, L. and T. Maniatis (2002), Values, prices of production and market prices: some more evidence from the Greek economy, *Cambridge Journal of Economics*, 26(3), S. 359–369.

z. B. der vollkommenen Rationalität, kann auch auf die Arbeitswertlehre von Marx übertragen werden, denn es ist unrealistisch anzunehmen, dass alle Arbeiter dieser Welt produktiv sind, d. h. ein Surplus produzieren können.

7.5 Die wirtschaftliche Entwicklung in der zweiten Hälfte des 19. Jahrhunderts und die Auflösung der klassischen politischen Ökonomie

Im 19. Jahrhundert fand eine im Vergleich zu den vorherigen Jahrhunderten rasante und dynamische wirtschaftliche Entwicklung statt, die vor allem Westeuropa, zum Teil auch Süd- und Osteuropa ergriff. Es handelte sich im Wesentlichen um die zweite Phase der industriellen Revolution, die vor allem durch die Dampfkraft, die Eisenbahn und die Eisen- und Stahlindustrie geprägt wurde. Mit diesem Prozess der Industrialisierung ging auch die Urbanisierung einher. Die Bevölkerung „wanderte" vom Land in die Städte. Es entwickelte sich eine soziale Klasse, die man landläufig als die Arbeiterschaft oder auch das Proletariat bezeichnete. Was die sozialökonomischen Verhältnisse betraf, so war zwar das Bruttoinlandsprodukt (BIP) pro Kopf im 19. Jahrhundert deutlich angestiegen, aber die „Pauperisierung" großer Teile der Bevölkerung war nicht verschwunden, obwohl man das ursprünglich gehofft hatte und die soziale Lage der Bevölkerung in den verschiedenen europäischen Ländern ganz unterschiedlich war. In nahezu allen vom Industrialisierungsprozess ergriffenen europäischen Ländern entstanden soziale Protestbewegungen, die sich vor allem gegen die Armut und die Lebens- und Arbeitsbedingungen der neu entstandenen Arbeiterschaft richteten. Man denke an die bereits früh im 19. Jahrhundert sich bildenden Ludditen oder Maschinenstürmer, an den Weberaufstand im Jahr 1844 in Schlesien, an die sozialistischen und kommunistischen Arbeiterbewegungen, die Genossenschaftsbewegungen und auch an die bürgerliche Jugendbewegung mit ihrer Abneigung gegen die neue, durch die Industrie- und Wirtschaftsgesellschaft geprägte Lebensweise.

Eisenbahn und Dampfschiffe bildeten die technologische Grundlage eines gewaltigen Anstiegs des internationalen Handels. Aber nicht nur der Handel, auch die internationale Arbeitsteilung und die internationalen Direktinvestitionen der europäischen Handels- und Industrienationen nahmen stark zu, sodass man von einer Globalisierungswelle[66] sprechen kann. Aus heutiger Perspektive war es die zweite Globalisierungswelle, nachdem die erste durch Columbus' Entdeckung des amerikanischen Kontinents ausgelöst worden war.

---

[66]Vgl. hierzu: Daudin, G., Morys, M. und O'Rourke, K.H. (2010), Globalization, 1870–1914, in: Broadberry, St. und O'Rourke, K. (Hrsg.), *Cambridge Economic History of Modern Europe,* Vol. 2, Cambridge: University Press.

Ab etwa 1870 kam es sowohl im Deutschen Reich als auch in Großbritannien zu rezessiven Entwicklungen, die man im Deutschen Reich als „Gründerkrach" bezeichnete. Dieser setzte mit dem Wiener Börsenkrach von 1873 ein und weitete sich zur „Großen Depression" aus, die sich etwa bis 1893 hinzog. Auch in Großbritannien kam es im gleichen Zeitraum zu einem Verfall der Preise und Löhne, weshalb sich dort der Begriff „Große Deflation" durchsetzte. In Frankreich stagnierte die wirtschaftliche Entwicklung u. a. auch durch den verlorenen Krieg von 1870/71 mit dem Deutschen Reich und den nachfolgend zu erbringenden Reparationszahlungen. Diese Stagnationsphase dauerte etwa bis in die Mitte der 1890er Jahre. Danach begann ein Aufschwung, der bis zum Ausbruch des Ersten Weltkriegs anhielt.

Im Deutschen Reich reagierte man auf diese Depression mit einer anti-liberalen Haltung, die den Boden für die Kartellierung der deutschen Industrie bereitete und bis in die Zeit des Nationalsozialismus wirkte. In England und Frankreich gab es auch Syndikats-und Kartellbildung, die jedoch nie das Ausmaß der deutschen Kartellierung annahmen.

Wieso fand in dieser Epoche eine Abkehr von der klassischen politischen Ökonomie statt und warum entstanden in diesem ökonomischen und sozialen Umfeld der Marginalismus einerseits und die Nutzentheorie als Alternative zur Arbeitswertlehre bzw. zur Produktionskostentheorie Ricardos andererseits? Gerade Ricardo war doch der dominante Ökonom der ersten Hälfte des 19. Jahrhunderts. Bekanntlich stammt von Keynes die Aussage:

> „*Ricardo conquered England as completely as the Holy Inquisition conquered Spain*".[67]

So sehr Keynes die Bedeutung Ricardos betonte, so abschätzig bewertete ihn Schumpeter, der Ricardos Grundmodell als einen „Umweg" (detour) charakterisierte. Niehans hingegen bestätigte eher Keynes' Position, wenn er schreibt,

> „*if economics before 1817 was a dialogue with Smith, for the following fifty years it became a dialogue with Ricardo.*"[68]

Warum aber, fragt sich der Theoriegeschichtler, wird die ricardianische Theorie zunächst verwässert und dann von der Neoklassik abgelöst? Gab es ein dramatisches realökonomisches Problem oder eine krisenhafte ökonomische Entwicklung, die den Ruf nach einer völligen Neuorientierung – einem Paradigmenwechsel – hätte rechtfertigen können? Waren es die werttheoretischen „Rätsel", wie etwa der hohe Preis von Gütern mit hoher Seltenheit, deren Wert nicht mittels der Arbeitswert- bzw. der Produktionspreistheorie erklärbar waren? War es die agnostische Haltung hinsichtlich der

---

[67] Keynes, J.M. (1936), *The General Theory of Employment, Interest, and Money*, London: Macmillan, S. 32.

[68] Niehans, J. (1990, S. 104).

Marktpreisbildung oder war es gar die ideologische Nähe der ricardianischen Theorie zur Marxschen Theorie, deren revolutionärem Geschichtsdeterminismus man aus klassischer Perspektive nichts entgegenhalten konnte? Ronald Meek beschreibt den Zerfall der ricardianischen Ökonomik und kommt zu folgender Einschätzung:

> *„The early reaction against Ricardo, I think, was in large measure due to a widespread feeling that important elements of his system set limits to the prospects of human progress under capitalism, and therefore could not possibly be true.*"[69]

Demzufolge störte man sich also an der „Griesgrämigkeit" der ricardianischen Theorieprognose, der zufolge eine Profitklemme, ausgelöst durch steigende Bodenrenten, die Kapitalakkumulation versiegen ließe und damit der stationäre Zustand quasi „vor der Tür" stünde. Aber auch die unklare Haltung zur Marktpreisbildung muss einge Ökonomen irritiert haben. Eine von vielen postricardianischen Ökonomen eingeschlagene Richtung (J. St. Mill, Th. DeQuincey, J. McCulloch) bestand in der Auflösung der Produktionspreistheorie und deren Umwandlung in eine partialanalytische Produktionskostentheorie. Die Produktionskosten werden dann als eine „Preisuntergrenze" für die Marktpreisbildung begriffen. Der Gebrauchswert, den man in der klassischen Theorie durch die objektiv-funktionale Nützlichkeit eines Guts definiert hatte, verwandelte sich in die „subjektive Nützlichkeit", d. h. in eine von den Individuen getroffene Einschätzung.[70] In ihr sah man die „Preisobergrenze", die Alfred Marshall als maximale Zahlungsbereitschaft eines einzelnen Nachfragers definierte. Es blieb wiederum Alfred Marshall vorbehalten, den letzten Schritt zu vollenden, d. h., die Produktionskosten durch den Begriff „supply price" zu ersetzen und diesen dann der maximalen Zahlungsbereitschaft, d. h. dem „demand price" gegenüberzustellen. Die konzeptionelle Unterscheidung von natürlichem Preis und Marktpreis wich schrittweise einer Theorie des Angebots- und Nachfragepreises.

Die werttheoretischen Paradoxien der klassischen Theorie, dass der Wert nicht vermehrbarer Güter, wie etwa ein Bild Rembrandts, nicht durch ihren Arbeitswert, jedoch über ihren Nutzwert (für eine beliebige Person) erklärbar schienen, verschwanden, weil auch der Wert vermehrbarer Güter prinzipiell über den Nutzwert hergeleitet werden konnte. Ein einheitlicher Erklärungsansatz für alle Güter, einschließlich der Produktionsfaktoren, wirkte wissenschaftsmethodisch überlegen und eleganter. Weiterhin darf der ideologische Gehalt der sogenannten „subjektiven" Wertlehre nicht unterschätzt werden, weil man mit der werttheoretischen Kehrtwende dem Ausbeutungsbegriff die ideologische Grundlage entziehen konnte. Freilich bedurfte der Profit bzw. der Kapitalzins jetzt einer anderen Erklärung. Für Ricardo war der Profit eine Restgröße, für Marx

---

[69]Meek, R.L. (1950), The Decline of Ricardian Economics in England, *Economica*, 17 (65), S. 57. (43–62).

[70]Bereits Smith benutzte den Begriff *utility* um auf die Gebrauchseigenschaften eines Gutes hinzuweisen. So grenzte man die luxuriösen von den nützlichen Gütern ab.

beruhte er auf einer verschleierten Form der Ausbeutung. Das war die zentrale Herausforderung für Eugen von Böhm-Bawerk, den Profit, bzw. den Kapitalzins aus einer anderen „Ursache" als aus der Ausbeutung der Arbeitskraft herzuleiten.

Dass Kapitalakkumulation auf Ersparnisbildung beruht, war seit Smith bekannt und er hatte die konsumtive Einkommensverwendung der adeligen „Landlords" der investiven Einkommensverwendung der Unternehmer gegenübergestellt. Dieses eher soziologisch erklärte Verhalten wurde in der nach-ricardianischen Zeit individualistisch uminterpretiert. Sparen sei Abstinenz, weil man auf Konsum verzichte. Auch Arbeiten sei eine Art von Zeitopfer, das zu einer Last, d. h. disutility führe. Die Abstinenztheorie des Zinses findet sich nicht nur bei Senior,[71] sondern sie wurde auch von Mill übernommen.[72] Alfred Marshall nannte es ganz allgemein „Warten". Böhm-Bawerk begriff die Kapitalakkumulation als einen Produktionsumweg – man produziert nicht „mit den Händen", sondern produziert Produktionsmittel, um diese in der Produktion von Konsumgütern einzusetzen, weil man damit produktiver ist. Um solche Umwege einschlagen zu können, benötigt man ersparte Konsumgüter, weil man während des Beschreitens der Produktionsumwege natürlich konsumieren muss.

Dies festzuhalten ist wichtig, weil an diesem Beispiel deutlich wird, dass die Theorieentwicklung nicht durch reale wirtschaftliche Problemlagen beeinflusst wurde, sondern durch eine „wissenschaftsendogene Wirrnis" einerseits und ideologische Probleme andererseits. Man haderte mit den von Ricardo geprägten Kategorien und Erklärungsansätzen, dann verwässerte man sie, um sie schließlich so zu verfälschen, dass neue und konsistente Erklärungsansätze dringend geboten erschienen.

7.6   Geld und Währung im beginnenden industriellen Zeitalter

Wie bereits erwähnt, war ab 1774 die Goldwährung in Großbritannien fest etabliert, also zwei Jahre bevor Adam Smith seinen *Wealth of Nations* vollendet und publiziert hat. Im 3. Band, IV. Buch, Kap. 3 macht Smith einen Exkurs zum System der Depositenbanken. Das verdeutlicht, dass zu dieser Zeit (1775) der Außenhandel vor allem über Wechselgeschäfte abgewickelt wurde und einige Jahrzehnte früher zu diesem Zweck Banken – die Niederländer nannten sie Wisselbanken – gegründet wurden. Auch die Staatsfinanzierung wurde durch das Banksystem kolossal erleichtert. In Großbritannien wurde dazu 1694, also nur einige Jahre nach der „Glorious Revolution", die Bank of England gegründet. Sie wurde als private Aktiengesellschaft gegründet und erhielt das Recht, in

---

[71] Senior, N.W. (1965 [1836]), *An Outline of the Science of Political Economy,* New York: A.M. Kelly.

[72] Spahn, P. (2002), Profit und Zins bei John Stuart Mill, in: Streissler, E.W. (Hrsg.), *Studien zur Entwicklung der ökonomischen Theorie* Bd. XIX, Schriften des Vereins für Socialpolitik, 115/XIX, Berlin, 215–252.

Höhe des Darlehens Banknoten auszugeben und allgemeine Bankgeschäfte zu betreiben. Diese Banknoten begannen zunächst neben das Münzgeld zu treten und dominierten nach einer gewissen Zeit dann den Zahlungsverkehr in Großbritannien. Überhaupt begann das Bankwesen in Großbritannien, aber auch in den entwickelten Ländern Europas, zu expandieren und beförderte damit auch die Industrialisierung Englands und später dann auch des Kontinents.

„Eine der Krediterrungenschaften, die im 18. Jahrhundert von Amsterdam aus große Verbreitung in Nordwesteuropa fand, war der Akzeptkredit oder das Bankakzept".[73] Ein Vorgang, bei dem eine Bank ihren Kunden bevollmächtigt, einen Wechsel auf sie zu ziehen. Beim Fälligkeitstermin muss der Kunde dafür sorgen, dass sein Konto hinreichend gedeckt ist. Was ursprünglich die Handelshäuser machten, übernahmen jetzt die Banken. Evolutorisch gesehen entwickelten sich aus einigen Handelshäusern Banken. Der Händler wurde mit wachsender Kapitaldecke auch zum Privatbankier und stellte den Handel dann zugunsten des Bankgeschäfts ein. Mitte des 18. Jahrhunderts gab es in London ungefähr 30 Privatbankiers und 1803/04 waren es bereits 70.[74] Zunächst finanzierten sie den internationalen Handel, später kauften sie zunehmend Staatsanleihen und finanzierten den Staaten deren kriegerische Auseinandersetzungen zu Wasser und zu Land. Das waren auch bei den französischen Privatbankiers die beiden Hauptgeschäftsfelder.

Im Alten Reich entstanden neben den Privatbanken die Sparkassen aus einem ähnlichen Geist wie die mittelalterlichen Mons pietatis in Italien. Sie gaben sich den sozialpolitischen Auftrag, die Lebensbedingungen der unteren Gesellschaftsmitglieder zu verbessern. Mit kleinsten Einlagensummen konnten Menschen mit geringem Einkommen sparen. Die Einlagen wurden i. d. R. mit 3 % verzinst. Damit konnte man im geringen Umfang Arbeitslosigkeit überbrücken oder für das Alter vorsorgen. Gegen Ende des 18. Jahrhunderts nahm die Armut insbesondere in den unteren Schichten der Landbevölkerung zu, da diese durch die größere Nahrungsmittel menge (Kartoffelanbau) und die kameralistische Bevölkerungspolitik erheblich wuchsen. Seit 1750 von etwa 16–18 auf bis zu 24 Mio. Menschen im Jahr am Ende des 18. Jahrhunderts. Die Napoleonischen Kriege von 1792–1815 brachten dem europäischen Kontinent wieder eine Phase, die für die ökonomische Entwicklung nicht gerade förderlich war. Danach begann die in England bereits vorangeschrittene Industrialisierung auch auf dem Kontinent Fuß zu fassen. Die Führungsrolle Englands kam auch im internationalen Handel zum Tragen. Der Londoner Geld- und Finanzmarkt wurde zum Dreh- und Angelpunkt des Geld- und Kapitalverkehrs und damit stieg auch die Währung Großbritanniens, das Pound Sterling zur wichtigsten Währung für internationale Transaktionen auf. Durch ihre Deckung über den Goldstandard beeinflusste die britische Währung auch die Währungsentwicklung in Kontinentaleuropa.

---

[73] North, M. (2009, a.a.O., S. 139).

[74] Vgl. North, M. (2009, S. 140).

Großbritannien war bis 1870 das einzige europäische Land mit einer Goldwährung. Frankreich hielt lange am Bimetallismus fest, was bedeutet, dass man die Gold-Silber-Relation festlegen musste. Sie lag bis 1928 bei 1:15,5. Dieses System wurde von Belgien, der Schweiz und Italien übernommen und blieb ab 1865 bis 1914 bestehen. Diese vier Länder bildeten den Kern der *Lateinischen Münzunion,* der dann Spanien, Griechenland und fast alle Balkanländer sowie das habsburgische Österreich beitraten. In den Territorien des Deutschen Bundes herrschte zunächst noch die Silberwährung und mit der Gründung des Zollvereins kam es zu zwei Währungsgebieten, dem Taler Münzfuß im Norden und dem Gulden Münzfuß im Süden. 1 Silbertaler entsprach 3,5 Gulden. Mit der Reichsgründung 1871 wurde 1873 die Goldwährung im Deutschen Reich eingeführt und ab 1876 die alten Silberwährungen abgeschafft. Hintergrund war, dass durch die großen Goldfunde 1848 in den USA Gold als Währungsmetall billiger und in Relation zu Silber günstiger wurde. Auch die Niederlande führten zur gleichen Zeit wie das Deutsche Reich die Goldwährung ein. Im Jahr 1897 folgten Japan und 1900 die USA.

Bereits in der Mitte des 19. Jahrhunderts nahm in England die Banknote, d. h. Papiergeld, einen wachsenden Anteil im Geldumlauf ein. Es gab zunächst viele private Banken, die die Konzession erhalten hatten, Banknoten in den Umlauf zu bringen. Auch im Deutschen Reich und etwas langsamer in Frankreich nahm der Banknotenumlauf zu. Interessant ist hier, dass die Banknote tatsächlich zunächst privat emittiertes „Geld" war, dann aber bis zum Beginn des 1. Weltkriegs die Notenbanken das Banknotenmonopol erhalten hatten. Daneben breitete sich neben den Münzen und den Banknoten auch das Buch- oder Giralgeld aus. Nicht der gesamte Geldbestand (Giralgeld und Banknoten) musste durch Gold gedeckt sein, sondern es genügte oft eine Teildeckung. Solche Systeme nannte man Goldkernwährungen.

Übernahmen im Spätmittelalter die Handelshäuser auch Finanzierungsgeschäfte, bildeten sich im Merkantilismus Banken als eigenständige Unternehmen in der Form der Privatbank heraus. Hinzu traten dann im 18. Jahrhundert die Sparkassen und im 19. Jahrhundert die Genossenschaftsbanken und dann gegen Ende des 19. Jahrhunderts wurden im Deutschen Reich Banken als Aktiengesellschaften gegründet, deren Hauptaufgabe in der Finanzierung der Industrie lag, denn die Privatbankhäuser konzentrierten sich nach wie vor auf die Finanzierung staatlicher Projekte. So wurden die Deutsche Bank und die Commerzbank im gleichen Jahr (1870) und die Dresdner Bank zwei Jahre später als Aktiengesellschaften mit großem Streubesitz gegründet. Die Verbindung zwischen diesen Großbanken und den Industrieunternehmen war von Beginn an sehr eng. So hatte vor dem 1. Weltkrieg die Deutsche Bank in 160 und die Dresdner Bank in 200 Aufsichtsräten anderer Unternehmen ihre Vertreter.[75] Auf diesem Wege hatten die Großbanken einen erheblichen Einfluss auf die Entscheidungen der Industrieunter-

---

[75] Vgl. Wittmann, W. (1982), *Mensch, Produktion und Unternehmung,* Tübingen: Mohr, S. 184.

nehmen. Auch in Frankreich und Belgien hatten sich in der zweiten Hälfte des 19. Jahrhunderts Banken als Aktiengesellschaften entwickelt, die das Kreditgeschäft mit der Industrie als Hauptgeschäftsfeld betrachteten.

Ein weiterer Schritt in der Entwicklung des bargeldlosen Zahlungsverkehrs vollzog die Deutsche Reichsbank, die in den letzten Jahrzehnten des 19. Jahrhunderts ein Überweisungssystem bzw. Netzwerk aufbaute, in dem die Überweisungen einfacher und damit schneller als beim Scheckverkehr getätigt werden konnten.

Auch das Verständnis und die Rolle der Zentralbanken änderten sich schrittweise. Diese waren zunächst die Banken der Herrscherhäuser, dann die des „Staats". Mit der Zurückdrängung der privaten Banknotenausgabe und deren Monopolisierung durch die Zentralbank konnte man die Banknote zum alleinigen gesetzlichen Zahlungsmittel erklären, wodurch die Zentralbank nun eine gewisse Kontrolle über den Banknotenumlauf erhielt.

7.7   Geldtheoretische Diskussion während der Zeit der industriellen Revolution

In der ersten Hälfte des 19. Jahrhunderts fanden intensive Debatten über geldtheoretische Themen statt. Der wirtschaftsgeschichtliche Hintergrund dieser Kontroversen hing mit Englands Beteiligung am ersten Koalitionskrieg im Jahre 1793 gegen Frankreich zusammen. Die nächsten beiden Jahrzehnte waren geprägt von Kriegen gegen Napoleon und die Finanzierung dieser Kriege, mit denen die Ausgaben des Staates und damit die Staatsschulden anstiegen. Das führte zu einer Verunsicherung der Menschen, die nun Gold(münzen) und Banknoten der Bank von England zu horten begannen. Damit entzogen sie die Banknoten dem Geldkreislauf, was zu einer Verknappung von Bargeld führte. Die Bank von England versuchte die Knappheit zu beheben, indem sie in Bargeld konvertierbare Schatzwechsel ausgab. Es kam zu einem beträchtlichen Geldmengenanstieg, der dazu führte, dass die Bank of England die Goldeinlösungsgarantie nicht mehr aufrechthalten konnte und deshalb diese Einlösungspflicht 1797 aufhob und erst 1821 wieder einführte. Für rund 25 Jahre herrschte also in England eine reine Papierwährung. In dieser Periode wuchs die Menge der Banknoten beträchtlich. Der Außenwert der britischen Währung fiel und die Preise für Konsumgüter verdoppelten sich fast. Das Parlament setzte eine Kommission (Bullion Commission) unter dem Vorsitz von Sir Robert Peel ein, die 1819 ein Gesetz, Peel's Bill oder auch erste „Peelsche Resumption Act", einbrachte, das die Wiederherstellung der Golddeckung bis 1821 vorsah. Die wirtschaftstheoretische Fundierung dieses Gesetzes beruhte im Wesentlichen auf einem Aufsatz David Ricardos,[76] der die Sichtweise der „Currency-Schule"

---

[76] Ricardo, D. (1810, 1951), The High Price of Bullion, A Proof of the Depreciation of Bank Notes, in: (Sraffa, P., (Ed.), *The Works and Correspondence of David Ricardo,* Vol. III, S. 47–127.

beeinflusste. Gemäß dem Namen der Kommission und deren Bericht, kurz „Bullion Report", nannten sich deren Vertreter auch „Bullionisten". In der Debatte über die richtige geldpolitische Strategie, die dann im 2. Peelschen Bank gesetz im Jahre 1844 gipfelte, nahm die „Banking School" (vertreten durch Tooke, Fullarton, Newmarch und teilweise auch J. St. Mill) die Gegenposition ein.

Zunächst soll die Grundposition der „Currency School" referiert werden. Stellvertretend für die Gruppe der Bullionisten konzentriere ich mich auf den Beitrag David Ricardos. Für Ricardo ist Geld ein Gut, das, wie jedes andere Gut, gehandelt wird. Er unterscheidet seinen inneren Wert von seinem Marktwert. Der innere Wert als der natürliche Preis des Geldes ergibt sich durch den Wert des Edelmetalls, also Silber oder Gold. Dieser Wert des Edelmetalls ergibt sich aus den Arbeitskosten und den Kapitalkosten, die zu seiner Produktion notwendig sind sowie der Seltenheit der Vorkommen. Wenn zwei Goldmünzen verschiedener fiktiver Währungen, sagen wir Gulden und Taler, je aus unterschiedlichen Goldmengen mit gleichem Feinheitsgrad bestehen, dann tauschen sie sich im Verhältnis ihres Goldgewichts. Der Einfachheit halber wiege ein Taler 10 g. Gold und 1 Gulden 5 gr. Gold, dann wäre das Tauschverhältnis 1 Taler = 2 Gulden. Der Preis, zu dem die Münz- oder Prägeanstalt das Gold als Barren kauft, ist der „mint price". Im Goldstandard ist der Wechselkurs der beiden Währungen nur innerhalb sehr enger Grenzen flexibel, die durch die Transportkosten des Goldes definiert werden. Liegt der Goldpreis deutlich ober – oder unterhalb des durch den „mint price" definierten Wechselkurses, dann kommt es zu Goldtransporten zwischen den Ländern.

Bei einer Papierwährung mit vollkommener Golddeckung entspräche der Wert einer Talerbanknote 10 g. Gold, bzw. einer Talergoldmünze. Durch Handel zwischen Taler-Land und Gulden-Land kann es zu Export- bzw. Importüberschüssen kommen. Wenn Taler-Land einen Exportüberschuss hat, dann kommt es zu einer Überschussnachfrage nach Taler, wodurch der Taler gegenüber dem Gulden aufwertet. Umgekehrt, wenn Taler-Land einen Importüberschuss aufweist.

Wenn Banknoten beider Länder vollkommen durch Gold gedeckt sind und zugleich vollkommene Konvertibilität in Gold herrscht, dann kann der Wechselkurs der jeweiligen Landeswährung nicht unter den Punkt fallen, ab dem der Transport von Goldbarren vorteilhafter wird und damit die Rechnungen nicht in Papierwährung, sondern in Goldbarren beglichen werden.

Wenn eine Währung nicht mehr durch Gold gedeckt wird, fällt der beschriebene Mechanismus weg. Ricardo greift nun zu einer Analogie, um seine Argumentation fortzuführen. Wenn eine bestimmte Menge Edelmetall eine bestimmte Menge produzierter und gehandelter Waren kaufen kann, dann muss, wenn die Edelmetallmenge konstant bleibt und die Warenmenge konstant bliebe, der Tauschwert des Geldes konstant bleiben. Diese Überlegung dehnt er auf Papiergeld aus.

„Obwohl es (Papiergeld, V.C.) keinen inneren Wert besitzt, so ist infolge der Begrenzung seiner Menge sein Tauschwert doch ebenso groß wie der gleiche Nennwert in Münzen oder in Barren dieses Münzmetalls. … Es gibt bei der Ausgabe von Papiergeld nichts Wichtigeres

als sich der Wirkungen, die sich aus dem Grundsatz der Quantitätsbegrenzung ergeben, bewusst zu sein. "[77]

Um sein Argument zu untermauern, macht er ein Gedankenexperiment und fragt, ob ein Unterschied im Tauschwert der Währung entstünde, wenn in einem Land eine neue Goldmine entdeckt oder eine neue Bank gegründet werde. Er kommt zu dem Ergebnis, dass der Tauschwert der Währung in beiden Fällen gleich sänke, wenn die Banknotenemission begrenzt bliebe. Was auffällt, ist, dass Ricardo den Wert der Währung im Tauschwert der anderen Währungen und nicht im inländischen Preisniveau ausdrückt, wie das heute üblich ist. Mit Indexzahlen hat man zu Lebzeiten Ricardos noch nicht gearbeitet und auch Warenkörbe waren noch keine verbreiteten Messkonzepte.[78] Als Wertbemessung einer Währung galt der Außenwert einer Währung oder der Wert in Gold, weil man Gold für einen stabilen Wertstandard hielt und dieser auch lange sehr stabil war.

Papiergeld zu erstellen, erfordert keine Produktionskosten und daher kann eine Produktionskostentheorie, wie bei Gold, nicht zur Wertbestimmung herangezogen werden; Papiergeld hat keinen „inneren Wert", würde Ricardo anmerken. Es ist mit ziemlich geringen Kosten beliebig vermehrbar und deshalb müsse man es an das Gold binden. Ansonsten würde es, weil beliebig vermehrbar, mit steigender Menge im Wert abnehmen. Wenn also eine Papierwährung ohne Golddeckung beliebig vermehrt wird, so sinkt ihr Wert gegenüber dem Wert der Goldbarren. Das nennt Ricardo „Abwertung der Banknoten". In diesem Sinne wendet Ricardo quantitätstheoretische Überlegungen zur Bestimmung des Werts einer nicht durch Gold gedeckten Papierwährung an. Also ganz einfach ausgedrückt: Steigt die ungedeckte Menge von Banknoten, dann steht Inflation ins Haus. Bedenken muss man, dass die Umlaufgeschwindigkeit bereits bedacht wurde, man sprach vom „Zirkulieren einer Gütermenge". Es gab aber noch keinen Begriff des Einkommens, ob real oder nominal.

Die Gegenposition zu dieser quantitätstheoretischen Argumentation Ricardos und der „Currency Schule" nahm die „Banking School" ein. Im Kern geht es ihr darum nachzuweisen, dass die Quantitätstheorie in nahezu jeder Hinsicht falsch ist, d. h. dauerhaftes Preisniveauwachstum auch ohne Geldmengenwachstum möglich ist. Was ist

---

[77] Ricardo, D. (1959), *Grundsätze der Politischen Ökonomie,* Berlin: Akademie Verlag, S. 345, 346.

[78] In der deutschen Wirtschaftswissenschaft sind der Preisindex nach Laspeyres von E. L. St. Laspeyres (1834–1913), zuletzt Professor an der Universität Gießen und der Paasche Preisindex von Hermann Paasche (1851–1925), ebenfalls Professor für Wirtschaftswissenschaften, erst in der zweiten Hälfte des 19. Jahrhunderts entwickelt worden.

Ich danke an dieser Stelle Heinz Rieter für den Hinweis, dass es bereits vor 1850 Autoren gab, die mit Index-Zahlen gearbeitet haben. Eine Quelle ist das Buch von Gregory, T.E. (1928), *An Introduction to Tooke and Newmarch's A History of Prices and of the State of the Circulation from 1792 to 1856,* London, S. 15.

Geld bzw. ein Zahlungsmittel? Münzen und goldgedeckte Banknoten wäre die Antwort der Currency Schule. Die Banking-Schule würde ergänzen und Buchgeld (Giralgeld), also z. B., das mehr oder weniger gut gefüllte Girokonto. Und damit sind wir bei der Frage, ob Kredit auch ein Zahlungsmittel ist. Historisch nahm durch das Wachstum des Bankensektors genau diese Größe zu. Wir nennen das heute den bargeldlosen Zahlungsverkehr. Damals waren das vor allem Wechsel aber eben auch Banknoten, die von Privatbanken emittiert wurden[79] und nicht durch Gold gedeckt waren. Diese Form der Währungskonkurrenz verschwand, als die Ausgabe von Banknoten der Zentralbank vorbehalten blieb. Damals wie heute benötigt man dieses durch Kredite geschaffene Buchgeld nicht nur aber auch für Transaktionen innerhalb des Bankensystems, was bedeutet, dass dieses Buchgeld nicht in die Güterwirtschaft fließt und damit auch dort nicht „wirkt". In der Banking School wurden zwei Kernideen vertreten: Ersten das „law of money reflux" Geldrückflussprinzip, zum anderen die „real-bills doctrine", das Prinzip der guten Schuldscheine. Letzteres besagt, dass Banken nur gegen beste Sicherheiten Schuldscheine (und Banknoten) für produktive Investitionen kurzfristig herausgeben und diese wieder getilgt werden, womit die Schuldscheine bzw. Banknoten wieder dem Geldkreislauf entzogen werden. Quintessenz dieser beiden Prinzipien ist, dass nie mehr Buchgeld im Umlauf ist als wirklich benötigt wird. Hier deutet sich bereits die Gegenthese zur Quantitätstheorie an: Die Geldmenge wird durch die Wirtschaftsaktivität bestimmt; sie ist endogen. Am deutlichsten finden sich die Argumente dazu bei Thomas Tooke[80]. Heinz Rieter, der Tookes Sichtweise umfassend analysiert und dargestellt[81] hat, schreibt:

> *„Am liebsten hält Tooke der Quantitätstheorie einfach den wirtschaftsgeschichtlichen Spiegel vor. Darin zeigen sich zwar M- und P-Bewegungen, doch scheinen sie häufig so zu verlaufen, dass (…) konträr zur Quantitätstheorie eher M-Erhöhungen und P-Fall sowie M-Fall und P-Erhöhungen gekoppelt sind, bzw. dass (…) die zur Quantitätstheorie passende zeitliche Sequenz der Ereignisse umgekehrt wird. (…) Er stellt gewissermaßen die Quantitätstheorie selbst auf den Kopf."*[82]

Tooke kritisiert nicht nur die Quantitätstheorie, er entwickelt auch eine eigenständige und ganz andersartige Erklärung inflationärer Prozesse. Dabei fragt er sich, wofür Geld ausgegeben werde. Lohnzahlungen, die im Wesentlichen mit Münzen und (ungedeckten) Banknoten gezahlt werden, können die Preise der Konsumgüter beeinflussen, während der Zahlungskreislauf innerhalb des Unternehmenssektors auf Kreditgeld beruhe und

---

[79] Daher auch der Begriff „Zettelbanken".

[80] Tooke, Th. (1844), *An Inquiry into the Currency Principle;* The connection of the Currency with Prices, and the Expediency of a Separation of Issue from Banking, London.

[81] Rieter, H. (1971), *Die gegenwärtige Inflationstheorie und ihre Ansätze im Werk von Thomas Tooke,* Berlin und New York: W. de Gruyter.

[82] Rieter, H. (1971, a.a.O., S. 182).

durch Warenlieferungen gedeckt sei, was bedeutet, dass die Kreditgeldmenge dem Warenwert entspricht. Es sind also die Einkommen, die über die Nachfrageentfaltung die Kreditgeldmenge wachsen oder schrumpfen lassen. Tooke formuliert hier die Grundidee einer Geldmengenbestimmung durch die Nachfrage bzw. durch das Einkommen. In seinen Analysen der Kriegsinflation stellt er einen Nachfragesog fest und beschreibt, ohne natürlich moderne Begriffe zu benutzen, eine Nachfragesog-Inflation.

Tooke behandelt auch die Kostenseite, besonders die Importpreise, aber auch inländische Faktoren wie Steuern, Löhne und Zinsen, welche die Kosten treiben können. Solche cost-push Faktoren, so der moderne Begriff, waren z. B. der Ölpreisschock 1974 und die importierten Preiserhöhungen nach der Corona- Pandemie und nach dem Beginn des Russland-Ukraine Krieg. Ähnliche inflationswirksame Schocks gingen während und nach den Napoleonischen Kriegen von den erforderlichen Getreideimporten und den hochpreisigen Importen von Schiffsbauholz nach England aus und ließen die inländischen Güterpreise steigen.[83]

Tooke hat damit erstmals eine Inflationserklärung angeboten, die völlig losgelöst von der Geldmenge war und leistete so Vorarbeiten zur einkommenstheoretischen Inflationserklärung von Wicksell und Keynes, die sich deutlich von der Quantitätstheorie absetzte.

---

[83] Vgl. Rieter, H. (1971, a.a.O. S. 210 ff.).

Der Marginalismus und die Nutzentheorie

Mit den Arbeiten von Carl Menger, William Stanley Jevons und Leon Walras kam es in methodischer und in theoretischer Hinsicht zu einem vollständigen Paradigmenwechsel in der ökonomischen Theorie. Methodisch gewann der Marginalismus an Bedeutung und theoretisch fand ein Wechsel des Erklärungsprinzips im Bereich der Wert- und Verteilungstheorie statt. Wie oft in der wissenschaftlichen Entwicklung gab es auch zu diesem Paradigmenwechsel Autoren, bei denen sich dieser Wechsel angedeutet hatte, deren Ideen aber gewissermaßen „zu früh" waren und noch keine Resonanz fanden. Hierzu zählt mit Sicherheit die Arbeit Hermann Heinrich Gossens, dessen Werk *Die Entwickelung der Gesetze des menschlichen Verkehrs, und der daraus fließenden Regeln für menschliches Handeln* nach seiner Veröffentlichung 1854 unbeachtet blieb und quasi als verschollen galt. Jevons wurde 1878 durch einen Kollegen, der Gossens Buch „zufällig in die Finger bekam", darauf aufmerksam gemacht. Durch Jevons wurde Gossens Buch „wiederentdeckt".

Alle drei oben genannten Autoren haben Gemeinsamkeiten, aber es gibt auch Unterschiede. Walras und Jevons haben nicht nur die mathematisch-analytische Denkweise in der ökonomischen Theorie stark beflügelt, sie haben auch das methodologische Selbstverständnis der Wissenschaft von der Ökonomie beeinflusst. Jevons schreibt im Vorwort zur ersten Auflage seiner *Theorie der politischen Ökonomie:*

> „Ich habe in diesem Werke den Versuch unternommen, die Volkswirtschaftslehre als eine Mathematik der Lust- und Unlustgefühle darzustellen, und habe, zumeist ohne auf frühere Meinungen Bedacht zu nehmen, die Form skizziert, welche diese Wissenschaft, wie es mir scheint, letzten Endes nehmen muß."[1]

---

[1] Jevons, W. St. (1871, 1923), *Theorie der politischen Ökonomie,* Jena: Fischer, S. XXIV.

© Springer-Verlag GmbH Deutschland, ein Teil von Springer Nature 2022
V. Caspari, *Ökonomik und Wirtschaft,* https://doi.org/10.1007/978-3-662-65497-2_8

Ganz ähnlich Walras in seinen Élements:

> „Value in exchange is thus a magnitude, which (…) is measurable. If the object of mathematics in general is to study magnitudes of this kind, the theory of value in exchange is really a branch of mathematics which mathematicians have hitherto neglected and left underdeveloped. "[2]

War für die meisten angelsächsischen Ökonomen bis Keynes die Ökonomik Bestandteil der „moral sciences", hatte bereits Walras die These aufgestellt, dass die Theorie der *reinen* Ökonomie eher den exakten Wissenschaften zugerechnet werden müsse, die „économie politique" allerdings eher in die „moral sciences" gehöre. Carl Menger wiederum glaubte, mit seinem Ansatz eine Lösung des aristotelischen Problems des „guten Lebens" liefern zu können.[3] Damit hatte Menger die ökonomische Theorie, wie die angelsächsischen Ökonomen, eher in der praktischen Philosophie verortet.

Den drei genannten Ökonomen war gemeinsam, dass sie 1) die objektive Wertlehre, d. h. die Arbeitswertlehre, durch eine subjektive Wertlehre ersetzten; 2) die Marginalbetrachtung einführten und 3) die Verteilungstheorie verengten und vereinheitlichten, indem sie das in der Theorie der Bodenrente entwickelte Erklärungsprinzip auf alle Einkommensarten übertrugen, während die klassischen Nationalökonomen für jede Einkommensart (Lohn, Profit und Rente) unterschiedliche Erklärungsprinzipien verwendeten. Behandeln wir zunächst die drei genannten Aspekte etwas genauer. Der objektiven Wertlehre lag die Vorstellung zugrunde, dass in den Waren eine Wertsubstanz enthalten sei, die im Kern durch menschliche Arbeitsleistung zustande kommt. Das war eigentlich seit der Scholastik unbestritten, denn darauf beruhte der Begriff des *gerechten* Preises. Und da in der elementaren Physik das Maß, mit dem man den Körper misst, die gleichen Eigenschaften wie der zu messende Körper haben muss – ein Längenmaß hat selbst „Länge", ein Gewichtsmaß hat selbst „Gewicht", etc. – musste das Wertmaß selbst Wert haben. Smith war diesbezüglich ganz konsequent und maß in kommandierter Arbeit. Die Dimension ist „Zeit", also genau die gleiche Dimension wie die der Wertsubstanz „Arbeit". „Objektiv" ist dieser Wertbegriff, weil die Wertsubstanz „objektiv messbar" ist.[4] Entsprechend basiert eben ein 100 m Wettrennen auf einer abgemessenen Streckenlänge von exakt 100 m, wobei das Metermaß selbst natürlich genormt sein muss.

---

[2] Walras, L. (1954, [1926]), *Elements of Pure Economics*, (hrsg. und übersetzt von W. Jaffé), New York: A.M. Kelly, S. 70.

[3] Vgl. Menger, C. (1968, [1871]), *Grundsätze der VWL*, Ges. Werke, Bd. I; S. 2 FN und S. 4 FN., Tübingen: Mohr.

[4] Damit sind keinesfalls alle Probleme gelöst, sondern sie fangen erst an, z. B. wenn man zwei unterschiedliche Arbeiten miteinander vergleichen muss. Eine Stunde „Sand schaufeln" verglichen mit einer Stunde „Vorlesung halten" oder einer Stunde „programmieren". Marx hat genau dieses Problem behandelt und durch einen Kniff „gelöst". Er behauptet einfach, dass im Tauschwert nur abstrakte Arbeit (d. h. Zeit) vergegenständlicht sei.

Folgt man dem Denkmodell der subjektiven Wertlehre, dann haben Waren oder Güter keine Wertsubstanz, sondern erhalten dadurch „Wert", dass ihnen Menschen einen Wert beimessen. Dieser von den Individuen zugemessene Wert kann ganz verschieden sein. Deshalb ist er subjektiv. Das Marginalprinzip kommt ins Spiel, weil man sich die Frage stellt, ob die subjektive Bewertung eines Gutes von der konsumierten Menge beeinflusst wird. Hier kommt das nach Gossen benannte erste „Gossensche Gesetz" zum Tragen: Jede zusätzliche Einheit eines bestimmten Gutes wird etwas weniger hoch bewertet als die vorhergehende Einheit, d. h., der marginale Nutzenzuwachs sinkt. Im Bereich der Produktion und der Produktionsfaktoren war das Marginalprinzip deutlich früher angewendet worden. So in Ricardos Theorie der Differenzialrente (1815)[5] oder auch in der von Johann Heinrich von Thünen 1826[6] entwickelten Grenzproduktivitätstheorie. Überhaupt findet man in der deutschsprachigen Nationalökonomie des frühen 19. Jahrhunderts protoneoklassische Entwicklungen, die dann am Ende des gleichen Jahrhunderts in der eigentlichen Neoklassik zum Tragen kamen.[7]

Die Verteilungstheorie wurde insofern vereinheitlicht, weil alle drei Produktionsfaktoren und ihre Entlohnung aus dem gleichen Prinzip hergeleitet werden. Alle Faktoren werden im Prinzip so behandelt wie Boden gleicher Qualität. Damit wird die Intensitätsrente zum Prototyp in der Verteilungstheorie. Gewinn (oder Profit) und Lohn „entstehen" durch den Intensitätsgrad der Kapitalnutzung bzw. der Nutzung des Faktors Arbeit. Die extensive Differenzialrente, die auf Fruchtbarkeitsunterschiede zurückzuführen ist oder die Lagen- oder Standortrente, folgen einer völlig anderen Logik und treten analytisch in den Hintergrund. Die Bodenanalogie mag für den Faktor Arbeit kurzfristig noch angemessen erscheinen, weil Arbeit, d. h. die arbeitsfähige Bevölkerung, kurzfristig im Bestand weitgehend gegeben und konstant ist und sich nur über längere Zeithorizonte verändert, d. h. wächst oder schrumpft. Die Annahme, der Faktor Arbeit sei homogen, war und ist natürlich kontrafaktisch. Im Fall des Faktors Kapital ist die Analogie kaum nachvollziehbar, da Kapital aus heterogenen Kapitalgütern besteht und der Bestand an Kapitalgütern nicht konstant und gegeben ist. Gerade weil Kapitalgüter reproduzierbar sind, ist die Analogie zum Boden, der nicht reproduzierbar ist, unpassend. Aber dies alles wurde dem Drang nach Vereinheitlichung des Erklärungsprinzips geopfert. Auf die Behandlung des Produktionsfaktors Kapital werden wir im Kapitel über die neoklassische Kapitaltheorie noch ausführlich eingehen. Jedenfalls bildeten

---

[5]Ricardo, D. (1815), *An Essay on the Influence of a low Price of Corn on the Profits of Stock*, London.

[6]Thünen, J.H. von (1921, [1842]), *Der isolierte Staat*, Jena: Gustav Fischer.

[7]Vgl. hierzu: Streissler, E.W. (1995), Die Grenzproduktivitätstheorie der deutschen Protoneoklassik unter besonderer Berücksichtigung von Johann Heinrich von Thünen, in: Rieter, H. (Hrsg.), *Studien zur Entwicklung der ökonomischen Theorie XIV*, Schriften des Vereins für Socialpolitik, Duncker & Humblot,Berlin.

die subjektive Wertlehre bzw. die Nutzentheorie einerseits und die Grenzproduktivitätstheorie andererseits die beiden Grundsteine für eine theoretische Untermauerung der
ökonomischen Theorie von Angebot und Nachfrage.

Methodisch liegen Jevons und Walras dicht beieinander. Beide betonen die Rolle der
Mathematik. Walras hält nur die Analyse des Tauschs für einen Gegenstand, der, wie
er schreibt,[8] physico-mathematischen Wissenschaft, und nennt sie deshalb auch „pure
theory of economics" also „reine Theorie", während die Analyse der Produktion „applied
economics" sei. Die Aneignung der Güter, ihre Verteilung also, sei Gegenstand der Ethik
oder der „social economics".

> „We have to place in one category those phenomena which are manifestations of the human
> will, i.e. of human actions in respect to natural forces. This category comprises the relations
> between persons and things. In another category, we have to place the phenomena that result
> from the impact of the human will or of human actions on the will or actions of other men.
> This second category comprises the relations between persons and persons. The laws of
> these two classes of phenomena are essentially different. (…) Translating this distinction
> into appropriate definitions, I call the sum total of phenomena of the first category industry,
> and the sum total of phenomena of the second category institutions. The theory of industry
> is called applied science or art; the theory of institutions moral science or ethics."[9]

Methodisch konsequent beginnen beide, Jevons und Walras, mit der „reinen Theorie",
also wählen den Gütertausch als Ausgangspunkt der Theoriebildung. Danach folgt
bei Jevons die Behandlung der Produktionsfaktoren Arbeit, Boden und Kapital. Bei
Walras ist ebenfalls der bilaterale Tausch der Ausgangspunkt der Theoriebildung und
es folgt dann die Erweiterung zum multilateralen Tausch und die Wahl und Bedeutung
des Numeraires. Walras ist sich im Klaren darüber, dass die Anfangsbestände der zu
tauschenden Güter nicht vom Himmel fallen und produziert werden müssen. In einem
nächsten Schritt erweitert er die Analyse um die Produktionsfaktoren, mit deren Hilfe
die Endprodukte produziert werden. Auf dieser Stufe der Modellbildung nimmt er an,
dass die Produktionsmittel, d. h. Arbeit, Boden und Kapital, in festen Proportionen
gegeben sind und ebenfalls „vom Himmel gefallen sind". Im letzten Schritt wird nun das
Kapital, genau genommen die verschiedenen Kapitalgüter, reproduziert, während Boden
und Arbeit weiterhin als im Bestand gegeben und als nicht (re-)produzierbar angesehen
werden. Auf dieser dritten Stufe der Modellbildung kommen Sparen und Investieren als
ökonomische Aktivität hinzu. Da Walras auf dieser Stufe noch kein „Geld" eingeführt
hat, sparen die Wirtschaftssubjekte in Form eines imaginären Gutes E und bieten es auf
einem Markt an. Auf der anderen Marktseite befinden sich die Investoren, die die verschiedensten Kapitalgüter benötigen. Erst im vierten Teil der Éléments wird Geld in das
Modell eingeführt.

---

[8] Walras, L. (1954, S. 71).
[9] Walras, L. (1954, S. 63).

Carl Menger war der Dritte im Bund der „Revolutionäre", die radikal mit der Klassik brachen. Auch für ihn stand die Tauschlehre im Mittelpunkt; aus ihr wird alles weitere entwickelt. Interessant und auffällig ist, dass Menger im letzten Kapitel der *Grundsätze* das Geld recht ausführlich behandelt.

Ich habe diese drei Autoren als „Revolutionäre" bezeichnet, weil alle drei in einer scharfen Opposition zur klassischen politischen Ökonomie standen. Heute zählt man sie zu den Gründervätern der neoklassischen Wirtschaftstheorie, was sie selbst wahrscheinlich irritiert hätte, da für sie „neoklassisch" wohl eher Kontinuität suggeriert hätte als Paradigmenwechsel. Tatsächlich war es Alfred Marshall, der nicht viel vom propagierten Wechsel hielt, sondern die Kontinuität mit der Tradition der klassischen politischen Ökonomie betonte. Marshall steht nicht nur für diese synthetische Perspektive, er verhalf der alten *Politischen Ökonomie* unter dem neuen Label *Economics* zu einem eignen Studiengang an der Universität von Cambridge. Mit dem *Economic Tripos* – so heißt der Studiengang noch heute – wurde die Ausbildung in Ökonomie aus dem *Moral Sciences Tripos* herausgelöst und 1903 etwa zeitgleich mit ähnlichen Studiengängen an der London School of Economics eingeführt. Die Arbeiten von Marshall sollen im folgenden Abschnitt etwas genauer betrachtet werden.

Alfred Marshall und die Neoklassik 9

Alfred Marshall wurde am 26. Juli 1842 in Bermondsey, Grafschaft Surrey, am süd-
östlichen Ende Londons, inmitten des Zentrums der Londoner Lederindustrie im
Haus seiner Eltern geboren. Er ist das zweite von insgesamt fünf Kindern der Ehe-
leute William und Rebecca Marshall. William Marshall war Kassenbeamter der
Bank of England und muss den Beschreibungen von Keynes zufolge ein strenger und
despotischer Vater gewesen sein, der seinem Sohn Studien der klassischen Sprachen
Hebräisch, Griechisch und Latein aufzwang, weil er den Beruf eines Geistlichen für
ihn vorgesehen hatte.[1] Alfreds Lieblingsbeschäftigungen – das Schachspiel und die
Mathematik – wurden nur zum Zwecke der Entspannung erlaubt. Es ist daher auch
nicht verwunderlich, dass Alfred Marshall im Alter von 19 Jahren gegen den Wunsch
seines Vaters begann, in Cambridge am St. Johns College Mathematik zu studieren. Das
Studium finanzierte er durch ein Darlehen seines Onkels. Nachdem er dieses Studium
mit einem sehr guten Examen abgeschlossen hatte, erhielt er ein Fellowship, das ihn
nun finanziell absicherte und ihm erlaubte, sich wissenschaftlich und weltanschaulich
zu orientieren. Seit 1868 unterrichtete er an der Universität Cambridge regelmäßig im
Studiengang *Moral Sciences* neben Logik und Ethik dann auch Politische Ökonomie.

Nach seiner Heirat mit Mary Paley im Jahr 1877 musste er sein Fellowship zurück-
geben, da Fellows damals in Cambridge (und in Oxford) unverheiratet bleiben mussten.
Die Marshalls zogen nach Bristol, wo er am neu gegründeten University College das
Rektorat übernahm. Bevor er 1885 zurück nach Cambridge ging, folgte er zunächst
1883 einem Ruf an die Universität Oxford. Das blieb allerdings ein reines Intermezzo. In
Cambridge übernahm Marshall, als Nachfolger von Fawcett, den Lehrstuhl für Politische
Ökonomie, den er bis 1908, dem Jahr seiner Entpflichtung, innehatte.

---

[1] Groenewegen, P. (1995), A Soaring Eagle: *Alfred Marshall 1842–1924*, Aldershot: Edward Elgar,
S. 22.

© Springer-Verlag GmbH Deutschland, ein Teil von Springer Nature 2022   123
V. Caspari, *Ökonomik und Wirtschaft*, https://doi.org/10.1007/978-3-662-65497-2_9

In seiner Antrittsvorlesung im Jahr 1885 mit dem Titel „The present position of economics" nannte Marshall bereits die zwei seine Cambridger Zeit prägenden Hauptziele. Das wissenschaftliche Ziel war, sein neues Paradigma der Volkswirtschaftslehre gegen die Klassik, den Historismus und gegen sozialistische Ideologien abzuheben. Den klassischen Ökonomen warf er vor, den „englischen Stadtmenschen" zum Maß menschlichen Verhaltens erhoben zu haben.

> „The same bent of mind, that led our lawyers to impose English civil law on the Hindoos, led our economists to work out their theories on the tacit supposition that the world was made up of city men."[2]

Gegen den Historismus wandte er ein, dass Fakten für sich genommen stumm sind und einer Theorie bedürfen, um sie interpretieren zu können. Gegen die Anhänger Comtes führte er an, dass es keine einheitliche Sozialwissenschaft und damit keinen Grund gebe, die Eigenständigkeit der Volkswirtschaftslehre zu kritisieren oder zu bezweifeln. Hier bereitete er mit einem inhaltlichen Argument sein Plädoyer für einen eigenständigen Studiengang der Volkswirtschaftslehre vor. Das war sein zweites, sein wissenschaftspolitisches Ziel. Er formulierte dieses Ziel etwas kryptisch und mit einer pathetischen Geste, die dem Rektorat der Universität schmeicheln sollte. Es sei also das Ziel

> „to increase the number of those, whom Cambridge, the great mother of strong men, send out into the world with cool heads but warm hearts, willing to give some at least of their best powers to grappling with the social suffering around them...".[3]

Marshall war methodologisch gesehen weder ein Apriorist (also kein reiner Theoretiker) noch war er ein Empiriker. Wie er sich das Verhältnis von ökonomischer Theorie und Empirie, worunter man seinerzeit vor allem Wirtschaftsgeschichte verstand, vorstellte, findet sich in dem im Jahr seiner Antrittsvorlesung im *Journal of the Royal Statistical Society* veröffentlichten Aufsatz „The Graphic Method of Statistics". Die Theorie liefere die Kausalbeziehungen, die sich mittels der Mathematik formulieren ließen, und die historischen Daten ermöglichen es dann, die quantitativen Dimensionen der Kausalbeziehungen abzuschätzen. Dieses Zusammenspiel von Theorie und Wirtschaftsgeschichte griff er 1896 in dem Vortrag „The Old Generation of Economists and the New"[4] auf und entwickelte es weiter. Schumpeter hielt die in diesem Vortrag dargestellte Perspektive für einen relativ frühen Entwurf dessen, was man heute Ökonometrie nennt.[5]

---

[2] Pigou, A.C. (Hrsg.) (1925), *Memorials of Alfred Marshall*, London: Macmillan, S. 155.

[3] Ebenda, S. 174.

[4] Marshall, A. (1897), The Old Generation of Economists and the New, *Quarterly Journal of Economics*, 11(2), S. 115–135.

[5] Schumpeter, J.A. (1965), *Geschichte der ökonomischen Analyse*, Bd. 2, Göttingen: Vandenhoeck & Ruprecht, S. 1026.

Im Jahr 1890 erschien die erste Auflage der *Principles of Economics*. Sie wurden, wie man heute gerne sagt, ein Bestseller. Mit diesem Lehrbuch wandelte sich auch die Bezeichnung des Fachs von *Political Economy* in *Economics*. Diese scheinbare Neben-sächlichkeit hatte freilich einen wohlintendierten Sinn. *Economics* klang wie *Physics, Ethics* oder *Mathematics* – alles seinerzeit bereits wohletablierte universitäre Fächer. Noch im Erscheinungsjahr der *Principles* gelang Marshall ein weiterer Erfolg auf dem Weg der Professionalisierung des Fachs *Economics*[6] Zusammen mit einigen Fach-kollegen initiierte er die Gründung der *Royal Economic Society* einschließlich ihrer Fachzeitschrift *The Economic Journal,* deren erster Herausgeber Marshalls Freund F.Y. Edgeworth wurde. Bis zu seinem Tod am 13. Juli 1924 lebte Marshall in seinem Haus „Balliol Croft" in Cambridge und arbeitete im fortgeschrittenen Alter mit der massiven Unterstützung seiner Ehefrau Mary Paley Marshall an der Vollendung der beiden Spät-werke *Industry and Trade* (1919) sowie *Money, Credit and Commerce* (1923).

Marshall hatte, wie bereits erwähnt, Mathematik studiert und als Second Wrangler, d. h. Zweitbester seines Jahrgangs, abgeschlossen. Seine Interessen bewegten sich zwischen Philosophie, Psychologie und politischer Ökonomie. Er studierte Smith, Ricardo und J. St. Mill und begann vor allem Mill zu präzisieren und in Diagramme zu verwandeln. Seine ersten Arbeiten publizierte er in dem zusammen mit seiner Frau Mary Paley verfassten Buch *The Economics of Industry* (1879).

Marshall hat sich in der Zeit vor der Veröffentlichung seiner *Principles* relativ intensiv mit Hegels Geschichtsauffassung beschäftigt, von Thünen gelesen und vor allem die Werke der Vertreter der älteren Historischen Schule studiert. Als Quintessenz ergab sich für Marshall, dass man hinsichtlich des menschlichen Verhaltens keines-falls von einer überhistorisch universellen menschlichen Natur ausgehen könne und die üblichen Annahmen über das rationale Verhalten auf die Neuzeit beschränken müsse.[7] Auch sollten Einschränkungen aufgrund regionaler kultureller Einflüsse geltend gemacht werden. Das Rationalverhalten begriff bereits Mill als durch die Konkurrenz erzwungen und nicht als eine der menschlichen Natur angeborene Verhaltensweise. Auf den ersten Seiten der *Principles* nimmt Marshall insbesondere zu diesem durch die Konkurrenz erzwungen Rationalverhalten Stellung:

---

[6]Noch im 19. Jahrhundert waren bedeutende Vertreter der klassischen englischen National-ökonomie nicht Professoren an einer Universität, sondern hatten ganz andere Berufe. Ricardo hatte als junger Börsenmakler ein großes Vermögen erworben und lebte bis zu seinem Tod als Privatgelehrter und Parlamentsabgeordneter. Malthus war Geistlicher, James Mill Herausgeber einer literarischen Wochenzeitschrift. Bagehot war Herausgeber der bis heute existierenden Zeitschrift *The Economist.* Siehe auch: Maloney, John (1985), *Marshall, Orthodoxy and the Professionalisation of Economics*, Cambridge: University Press.

[7]Vgl. auch: Cook, S.J. (2009), *The Intellectual Foundations of Alfred Marshall's Economic Science*, Cambridge: The University Press, S. 233–235.

„It is often said that the modern forms of industrial life are distinguished from the earlier by being more competitive. But this account is not quite satisfactory. The strict meaning of competition seems to be the racing of one person against another, with special reference to bidding for the sale or purchase of anything. This kind of racing is no doubt both more intense and more widely extended than it used to be: but it is only a secondary, and one might almost say, an accidental consequence from the fundamental characteristics of modern industrial life. There is no one term that will express these characteristics adequately. They are, as we shall presently see, a certain independence and habit of choosing one's own course for oneself, a self-reliance; a deliberation and yet a promptness of choice and judgment, and a habit of forecasting the future and of shaping one's course with reference to distant aims. "[8]

Marshalls Menschenbild ist also differenziert und wenn man ihm überhaupt die Kunstfigur eines „homo oeconomicus" unterstellen will, dann wohl bestenfalls als historischer und nicht als überhistorisch geltender Begriff.

Marshall wollte Kontinuität mit Smith, Ricardo und J. St. Mill herstellen und diese präzisieren. Also musste er zeigen, dass sich die „neue" Nachfragetheorie in das „alte" System der Klassik integrieren lässt. Gerade wegen dieser, die Kontinuität betonenden Herangehensweise, nannte man ihn einen *Neoklassiker*.[9] In der Frage der Preisbestimmung nahm er eine andere Position als Jevons ein. Das kommt im Appendix I der *Principles* deutlich zum Ausdruck. Er fasste die Jevonssche Position ganz kurz wie folgt zusammen:

„Cost of production determines supply. Supply determines final degree of utility. Final degree of utility determines value. "[10]

Marshall hielt die umgekehrte Kausalkette für genauso plausibel:

„Utility determines the amount that has to be supplied. The amount that has to be supplied determines cost of production. Cost of production determines value, because it determines the supply price which is required to make the producers keep to their work. "[11]

Tatsächlich hielt er beide Kausalketten für falsch. Richtig hingegen sei, dass beide Seiten – Nachfragepreis- und Angebotspreisfunktion – interdependent den Preis bestimmen. Er bemühte oft die Metapher von der Schere, bei der ja auch beide Schneiden dazu betragen, ein Stück Papier durchzuschneiden. Marshall akzeptierte die Nutzentheorie,

---

[8] Marshall, A. (1920), *Principles of Economics*, London: Macmillan, S. 8.

[9] Der Begriff Neoklassik hat sich später durchgesetzt, um die auf einer grundlegenden Theorie von Angebot und Nachfrage beruhende Ökonomik zu charakterisieren. Heute wird der Begriff auch gerne benutzt um den „mainstream" – was immer man darunter verstehen mag – von den „dissenting paradigms" abzusetzen.

[10] Marshall, A. (1920, S. 817).

[11] Ebenda, S. 819.

musste allerdings den Grenznutzen mit seiner Nachfragepreis Analyse verbinden. Der Gebrauchswert einer Ware, der „use value", wurde von Marshall in den *Economics of Industry* wie folgt definiert:

> „*The value in use or utility of a thing to a person is the amount of pleasure or satisfaction which he derives from possessing it.*"[12]

Er interpretierte, wie bereits J. St. Mill, den Gebrauchswert als Nutzwert, der natürlich für jeden Menschen individuell verschieden ist und kommt dann zu dem für seine weitere Interpretation wichtige Wendung: Die Verbindung von Grenznutzen und Geldpreis. In einem Beispiel geht er davon aus, dass ein Mensch für 5 shilling 1 yard Flanellstoff kaufen würde, aber für 1 shilling 20 yards von diesem Stoff.

> „*In other words a shilling just measures the utility of the twentieth yard, the final yard which he buys. To use Mr. Jevons' happy phrase, the Final Utility of a flannel to him is measured by one shilling.*"[13]

Das bringt einige Komplikationen mit sich, weil bei der Abfrage der Zahlungsbereitschaft sich der Grenznutzen des Geldes ändert. Damit sind die Marshallschen Nachfragefunktionen einkommenskompensierte Nachfragefunktionen. Das heißt, auf einer Marshallschen Nachfragefunktion ist der Haushalt immer auf dem gleichen Nutzenniveau, während auf den Hicksschen Nachfragefunktionen das Nutzenniveau nicht konstant ist. Die moderne Mikroökonomie folgt natürlich dem Ansatz von Hicks und Allen.[14]

In den *Principles* finden sich fragmentarische Konzepte, die später in der Makroökonomik wichtig wurden. So unterschied Marshall zwischen „the power to save" und „the desire to save", was man mit Sparfähigkeit und Spareigung übersetzen könnte.[15] Einen wichtigen aber nicht eindeutigen Einfluss auf die Spareigung übt der Zinssatz aus. Marshall beschrieb zunächst den naheliegenden positiven Zusammenhang zwischen Spareigung und Zinssatz, kam dann aber auch auf die umgekehrte Kausalität zu sprechen, der zufolge bei fallenden Zinssätzen vermehrt gespart wird.[16] Dieser Fall wird dann eintreten, wenn ein bestimmtes Sparziel, z. B. eine Altersvorsorge, Pensionsvorsorge oder gesetzliche Kapitalrücklagen, erreicht werden soll.

---

[12] Marshall, A. und Paley-Marshall, M. (1888), *The Economics of Industry*, London: Macmillan, S. 68.

[13] Ebenda, S. 69–70.

[14] Hicks, J. und Allen, R. (1934), A Reconsideration of the Theory of Value. Part I. *Economica*, 1(1), new series, S. 52–76.

[15] Marshall, A. (1888), *Economics of Industry*, S. 36–37 und *Principles* (1920), S. 229 und 236.

[16] Marshall, A. (1920), S. 235.

9.1   Nach den *Principles*

Marshall hatte die *Principles* als eine Einführung in die Grundlagen der Volkswirtschaftslehre konzipiert. Es sollten noch zwei weitere Bände folgen.[17] Einer über Konjunkturzyklen und einer über langfristige Wachstums- und Entwicklungsprozesse. Mit *Industry and Trade* legte er 1919 den Band über seine Sicht der langfristigen WirtschaftsentwickJung vor und 1923 erschien *Money, Credit and Commerce,* in dem er die Ursachen wirtschaftlicher Fluktuationen behandeln wollte. Dieser Band ist allerdings eine Sammlung verschiedener, früher entworfener Fragmente geblieben, weil Marshalls Gesundheitszustand es ihm nicht mehr erlaubte, ein kohärentes Manuskript zu verfassen. Der Band erschien posthum im Jahre 1924.

In *Industry and Trade* begegnen wir dem „anderen Marshall", der eine Herangehensweise gewählt hat, die man als theoriegeleitete Wirtschaftsgeschichte beschreiben kann. Reale wirtschaftshistorische Prozesse werden beschrieben und mittels ökonomischer Erklärungskonzepte reflektiert. Man kann das Buch aber auch als erstes Beispiel für einen Anwendungsbereich der Theorie ansehen, der später den Namen Industrial Organisation oder Industrieökonomik erhielt.[18] Das Spätwerk Marshalls erhielt vergleichsweise wenig Aufmerksamkeit, vielleicht weil die Welt zu diesem Zeitpunkt – ein Jahr nach dem Ende des Ersten Weltkriegs – andere Sorgen hatte, die eher von Keynes in seinem Werk über den Versailler Friedensvertrag angesprochen wurden, das im gleichen Jahr wie Marshalls Spätwerk erschienen war.

9.2   Marshalls Theorie der Normalen Preise

Marshall knüpft auch hier wieder an die klassische politische Ökonomie an, indem er zwischen Marktpreis und normalem Preis – bei Smith ist das der natürliche Preis – unterscheidet.

> *„It is to the persistence of the influences considered, and the time allowed for them to work out their effects that we refer when contrasting Market and Normal price, and again when contrasting the narrower and the broader use of the term Normal price. "*[19]

Er knüpft, wie bereits oben erwähnt, an das Nutzwert Konzept Mills an, interpretiert den Nutzwert als individuelle Zahlungsbereitschaft, die eine inverse Beziehung zur

---

[17]Vgl. hierzu Whitaker, J.K. (1990), What happened to the Second Volume of the Principles? The thorny path to Marshall's last books, in: Whitaker, J.K (Hrsg.), *Centenary Essays on Alfred Marshall*, Cambridge: University Press.

[18]Caspari, V. (1996), Alfred Marshalls ‚Industry and Trade': Zwischen Wirtschaftsgeschichte und Wirtschaftstheorie, in: Rieter, H. (Hrsg.), *Studien zur Entwicklung der ökonomischen Theorie*, Bd. XV, Berlin: Duncker & Humblot.

[19]*Principles*, S. 348.

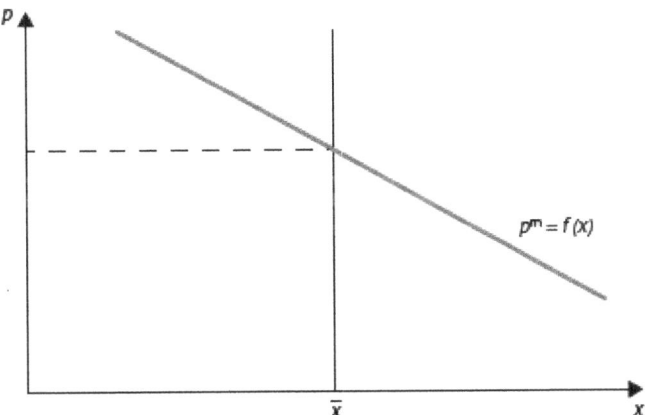

Abb. 9.1 Marktpreisbildung und temporäres Gleichgewicht

Menge des jeweiligen Gutes darstellt. Diese fallende Nachfragepreisfunktion spielt eine wichtige Rolle in Marshalls Preistheorie.

Marktpreise ergeben sich aus dem Verhältnis von Nachfragepreisfunktion $p^d = f(q)$ zu der im Markt vorhandenen (angebotenen) Menge (Abb. 9.1).

Aus der Gleichgewichtsbedingung $p^m = p^d(\bar{x})$ folgt, dass die Marktpreise nachfragebestimmt sind. Marshall nennt ein solches Gleichgewicht auch temporäres Gleichgewicht, um es vom kurz- bzw. langfristigen Gleichgewicht zu unterscheiden. In der Theorie normaler Preise unterscheidet Marshall zwei „Perioden": Die kurze und die lange Periode. „Kurz" und „lang" stehen entgegen naheliegender Vermutungen nicht für ein chronologisches oder kalendarisches Zeitkonzept, sondern drücken den Endogenitätsgrad der Produktionskapazität und damit der Kapitalkosten aus. In der kurzen Periode ist die Produktionsmittelkapazität gegeben, d. h. es liegen abnehmende Grenzerträge der variablen Produktionsfaktoren (Arbeit, Roh-, Hilfs-, Betriebsstoffe) vor. Daraus ergibt sich ein progressiv steigender Gesamtkosten- und steigender Grenzkostenverlauf. Die Grenzkosten sind die Angebotspreisfunktion (Abb. 9.2).

Solange der Marktpreis über dem Angebotspreis liegt, entstehen Extragewinne, die dazu führen, dass die produzierte Menge ausgeweitet wird, bis der Marktpreis dem kurzfristigen normalen Preis entspricht. In der langen Frist wird die Produktionskapazität gewählt, die den Gewinn maximiert. Damit ist nun die Produktionskapazität, d. h. der Kapitalstock endogen bestimmt. Ist die Produktionsfunktion homogen vom Grade Null, liegen konstante Skalenerträge vor und die Grenzkosten sind konstant in der Menge x. Somit gilt (Abb. 9.3):

In der kurzen Frist ergibt sich durch die steigenden Grenzkosten auch ein Einfluss der Nachfrage auf den kurzfristig normalen Preis, während in der langen Periode der normale Preis durch die Produktionskosten bestimmt wird und die Nachfrage die Ausbringungsmenge festlegt, nicht jedoch die Höhe des Preises bestimmt. In der langen Frist

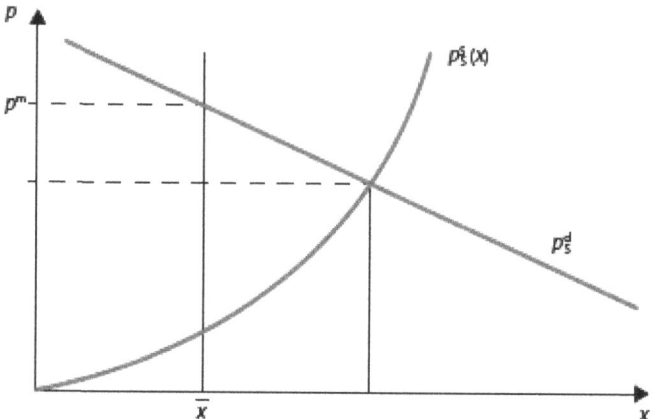

Abb. 9.2 Normaler Preis in der kurzen Periode

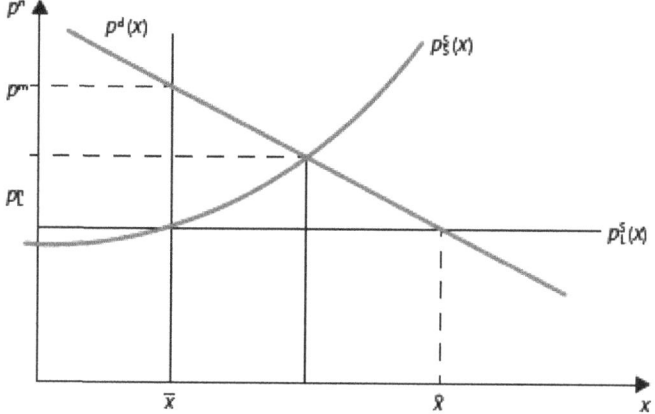

Abb. 9.3 Normaler Preis in der langen Periode

gelten, so Marshalls Interpretation, die Aussagen der Klassik, in der kurzen Frist macht sich auch die Nachfrageseite bemerkbar. Mit dem Periodenkonzept versuchte Marshall die neue, auf dem Nutzen beruhende Nachfragetheorie mit der klassischen Theorie zu versöhnen.

9.2.1 Marktprozesse

Wie funktionieren eigentlich Märkte? Walras bemüht die fiktive Figur des Auktionators, der interesselos die Überschussnachfrage oder das Überschussangebot auf einem Markt eliminiert, indem er den Marktpreis anhebt oder senkt. Erst wenn Gleichgewicht herrscht, also die Überschussnachfrage null ist, wird getauscht, bzw. gekauft und verkauft. Es findet also Tausch bei Gleichgewichtspreisen statt. Im Marshallschen Markt finden immer Markttransaktionen statt, auch und gerade zu Ungleichgewichtspreisen, weil der Marktpreis ja nicht immer dem langfristigen normalen Preis entspricht. Somit entstehen ständig positive und negative Einkommenseffekte, die gerade bewirken sollen, dass die Marktteilnehmer ihr Verhalten ändern. Bei einem Marktpreis über dem normalen Preis erzielt der Anbieter einen Extragewinn und der Nachfrager zahlt einen „zu hohen" Preis, der seine weiteren Kaufmöglichkeiten einschränkt. Bei einem Marktpreis unterhalb des normalen Preises ist es umgekehrt. Bei zu hohen Marktpreisen lohnt es sich für die Anbieter die Menge auszudehnen, sodass der Marktpreis zu sinken beginnt. Bei zu niedrigen Marktpreisen wird die Menge eingeschränkt, so dass die Marktpreise zu steigen beginnen. Wenn bei Marktpreisen, die über dem normalen Angebotspreis liegen, Extragewinne entstehen – Marshall nennt sie Quasirenten – tauchen die im Einkommenskreislauf auf, wenn man annimmt, dass die Unternehmen sie sofort verausgaben oder auf die Kapitaleigner (Haushalte) verteilen. Natürlich muss das nicht geschehen. Die Quasirenten können auch negativ sein, wenn der Marktpreis unterhalb des kurzfristigen normalen Angebotspreises liegt. In jedem Fall sind diese Quasirenten Signale für die Unternehmen, die Produktion bzw. das Angebot zu verändern, wodurch im jeweiligen Markt eine Mengenanpassung erfolgt, die dann auf die Marktpreise zurück wirkt und wiederum über die entstandenen positiven oder negativen Quasirenten weitere Mengenanpassungen induziert, bis das kurzfristige Gleichgewicht erreicht ist. Der Anpassungsprozess in der langen Frist wird ebenfalls über die Quasirenten gesteuert und zwar induzieren diese eine Ausdehnung bzw. Reduktion der Produktionskapazitäten der Unternehmen, d. h., die Unternehmen investieren bzw. desinvestieren. Eine zweite Möglichkeit besteht darin, dass durch die Quasirenten neue Unternehmen in den jeweiligen Markt eintreten bzw. ineffiziente Unternehmen den Markt verlassen und dadurch die Produktionskapazität in diesem Markt erweitert bzw. reduziert wird und so ein langfristiges Gleichgewicht erreicht wird.[20] Marshall hat diesen dreistufigen Anpassungsprozess vom temporären Marktgleichgewicht über das kurzfristige zum langfristigen Gleichgewicht anhand des Fischmarktes beschrieben.[21] Marshall fasst zusammen:

> *„Thus we may conclude that, as a general rule, the shorter the period which we are considering, the greater must be the share of our attention which is given to the influence of demand on value; and the longer the period, the more important will be the influence of cost of production on value. For the influence of changes in cost of production takes as a rule a longer time to work itself out than does the influence of changes in demand. The actual value at any time, the market value as it is often called, is often more influenced by passing events and by causes whose action is fitful and short lived, than by those which*

---

[20] Vgl. Dasgupta, A.K. (1990), An Aspect of Marshall's Period Analysis, in: Whitaker, J.K. (Hrsg.), *Centenary Essay on Alfred Marshall, Cambridge*: University Press, S. 245 ff.

[21] Marshall, A. (1920), *Principles*, S. 348–349.

work persistently. But in long periods these fitful and irregular causes in large measure efface one another's influence; so that in the long run persistent causes dominate value completely. Even the most persistent causes are however liable to change. For the whole structure of production is modified, and the relative costs of production of different things are permanently altered, from one generation to another."[22]

Vergleicht man vor diesem Hintergrund Marshallsche Marktprozesse mit der bei Walras entwickelten Idee eines Auktionators, so kann man sich vorstellen, dass es in Marshallschen Märkten Zeit benötigt, bis die Signale eines Ungleichgewichts (Quasirenten) zu Anpassungen der Mengen und Preise an das kurzfristige bzw. langfristige Gleichgewicht führen. Die Vorstellung schneller, weil flexibler Preise passt in die walrasianische, nicht in die marshallianische Idee eines Konkurrenzmarkts. Signalverarbeitung und Mengenanpassung geschehen wesentlich langsamer als die von einem Auktionator gesteuerte Preisanpassung. Für den Marshallianer Keynes waren deshalb flexible Preise und langsame Mengenanpassung kein Problem, sondern der Standardfall.

9.2.2   Steigende Erträge und die fallende Angebotspreisfunktion

Marshall erkannte, dass in der langen Frist vor allem durch Größenwachstum der Unternehmen steigende Erträge vorliegen können.[23] Dann wäre die langfristige Angebotspreisfunktion fallend und eine steigende Nachfrage würde zu sinkenden langfristigen Preisen führen. Das kann zu instabilen langfristigen Gleichgewichten führen. Marshall widmete diesem Fall in den *Principles* einen eigenen Appendix H. Wir werden auf diesen Aspekt im Kapitel über „Unvollkommene Konkurrenz" zurückkommen.

---

[22] Ebenda, S. 349.

[23] Vgl. Marshall, A. (1920), *Principles* 8. Ch. XII.

Die Kapitaltheorie

10

10.1 Was will die Kapitaltheorie erklären?

Wenn man sich erneut fragt, warum die klassische politische Ökonomie im 19. Jahrhundert an Bedeutung verlor und die Neoklassik sie als neues Paradigma ablöste, darf man die Verteilungsfragen, die im Zuge der industriellen Revolution debattiert wurden, nicht ignorieren. Vor allem durch die Marxsche Kritik an der kapitalistischen Wirtschaftsweise trat die Frage in den Vordergrund, was eigentlich Kapital ist und wieso man durch Kapitalbesitz und Kapitalakkumulation wohlhabend, ja sprichwörtlich reich und sehr vermögend werden konnte. Bislang waren ja vor allem die Landbesitzer durch große Vermögen aufgefallen, nun gab es zunehmend reiche Unternehmer und Händler.

Die Kapitaltheorie behandelt solche Fragen, die im 19. Jahrhundert zunehmend Bedeutung gewannen. Vor allem die Frage, ob Kapital neben Arbeit und Boden ein eigenständiger Produktionsfaktor ist und ob der Gewinn (= Profit) ein vom Kapital abgeworfener dauerhafter Einkommensstrom ist, so wie der Lohn und die Bodenrente dauerhafte Einkommensströme sind. Eine andere Frage ist die nach der Legitimation der Einkommensarten. Ist es legitim, dass Arbeit, Boden und Kapital entlohnt werden? Und wenn ja, wie kommt es und ist es gerecht, wenn z. B. die Bodenrente pro qm höher als der Lohn pro Arbeitsstunde ist? Verteilungsfragen sind neben ihrer quantitativen Erfassung und Beschreibung nahezu immer normativ aufgeladen. So hört man in den letzten Jahren häufig den Satz, „man müsse von seiner Arbeit leben können" aber nicht die analoge These, „man müsse von seinem Kapital oder seinem Boden leben können". Die Wirtschaftsgeschichte kennt zahlreiche Beispiele, die belegen, dass Menschen oft genug „von ihrem Boden" nicht leben konnten und deshalb ihren Wohnort, ihre Region, ja sogar den Kontinent verließen und in eine andere Region auswanderten. Im 19. Jahrhundert kam es vor allem in den Ländern Europas, in denen die industrielle Revolution voranschritt und sich die kapitalistische Produktionsweise ausbreitete, zu heftigen Konflikten, weil sich die Hoffnung auf ein von vielen Mühen befreites Leben und eine bessere Versorgung mit den lebensnotwendigen Gütern für eine große Zahl von Menschen nicht erfüllte. Maschinerie und Mechanisierung verdrängten in vielen Sektoren die Arbeitskräfte, in anderen Sektoren entstanden neue Produktionsstätten, die aber eine andere Qualifikation der Arbeiter erforderten. Der Arbeitstag wurde stetig länger, die Kinderarbeit nahm zu, die Gesundheit der Menschen litt, bis die Fabrik-gesetze in England in der Mitte des 19. Jahrhunderts den *Arbeitstag beschränkten. Die sich herausbildende Arbeiterschaft kämpfte für „gerechte"* Löhne, die Kapitalbesitzer fürchteten den „profit squeeze", die Landbesitzer verteidigten ihre im Feudalsystem als normal angesehenen Bodenrenten. Die Verteilungsfrage war unübersehbar. Karl Marx lieferte eine Erklärung derzufolge das Gewinneinkommen nicht legitimierbar war, weil es eigentlich dem Arbeiter zustand, der es aber nicht erhielt, da der kapitalistische Unter-nehmer die in seinen „Fabriken" produzierten Güter zu seinem Eigentum erklärte, weil er die Produktionsmittel zur Verfügung stellte. Freilich verkaufte er diese Güter und aus dem Verkaufserlös behielt er einen Teil für sich, der über den Kosten aller Produktions-mittel lag. Da der Arbeiter also mehr Wert erzeugte, als er in Form des Lohns als Gegen-leistung erhielt, sprach man von Ausbeutung. Die Gegen-position entwickelte sich aus der neuen neoklassischen Schule. Vor allem der Engländer Philip H. Wicksteed (1844–1927)[1] und der Amerikaner John B. Clark (1847–1938)[2] argumentierten, dass unter der Bedingung freier Konkurrenz auf den Faktormärkten jeder Produktionsfaktor das Ein-kommen erhält, das er zur Erzeugung des Gesamtprodukts beiträgt und insgesamt die an der Produktion beteiligten Faktoren das Gesamtprodukt ausschöpfen (Eulers Theorem). Das war die Kernbotschaft der Grenzproduktivitätstheorie der Einkommensverteilung. Wenn also die Löhne niedrig sind, dann ist die Ursache nicht die Ausbeutung, sondern die geringe Grenzproduktivität der Arbeit. Die ist niedrig, weil die Arbeitskräfte in großen Mengen vorhanden sind. Wäre Arbeit knapper, läge ihre Grenzproduktivität höher und damit könnte auch ein höherer Reallohn gezahlt werden. Analoges gilt für den Produktionsfaktor Kapital. Was also ist Kapital und woher kommt der Profit bzw. Zins? Das sind die Ausgangsfragen, die die Kapitaltheorie zu beantworten suchte.

Zu der Entwicklung der Kapitaltheorie haben zahlreiche Ökonomen beigetragen. Wichtige Beiträge kamen von Eugen von Böhm-Bawerk (1851–1914), Knut Wicksell (1851–1926), Erik Lindahl (1891–1960), Sir John Hicks (1904–1989), Piero Sraffa (1898–1983) sowie Edmond Malinvaud (1923–2015).

---

[1] Vgl. „Philip Henry Wicksteed" in: Faccarello, G. und Kurz, H.D. (Hrsg.), *Handbook of the History of Economic Analysis*, Vol I., (2016), Cheltenham: Edward Elgar, S. 311–313.

[2] Ebenda, S. 320–322.

Da Böhm-Bawerk seinen Ansatz nicht nur als den Gegenentwurf zur Marxschen Ausbeutungstheorie begriff, sondern alle übrigen, damals bekannten Zinstheorien für falsch hielt, wird im folgenden Abschnitt seine Zinserklärung im Mittelpunkt stehen.[3]

10.2 Varianten der österreichischen Kapitaltheorie: Böhm-Bawerk und Wicksell

Böhm-Bawerk suchte nach Gründen, warum Kapital eine *dauerhafte* Quelle für Zinseinkommen (Gewinneinkommen) sein kann. Eine Quelle, die – im Gegensatz zu Marx – nicht auf dauerhafter Ausbeutung der Arbeitskraft und damit nicht auf einem durch freien Tausch maskierten Herrschaftsverhältnis beruhe. Böhm-Bawerk hatte in einer umfassenden Studie alle seinerzeit bekannten Theorien über Kapital und Zins dargestellt und kritisiert, um dann einen eigenen und originellen Erklärungsansatz vorzustellen.[4]

Boden und Arbeit sind, nicht nur historisch gesehen, die beiden Produktionsfaktoren, deren Eigenschaft als dauerhafte Einkommensquelle relativ unumstritten ist. Boden ist, global gesehen, kaum vermehrbar, seine Fruchtbarkeit (Ertragskraft) recht verschieden und hängt einerseits von den Bearbeitungstechniken und andererseits von der Bodenbeschaffenheit sowie der Düngung ab. Für rund 8000 Jahre – von der neolithischen bis zur industriellen Revolution – war die Landwirtschaft der zentrale Sektor einer Volkswirtschaft. Boden war die zentrale Ressource und damit auch eine Herrschafts- und Machtbasis. Die Bodenrente entstand zunächst durch ein Herrschaftsverhältnis: Es war Arbeitsrente, weil das Produkt (z. B. Getreide) durch Arbeit der Leibeigenen auf dem Herrenland entstand und der Landbesitzer sich dieses Produkt aneignete. Nach dem Wegfall der Leibeigenschaft und nachdem Boden auf Märkten gehandelt wurde, entstand ein Mietpreis für Land, den man Pacht nannte und aus Sicht des Bodeneigentümers dessen Landrente darstellte. Die Höhe dieser Pacht (= Rente) richtet sich nach der Lage und Ertragskraft des Bodens sowie nach dem Monopolisierungsgrad des Bodenmarktes.

Arbeit im Sinne einer zielgerichteten Tätigkeit ist wohl die älteste Einkommensquelle, die bis in die Jäger- und Sammlerzeit zurückreicht. Ohne Arbeit zu verausgaben, konnte sich der Mensch nicht ernähren, hatte kein Dach über dem Kopf und konnte sich nicht durch Kleidung gegen die Unbilden der Natur schützen.

---

[3] Schefold, B. (2004), *Beiträge zur ökonomischen Dogmengeschichte*, Düsseldorf: Verlag Wirtschaft und Finanzen, S. 291–322.

[4] Böhm-Bawerk, E. von (1961, [1888]), *Kapital und Kapitalzins*, 3 Bde., Stuttgart: Gustav Fischer Verlag.

Kurz, H.D. (1994), Auf der Suche nach dem „erlösenden Wort": Eugen von Böhm-Bawerk und der Kapitalzins, in: Schefold, B. (Hrsg.), *Vademecum zu einem Klassiker der Theoriegeschichte: Eugen von Böhm-Bawerks „Geschichte und Kritik der Kapitalzins-Theorien"*, Düsseldorf: Verlag Wirtschaft und Finanzen.

Kapital existiert als dauerhafte Einkommensquelle nicht seit ewigen Zeiten, sondern hat sich zunächst in den mittelalterlichen Städten etabliert und sich mit der industriellen Revolution auf breiter Ebene durchgesetzt und damit auch den Namen eines Wirtschaftssystems, den des Kapitalismus, geprägt. Böhm-Bawerk schreibt hierzu folgendes:

> *„Wer Kapital besitzt, ist in der Regel imstande, sich aus demselben ein dauerhaftes reines Einkommen zu verschaffen, welches in der Wissenschaft den Namen Kapitalrente oder Kapitalzins im weiteren Sinne des Wortes führt. (...) Woher und warum empfängt der Kapitalist jenen end- und mühelosen Güterzufluss?"*[5]

Historisch gesehen entwickelte sich die kapitalistische Produktionsweise, als Kaufleute Rohstoffe nicht weiterverkauften, sondern diese weiterverarbeiten ließen und das Eigentum an diesen verarbeiteten Rohstoffen behielten. Das geschah im Verlagssystem. Die von dem Kaufmann gekaufte Rohwolle wurde von bäuerlichen Haushalten in der Winterzeit zu Fäden gesponnen, von anderen Haushalten zu Stoffen gewebt. Dafür erhielten diese Haushalte ein Entgelt. In diesem gesamten Verarbeitungsprozess, von der Rohwolle bis zur Stoffbahn, blieb der Kaufmann Eigentümer des schrittweise von Rohwolle zu Stoffbahnen verarbeiteten Gutes. Das Kapital, d. h. der Wert der Rohwolle, ist zirkulierendes Kapital. Das fixe Kapital, d. h. die Produktionsmittel (z. B. die Webstühle) gehörten den Bauern, nicht dem Kaufmann. Im Manufaktur- und Fabriksystem sind dann nicht nur das zirkulierende Kapital, sondern auch die Gebäude, die Maschinen und die Werkzeuge ins Eigentum des Manufaktur- bzw. Fabrikeigentümers übergegangen. Die Manufakturen waren meistens im Eigentum des Fürstenhofes (heute Staat), die Fabriken hingegen gehörten überwiegend Privatleuten – den Unternehmern. Wenn der Unternehmer sich fremdes Kapital leihen muss (z. B. Kredit), dann ist der Zins ein Kostenfaktor, hat er das Kapital durch eigene Ersparnisse gebildet, kann er diesen Zins als kalkulatorische Kosten ansetzen. Verkauft der Unternehmer nun seine Produkte, erzielt er einen Verkaufserlös, von dem nach Abzug aller tatsächlichen Kosten sein Profit bleibt, der größer, aber auch kleiner als der Zins ausfallen kann. Unter welchen Bedingungen der Profit dem Zins entspricht, wollen wir an dieser Stelle nicht weiter erörtern. Nur so viel sei allerdings bereits gesagt: Ist der Profit dauerhaft kleiner als der Zins, wird der Unternehmer in wirtschaftliche Schwierigkeiten kommen. Woher also kommt dieser Zins?

Böhm-Bawerk geht die gesamte Literatur zu diesem Thema durch: Von der Fruktifikationstheorie über die Produktivitäts- und Nutzentheorie bis zur Abstinenztheorie und schließlich zu den Ausbeutungstheorien (von Marx und Rodbertus). Keine hält er für treffend. Böhm-Bawerk selbst bringt die Zinsentstehung mit dem intertemporalen Tausch, dem Tausch zwischen gegenwärtigen und zukünftigen Gütern, in Verbindung. Da es beim Tausch immer zwei Marktseiten gibt, sucht er auch nach den Bedingungen,

---

[5] Böhm-Bawerk, E. von (1961, [1888]), *Geschichte und Kritik der Kapitalzins-Theorien*, Stuttgart: G. Fischer Verlag. S. 1.

die auf den Marktseiten vorliegen müssen, damit sie in einen intertemporalen Tausch einwilligen. Der Nachfrager muss sich die Frage stellen, ob ihm ein bestimmtes Gut eher „heute" oder „morgen" einen größeren Nutzen (Zuwachs) bringt. Böhm-Bawerk glaubt gute Gründe zu kennen, dass die Menschen unter einer gewissen „Myopie", d. h. Kurzsichtigkeit, leiden. Sie messen zukünftigen Gütern einen geringeren Nutzen zu als gegenwärtigen Gütern. Es liegt also eine Gegenwartspräferenz, oder wie man auch sagt, eine positive Zeitpräferenz vor. Dies ist Böhm-Bawerks „zweiter Grund" für die Existenz eines positiven Zinssatzes. Der sogenannte „ersten Grund" beruht auf der Annahme einer wachsenden Wirtschaft. Es geht um das Verhältnis von Bedarf und Bedarsdeckung zu verschiedenen Zeitpunkten. Böhm-Bawerk ist der Ansicht, dass die Menschen davon ausgehen, dass in der Zukunft größerer Gütermengen als gegenwärtig zu Verfügung stehen. Der „dritte Grund" beruht auf der Annahme, dass Produktionsumwege mehrergiebig seien, d. h., dass sie immer zu produktiveren Produktionsprozessen führen. Die Produktion von Produktionsmitteln (Kapitalgütern), z. B. eines Netzes zum Fische fangen, ist ein Produktionsumweg, der sich grundsätzlich lohne, weil die Produktion mittels Kapitalgüter einen höheren Output von Konsumgütern ermögliche, als die „kapitallose" Produktion, d. h. das Fangen der Fische mit der bloßen Hand. Böhm-Bawerks „dritter Grund" beruht auf der Annahme, dass der technische Fortschritt die Produktionskosten zukünftiger Güter senkt und damit auch ihre Preise fallen werden. Der dritte Grund liegt also auch auf der Produktionsseite.

Kapital ist dem Verständnis Böhm-Bawerks zufolge kein originärer Produktionsfaktor wie Boden und Arbeit, sondern ein aus diesen beiden originären Faktoren abgeleiteter Produktionsfaktor. Kapital ergibt sich aus aufgesparten Boden- und Arbeitsleistungen.

Das eigentliche Ziel von Robinson Crusoe ist z. B. Fische zu fangen. Das kann er mit den bloßen Händen, also ohne Produktionsmittel, versuchen. Er kann aber auch Produktionsumwege beschreiten, indem er Speere herstellt oder Rinde schält, dann schneidet und daraus Netze knüpft. Das Fangen von Fischen mittels geeigneter Speere oder sogar der Einsatz von Netzen führt zu einem größeren Fang pro Zeiteinheit als das Fangen mit bloßen Händen. Die Herstellung der Speere und der Netze erfordert aufgesparte Arbeits- und Bodenleistungen, weil Robinson in der Zeit, in der er Speere herstellt oder Netze knüpft, sich ernähren muss. Er muss sich also einen Nahrungsvorrat angelegt haben, d. h., er hat in diesem Fall überwiegend vergangene Boden- und Arbeitsleistungen aufgespart, bzw. diesen Nahrungsvorrat nicht sofort konsumiert, sondern seine Konsumtion in den Zeitraum der Kapitalgüterproduktion verschoben. Man spricht hier vom Subsistenzfond oder auch von erspartem Kapital.

Die Kapitalgütererzeugung wird in der zeitlichen Struktur der Arbeits- und Bodenleistungen aufgelöst. Der Einfachheit halber und ohne Beschränkung der Allgemeinheit nehmen wir im Folgenden an, dass nur vergangene Arbeitsleistungen in der Produktion von Netzen für den Fischfang nötig sind. Das Material für die Netze muss zunächst „geerntet" werden. Bevor es geknüpft und geflochten wird, muss die Rinde noch geschnitten und gewässert werden. Der ganze Prozess erstreckt sich über 6 Wochen (Perioden):

- Ernten erfordere 8 Std. Arbeit in der 1. Woche,
- Schneiden 5 Std. in 5. Woche,
- Wässern 1 Std. in der 5. Woche und
- Flechten 16 Std. in der letzten Woche.

Gewichten wir diesen zeitlichen Prozess mit den zeitbezogenen Arbeitseinsätzen, erhalten wir die sogenannte *durchschnittliche Produktionsperiode:*

$$T = \frac{1 \cdot 16 \text{ Std.} + 5 \cdot 1 \text{ Std.} + 5 \cdot 5 \text{ Std.} + 6 \cdot 8 \text{ Std.}}{16 \text{ Std.} + 1 \text{ Std.} + 5 \text{ Std.} + 8 \text{ Std.}} = 3,133$$

Das sind etwas mehr als drei Wochen für die Dauer der *durchschnittlichen Produktionsperiode.* Wären alle Arbeitsinputs gleich groß und würde in jeder Zeitperiode Arbeit verausgabt, ergäbe sich für einen t Perioden dauernden Produktionsprozess als *durchschnittliche Produktionsperiode*

$$T = \frac{(1 + 2 + 3 + \ldots + t) \cdot \ell}{t \cdot \ell} = \frac{t(t+1)}{2t} = \frac{t+1}{2},$$

d. h. ca. die halbe Länge des Gesamtprozesses.

Böhm-Bawerks zweiter Grund, wir erinnern uns, besagt, Produktionsumwege sind mehrergiebig, d. h. produktiv. Das Maß für den Grad der Umwegigkeit ist die *durchschnittliche Produktionsperiode T.* Je größer *T,* desto größer ist die Produktivität des Prozesses. Allerdings nimmt Böhm-Bawerk an, dass der Zuwachs des Outputs mit der Verlängerung der Produktionsumwege abnimmt. Wenn also *X* den Output und *T* das Maß der Umwegigkeit bezeichnen, dann gilt:

$$X = F(T), \text{ mit } \frac{dX}{dT} > 0 \text{ und } \frac{d^2X}{dT^2} < 0.$$

Insofern der technische Fortschritt synonym mit dem Erfinden neuer Produktionsverfahren ist, dachte Böhm-Bawerk, dass es sich hierbei fast immer um mehrergiebige Verfahren handelt, d. h. Verfahren mit längerer Produktionsperiode. Der andere originelle Baustein der Böhm-Bawerkschen Zinstheorie ist die Minderschätzung zukünftiger Güter gleicher Art und Menge im Verhältnis zu gegenwärtigen Gütern. Wenn Robinson eine hohe Zeitpräferenz (Ungeduld) hat, wird der Subsistenzfond innerhalb eines gegebenen Zeitraums deutlich kleiner ausfallen als für den Fall, in dem Robinson eine geringe Zeitpräferenz (Geduld) hat. Bei geringer Gegenwartsvorliebe wird er auf den sofortigen Konsum vieler Nahrungsmittel verzichten und somit einen größeren Subsistenzfond bilden können. Je größer der Subsistenzfond, desto länger kann er Netze knüpfen, d. h. in die Produktion von Kapitalgütern „investieren". Der Subsistenzfond ist das Kapitalangebot, das durch Konsumverzicht (= Sparen) bereitgestellt wird. Der Grad der

Umwegigkeit (*T*) misst die Kapitalnachfrage: Je größer *T*, desto größer ist die Kapital-nachfrage.

Da Robinson keinen Tauschpartner hat – Freitag ist allenfalls sein Angestellter – bestimmt Robinsons Zeitpräferenz den Subsistenzfond und dessen Höhe den Grad der Umwegigkeit. Auf einem Markt würde sich der Zinssatz aus dem Zusammentreffen des Kapitalangebots und der Kapitalnachfrage ergeben.

Knut Wicksell hat die Grundidee Böhm-Bawerks, vor allem das Konzept der *durch-schnittlichen Produktionsperiode*, benutzt und ist dabei auf einige Probleme gestoßen, die wir ansprechen wollen.

In einer Ökonomie wird der Output *X* mit Hilfe von Arbeit *N* und Kapital *K* produziert. Das Kapital wird durch die Arbeitsstunden, die in der *durchschnittlichen Produktionsperiode* gebunden sind, gemessen, d. h.:

$$X = F(N, T).$$

Bei konstanten Skalenerträgen können wir durch Division mit *N* die Pro-Kopf-Produktionsfunktion wie folgt schreiben:

$$\frac{X}{N} = x = f(t), t = T/N,$$

$$\text{mit } f'(t) > 0 \text{ und } f''(t) < 0.$$

Der Wert des Pro-Kopf-Produkts $p \cdot x$ ergibt sich durch die kontinuierlich verzinsten Lohnzahlungen, d. h.

$$p \cdot f(t) = we^{r \cdot t}.$$

Für $p = 1$ ergibt sich durch Logarithmieren:

$$\ell n \, f(t) = \ell n w + r \cdot t.$$

Der Unternehmerkapitalist maximiert *r*, gegeben *w*.

Wir lösen nach *r* auf:

$$r = \frac{\ell n f(t) - \ell n w}{t}.$$

Um *r* zu maximieren bilden wir $\frac{dr}{dt}$ und setzen den Ausdruck gleich 0, also

$$\frac{dr}{dt} = \frac{f'(t) \cdot \frac{1}{f(t)} t - (\ell n f(t) - \ell n w)}{t^2} = 0. \text{ Da } (\ell n f(t) - \ell n w) = r \cdot t, \text{ folgt}$$

$$\frac{f'(t) \cdot \frac{1}{f(t)} t - r \cdot t}{t^2} = 0 = \frac{t'(t) \cdot \frac{1}{f(t)} - r}{t}, \text{ und somit}$$

$$\frac{f'(t)}{f(t)} = r, \tag{A}$$

d. h., der Zinssatz ist gleich dem Grenzprodukt der Verlängerung der Investitionsperiode bzw. der Produktionsperiode. Wie steht es nun mit dem Grenzprodukt des Kapitals, wenn das Kapital wertmäßig von der Lohnhöhe w, vom Zinssatz r und von der Zeit t abhängt? Der Wert des Outputs $p \cdot x$ teilt sich auf Löhne ($w \cdot N$) und Kapitalgewinne ($r \cdot K$) auf. In Pro-Kopf-Größen und für $p = 1$ ergibt sich:

$$x = w + r \cdot k, \; k = \frac{K}{N}.$$

Wir bilden das totale Differential:

$$dx = dw + k \cdot dr + r \, dk, \tag{10.1}$$

sodass

$$\frac{dx}{dx} = \frac{dw}{dk} + k \frac{dr}{dk} + r. \tag{10.2}$$

Nur wenn $\frac{dw}{dk}$ und $k \cdot \frac{dr}{dk}$ jeweils null wären oder sich betragsmäßig gegeneinander aufhöben, höben, wäre das Grenzprodukt des Kapitals dem Zinssatz gleich! Wir müssen also das Verhältnis von Lohnsatzänderung zu Zinssatzänderung untersuchen! Hierzu greifen wir auf die bekannte Beziehung zurück, dass der Wert des Outputs aufgesparter und verzinster Arbeitsleistungen entspricht, d. h.

$$p \cdot f(t) - we^{r \cdot t}, \; p = 1. \tag{10.3}$$

Logarithmieren ergibt für $x = f(t)$

$$\ell n \, x = \ell n \, w + r \cdot t. \tag{10.4}$$

Wir bilden das totale Differential:

$$\frac{dx}{x} - \frac{dw}{w} = r dt + t dr, \text{ und dann bilden wir } \frac{dw}{dr}. \tag{10.5}$$

$$\frac{dx}{dr} = \frac{w \cdot dx}{dr \cdot x} - \frac{wr \cdot dt}{dr} - w \cdot t. \tag{10.6}$$

Für die Formel (A) erhält man also:

$$r = \frac{f'(t)}{f(t)} = \frac{dx}{dt} \cdot \frac{1}{x}.$$

Wir setzen das in (4) für r im 2. Term ein und erhalten

$$\frac{dw}{dr} = \frac{w \cdot dx}{dr \cdot x} - \frac{wdx \cdot dt}{dt \cdot dr \, x} - wt.$$

Es kürzt sich dt heraus, sodass sich

$$\frac{dw}{dr} = \frac{wdx}{dr \cdot x} - \frac{wdx}{dr \cdot x} - wt. \tag{10.5}$$

ergibt. Aus (5) folgt durch Umformen:

$$dw = -wt \cdot dr.$$

Setzen wir das in (2) ein, ergibt sich:

$$\frac{dx}{dk} = (k - wt)\frac{dr}{dk} + r. \tag{10.6}$$

Wenn die Kapitalintensität k dem *Lohnsatz multipliziert mit der Investitionsperiode* entspräche, wäre der Wert in der Klammer null und das Grenzprodukt des Kapitals entspräche dem Zinssatz. Aus $x = w + rk$ folgt durch Umstellen $k = \frac{x-w}{r}$. Da aus (1) $x = we^{rt}$ folgt, erhalten wir für $\frac{x-w}{r} = \frac{we^{rt}-1}{r}$. Da nun in (6) $wt < k$ ist, muss die Klammer in (6), $(k - wt) > 0$ sein.

Weil $\frac{dr}{dk} < 0$ ist, folgt aus (6), dass $\frac{dr}{dk} < r$, d. h. die Grenzproduktivität des Kapitals im Gleichgewicht kleiner als der Zinssatz ist. Wicksell deckte diesen, später nach ihm benannten Wicksell-Effekt auf. Jahre später, in einer Rezension der publizierten Doktorarbeit seines Schülers Åkerman entdeckte er den umgekehrten Effekt, dass nämlich die Grenzproduktivität des Kapitals auch größer als der Zinssatz sein kann.[6] Wicksell war von beiden Ergebnissen irritiert, weil sie natürlich die Aussagekraft der Bedingungen erster Ordnung für das Vorliegen eines lokalen Gewinnmaximums sowie die Stabilitätsanalyse unterminieren. Hinzu kommt, dass das Ausschöpfungstheorem und damit die Grenzproduktivitätstheorie der Verteilung nicht mehr stimmen. Auf diese Thematik werden wir im Kapitel über die Kapitalkontroverse zurückkommen.

Fassen wir die Grundidee der österreichischen Kapitaltheorie, wie sie von Böhm-Bawerk ausgearbeitet und später von Wicksell formalisiert wurde, kurz zusammen. Der Subsistenzfond stellt die Angebotsseite der Kapitalbildung dar. Er besteht aus Konsumgütern, die in den entsprechenden Vorperioden erspart wurden. Die Zeitpräferenzrate bestimmt die Bereitschaft, Konsum in die Zukunft zu verschieben. Ist der Marktzinssatz größer als die Zeitpräferenz, nimmt die Ersparnis zu, bei einem Marktzinssatz unterhalb der Zeitpräferenz lohnt sich das Sparen weniger und der gegenwärtige Konsum steigt. Das Sparangebot nimmt mit steigendem Marktzinssatz also zu. Auf der Nachfrageseite ergibt sich die Kapitalnachfrage aus der jeweils gewählten Länge der Produktionsumwege, die durch die *durchschnittliche Produktionsperiode* abgebildet wird. Das Kapital wird also im einfachsten Fall durch aufgesparte Arbeitszeit, also in Zeiteinheiten, gemessen. Je niedriger der Zinssatz, desto längere Produktionsumwege sind „finanzierbar", d. h. desto größer ist der in der Produktion eingesetzte Kapitalbestand. Schaut man

---

[6] Wicksell, K. (1923), Realkapital och Kapitalränta, *Ekonomisk Tidskrift,* 25(5/6), S. 145–180.

sich die Produktionsfunktion $Y=A\ F\ (T,\ N)$ an, ist die Dimension der Inputfaktoren Arbeit N und Kapital T „Zeit". Wird der Output in Mengeneinheiten gemessen, dann ist A dimensionsmäßig „Output pro Zeit" und damit ein Ausdruck der physischen Produktivität.

Im Unterschied zur österreichischen Kapitaltheorie, in der das Kapitalaggregat in Zeiteinheiten ausgedrückt wird, gibt es bei Walras gar kein Kapitalaggregat, sondern nur einzelne Kapitalgüter. Im Modell der Güterproduktion sind diese Kapitalgüter gegeben („vom Himmel gefallen") und haben damit die Eigenschaft von Land. Durch ihre Nutzung erzielen die Eigentümer der Kapitalgüter eine Kapitalrente. Da sich die Kapitalgüter wie Land nicht abnutzen und ewig halten, ist der Strom der Kapitalrente ewig und damit dauerhaft. Voraussetzung der ewigen Rente ist natürlich, dass das Kapitalgut zur Herstellung von Konsumgütern benötigt, d. h. nachgefragt wird. Die Kapitalgüter können nun je nach ihrer Produktivität (entspricht der Bodenfruchtbarkeit) unterschiedlich hohe Kapitalrenten erzielen. Da Walras natürlich wusste, dass Kapitalgüter nicht ewig halten und auch nicht vom „Himmel gefallen" sind, sondern sich abnutzen und deshalb reproduziert werden müssen, entwickelt er im Teil V der *Éléments d'économie politique pure* ein Modell der Kapitalbildung, das kaum in der Literatur beachtet wurde.[7]

Walras unterscheidet den Preis eines Kapitalgutes von dem Preis des Dienstes, das dieses Kapitalgut erbringt. Kapitalgüter werden wegen ihrer „Dienstleistungen" nachgefragt. Durch ihre Nutzung werden sie abgenutzt, d. h. dieser Wertverlust spiegelt sich in der Abschreibung wider. Zirkulierende Kapitalgüter werden innerhalb einer Periode vollkommen abgenutzt, fixes Kapital wird über mehrere Perioden genutzt. Die Beziehung zwischen dem Preis eines Kapitalgutes und dem Preis seiner Dienste ist: $(r+\delta)\ P_k=p_k$, wobei r der Zinssatz, δ die Abschreibungsrate, P_k der Preis des Kapitalgutes und p_k der Preis des Kapitaldienstes darstellt. Die Ersparnis ist als Bruttoersparnis definiert, d. h. sie enthält die Abschreibungen. Gespart wird in einem imaginären Gut E.

> … „consisting of perpetual net income of which both the price $p_e = \frac{1}{r}$ and the quantity demanded d_e are expressed in units of the numéraire, (wobei) r … „is the rate of perpetual net income."[8]

Im Kapitalbildungsgleichgewicht muss nun gelten, dass die wertmäßige Summe der neu produzierten Kapitalgüter der Ersparnis (E) entsprechen muss und dass eine uniforme *rate of net income* r herrscht.[9] Walras vergleicht die neu hinzu gekommenen Variablen mit der Anzahl der neuen Gleichungen und stellt deren Übereinstimmung fest, so dass er davon ausgeht, dass im Prinzip eine Gleichgewichtslösung möglich ist. Das Gleich-

---

[7] Es darf vermutet werden, dass die Rezeption der Walrasschen Theorie von Gustav Cassels Lehrbuch *Theoretische Sozialökonomie* beeinflusst wurde, denn dort findet sich das Kapitalbildungsmodell nicht.

[8] Walras, L. (1954), S. 274.

[9] Ebenda, S. 281.

gewicht soll, wie im multilateralen Tausch, vom Auktionator gefunden werden. Die zu produzierenden Mengen werden auf „tickets" geschrieben und erst wenn der Auktionator das Gleichgewicht gefunden hat, wird produziert, investiert und getauscht.

Die dritte kapitaltheoretische Variante der neoklassischen Theorie findet sich bei John Bates Clark.[10] Clark unterscheidet Kapital von Kapitalgütern. Kapitalgüter seien vergänglich, während Kapital etwas Permanentes sei.

> „*The most distinctive single fact about what we have termed capital is the fact of permanence. It lasts; and it must last, if industry is to be successful. (…) Capital-goods, then, not only may go to destruction, but must be destroyed, if industry is to be successful; and they must do so, in order that capital may last.*"[11]

Kapital, so Clark, sei formlos und völlig mobil. Indem es von einem Sektor in den anderen wandere – vom Schiff der Walfänger in die Walkmühlen der Baumwollindustrie – wandele es seine konkrete Form: Erst war es im Schiff materialisiert, dann in der Walkmühlle.

> „*The nautical form of the capital perished; but the capital survived, and as it were, migrated from one set of material bodies to the other.*"[12]

Während Kapitalgüter natürlich einen Preis hätten, sei Kapital reiner Wert. Kapital sei:

> „*A value, a quantum of wealth, or a fund – if one of these be thought of apart from the concrete things that embody it, it is an abstraction; but if it be thought of as actually embodied in concrete things, it is not an abstraction, but a material entity.*"[13]

Kapital wird also als Wertefond begriffen, der in Werteinheiten, z. B. in Euro, gemessen wird. Fügt man diesen Kapitalbegriff in das Konzept der Produktionsfunktion ein, dann wird Kapital in Werteinheiten, Arbeit in Zeiteinheiten und der Output ebenfalls in Werteinheiten gemessen. Wenn in der gegenwärtigen Makroökonomik mit einer Produktionsfunktion operiert wird, dann dürfte der Kapitalbegriff der modernen Theorie – wenn sie denn überhaupt einen hat – dem Clarkschen Kapitalbegriff wohl am nächsten kommen.

Ganz unabhängig von den unterschiedlichen Kapitalbegriffen kommen Walras, Wicksell und Clark in der Verteilungsfrage zu den gleichen Ergebnissen. Walras bekennt sich in einer Note zu „Mr. Wicksteed's theory of rent" ausdrücklich zur Grenzproduktivitätstheorie.[14] In der Frage der Zinsursache liefert Böhm-Bawerk mit seinen drei Zinsgründen die umfassendste und klarste Darstellung. Clark beruft sich auf Mill und nennt die Abstinenz als hinter der Ersparnisbildung stehend. Walras bindet einen positiven Zinssatz an eine wachsende Ökonomie. Eine stationäre Ökonomie könne keinen positiven

---

[10] Clark, J.B. (1899), *The Distribution of Wealth*, N.Y.: Macmillan.

[11] Clark, (1899), S. 117.

[12] Clark, (1899), S. 118.

[13] Ebenda, S. 119.

[14] Walras, L. (1954), S. 495.

Zinssatz ermöglichen. Für Böhm-Bawerk kann es auch in einer stationären Ökonomie intertemporale Tauschbeziehungen geben, denn Verleihen und Ausleihen ist auch in einer stationären Ökonomie möglich, wenn man zwei Individuen mit unterschiedlicher Zeitpräferenz voraussetzt. Obwohl Schumpeter akademischer Schüler von Böhm-Bawerk und von von Wieser war und damit in der Tradition der österreichischen Schule stand, blieb er sein gesamtes Leben in der Zinstheorie der Walrasschen Theorie verpflichtet und übernahm von Walras die Vorstellung einer zinslosen, stationären Ökonomie.[15]

Die verschiedenen Varianten der als neoklassisch bezeichneten, kapitaltheoretischen Abhandlungen betonen die Permanenz des Produktionsfaktors Kapital und damit die Dauerhaftigkeit des Zinseinkommens. Böhm-Bawerk gelang es, den Zins auf der „subjektiven" Seite auf die Präferenzen der Menschen zurückzuführen. So wie ein Mensch Zitronen lieber mag als Tomaten, so mag ein anderer die Tomaten eben lieber heute statt morgen. Marshall prägte den Begriff des „Wartens", also Geduld, was in Böhm-Bawerks Begrifflichkeit einer geringen Zeitpräferenz entspräche. Marshall zog den Begriff des „Wartens" dem der „Abstinenz" vor, weil ihm letzteres zu moralisierend erschien.

Die drei verschiedenen Varianten der Kapitaltheorie unterscheiden sich allerdings erheblich in der Bestimmung des langfristigen Gleichgewichts. In der Böhm-Bawerkschen Variante muss der Wert des Subsistenzfonds vorgegeben werden, sonst bleibt das Gleichgewicht unbestimmt. Man hat sonst mehr Variablen als Gleichungen. Dieses Problem hat Wicksell erkannt und ihn zu der folgenden Bemerkung veranlasst:

> „Dagegen wäre es ja ziemlich sinn- oder zwecklos, wenn auch nicht ganz undenkbar, dem Kapital im Voraus, ehe Gleichgewicht zwischen Produktion und Konsumtion eingetreten ist, eine gewisse unveränderliche Größe zuerteilen zu wollen."[16]

Das Problem eines vorgegebenen Kapitalwertes ist, dass dieser Kapitalwert durch das simultane Gleichgewicht modellendogen bestimmt werden müsste, aber ohne exogene Vorgabe das Modell unterbestimmt bliebe. Ein beliebig vorgegebener Wert ermöglicht das Modell zu schließen, führt aber nur zufällig zu einem langfristigen Gleichgewicht. Wicksell hat das Problem „gespürt" aber es nicht lösen können.

Bei Walras ergab sich ein ganz anderes Problem, das er selbst nicht erkannte. Die Anfangsbestände aller Güter, einschließlich der Kapitalgüter sind exogen vorgegeben. Dies kann dazu führen, dass in der Produktion von Konsumgütern viele Kapitalgüter gebunden werden und damit zur Produktion von neuen Kapitalgütern nicht zur Verfügung stehen, so dass nicht alle Kapitalgüter reproduziert werden können, bzw. deren Preise so ansteigen, dass die Bedingung einer uniformen Verzinsung (rate of net income)

---

[15] Siehe Schumpeter, J. (1934, [1911]), *Theorie der wirtschaftlichen Entwicklung*, Berlin: Duncker & Humblot.

[16] Wicksell, (1984, [1913]), *Vorlesungen über Nationalökonomie*, Bd. 1, Aalen: Scientia Verlag, S. 272–273.

nicht eingehalten werden kann. Die Existenz eines allgemeinen Gleichgewichts der langen Periode ist somit an geeignete und nicht an arbiträre Anfangsbestände geknüpft, was im Widerspruch zu Walras' Annahme arbitärer Anfangsbestände steht.

Alle drei Varianten der alten neoklassischen Kapitaltheorie haben eines gemeinsam: Sie halten an der klassischen Theorie des langfristigen Gleichgewichts fest. Ein Charakteristikum dieses Gleichgewichts der langen Frist ist, dass sich unter freien Konkurrenzbedingungen auf allen Märkten uniforme Preise (law of one price) herausbilden, d. h. dass sich eben auch in allen Sektoren der Ökonomie eine uniforme Verzinsung des eingesetzten Kapitals einstellt. Dieses Konzept eines langfristigen Gleichgewichts wurde im weiteren Verlauf der Entwicklung der ökonomischen Theorie entweder fallen gelassen oder stark modifiziert. Darauf werden wir im folgenden Kapitel eingehen.

10.3 Temporale und intertemporale Ansätze

Mit Wicksells Entdeckung der nach ihm benannten Wicksell-Effekte, die beinhalteten, dass im langfristigen Gleichgewicht die Faktorpreise gerade nicht mit ihren jeweiligen Grenzprodukten übereinstimmen müssen, kam die ökonomische Theorie in trübes Fahrwasser, deren Ursache(n) man nicht so richtig identifizieren konnte. Das zweite Problem ergab sich, weil Kapital nicht mehr als eine eindeutige Wertsumme definier- und berechenbar war. Der Kapitalwert hängt vom Zinssatz ab, den man aber mit Hilfe des Grenzprodukts dieses Kapitalwerts bestimmen muss. Wenn man das nicht als ein „Henne – Ei Problem" ansehen mag, dann handelt es sich zumindest um ein komplexes Simultaneitäts-problem.

Der Umschwung zu einem völlig anderen Gleichgewichtskonzept wurde u. a. durch diese kapitaltheoretischen „Ungereimtheiten" mitverursacht. Jedenfalls finden sich in den späten 1920er Jahren Aufsätze von F.A. von Hayek (1928)[17] einerseits und Erik Lindahl aus dem Jahr 1929[18], in denen eine Analyse zeitlicher Abläufe in das Zentrum der Betrachtung gerückt wird.

Im Prinzip lassen sich zwei Konzepte, das temporale und das intertemporale Konzept, unterscheiden. Beide lösten die auf Marshall zurückgehende Unterscheidung von einem Gleichgewicht der kurzen und der langen Frist ab. Marshalls Unterscheidung bezog sich auf den Kapitalstock, der in der kurzen Frist als gegeben und konstant angenommen wird, wohingegen er in der langen Frist als variabel und endogen zu bestimmen ist. Hicks knüpfte hingegen an Marshalls Konzept des Fisch-Markts an, in

---

[17] Hayek, F.A von. (1928), Das intertemporale Gleichgewichtssystem der Preise und die Bewegungen des „Geldwertes", *Weltwirtschaftliches Archiv*, 28, S. 33–76.
[18] Lindahl, E. (1929), Prisbildningsproblemets uppläggning från kapitalteoretisk synpunkt. *Ekonomisk Tidskrift*, 31(2), S. 31–81.

dem das Angebot gegeben ist und die Nachfrage den täglichen, markträumenden Preis
bestimmt. Hicks erweitert diesen „Tag" auf eine Woche, die wir die Hickssche Woche
nennen wollen. Die Märkte öffnen nur montags, an allen anderen Tagen werden die am
Montag geschlossenen Kontrakte erfüllt und alle Transaktionen (Lieferungen) durchgeführt. Während der gesamten Hicksschen Woche bleiben die Preise konstant, da die
Märkte erst am nächsten Montag wieder öffnen. Es bilden sich über die Woche dann
Erwartungen über die Marktlage des kommenden Montags. Bei völlig flexiblen Preisen
findet an jedem Montag „Markträumung" statt. Natürlich können nun während der
Woche Dinge eintreten, die am vergangenen Montag noch nicht bekannt waren und deshalb nicht „eingepreist" werden konnten und somit erst am kommenden Montag relevant
werden können. Eine andere Konzeption arbeitet mit sogenannten Zukunftsmärkten.
Um im obigen Bild zu bleiben heißt das: An einem Montag werden alle Märkte für alle
zukünftigen Montage geöffnet. Die Wirtschaftssubjekte schließen ihren Plänen folgend
alle Kontrakte an diesem einen Montag. Danach werden nur noch Transaktionen gemäß
der getroffenen Kontrakte ausgeführt – bis an das Ende des Planungshorizonts. Ganz so
wie Goethe im *Faust* den Engel Gabriel im Prolog im Himmel sagen lässt:

> „Die Sonne tönt nach alter Weise in Brudersphären Wettgesang, Und ihre vorgeschriebne
> Reise vollendet sie mit Donnergang."

Mit der Annahme vollkommener Voraussicht und Information, entspricht das Modell
des temporären Gleichgewichts dem des intertemporalen Gleichgewichts, weil dann
alle sequentiellen Marktgleichgewichte den Gleichgewichten auf den Zukunftsmärkten
entsprechen. Diese Modelltypen haben einen endlichen Horizont, d. h. eine „letzte"
Periode. Wenn also am Ende der letzten Periode „Weltuntergang" herrscht, wird auch
in der letzten Periode rationalerweise weder gespart, noch investiert und der Bestand an
Kapitalgütern muss völlig aufgebraucht sein. Um Kapitalgüter und Kapitalakkumulation
behandeln zu können, musste man zu Modellen mit unendlichem Horizont übergehen.
Edmond Malinvaud hatte diese Thematik aufgegriffen und gesehen, dass in solchen
Modellen mit unendlichem Horizont, anders als in Modellen mit endlichem Horizont,
das Kriterium der periodenbezogenen Gewinnmaximierung nicht ausreicht, um sicherzustellen, dass solche Allokationspfade effizient sind.[19] Um das sicherzustellen, muss
die Produktionstechnologie die „Nontightness Bedingung" erfüllen. Das bedeutet, dass
man den Bruttooutput erhöhen kann, indem man nur die Kapitalgüter erhöht, ohne die
Primarfaktoren (Arbeit, Boden und andere nichtreproduzierbare Faktoren) zu erhöhen.
Nehmen wir also eine Ökonomie, die mit gegebenen Anfangsbeständen zu produzieren
beginnt. Ist die Technologie „nontight", dann kann diese Ökonomie die Produktion

---

[19] Siehe hierzu das Interview mit Edmond Malinvaud in: Krueger, Alan B. (2003), An Interview
with Edmons Malinvaud, *Journal of Economic Perspectives,* 17, S. 181–198, hier S. 188.

aller produzierbaren Güter erhöhen, indem sie nur die reproduzierbaren Güter (Kapital-güter) steigert. Sehr vereinfacht heißt das, dass z. B. ein Mensch mit einer Stunde Arbeit (Primärfaktor) immer mehr produzieren kann, wenn er von seinem Bruttooutput ständig mehr in die Produktion als Input einspeist. Das ist eine sehr extreme Substitutionseigen-schaft zwischen reproduzierbaren und nichtreproduzierbaren Inputs.

Malinvaud hat mit der Verbindung von Kapitaltheorie und walrasianischer All-gemeiner Gleichgewichtstheorie eine große Pionierleistung erbracht, die durch-aus auch für einen Preis im Gedenken an Alfred Nobel in Erwägung hätte gezogen werden können.[20] Auch die Arbeiten von Johann (John) von Neumann verdienen erwähnt zu werden, obwohl sein Name oftmals eher mit der Entwicklung der Spiel-theorie in Verbindung gebracht wird. Gleichwohl hat von Neumann für einen Typus des mehrsektoralen Wachstumsmodells[21] erstmals den Fixpunktsatz von Brouwer (aus der Topologie) als Beweismethode benutzt. Debreus Beweis fußt dagegen auf dem Fixpunksatz von Kakutani, der aus dem Feld der Funktionalanalysis stammt.

---

[20] Interessanterweise hat er in späteren Jahren wesentliche Beiträge zur rationierungstheoretischen Version des Neokeynesianismus geschrieben und auch ein Lehrbuch zur Ökonometrie verfasst. Er war lange Jahre Generaldirektor des INSEE (Institut national de la statistique et des études économiques) und Professor am Collège de France.

[21] Kurz, H.D. und Salvadori, N. (1993), Von Neumann's growth model and the 'classical' tradition, *The European Journal of the History of Economic Thought*, 1(1), S. 129–160.

Die Historische Nationalökonomie

11

Die Historische Schule der Nationalökonomie, die wir in die ältere und die jüngere Historische Schule teilen, gehört zum Historismus, einer tief in der europäischen Geistesgeschichte verwurzelten Tradition, die fachübergreifenden Charakter hatte. Während z. B. bei Nietzsche[1] der Historismus als Inbegriff des Überholten interpretiert wurde, feierten Troeltsch oder der Historiker Meinecke den Historismus als eine große Errungenschaft des abendländischen Denkens.[2] Mit Poppers Streitschrift „das Elend des Historizismus", die eigentlich gegen den Marxismus gerichtet war, hat der Begriff wieder eine eher negative Tönung erhalten.

Es lassen sich die folgenden drei für den Historismus charakteristischen Grundpositionen feststellen:

- ein geisteswissenschaftlicher Positivismus, der durch „wertfreie Faktenhuberei" objektive Erkenntnis zu erlangen glaubt;
- ein historischer Relativismus, der mit dem Hinweis auf historische Kontingenz absolute Geltungsansprüche zurückweist;
- eine Sozial- und Kulturwissenschaft, die sich dem Naturalismus entgegenstellt und behauptet, dass alle kulturellen Phänomene historisch zu sehen, zu verstehen und zu erklären seien.

Genau diese drei Grundpositionen finden sich auch bei den Vertretern der älteren und der jüngeren Historischen Schule. Als Repräsentanten der älteren HS gelten Bruno Hildebrand (1812–1878), Wilhelm Roscher (1817–1894) und Karl Knies (1821–1898).

---

[1] Nietzsche, F. (1968, [1874]), *Unzeitgemässe Betrachtungen.* Zweites Stück: Vom Nutzen und Nachtheil der Historie für das Leben, Studienausgabe Bd. 1, Frankfurt/M.: Fischer.

[2] Meinecke, F. (1936), *Die Entstehung des Historismus. 2* Bde., München: Oldenbourg.

© Springer-Verlag GmbH Deutschland, ein Teil von Springer Nature 2022
V. Caspari, *Ökonomik und Wirtschaft,* https://doi.org/10.1007/978-3-662-65497-2_11

Zur jüngeren HS zählen wir neben ihrem unumstrittenen spiritus rector Gustav von Schmoller (1838–1917), Karl Bücher (1847–1930), Lujo Brentano (1844–1931) und Georg Friedrich Knapp (1842–1926). Schumpeter zufolge[3], hatte nur die jüngere HS im soziologischen Sinne den Charakter einer „Schule". Es gab ein gemeinsames Forschungs-programm, eigene Zeitschriften *(Schmollers Jahrbuch),* ein grundlegendes Lehrbuch (Schmollers *Grundriss*), eine wissenschaftliche Vereinigung *(Verein für Socialpolitik),* gezielte Förderung und Protegierung des eigenen wissenschaftlichen Nachwuchses (System Althoff-Schmoller) und, last but not least, einen respektierten „Schulleiter", nämlich Gustav von Schmoller. Die Darstellung der Lehren der jüngeren Historischen Schule orientiert sich deshalb am Werk Schmollers.

Die Vertreter der älteren Historischen Schule waren, wie Heinz Rieter[4] bemerkt, zugleich Anhänger und Kritiker der klassischen englischen Nationalökonomie. Alle hatten massive Vorbehalte gegenüber einem einseitig hedonistischen Menschenbild, suchten nicht nach allgemeinen Wirtschaftsgesetzen und wollten die geschichtliche Stufenfolge der wirtschaftlichen Entwicklung aufdecken. Zwar klingt letzteres auch nach „Gesetz", doch zielt dieser Gesetzesbegriff nicht auf überhistorische, sondern auf eine Geltung, die zeitlich und räumlich beschränkt bleiben sollte. Zur Verbesserung der historischen Forschungsmethode bemühte man sich vor allem um die Verbesserung der amtlichen Statistik. So geht auf Bruno Hildebrand die Gründung des Statistischen Büros der Vereinigten Thüringischen Staaten zurück (1864). Sein Schüler Karl Knies folgte diesem Programm mit einer Arbeit über „Die Statistik als selbständige Wissenschaft" (1850)[5]. Mit Knies' Werk *Die politische Oekonomie vom geschichtlichen Standpuncte* (1883) erhält man einen Eindruck über den Kern der Lehren der älteren Historische Schule. Demgegenüber grenzte Schmoller in seiner Rektoratsrede an der Berliner Universität im Jahre 1897 die jüngere Historische Schule von der älteren dadurch ab, dass die jüngere weniger rasch generalisieren wolle und ein viel stärkeres Bedürfnis habe, von der Datensammlung zur Spezialuntersuchung einzelner Epochen, Völker und Wirtschaftszustände überzugehen. „Es bestehe Hunger nach Tatsachen, nach Wirklichkeit, der nur durch empirische Beobachtung und Forschung zu stillen sei."[6] Nun ging es Schmoller nicht um eine blinde Sammel- und Faktenhuberei. Ziele waren einerseits eine Generalisierung, d. h. Theoriebildung auf empirischer (d. h. historischer) Grundlage und andererseits Erkenntnisse für die Praxis, worunter Schmoller die „großen Fragen der Gegenwart" verstand, die die Öffentlichkeit, die Parlamente und die Regierung beschäftigen. Ein Blick in den *Grundriss* zeigt, dass Schmoller in der Preis-,

---

[3]Vgl. Schumpeter, J.A. (1965), *Geschichte der ökonomischen Analyse,* Teilband 2, S. 986 ff.

[4]Vgl. Rieter, H. (2001); Historische Schulen, in: Issing, O. (Hrsg.), *Geschichte der National-ökonomie, München*: Vahlen, S. 142 f.

[5]Knies, K. (1850), *Die Statistik als selbständige Wissenschaft: Zur Lösung des Wirrsals in der Theorie und Praxis dieser Wissenschaft,* Kassel: Luckhardt.

[6]Rieter, H. (2001, S. 146).

Verteilungs- und Geldtheorie kaum von den Auffassungen der österreichischen oder der angelsächsischen Theorie abwich. Schefold schreibt in seinem Aufsatz „Schmoller als Theoretiker":

> *„Er ist geschickt nicht in der Konstruktion, noch nicht einmal in der Auswahl von Theorien, aber in ihrer Kombination in einprägsamer Anwendung auf ein reiches historisches Anschauungsmaterial. Deshalb unterscheiden sich Schmollers theoretische Aussagen weniger als erwartet von denjenigen der von ihm auf methodischem Gebiet bekämpften volkswirtschaftlichen Schulen."*[7]

Die eigentliche Stärke und der spezifische Unterschied zur nicht-historischen Ökonomie betreffen die wirtschaftshistorischen Untersuchungen und wiederum die Stufenlehre. Schmoller betrachtete den Verlauf der Wirtschaftsgeschichte als eine Abfolge von Stufen ökonomischer Entwicklung, die sich durch gemeinsame Merkmale des Wirtschaftens und der Wirtschaftsverfassung charakterisieren ließen. Bei näherem Hinsehen zeigt sich allerdings, dass er über die reine Beschreibung der Entwicklung nicht hinauskommt. Im Unterschied zu Karl Bücher, versuchte Schmoller keine Theorie der Wirtschaftsgeschichte zu entwickeln. Auch die Übertragung des von Dilthey begründeten Programms für die Geisteswissenschaften auf die Wirtschaftswissenschaft gelang erst Schmollers Assistent und Schüler Spiethoff, indem er das Konzept des Wirtschaftsstils entwickelte und anwandte.[8]

Spiethoff nennt fünf wesentliche Elemente eines Wirtschaftsstils. Da ist zunächst der Wirtschaftsgeist, in dem die moralische Zweckeinstellung zum Ausdruck kommt; geht es den Menschen z. B. um irdisches Glück des Individuums oder um den Zugang zum „Reich Gottes"? Sind die Anreize zum Handeln getrieben durch Furcht vor Strafe, Pflichtgefühl, Lustgefühl oder Machtstreben? Und wie ist die geistige Einstellung: Eher an Gewohnheiten orientiert oder auf Neuerungen erpicht; technikaffin oder technikkritisch?

Natürlich spielen die *natürlichen und technischen Grundlagen*, zu denen u. a. die Bevölkerungsdichte und der Grad der Arbeitsteilung zählen, eine wichtige Rolle. Als drittes Element nennt Spiethoff die *Gesellschaftsverfassung* und als viertes Element die *Wirtschaftsverfassung* innerhalb derer die Eigentumsordnung, die Arbeitsordnung und die Verteilungsregeln als besonders wichtig anzusehen seien. Als fünftes und letztes Element nennt er den *Wirtschaftslauf*, wobei er auf die Form der Konjunkturen und den Grad der Wachstumsdynamik blickt.

---

[7] Schefold, B. (1989), Schmoller als Theoretiker, in: Recktenwald, H.C. (Hrsg.), *Vademecum zu einem Klassiker der historischen Methode in der ökonomischen Wissenschaft*, Düsseldorf: Handelsblatt, S. 99.

[8] Spiethoff, A. (1932), Allgemeine Volkswirtschaftslehre als geschichtliche Theorie. Die Wirtschaftsstile, *Schmollers Jahrbuch* (56), S. 51–84.

Müller-Armack hat den Stilbegriff rund 20 Jahre nach Spiethoff erneut definiert:

„Stil ist die in den verschiedenen Lebensgebieten einer Zeit sichtbare Einheit des Ausdrucks und der Haltung.“[9]

Müller-Armack behandelt die verschiedenen Epochen der europäischen Wirtschafts-geschichte und arbeitet die Stilmerkmale heraus. Beispielhaft sei hier kurz auf die Ein-flüsse des orthodoxen christlichen Glaubens auf die Entwicklung Russlands hingewiesen.

„Die beiden bedeutendsten kollektivistischen Lebensformen, die sich in der europäischen Entwicklung erhalten konnten, der russische Mir und (…) die südslawische Zadruga ent-stammen beide dem Raum der Ostkirche. (…) Vor allem die kultische Magie mußte sich als stetes Hemmnis einer disziplinierten Führung des Weltlebens erweisen. Daß so Arbeits-haltung und unternehmerische Initiative nicht wachsen konnten, leuchtet ein. Bis über das 17. Jahrhundert hinaus findet sich in Rußland kein Ansatz zum frühkapitalistischen Wirt-schaftssystem.“[10]

Für Schmoller ist die Nationalökonomie „höchsten sittlichen Zielen“ verpflichtet, sie hat neben der deskriptiven auch eine normative Seite. Oberstes Kriterium sei die Ver-teilungsgerechtigkeit[11], derer sich der Staat als neutrale Instanz annehmen müsse und gegebenenfalls in die Einkommens- und Vermögensverteilung eingreifen müsse, um einen gerechten Ausgleich herzustellen. Wenn es daher um die „soziale Frage“ ging, war für die Vertreter der jüngeren historischen Schule klar, dass der Staat Sozial-reformen durchzuführen hat. Rieter verweist darauf, dass diese normative und zugleich aktivistische Haltung typisch für Schmoller und seine Mitstreiter war.[12] Mit ihnen gemeinsam gründete er 1872 den *Socialreform – Verein,* der ein Jahr später in *Ver-ein für Socialpolitik*[13] umbenannt wurde. Von ihren Kritikern wurde diese Gruppe als „Kathedersozialisten“ verspottet.

Der sozialreformerische Zug in Schmollers Ökonomieverständnis verbindet sich mit einer ausgeprägt deutsch-nationalen Gesinnung. Bis auf wenige Ausnahmen (z. B. Lujo Brentano) war dies bei den meisten Kathedersozialisten der Fall. Diese theoriegeschicht-lich interessante Entwicklung wurde auch als ein Sonderweg angesehen. Eine unter Theoriehistorikern virulente Hypothese besagt, dass die im Vergleich zu Frankreich und

---

[9] Müller-Armack, A. (1959), Genealogie der Wirtschaftsstile, in: Schachtschabel, H.G., (Hrsg) (1971), *Wirtschaftsstufen und Wirtschaftsordnungen,* Wissenschaftliche Buchgesellschaft: Darm-stadt, S. 156–207, hier S. 156.

[10] Müller-Armack, A. (1959, a.a.O., S. 195).

[11] Schmoller, G. von (1881, 1904), Die Gerechtigkeit in der Volkswirtschaft, in: *Über einige Grundfragen der Sozialpolitik und der Volkswirtschaftslehre,* Leipzig: Duncker & Humblot, S. 213–261.

[12] Rieter, H. (2001, a.a.O., S. 149).

[13] Die Vereinigung der deutschsprachigen akademischen Ökonomen hat diesen Namen bis in die Gegenwart beibehalten.

England relativ langsame ökonomische Entwicklung der mitteleuropäischen Regionen den materiellen Hintergrund für sogenannte Stufentheorien lieferte. Geistesgeschichtlich bilden natürlich die verschiedenen Richtungen des Idealismus einerseits und die besondere Spielart des deutsch-österreichischen Merkantilismus, der Kameralismus, weitere Ausgangspunkte.

11.1 Der Methodenstreit und der Werturteilstreit

Die Ausbreitung der Historischen Schule im deutschsprachigen Raum, machtpolitisch vor allem durch eine enge Beziehung zwischen Schmoller und dem preußischen Wissenschaftsminister Althoff[14] gestützt, wurde vor allem von Carl Menger (1840–1921) und seinen Schülern, aber auch von anderen Ökonomen mit Sorge gesehen.[15] Die methodologische Ausrichtung der historischen Schule mit dem daraus resultierenden Forschungsprogramm führte zu einer extrem wirtschaftshistorisch und deskriptiv ausgerichteten Forschung und natürlich zu einer Diskreditierung der theoretischen Forschung. Menger, der übrigens bei Knies studiert hatte, publizierte 1883 eine „Untersuchung über die Methode der Sozialwissenschaften und der politischen Ökonomie insbesondere". Äußerst gereizt und polemisch rezensierte Schmoller diese Arbeit noch im gleichen Jahr. Der erste Methodenstreit war ausgebrochen, denn Menger reagierte mit „Die Irrthümer des Historismus in der deutschen Nationalökonomie". Der Streit eskalierte und wurde zu einem Dauerthema der deutschen Nationalökonomie. Ein tiefer Graben trennte die Lager: Auf der einen Seite die Vertreter und Sympathisanten der Historischen Schule, die sich als Geistes- und Kulturwissenschaftler verstanden, auf der anderen die der Klassik und der Neoklassik nahestehenden Ökonomen, die sich am methodischen Vorbild der Naturwissenschaften orientierten.

Neben der ursprünglichen Frage, ob die Ökonomik induktiv oder deduktiv ausgerichtet sein müsse, kristallisierte sich eine zweite Problemstellung heraus. Es ging um die Stellung der Wirtschaftspolitik und deren Beziehung zur Wirtschaftstheorie. Hierzu vertrat Menger eine Position, die auch gegenwärtig noch vertreten wird, nämlich dass eine Lösung der wirtschaftspolitischen Probleme voraussetze, dass die „Politik" die Ziele vorgeben müsse und von der akademischen Wirtschaftspolitik dann geklärt werden könne, wie sich die vorgegebenen Ziele erreichen lassen. Keinesfalls dürfe die

---

[14] Schmoller beeinflusste über Althoff die Berufungen auf volkswirtschaftliche Lehrstühle im Deutschen Reich bzw. in Preußen. Schmoller und Althoff kannten sich aus der gemeinsamen Zeit an der Universität Straßburg. Vgl. hierzu: Nicholas W. Balabkins (1993), Schmoller and Althoff at the University of Strasburg, *Journal of Economic Studies,* Vol. 20 Issue: 4/5, S. 189–200.

[15] A. Wagner war Kathedersozialist, aber kein Anhänger der HS. Auch L. Brentano hatte einige Differenzen mit Schmoller. Vgl. hierzu: Brentano, L. (1931), *Mein Leben im Kampf um die soziale Entwicklung Deutschlands,* Jena: Diederichs, S. 134 f.

Ökonomik selbst Ziele vorgeben. Das wurde von den Vertretern der Historischen Schule, insbesondere von Schmoller ganz anders gesehen. Für Schmoller war es die vornehmste Aufgabe der Sozialpolitik, die moralische Entwicklung der Wirtschaftsordnung zu steuern. Dazu müsse man die „Ideen-welt" der Menschen beeinflussen, sie im weitesten Sinne „erziehen", und begreifen, durch welche Institutionen, Traditionen und sittliche Normen ein Land bzw. ein Volk geprägt sei. Diese Kulturwerte wiederum prägten den Wandel der Institutionen und deshalb müsse die Ökonomik Teil einer allgemeinen Kulturwissenschaft, d. h. Geisteswissenschaft im Sinne von Wilhelm Dilthey, werden.

Zu Beginn des 20. Jahrhunderts kam es fast folgerichtig zu einem zweiten ebenso heftigen Methodenstreit, der auf der Jahrestagung des Vereins für Socialpoltik 1909 in Wien losbrach. Er entstand, und das war besonders brisant, innerhalb der Historischen Schule selbst, denn Sombart und Weber verurteilten in scharfer Form „die Vermengung von Wissenschaft und Werturteil". Heinz Rieter merkt zu diesem lang anhaltenden Streit in der deutschen Nationalökonomie an, dass der Werturteilsstreit – wie die Schmoller/ Menger – Kontroverse zuvor – mehr als eine schlichte Methodenkontroverse war.

(…), es geht um viel mehr, nämlich um das Selbstverständnis der Nationalökonomie sowie um die Stellung, letztendlich die Macht des Wissenschaftlers in der Gesellschaft."[16]

Mit diesen Debatten begann der Niedergang der Historischen Schule, der dem Muster des radioaktiven Zerfalls folgte. Ein tiefer Einschnitt und eine wirklich grundlegende Erschütterung im Selbstverständnis der Historischen Schule waren der verloren gegangene Erste Weltkrieg und der Zerfall des Kaiserreichs. Die Vertreter der Historischen Schule konnten zur wirtschaftspolitischen Therapie der Krisenentwicklungen – die sowohl durch den verlorenen Krieg hervorgerufen als auch weltwirtschaftlich induziert worden waren – keine schlüssigen Ideen und Konzepte anbieten. Die wirtschaftlichen Probleme ergaben sich nicht nur durch die im Versailler Friedensvertrag festgelegten Reparationszahlungen, sondern auch durch die Umstellung von Kriegs- auf Friedenswirtschaft[17]. Karl Häuser bemerkte hierzu:

---

[16] Rieter, H. (2001; a.a.O., S. 153).

[17] Der Ökonom Adolph Löwe hatte sich nach dem Kriegsende sehr schnell einen beachtlichen Ruf als Demobilmachungsexperte erworben. Er arbeitete im Demobilmachungsamt sowie im Reichsarbeitsministerium und wurde 1924 in das Statistische Reichsamt versetzt. Später gehörte er dem Gründungsstab des Instituts für Konjunkturforschung (heute DIW) an und übernahm 1926 eine Forschungsabteilung am IfW und eine Professur in Kiel. 1931/32 wurde er ordentlicher Professor (VWL) in Frankfurt/M. Über diese Zeit nach dem Kriegsende hat der seinerzeit 101-jährige Adolph Löwe dem Dogmenhistorischen Ausschuss des *Vereins für Socialpolitik* ein interessantes Interview gegeben. Siehe: Löwe, A. (1989), Konjunkturtheorie in Deutschland in den Zwanziger Jahren, in: B. Schefold, (Hrsg.) *Studien zur Entwicklung der ökonomischen Theorie*, Bd. VIII, Schriften des Vereins für Socialpolitik, Berlin: Duncker & Humblot, S. 75–86.

„Wer (aber) sonst als die Nationalökonomie war gefordert und um dringlichen Rat gefragt, als die Reparationsverhandlungen geführt werden mussten, die Währung zusammenbrach, eine neue Währungsverfassung bevor stand und ein einheitliches Reichsfinanzsystem mit neuen Steuern aufzubauen war?"[18]

Die Größe und Dringlichkeit der Probleme offenbarten zugleich das Unvermögen von Vertretern der Historischen Schule, konkreten Rat zu geben und damit offenbarte sich ihr Versagen als „praktische" Wissenschaft. Es war aber mehr als dieses „Versagen in der Praxis", das zu einer weitgehenden Ablehnung dieser Schule führte. Schmoller und mit ihm die gesamten Vertreter dieser Richtung wurden als geistige Repräsentanten des wilhelminisch – bismarckschen Kaiserreichs gesehen. Schmoller war Mitglied im preußischen Herrenhaus und Herausgeber der Acta Borussica. Wie bereits oben erwähnt, hatte er durch seine besondere Beziehung zu Althoff maßgeblichen Einfluss auf die Besetzung der wirtschafts- und sozialwissenschaftlichen Lehrstühle an preußischen Universitäten. Nach Schmollers Tod im Jahre 1917 und dem Ende der Monarchie brachen fast alle Institutionen zusammen, die der Historischen Schule trotz schwindender wissenschaftlicher Legitimationsgrundlage noch Halt gaben. Die beiden Methodendebatten hatten die Inhalte und Grundlagen kräftig erschüttert. Die Kriegsniederlage, die auch als „geistige" Niederlage begriffen wurde sowie die Hilflosigkeit gegenüber den realen wirtschaftlichen Problemen, entzogen der Historischen Schule die Legitimationsgrundlage.

---

[18] Häuser, K. (1994), Das Ende der Historischen Schule und die Ambiguität der deutschen Nationalökonomie in den zwanziger Jahren, in: Nörr, K.W., Schefold, B., Tenbruck, F. (Hrsg.), *Geisteswissenschaften zwischen Kaiserreich und Republik,* Stuttgart: Steiner.

Entwicklungen in der Volkswirtschaftslehre nach dem Ersten Weltkrieg

12

12.1 Grundzüge der wirtschaftlichen Entwicklung nach dem Ersten Weltkrieg

Nach dem Ersten Weltkrieg (EWK) lassen sich in der ökonomischen Wissenschaft vier Entwicklungen identifizieren. Makroökonomische Probleme wie Inflation, Massenarbeitslosigkeit und Konjunkturbewegungen gewinnen an Bedeutung und die theoretische Auseinandersetzung damit führt zu einer Ausdifferenzierung und einem neuen Fachgebiet, dem der Makroökonomie. Die Entwicklung dieses Fachs ist untrennbar mit dem Namen von *John Maynard Keynes* verbunden. Eine zweite Entwicklung betrifft das entstehende Fach der Ökonometrie, eine dritte die Weiterentwicklung der walrasianischen Allgemeinen Gleichgewichtstheorie und eine vierte die Weiterentwicklung der marshallianischen partiellen Gleichgewichtstheorie durch die Einbeziehung und Berücksichtigung unvollkommener Märkte und monopolistischer Marktstrukturen.

Diese vier genannten Entwicklungen vollzogen sich in einer wirtschaftlich und politisch hochgradig schwierigen Zeit. Nach dem Ende des Ersten Weltkriegs gab es gewaltige inflationäre Entwicklungen, dann folgte nach einer relativ guten ökonomischen Entwicklung die Weltwirtschaftskrise, die, kaum überwunden, vom Zweiten Weltkrieg abgelöst wurde, sodass man diese erste Hälfte des 20. Jahrhunderts – dem Wirtschaftshistoriker Hobsbawm folgend – durchaus als das „Katastrophenzeitalter" bezeichnen darf.[1]

Bereits vor dem Ausbruch des EWKs nahm der nationalstaatliche Protektionismus zu. Die meisten Staaten, selbst Großbritannien, das als Protagonist des Freihandels galt,

---

[1] Hobsbawm, E. (1998), *Das Zeitalter der Extreme: Weltgeschichte des 20. Jahrhunderts*, München: dtv.

© Springer-Verlag GmbH Deutschland, ein Teil von Springer Nature 2022

V. Caspari, *Ökonomik und Wirtschaft,* https://doi.org/10.1007/978-3-662-65497-2_12

führten 1915, also im ersten Kriegsjahr, Einfuhrzölle ein. Die im ausgehenden 19. Jahrhundert einsetzende Globalisierung mit multinational agierenden Unternehmen und dem damit einhergehenden verschärften Wettbewerb, führte einerseits dazu, dass man, wie im Deutschen Reich, von Seiten der Politik Unternehmensfusionen stützte und gleichzeitig begann, die eigene Volkswirtschaft vor ausländischer Konkurrenz zu schützen. Diese auch ökonomisch aufgeheizte Situation trug nicht gerade zu einer Befriedung der politischen Lager bei. Wie in nahezu allen Kriegen wurde die Produktion von Waffen, Munition und sonstigem Kriegsgerät nicht durch Steuererhöhungen, sondern durch Anleihen auf den Kapitalmärkten finanziert. Statt „Brot" produzierte man „Eisen", aber das „Brot" wird verstärkt nachgefragt, sodass die „Brotpreise" steigen. Um bei der eigenen Bevölkerung nicht in Misskredit zu fallen, führen Regierungen dann entweder Höchstpreise für „Brot" ein, oder rationieren die Lebensmittel über Zuteilungssysteme. In beiden Fällen wird der Marktmechanismus außer Kraft gesetzt, es entstehen dann oft „Schwarze Märkte" und zum Schluss eine aufgestaute Inflation. So auch im Deutschen Reich am Ende des EWKs. Noch während des Kriegs kam es zu einer schweren Nahrungsmittelknappheit, weil die eigene Landwirtschaft keine ausreichenden Mengen produzieren konnte und weil der Außenhandel blockiert war, da viele Länder Zollschranken errichtet hatten.

Nachdem der EWK beendet war, lag Europa wirtschaftlich am Boden. Die Nachkriegs-situation hatte drei unmittelbare Folgen:

1. Das Weltwährungssystem (Goldstandard) und der Welthandel waren zusammengebrochen.
2. Die europäischen Staaten durchlebten eine gewaltige Inflation, und die USA lösten Großbritannien als führende Wirtschaftsmacht endgültig ab.
3. Die Oktoberrevolution hatte die Monarchie Russland in die kommunistische Sowjetunion verwandelt und damit ein großes ökonomisches Realexperiment mit einem anderen Wirtschaftssystem gestartet.

Die Staaten Mittel- und Osteuropas, allen voran Deutschland, waren am schlimmsten von der Inflation betroffen. Der Wirtschaftshistoriker David Landes beschreibt das sehr anschaulich:

> *„In Österreich waren die Preise 14000-mal, in Ungarn 23000-mal, in Polen 2,5 Mill. mal und in Russland 4 Mrd. mal höher als vor dem Krieg. Den Vogel schoss jedoch Deutschland ab… Als im November 1923 die Inflation ihr Ende erreichte, war die Mark nur noch ein Trillionstel so viel wert wie vor dem Krieg."*[2]

Die Ursachen für diese unfasslich hohe Inflation lagen u. a. auch an den durch den Versailler Vertrag festgelegten Reparationszahlungen, die Deutschland nicht leisten

---

[2]Landes, D. (1973, S. 336).

konnte, ohne die Notenpresse anzuwerfen. Es gelang Ende 1923 diese Hyperinflation zu beenden, indem man die Vergabe von Notenbankkrediten an Geschäftsbanken streng begrenzte und so der Geldschöpfung im Bankensektor Einhalt gebot.[3] In der Weimarer Republik trat Deutschland – unter nun geänderten Rahmenbedingungen – schrittweise wieder in die Weltwirtschaft ein, in der sich seit 1913 einiges verändert hatte. So war der internationale Handel fast zusammengebrochen und erholte sich auch nicht mehr so richtig, weil die Staaten zu protektionistischen Maßnahmen gegriffen hatten und sie nur schrittweise wieder abschafften. Erst 1924 erreichte das internationale Handelsvolumen wieder den Stand von 1913. Nach 1924 nahm der internationale Handel langsam wieder zu, um dann aber in den 30er Jahren völlig zusammenzubrechen.

Auch Großbritannien und Frankreich gingen mit Schulden und einer dezimierten Bevölkerung aus dem Ersten Weltkrieg hervor. In Großbritannien wollte man schnell zur „Normalität" zurück und damit meinte man die Verhältnisse vor 1914. Deshalb bestand auch sofort der Plan, den Goldstandard zur alten Parität von Gold zu Pfund wieder herzustellen. Tatsächlich geschah das aber erst 1925. Die dazu notwendige Wirtschaftspolitik der ausgeglichenen Haushalte und die durch den hohen Pfundkurs bedingte Außenhandelsschwäche führten zu einem rückläufigen allgemeinen Preisniveau. Dieser deflationäre Prozess hielt bis in die Jahre 1933/34 an. Es kam zu einer sinkenden Investitionsnachfrage, und bereits 1921 betrug die Arbeitslosenquote 14,8 % und blieb bis 1939 immer zweistellig. Der makroökonomisch krisenhafte Prozess hatte neben der Rückkehr zum Goldstandard noch andere Ursachen, die mit den bereits bekannten Schwächen und Problemen Großbritanniens vor dem Ausbruch des EWKs zu tun hatten: Veraltete Industrien und alte Produkte. Deshalb nahm der Anteil Großbritanniens am Welthandel ab.

In Frankreich waren die durch den Krieg entstandenen Probleme gravierender als in England, denn in Frankreich waren große Teile des Landes – vor allem der Nordosten und der Norden – stark zerstört worden.

„Wie die Engländer klammerten sich auch die Franzosen an den Wert ihrer Währung – mehr aus sentimentalen als aus realistischen Gründen"[4]

schreibt der Historiker Claude Fohlen. Frankreich besaß noch Goldvorräte und vertraute darauf, dass Deutschland seine Reparationen zahlen wird. Da das nicht geschah, verfiel der Kurs des Franc auf den Devisenmärkten, was die französischen Exporte verbilligte und Kapital in das Land lockte. Insgesamt blieb die Inflationsrate moderat. In Frankreich wurden zwar auch und gerade in den alten Industrien die Fabriken wieder aufgebaut und

---

[3] Die Erzbergersche Finanzreform von 1919/20 stellte dem Reich ergiebigere Steuerquellen als bisher zur Verfügung, so dass die Legitimationsgrundlage für die Aufnahme von Notenbankkrediten verschwand, was insgesamt zu einer größeren Haushaltsdisziplin der öffentlichen Haushalte führte.

[4] Fohlen, C. (1980), Die Europäischen Volkswirtschaften, in: Cipolla, C.M. und Borchardt, K. (Hrsg.), *Europäische Wirtschaftsgeschichte*, Bd. 5, Stuttgart: UTB, S. 107.

die Agrarbetriebe durch Zusammenlegungen im Durchschnitt vergrößert, aber anders
als in Großbritannien wurden auch neue Industrien aufgebaut. Louis Renault und André
Citroën bauten zwei bis heute bekannte und bestehende Automarken auf. Daneben entwickelte sich in Frankreich die Petrochemie, bzw. die gesamte Chemiebranche sehr gut,
und es entstand innerhalb von 12 Jahren eine respektable elektrotechnische Industrie
(Aluminium). Insgesamt entwickelte sich die französische Wirtschaft nach dem Ende
des EWKs bis zum Ausbruch der Weltwirtschaftskrise recht gut. Auf der Grundlage der
Daten von Maddison[5] ergibt sich für Frankreich ein durchschnittlicher jährlicher Anstieg
des BIP in konstanten Preisen im Zeitraum von 1924–1929 von ca. 2,9 % und für GB
im gleichen Zeitraum von ca. 2,6 %. Im Vergleich dazu lag der Wert für Deutschland
im gleichen Zeitraum bei ca. 5,5 % Wachstum pro Jahr. Deutschland hatte zwar mit den
Reparationszahlungen zu kämpfen, wuchs aber trotzdem schneller als Frankreich und
Großbritannien.

> *„So wurde nun die modernste Technologie eingeführt und neue Fabriken von gewaltigem
> Ausmaß errichtet, um die Vorteile der industriellen Massenproduktion voll ausnutzen zu
> können. Diese rein technische Rationalisierung war indessen nicht unbedingt mit wirtschaft-
> licher Rationalisierung identisch und der Ersatz effizienter, geschulter und relativ billiger
> Arbeitskräfte durch kostspielige neue Maschinen konnte leicht zur Übermodernisierung
> führen, d. h. eine übermäßige Substitution von Arbeit durch Kapital bedeuten.“[6]*

Neben den Reparationszahlungen wirkte sich das bescheidene Exportwachstum
hemmend aus. Erst 1926 erreichte Deutschland im Export den Stand von vor dem Krieg.
Im Herbst 1925 gab es einen leichten Einbruch der Binnenkonjunktur, sodass es im
Winter 25/26 zu einem deutlichen Anstieg der Arbeitslosenquote kam. Lag diese 1925
noch bei 6,7 %, so sprang sie im Jahr 1926 auf 18 %, sank dann aber 1927 wieder auf
8,8 % und 1928 auf 8,4 %. Die Wirtschaftslage war also instabil, denn die Belebung
nach 1923/24 war nur möglich, weil ziemlich hohe Kapitalimporte, vor allem aus den
USA, nach Deutschland flossen, da die Zinsen in Deutschland im Vergleich zu anderen
Ländern hoch waren und die durch den Dawes-Plan errichteten Institutionen (Transfer-
ausschuss und Reparationsaufseher) die Stabilität der Mark zu gewähren schienen. Diese
kurzfristigen Kredite aus dem Ausland wurden von den Banken langfristig als Darlehen
an die Industrie und die öffentlichen Haushalte verliehen. Eine Geschäftspolitik nahm
ihren Lauf, deren Risiken unterbewertet wurden. Kurzfristig führten diese Kredite zu
Investitionen, mit denen die Industrie auf den neuesten Stand der Technologie geführt
wurde. Sollten aber die kurzfristigen amerikanischen Anlagen gekündigt werden, hätten
die Banken Liquiditätsprobleme bekommen.

---

[5] Datenzentrum des Maddison Projects: https://www.rug.nl/ggdc/historicaldevelopment/maddison/
releases/maddison-project-database-2018?lang=en.
[6] Hardach, K. (1980), Deutschland 1914–1970, in: Cipolla, C.M. und Borchardt,K. (Hrsg.),
Europäische Wirtschaftsgeschichte, Bd. 5, Stuttgart: UTB, S. 57.

Deutschland importierte in dieser Zeit nicht nur Kapital aus den USA, sondern auch die Prinzipien wissenschaftlicher Betriebsführung, wie sie von Taylor entwickelt wurden. Dieser Zeitraum wird oft die „Goldenen Zwanziger Jahre" genannt, denn ab 1924 wuchs das Bruttoinlandsprodukt (BIP) der deutschen Wirtschaft schneller als das der USA. Das Volkseinkommen nahm in konstanten Preisen jedoch nur um durchschnittlich 2 % pro Jahr zu.[7] Das US-amerikanische BIP in konstanten Preisen von 1921–1929 nahm um durchschnittlich 4,8 % pro Jahr zu.

Mit dem Jahr 1929 gingen in nahezu allen entwickelten Ländern der Welt diese *Golden Twenties* zu Ende. Meistens wird der Börsenkrach von 1929 in New York in den Mittelpunkt des Geschehens gestellt. Das war zwar ein spektakulärer „Crash", aber eher ein „Tropfen, der das Fass zum Überlaufen" brachte, als die Ursache dieser wohl insgesamt größten und tief greifendsten Krise der letzten 200 Jahre.

Die weltwirtschaftliche Entwicklung war bereits seit dem Ende des Jahres 1925 von einem schleichenden Verfall der Preise für agrarische Produkte gekennzeichnet. Das lag vor allem an der Technisierung der Landwirtschaft, wodurch die Arbeitsproduktivität als auch die Flächenproduktivität und damit die Erträge deutlich gestiegen waren. Das Gesamtangebot an agrarischen Produkten überstieg die Nachfrage nach diesen, sodass es zu fallenden Preisen und Lagerbildung kam. Die Verkaufserlöse in der Landwirtschaft sanken und damit auch die Einkommen der Farmer und Grundbesitzer. Um notwendige Investitionen aufrecht halten zu können, verschuldeten sie sich. Auch in Deutschland waren vor allem die agrarischen Gebiete im Norden und Nordosten des Landes von dieser Krise betroffen. Die nationalen Regierungen wollten ihre Landwirtschaft vor dem Überangebot auf dem Weltmarkt schützen und ergriffen importbeschränkende Maßnahmen, die z. B. im Falle Deutschlands zu einer nahezu völligen Absperrung des deutschen Marktes führten. Leider behinderte man damit indirekt auch die bisher dringend benötigten Kapitalimporte. In den USA herrschte trotz der Agrarkrise im Sommer 1929 eine Hausse der Industrieaktien. Es handelte sich allerdings um eine spekulative Blase an der New York Stock Exchange, da die Kurse durch hohe zukünftig erwartete Gewinne und Käufe getrieben, und über ganz kurzfristige Kredite finanziert wurden. Ab dem 03.10.29 gingen die Kurse laufend zurück, wodurch zahlreiche Spekulanten ihre Schulden nur noch zahlen konnten, indem sie Aktien verkauften, was die Kurse weiter fallen ließ. Am 24.10.29 kam es zur ersten Panik, worauf dann am 29.10.29 die zweite folgte. Es kam zu erheblichen Vermögensverlusten und Liquiditätsengpässen, was dazu führte, dass bei den Hypothekengläubigern (i. d. R. Banken) Zahlungseingänge ausfielen. Viele Hausbesitzer mussten ihre Häuser verkaufen, sodass nun auch die Immobilienpreise abrutschten und die Baukonjunktur litt. Auch die Autoproduktion ging erheblich zurück; sie fiel innerhalb von 5 Monaten um fast 80 %.[8] Zum

---

[7] Ein Grund für diesen Effekt dürften die enormen Reparationszahlungen gewesen sein, die im BIP, jedoch im Volkseinkommen nicht mehr enthalten waren.

[8] Kindleberger, Ch. P. (2020, [1973]), *Die Weltwirtschaftskrise 1929–1939,* München: dtv, S. 129.

Rückgang der Agrar- und Rohstoffpreise kamen der „freie Fall" der Immobilienpreise und der drastische Rückgang der Preise für die Industriegüter hinzu. Eine Deflationsspirale setzte ein und durch die Produktionsrückgänge nahm auch die Arbeitslosigkeit schrittweise zu. Die größte Industrienation der Welt rutschte in eine Depression, und ihr folgte Deutschland, damals die zweitgrößte Industrienation, auf dem Fuß. In Deutschland kam es aufgrund der starken Abhängigkeit von den überwiegend aus den USA stammenden Kapitalimporten zu einer Bankenkrise, weil diese kurzfristigen Gelder nun zurückgerufen wurden. Da die Banken diese Gelder, wie bereits erwähnt, als langfristige Kredite verliehen hatten, kamen die Banken in Liquiditätsengpässe. Am 13. Juli 1931 war die Danat Bank (Fusion der Darmstädter Bank und der Nationalbank für Deutschland) durch den Zusammenbruch der Firma Nordwolle in Liquiditätsprobleme geraten und schloss ihre Tore. Danach brach in der deutschen Geschäftswelt und auch bei vielen Privathaushalten eine Panik aus, und die Bankschalter aller Banken wurden gestürmt. Daraufhin mussten alle Banken schließen, und es wurden für 2 Tage „Bankfeiertage" verkündet, die dann allerdings drei Wochen dauerten. Zu diesem Zeitpunkt war auch die deutsche Wirtschaft bereits in eine Depression mit hoher Arbeitslosigkeit geglitten. Dieser katastrophalen Lage versuchte die Reichsregierung unter ihrem Kanzler Heinrich Brüning mit einer sogenannten Deflationspolitik zu begegnen, die im Kern der Auffassung der damals herrschenden ökonomischen Lehrmeinung entsprach. Da man Reparationen zu zahlen hatte, wollte man diese über verstärkte Exportaktivitäten verdienen. Dazu hätten die deutschen Exportgüter auf den Weltmärkten billiger sein müssen als die Konkurrenzprodukte, was aber nicht der Fall war. Im Gegenteil: Laut Borchardt waren die Lohnstückkosten in Deutschland seit 1925 stärker gestiegen als in GB und in den USA.[9] Damit waren die ursprünglichen Lohnkostenvorteile Deutschlands nicht mehr vorhanden. Mit seiner auf die Senkung des Preisniveaus abzielenden Deflationspolitik wollte der Reichskanzler Brüning (1885–1970) dazu beitragen, die Weltmarktpreise für deutsche Exportgüter zu senken. Dies konnte ihm nicht gelingen, ohne Unternehmen in den Bankrott zu jagen, denn sie hatten ja höhere Lohnstückkosten als ihre Konkurrenten, sodass die Gewinne zusammenbrachen. Viele Unternehmen stellten ihre Produktion ein. Die Zahl der Arbeitslosen nahm in der Regierungszeit von Brüning (1930–1932) von 2,3 auf 6 Mill. zu.[10] Das entsprach einem Anstieg der Arbeitslosigkeit von 15,7 % im Jahr 1930 auf 30,8 % in 1932[11], womit die Arbeitslosigkeit in der Weimarer Republik ihren höchsten Wert erreicht hatte. Die Brüningsche Deflationspolitik hatte genau das

---

[9] Borchardt, K. (1982), Wirtschaftliche Ursachen des Scheiterns der Weimarer Republik, in: ders., *Wachstum, Krisen und Handlungsspielräume der Wirtschaftspolitik*, Göttingen: Vandenhoeck & Ruprecht, S. 198.

[10] Vgl. Hardach, K. (1980, S. 59).

[11] Fischer, W. (1988), Wirtschaftsgeschichte Deutschlands, 1919–1945, in: *Handwörterbuch der Wirtschaftswissenschaften (HdWW)*, Bd. 9, S. 85, UTB.

Gegenteil von dem erreicht, was sie beabsichtigte. Die Rosskur war nicht erfolgreich, weil der Patient nicht robust genug war, um sie zu überstehen.

In dieser Weltwirtschaftskrise waren die einzelnen Volkswirtschaften unterschiedlich stark und lang von der Krise betroffen. Nach den Daten von Maddison[12] nahm in Kanada und in den USA das inflationsbereinigte BIP von 1929 bis 1933 um 29,5 % bzw. 25,5 % ab. In Europa war das Ausmaß nicht ganz so dramatisch. Am stärksten war Deutschland betroffen mit einem Rückgang des BIP von ca. 10,5 % im gleichen Zeitraum. Die Niederlande und Frankreich waren mit Rückgängen von 9 % bzw. 8,5 % noch relativ stark betroffen, während GB mit 2,3 % und Italien mit 3,1 % einen relativ schwachen Rückgang des BIP zu verzeichnen hatten. Dagegen war die Arbeitslosigkeit in Großbritannien von 11 % im Jahr 1929 auf 22,5 % im Jahr 1932 und auf 21,3 % ein Jahr später gestiegen. Diese hohe Arbeitslosigkeit erschütterte die Briten aber deutlich weniger als die Deutschen. Letztere suchten Zuflucht bei den Parolen der Rechtskonservativen und Nationalsozialisten, die die Ursachen für den Zusammenbruch der Wirtschaft in den Reparationszahlungen und dem „internationalen Kapital" sahen.

Als die Nationalsozialisten 1933 an die Macht kamen, hatten sie keine durchdachten Pläne zur Bekämpfung der Wirtschaftskrise.[13] Einerseits führten sie die von der Vorgängerregierung beschlossenen Maßnahmen aus. Hinzu traten kreditfinanzierte Ausgaben für Eisenbahnbau (1 Mrd. RM), Wohnungsbau (2,5 Mrd. RM) und Autobahnbau (ca. 2,5–3 Mrd. RM). Weiterhin wurden einige Gesetze erlassen, um Frauen „in die Hauswirtschaft zu überführen" und, last but not least, wurde am 16. März 35 die Wehrpflicht eingeführt. Mit diesen Gesetzen wurden Arbeitslose „vom Markt genommen". Durch dieses Maßnahmenbündel und einer insgesamt anziehenden Weltkonjunktur war die Arbeitslosigkeit bis 1937 auf 4,6 % gesunken. Es herrschte praktisch Vollbeschäftigung. Schleichend und fast unbemerkt hatte sich in dieser Vorkriegszeit die Wirtschaftsordnung Deutschlands vollkommen verändert. Der Markt als Lenkungsmechanismus war einer Kombination aus direkter und indirekter Lenkung gewichen. Es war keine Planwirtschaft sowjetischer Prägung, sondern die aus Kammern (z. B. IHK, Ärztekammer usw.), Verbänden und Kartellen bestehenden Institutionen wurden zu Organen der Lenkung umgewandelt. Die Gewerkschaften wurden zerschlagen und der Arbeitsmarkt komplett durch staatliche Treuhänder reguliert. Ab 1936 wurde offiziell ein Lohn- und Preisstopp verhängt. Ab diesem Zeitpunkt konnten Preise nur erhöht werden, wenn Kostensteigerungen nachgewiesen werden konnten. Verbrauchsgüter wurden kontingentiert. Als Deutschland 1939 in Polen einmarschierte und damit der Zweite Weltkrieg ausbrach, hatte sich Deutschland bereits zu Friedenszeiten schon auf Kriegswirtschaft umgestellt.

---

[12] www.ggdc.net/maddison/; World Population, GDP and Per Capita GDP, 1–2003 AD.

[13] Vgl. hierzu die Ausführung von Henning, F.W. (1987), Deutschland von 1914 bis zur Gegenwart, in: HdeWS Bd. 6, S. 440 und Hardach, K. (1980, S. 60).

Die ziemlich hohen Staatsausgaben waren über den gesamten Zeitraum des Nationalsozialismus durch Kreditaufnahme des Staates finanziert worden. Nach den Angaben
von Borchardt beliefen sich die gesamten Schulden des Reiches im Jahr 1945 auf
ca. 400 Mrd. Reichsmark und das Geldvolumen war von 1932 bis 1945 um das Drei-
zehnfache gestiegen.[14] Beide Sachverhalte begründen die ungeheure zurückgestaute
Inflation, die sich dann nach 1945 auf den „Schwarzen Märkten" entlud. Nach dem
wirtschaftlichen Desaster des EWKs und der Zeit bis 1923 folgte nun der zweite Einbruch in der wirtschaftlichen Entwicklung nicht nur Deutschlands, sondern des
gesamten europäischen Kontinents. Die Autarkiebestrebungen, die Konzentration auf
die Rüstungsproduktion und die Zerstörungen führten einerseits zu einem Rückgang
des internationalen Handels und andererseits zu einer Einschränkung der Produktion
von Konsumgütern. Beides zusammen erklärt das erhebliche Absinken des realen Wohl-
standsniveaus. Gleichwohl gab es in der Zeit vom Anfang des EWKs bis zum Ende des
Zweiten Weltkrieges (ZWK) eine große Zahl technischer Neuerungen, die insgesamt
eine nachhaltige Veränderung von Wirtschaft und Gesellschaft nach sich zogen,[15] sich
jedoch nicht in einem nachhaltig steigenden BIP niederschlugen.

Neben diesen makroökonomischen Entwicklungen gab es auch marktstrukturelle
Veränderungen, die durch das Größenwachstum einzelner Unternehmen und durch
Fusionsaktivitäten hervorgerufen wurden. Die Zahl der in einer Branche konkurrierenden
Unternehmen nahm ab, die vertikale Integration, d. h. die Fusion von Unternehmen
vorgelagerter oder nachgelagerter Branchen, nahm ebenfalls zu. Gleichzeitig wurden
Produkte horizontal oder vertikal differenziert. Große Produktionsanlagen erforderten
mehr Kapital, so dass die Eintrittsbarrieren für neue Wettbewerber immer höher
wuchsen. Der Wettbewerb veränderte sich erheblich. In den USA und in Deutschland
begegnete man den Fusionswellen völlig unterschiedlich. In den USA zerschlug man
auf der Grundlage des Sherman Acts von 1890 das Rockefeller Imperium und wollte
damit ein Zeichen gegen die zunehmende Monopolisierung und Trustbildung in der US-
amerikanischen Wirtschaft setzen. Erst gegen 1904 begann die horizontale Fusionswelle
abzuebben. Die zweite Fusionswelle in den USA begann dann Anfang der zwanziger
Jahre, und favorisierte vor allem vertikale Fusionen. Mit der Weltwirtschaftskrise ebbte
auch diese Welle nach 1929 wieder ab.[16]

Im Deutschen Reich begann die Kartellbildung schon im späten 19. Jahrhundert und
blieb ein Merkmal der deutschen Wirtschaft bis zum Ende des Zweiten Weltkriegs. Ganz
anders als in den USA bekämpfte man diese Kartellbildung nicht, sondern förderte sie
indirekt, wodurch sehr große Industriekonglomerate wie z. B. die IG-Farben entstanden,

---

[14] Borchardt, K. (1985), *Grundriss der deutschen Wirtschaftsgeschichte*, Göttingen: Vandenhoeck
& Ruprecht, S. 69.

[15] Vgl. hierzu die Kap. 6, 7, 8 in: Landes, D. (1973), *Der entfesselte Prometheus*, Köln.

[16] Kleinert, J. und Klodt, H. (2002), Fusionswellen und ihre Ursachen, in: Franz, W. u.a (Hrsg.),
Fusionen, Tübingen: Mohr-Siebeck, S. 27–50.

die nach dem Ende des ZWKs entflochten und in die drei großen Unternehmen BASF, Bayer und Höchst zerlegt wurden.

In Großbritannien gab es ebenfalls Konzentrationsprozesse, wodurch die Zahl der in einem Markt anbietenden Unternehmen sank. Allerdings waren sie dort schwächer ausgeprägt als im Deutschen Reich. Marshall beklagt in *Industry and Trade* den Mangel an Standardisierung in der britischen Industrie[17], die z. B. zu sehr unterschiedlichen Lokomotiven führe, ein Problem, dass es auch im Deutschen Reich gab, aber durch die Gründung der Reichsbahn und der folgenden Standardisierung der Lokomotiven beseitigt wurde.

Vor diesem wirtschaftshistorischen Hintergrund kam es in Europa zu unterschiedlichen Entwicklungen in der Volkswirtschaftslehre. Im angelsächsischen Raum und in Schweden entwickelten sich die makroökonomische Theorie einerseits und die Theorie der unvollkommenen Konkurrenz andererseits. John Maynard Keynes, dem die makroökonomische Theorie Wesentliches verdankt, hatte sich früh neben geld- und währungspolitischen Fragen auch mit den ökonomischen Folgen des Friedensvertrags von Versailles beschäftigt und darüber im Jahr 1919 ein Buch mit dem Titel *The Economic Consequences of the Peace* publiziert, in dem er sich kritisch u. a. auch zu der Höhe der deutschen Reparationszahlungen äußerte. Keynes nahm als Mitarbeiter des britischen Finanzministeriums (Schatzamt, *Treasury*), für das er seit 1915 arbeitete, an den Verhandlungen in Versailles teil.

Der Ausgang des Ersten Weltkriegs war für die deutschsprachigen Bereiche Mitteleuropas nicht nur eine politische, sondern auch eine geistige Zäsur. Das betraf nicht nur – aber eben auch – die Nationalökonomie, wie das Fach damals in Deutschland bezeichnet wurde. Während in Deutschland die Historische Schule noch präsent aber im Untergang begriffen war, gab es natürlich aufstrebende Vertreter der von Menger und Böhm-Bawerk ausgehenden österreichischen Schule der Nationalökonomie (Schumpeter, v. Hayek, v. Mises) und eine weitere Gruppe, die sich „Ricardianer"[18] nannte sowie eine heterogene Gruppe von „Begriffsökonomen". Letztere versuchten durch Begriffsentwicklungen, definitions- und begriffslogische Deduktionen das „Wesen der Wirtschaft" zu ergründen. Dass dieses Paradigma letztlich am „Praxistest" scheiterte, d. h., ihre „Wesenserkenntnisse" zur Bewältigung wirtschaftlicher Probleme nichts beitragen konnten, mag erklären, dass diese Denkrichtung ausgestorben ist.

Eine Gruppe nannte sich „Ricardianer", weil sie sich an der Methode der klassischen englischen Ökonomik orientierte, nicht jedoch an deren ökonomischen Kernideen, wie z. B. das Surpluskonzept oder die Analyse der natürlichen Preise. Zur Gruppe der „Ricardianer" zählten neben Adolph Löwe und Emil Lederer auch Walter Eucken,

---

[17] Marshall, A. (1923), *Industry and Trade*, a.a.O., S. 590 ff.

[18] Vgl. hierzu: Janssen, H. (2009), *Nationalökonomie und Nationalsozialismus*, 3. Aufl., Marburg: Metropolis.

dessen Forschen und Denken wir uns etwas eingehender zuwenden wollen, weil er einer der wichtigsten Köpfe der Freiburger Schule, des sogenannten Ordoliberalismus, war.

Eine andere wichtige Veränderung in der ökonomischen Theorie fand im Bereich der Mikroökonomie statt, indem die Monopolisierungs- und Unternehmenskonzentrations-prozesse sowie die Produktdifferenzierung in der mikroökonomischen Analyse berück-sichtigt werden mussten. Neben vielen anderen Autoren waren die Beiträge von Joan Robinson in Cambridge/GB und Edward Chamberlin in Cambridge/Mass. herausragend. Beide veröffentlichten unabhängig voneinander und im gleichen Jahr, 1933, ihre Bei-träge. Ein Jahr später publiziert Heinrich von Stackelberg in *Marktform und Gleich-gewicht* sein Duopolmodell zur Preisführerschaft.

Nahezu unabhängig und weitgehend losgelöst von den realen politischen und wirtschaftlichen Prozessen arbeitete man im Wien der 30er Jahre an den verschiedensten mathematischen, logischen und ökonomisch-theoretischen Fragestellungen, die unter dem Titel „Ergebnisse eines mathematischen Kolloquiums" von Karl Menger, dem Sohn des Ökonomen gleichen Namens und Gründers der österreichischen Schule der Nationalökonomie, herausgegeben wurden. Es handelt sich insbesondere um die Weiter-entwicklung der walrasianischen Allgemeinen Gleichgewichtstheorie.

Die fünfte bemerkenswerte Entwicklung setzte 1930 mit der Gründung der Econometric Society einerseits und der Gründung der Cowles-Commission 1932 als Gegenpol zum damals noch institutionell orientierten National Bureau of Economic Resesarch in den USA ein. Dieser Entwicklungsprozess, der sich bis in die Gegen-wart fortsetzt, hat mehrfach zu methodologischen Debatten zwischen verschiedenen Schulen in der Ökonomik geführt. Die Hinwendung zu statistischen und mathematischen Methoden in der Ökonomik wurde nicht nur mit dem Argument legitimiert, die Öko-nomik möge eine „wissenschaftliche Grundlage" erhalten, sondern war auch mit dem gesellschaftspolitischen Impetus verbunden, soziale und ökonomische Prozesse planen und steuern zu wollen. Wir werden in den folgenden Kapiteln auf diese Entwicklungen vertieft eingehen und beginnen mit dem Auflösungsprozess der Historischen Schule.

12.2   Das Ende der Historischen Schule der Nationalökonomie

Nehmen in einer Fachdisziplin wissenschaftstheoretische Reflexionen zu, dann ist dies meistens ein Anzeichen für Unzufriedenheit mit der Entwicklung dieser Disziplin. Gemessen daran, scheint die Volkswirtschaftslehre ziemlich selbstzufrieden und im Reinen mit sich selbst zu sein, denn die letzten Debatten über methodologische Grund-fragen wurden m.W. in den späten 70er Jahren des 20. Jahrhunderts geführt. Es ging dabei vor allem um das Verhältnis von Theorie und Empirie. Der Wirtschaftstheorie wurde Modellplatonismus vorgeworfen – die Theoretiker replizierten mit „measurement without theory". Die nach der Finanzkrise 2009 entstandene Diskussion hat mehrere Facetten, denn es wurde der akademischen Volkswirtschaftslehre einerseits Prognoseversagen vor-geworfen, andererseits wurde fehlende Pluralität in den theoretischen Ansätzen beklagt.

Gegenwärtig herrscht im Mainstream weitgehend Einigkeit darüber, dass Theoriebildung und empirische Überprüfung sich nicht nur wechselseitig ergänzen, sondern
möglichst „Hand in Hand" gehen sollten. Hier hat sich die Volkswirtschaftslehre mit
gewissen Einschränkungen an naturwissenschaftliche Vorgehensweisen orientiert. Das
war, vor allem im deutschsprachigen Raum, nicht immer so. Vor dem Ersten Weltkrieg
begriff sich die überwiegende Mehrheit der Ökonomen nahezu mit Selbstverständlich-
keit als Geisteswissenschaftler[19]. Wie es zu diesem Selbstverständnis kam, wodurch es
erschüttert wurde und wie es dann zum „Seitenwechsel" kam, möchte ich im Folgenden
behandeln.

In welches Lager wechselten die Nationalökonomen, nachdem sie sich von der
Historischen Schule losgesagt hatten? In das Lager der angelsächsischen oder der österreichischen Theorie? Die Antwort ist: Eigentlich in gar kein Lager! Man war nämlich
gleich mit zwei ihrer Natur nach ganz verschiedenen „Baustellen" konfrontiert. So war
einerseits die internationale Entwicklung der ökonomischen Theorie nachzuarbeiten,
während man sich andererseits mit den aktuellen Wirtschaftsproblemen herumschlagen
musste und um Rat gefragt wurde. Es war eine Ironie des Schicksals, dass gerade zur
Behandlung der seinerzeit bestehenden Probleme weder die angelsächsische noch
die österreichische Theorie Orientierung boten, denn die Probleme waren makroökonomischer Natur, die angelsächsische und österreichische Theorie jedoch eher mikroökonomisch ausgerichtet. Eine makroökonomische Theorie sollte erst 20 Jahre später
entstehen. Zahlreiche deutschsprachige Ökonomen gingen daher neue Wege und versuchten, unterschiedliche Denktraditionen zu amalgamieren, sodass dem heutigen
Betrachter die Entwicklung in den zwanziger Jahren ziemlich verwirrend erscheint.
Neben den Pionieren der modernen Konjunkturtheorie – Löwe auf der einen und Hayek
auf der anderen Seite – trieben Alfred Kähler und Fritz Burchardt, beide Schüler von
Löwe, die Input–Output- und die Kreislaufbetrachtung voran, andere wiederum ver-
tieften sich in die Geldtheorie oder entwickelten die Allgemeine Gleichgewichtstheorie
weiter. Allerdings blühten auch die aberwitzigsten Theorien auf, und ihre Vertreter
inszenierten sich als besonders tiefsinnige Denker.[20] Das insgesamt wahrscheinlich
produktive Chaos hatte noch zu keiner sich herauskristallisierenden dominanten Denk-
strömung geführt, als bereits der nächste „politische Schock" zu einem im Vergleich
zum Ersten Weltkrieg noch dramatischeren Bruch in der deutschsprachigen Nationalökonomie führte. Die Machtübernahme durch die Nationalsozialisten im Jahr 1933 und
konkret das „Gesetz zur Wiederherstellung des Berufsbeamtentums" vom 7. April 1933,

---

[19]Ebner, A. (2014), Ökonomie als Geisteswissenschaft? Die Ökonomik im Spannungsfeld
zwischen Natur- und Geisteswissenschaften, in: (Kurz, H.D., Hrsg.), *Studien zur Entwicklung der
ökonomischen Theorie* Bd. XXVIII, Schriften des Vereins für Socialpolitik, Berlin: Duncker &
Humblot, S. 74–103.

[20]Vgl. hierzu: Köster, R. (2011), *Die Wissenschaft der Außenseiter – Die Krise der Nationalökonomie in der Weimarer Republik*, Göttingen: Vandenhoeck & Ruprecht.

ermöglichte es den Nazis nicht nur jüdische, sondern alle missliebigen Wissenschaftler und Professoren zu entlassen, wovon sie regen Gebrauch machten.[21] Von diesem Schock sollte sich die deutsche Volkswirtschaftslehre so schnell nicht mehr erholen. Es ist zu vermuten, dass die Nachwirkungen sogar gegenwärtig noch spürbar sind.

12.3 Die Entstehung der Makroökonomie

Im Vergleich zur Wert- und Preistheorie ist die Makroökonomie ein relativ junges Teilgebiet der Volkswirtschaftslehre. Ihre Entstehung ist eng mit dem Namen von J. M. Keynes verbunden. Makroökonomische Fragestellungen sind allerdings wesentlich älter als die Makroökonomie. Wachstum des Wohlstands, Konjunkturschwankungen, Inflation und Deflation waren bereits Jahrhunderte vor Keynes Themen in ökonomischen Abhandlungen. Erst mit den durch Keynes entwickelten Begriffen und Konzepten entstand ein theoretisches System, mit dem bis zum heutigen Tage makroökonomische Fragestellungen behandelt werden. Zu diesem System von Begriffen und Konzepten zählt vor allem das System der volkswirtschaftlichen Gesamtrechnung (VGR), das solchen makroökonomischen Größen, wie etwa dem Bruttoinlandsprodukt, nicht nur konzeptionell, sondern auch als quantitative Größe eine Gestalt gibt.

Die VGR gibt es als makroökonomisches System der nationalen Buchhaltung erst seit 1953. Erst seitdem hat die Volkswirtschaftslehre die quantitative Entwicklung der Exporte, der Investitionen oder der Staatsausgaben im Blick. Viele Datenreihen über die Zeiträume vor der Kanonisierung der VGR entstanden so erst rückwirkend. Ökonomen früherer Jahrzehnte hatten diese Daten nicht zur Verfügung.

Wie näherten sich Ökonomen vor Keynes makroökonomischen Fragen? In der britischen Volkswirtschaftslehre war es seit Ricardo üblich, auf der Grundlage vereinfachter Modelle und Annahmen deduktiv gewonnene Aussagen abzuleiten. Bekannt ist das sogenannte Ricardosche Korn-Korn-Modell. Korn ist sowohl Input als auch Output. Die Löhne und Gewinne werden in Korn gezahlt. Etwas komplexer sind dann Modelle mit zwei Gütern, z. B. Korn und Gold. Zur Zeit von Keynes folgte man dieser Tradition ebenfalls. So hatte Pigou, der neben Marshall Keynes' akademischer Lehrer war, in seiner *Theory of Unemployment*[22] ein Modell mit zwei Gütern und Sektoren entwickelt: Pigou unterschied *wage-goods* von *non-wage goods*. Keynes hingegen differenzierte zwischen Konsumgütern und Investitionsgütern, was der Pigouschen Unterscheidung ähnlich war, ohne jedoch mit ihr übereinzustimmen. Im Rahmen dieser aggregativen Struktur hatte sich Keynes vor allem mit der Frage beschäftigt, wodurch die Höhe des Preisniveaus in einer solchen Ökonomie bestimmt wird. Die Frage nach der Höhe des

---

[21] Hagemann, H. und Krohn, C.D. (1999), *Biografisches Handbuch der deutschsprachigen wirtschaftswissenschaftlichen Emigration nach 1933*, München: Saur-Verlag.
[22] Pigou, A.C. (1933), *Theory of Unemployment,* London: Routledge.

Preisniveaus ist nur in einer Ökonomie mit mindestens zwei Gütern und einem Geldgut sinnvoll, denn in einer Ökonomie mit nur einem Gut, z. B. Korn, benötigt man eigentlich kein Geld.

In der seinerzeit herrschenden Quantitätstheorie des Geldes bestimmt sich das Preisniveau durch die institutionell bzw. technisch gegebene Umlaufgeschwindigkeit des Geldes und der Geldmenge. Je höher ceteris paribus die Geldmenge, desto höher das Preisniveau und umgekehrt. Der schwedische Ökonom *Knut Wicksell* stellte diesem Ansatz in seinem 1898 in deutscher Sprache erschienenen Werk *Geldzins und Güterpreise* einen anderen Ansatz entgegen. Ausgehend von der österreichischen Kapitaltheorie identifiziert Wicksell den „natürlichen" Zinssatz, dessen Eigenschaft darin besteht, Sparen und Investieren zum Ausgleich zu bringen. Liegt nun der von den Banken verlangte Kreditzinssatz unter dem natürlichen Zinssatz, dann sind Investitionen lohnend und führen zu einer steigenden Investitionsnachfrage, was wiederum zunächst die Preise der Investitionsgüter und dann auch der Konsumgüter steigen lässt. Es kommt zu einem Anstieg des Preisniveaus, da Wicksell ein langfristiges Gleichgewicht vor Augen hat, was Vollbeschäftigung der Arbeitskräfte impliziert. Liegt der Kreditzins oberhalb des „natürlichen" Zinssatzes, kommt es über den gleichen Mechanismus zu einem sinkenden Preisniveau. Wicksell argumentierte also nicht mehr quantitätstheoretisch, sondern benutzte das Konzept von Sparen und Investieren.

Ganz ähnlich ging Keynes in seinem zweibändigen Werk, der *Treatise on Money,* das 1930, also 32 Jahre[23] nachdem Wicksells *Geldzins und Güterpreise*[24] erschienen war, an das Thema heran:

> *„Mein Ziel war es, eine Methode zu finden, die hilfreich ist, nicht nur die Eigenschaften eines statischen Gleichgewichts, sondern die eines Ungleichgewichts zu beschreiben, und die dynamischen Gesetzmäßigkeiten zu entdecken, die den Übergang einer Geldwirtschaft von einem Gleichgewicht in ein anderes regeln."*[25] *(Übersetzung des Verfassers)*

Ein langfristiges Gleichgewicht im Sinne Marshalls ist, im Unterschied zu einem Gleichgewicht der kurzen Periode, durch eine einheitliche Verzinsung des Kapitals in beiden Sektoren charakterisiert. Die sich bei dieser uniformen Verzinsung einstellenden Gewinne nannte Marshall die „normalen" Gewinne. Wenn diese „normalen" Gewinne herrschen, sehen sich die Unternehmer nicht veranlasst, ihre Produktion zu verändern. Die sich ergebenden Ersparnisse werden in Kapitalgüter reinvestiert. Wird nun eine sich im langfristigen Gleichgewicht befindende Ökonomie gestört („geschockt") und in einen

---

[23] Keynes wurde von R.F. Kahn auf die Arbeit von Wicksell hingewiesen und veranlasste, dass *Geldzins und Güterpreise* von R.F. Kahn ins Englische übersetzt wurde. Es erschien 1936 unter dem Titel *Interest and Prices.*

[24] Wicksell, K. (1898), *Geldzins und Güterpreise,* Jena: Fischer.

[25] Keynes, J.M. (1971, [1930]), *A Treatise on Money*, Collected Writings of J.M. Keynes, edited by D.E. Moggridge, Vol. V, S. XVII, London: Macmillan.

ungleichgewichtigen Zustand versetzt, manifestiert sich das in einer Abweichung der tatsächlichen Gewinne vom „normalen" Niveau. Angenommen, aufgrund hoher zukünftiger Gewinnerwartungen steigt die Nachfrage nach Investitionsgütern. Als Folge kommt es zu einem Anstieg der Investitionsgüterpreise und auch zu einem Anstieg der tatsächlichen über die „normalen" Gewinne. Das Preisniveau ergibt sich als gewichtetes arithmetisches Mittel der Konsumgüter- und Investitionsgüterpreise. Steigen die Investitionsgüterpreise und bleiben die Konsumgüterpreise zunächst konstant, ergibt sich bei unveränderten Mengen beider Güter ein Anstieg des Preisniveaus. Folgende einfache buchhalterische Gleichungen gelten:

$$P_C \cdot X_C + P_I \cdot X_I = C + I = W + P = C + S$$

[Preis der Konsumgüter mal Menge + Preis der Investitionsgüter mal Menge = nominaler Konsum + nominale Investition = Lohnsumme + Gewinnsumme = nominaler Konsum + nominale Ersparnis.]

Steigt nun der Preis der Investitionsgüter, steigt I und damit P, nicht jedoch S! Keynes bezeichnet mit Q die Gewinnsumme, die über dem normalen Niveau P liegt. Damit gilt:

$$C + I = W + P + Q = C + S,$$

Wenn $I > S$ dann $Q > 0$. Wenn $I < S$ dann $Q < 0$.

Aus $I = S$ folgt $Q = 0$, d. h., es herrscht ein langfristiges Gleichgewicht. Ist hingegen $Q > 0$, dann sind die Investitionen größer als die Ersparnisse und das Preisniveau steigt. Umgekehrt gilt, dass das Preisniveau sinken muss, wenn $Q < 0$, d. h. die Investitionen unterhalb der Ersparnisse liegen. Es ist naheliegend, dass die Zentralbank über eine entsprechende Zinspolitik die Investitionstätigkeit und damit indirekt die Preisniveauentwicklung beeinflussen kann. Das ist ganz grob zusammengefasst eine Kernidee, die Keynes in der *Treatise on Money* entwickelte. Sie erinnert zweifellos an Knut Wicksells Ansatz aus *Geldzins und Güterpreise* (1898), der aus der Zinsspanne zwischen dem Kreditzinssatz und dem sogenannten „natürlichen" Zinssatz die Abweichung der Investitionen von den Ersparnissen und damit inflationäre oder deflationäre Prozesse ableitete. Sowohl Wicksell als auch Keynes hatten sich mit ihren theoretischen Ansätzen deutlich von der Quantitätstheorie des Geldes als Theorie zur Bestimmung des Preisniveaus entfernt.[26] Auf die Weiterentwicklung der Keynesschen Analyse hatten sein wissenschaftlicher Diskussionskreis[27] („Circus") und die realen wirtschaftspolitischen

---

[26] Hierauf hat vor allem A. Leijonhufvud hingewiesen. Vgl. Leijonhufvud, A. (1981), The Wicksell-Connection, in: *Information and Coordination: Essays on Macroeconomic Theory*, S. 131–202, New York: Oxford University Press.

[27] Zum ‚Circus' gehörten Richard Kahn, James Meade, Joan Robinson, E.A.G. Robinson und Pierro Sraffa.

Probleme Englands (Deflation seit 1925 und steigende Arbeitslosigkeit, 1932 lag die Arbeitslosenquote bei 12 %) einen nicht unwesentlichen Einfluss. Keynes beschäftigte der folgende Fall: Die Zentralbank erhöht den Zinssatz, wodurch die Investitionen sinken und kleiner als die Ersparnisse werden. Die rückläufige Investitionsnachfrage führt zu sinkenden Preisen der Kapitalgüter (man beachte, dass Keynes von flexiblen Preisen ausging) und damit sinken die Gewinne unter das „normale" Niveau. Diese rückläufigen Gewinne könnten nur durch eine Senkung der Produktionskosten und damit der Geldeinkommen aufgefangen werden. Wie könnte das gelingen? Durch Lohnsenkung! Allerdings gelänge dies nur in Diktaturen, in denen man „über Nacht" die Löhne senken könne, nicht jedoch in einem „system of capitalistic individualism".[28]

Keynes dachte, dass in einer solchen Situation eher Arbeitslosigkeit entstünde, weil es in einer Marktwirtschaft leichter sei, Arbeiter zu entlassen als Geldlöhne zu senken. Wenn nun aber die Unternehmen auf eine sinkende Investitionsnachfrage zuerst mit Preissenkungen und dann mit Entlassungen der Arbeitskräfte reagieren, muss es gar nicht zu einem Absinken der Gewinne unter das „normale" Niveau kommen. In der Diskussion mit den Mitgliedern des „Circus" zeigte sich, dass die sogenannten „Fundamental Equations" der *Treatise on Money* diesen Fall nicht erfassten und somit nicht allgemeingültig waren. Keynes entschied sich – aus heutiger Sicht folgerichtig – die sogenannten Q-Gewinne als Bestandteile des Einkommens zu begreifen. Nun würden mit einem positiven (negativen) Q-Gewinn aber auch der Konsum und die Ersparnisse ansteigen (sinken). Damit wurde ihm klar, dass sich Investieren und Ersparnisse in die gleiche Richtung bewegen müssen, ganz unabhängig davon, ob Preis- und/oder nur Mengenanpassung vorliegt. Dieses Ergebnis widersprach der seinerzeit vorherrschenden Vorstellung, dass die Investitionen negativ und die Ersparnisse positiv vom Zinssatz abhängen, denn der letzteren Auffassung zufolge können Investieren und Sparen auseinanderfallen und zu Anpassungen des Zinssatzes führen, sodass die Höhe des Zinssatzes durch das Verhältnis zwischen Kapitalangebot (Ersparnisse) und Kapitalnachfrage (Investitionen) bestimmt wird. Wenn nun aber Sparen und Investieren nicht durch Zinssatzanpassungen ausgeglichen werden, sondern wenn die Ersparnisse durch Einkommensänderungen immer den Investitionen entsprechen, dann hatte Keynes, bildlich gesprochen, als Folge der „ersten Baustelle" nun noch eine „zweite". Dies sollte ihn noch einige Jahre beschäftigen; genau die sechs Jahre zwischen dem Erscheinen der *Treatise on Money* und der *Allgemeinen Theorie der Besch*äftigung, *des Zinses und Geldes* im Jahre 1936.

Man sieht bereits hier, dass die Entwicklung der *Allgemeinen Theorie* kein direkter Reflex auf die Weltwirtschaftskrise war, sondern sich im Kern aus einer konzeptionell-theoretischen Fragestellung der *Treatise on Money* entwickelte. Die illustrativen Beispiele in den Diskussionen mit dem „Circus" bezogen sich allerdings häufig auf die

---

[28] Vgl. Keynes, J.M. (1971, [1930]), *A Treatise on Money*, Vol. 1, Collected Writings, Bd. V, S. 244–245.

seinerzeit spezifische Lage Großbritanniens nach der Wiedereinführung des Gold-
standards im Jahr 1925. Denn die Rückkehr zum Goldstandard alter Parität führte zu
einer Deflation und zunehmender Arbeitslosigkeit. Die Deflation kam in den Jahren
1933–34 zwar zum Stillstand, doch die Arbeitslosigkeit blieb bis 1939 zweistellig.

Keynes hatte mit der *Allgemeinen Theorie* auch keine direkten wirtschaftspolitischen
Absichten. Der erste Satz des Vorworts lautet unmissverständlich: „This book is chiefly
adressed to my fellow economists".

Kommen wir auf die einige Zeilen weiter oben angesprochenen „Baustellen" zurück:
Die Anpassung von Sparen und Investieren schien nicht über den Zinsmechanismus
zustande zu kommen. Damit stellte sich nun aber umgekehrt die Frage, wodurch sich
dann der Zinssatz bestimmt, wenn nicht durch Sparen und Investieren? Keynes entwickelte seine *Allgemeine Theorie* genau in der Reihenfolge, wie sie der Titel vorgibt:
Zuerst kommt eine Theorie des gesamtwirtschaftlichen Aktivitätsniveaus einer Volkswirtschaft (Output und Beschäftigung), dann folgt eine Theorie des Zinssatzes und zum
Schluss wird die Rolle des Geldes reflektiert.

Keynes modellierte eine Volkswirtschaft ohne Außenhandel und ohne staatliche
Aktivität. Wie in der *Treatise on Money,* so gibt es auch in der *Allgemeinen Theorie* zwei
Komponenten der gesamtwirtschaftlichen Nachfrage: Die Nachfrage nach Konsumgütern und die nach Investitionsgütern. Produziert wird der gesamte wertmäßige
Output mit Hilfe von Arbeit und einem gegebenen Kapitalbestand. Da Keynes die Auswirkungen der Kapitalakkumulation und des technischen Fortschritts nicht behandeln
wollte, wählte er Marshalls *kurze Periode* als die für die vorliegende Fragestellung
relevante Periodenabgrenzung. Alle Größen sind nominal d. h. in Geldeinheiten ausgedrückt. Dividiert man diese nominalen Größen durch den Geldlohn, werden sie in
die Dimension „Arbeitszeit" überführt. Das war eine in der klassischen Theorie (Smith,
Ricardo) übliche Normierung; Smith prägte hierfür den Begriff der „kommandierten
Arbeit". Weder bei Smith noch bei Keynes beinhaltet die Wahl des Lohnes als
Numeraire, dass sie damit einen fixen Geldlohn annahmen. Dies ist eine zusätzliche
Annahme, die Keynes traf, allerdings auch deutlich darauf hinweist[29], dass es sich um
eine vorläufige Arbeitshypothese handelt, die im 20. Kapitel wieder aufgehoben wird.

Die Nachfrage nach Konsumgütern und die Nachfrage nach Investitionsgütern
werden getrennt behandelt. Die erste theoretische Neuerung von Keynes war die
Konsumfunktion. In der neoklassischen Theorie wird davon ausgegangen, dass alle
Arbeitssuchenden zum herrschenden Reallohn auch Arbeit finden. Das sich bei diesem
Reallohn einstellende Einkommen ist das Vollbeschäftigungseinkommen. Bei jedem
anderen Reallohn kann die neoklassische Theorie das Einkommensniveau und damit
den Konsum nicht bestimmen, ohne zusätzliche Annahmen über den tatsächlichen

---

[29] Keynes, J.M (2017), *Allgemeine Theorie der Beschäftigung, des Geldes und des Zinses,* Berlin:
Duncker & Humblot, S. 23.

Transaktionsumfang auf dem Arbeitsmarkt zu treffen. In der Keynesianischen Theorie beschreibt die Konsumfunktion die „effektive Konsumnachfrage als Funktion des tatsächlich realisierten Einkommens". Das Vollbeschäftigungseinkommen und der Konsum bei Vollbeschäftigung ist nur eine Konstellation unter vielen.

Die zweite Komponente der gesamtwirtschaftlichen Nachfrage ist die Investitionsnachfrage. Keynes hob drei Einflussfaktoren hervor: a) die Rentabilität der Investitionen, b) die Höhe des herrschenden Geldzinssatzes und c) den Zustand der langfristigen Erwartungen.

Was die Rentabilität und den Geldzinssatz als Einflussfaktoren betrifft, unterscheidet sich die Keynessche Auffassung nicht von der der Neoklassik. Der von Keynes so genannte „Zustand der langfristigen Erwartungen" war jedoch ein seinerzeit neuer und vorher nicht unbedingt berücksichtigter Aspekt. Für Investitionsgüter, die eine längere Nutzungzeit haben, muss man Erwartungen über diesen Nutzungszeitraum bilden. Wenn z. B. ein Unternehmen einen Heizungskessel ersetzen muss und eine solche Anlage ca. 15–20 Jahre genutzt wird, muss man sich Gedanken über die Preisentwicklung unterschiedlicher Energieträger machen, Wartungskosten abschätzen usw. Solche Szenarien können sich durch eintretende Ereignisse und Informationen abrupt ändern, wodurch sich die Investitionsnachfrage ebenso abrupt verschieben kann. Das korreliert mit der in der Realität beobachteten, relativ ausgeprägten Volatilität der güterwirtschaftlichen Investitionstätigkeit.

An dieser Stelle müssen wir uns daran erinnern, dass Keynes durch die weite Fassung des Einkommensbegriffs zu der Überzeugung gelangte, dass der Konsum und damit auch die Ersparnis nicht primär vom Zinssatz, sondern vom Einkommen abhängen. Damit ergab sich aber zwangsläufig, dass der Zinssatz sozusagen „in der Luft hing", d. h. unbestimmt blieb, weil nur die Investitionen, nicht aber die Ersparnis, vom Zinssatz abhängen. Keynes hatte damit die besagte „zweite Baustelle". Er brauchte eine „neue" Zinstheorie. Hierzu griff er auf geldtheoretische Überlegungen zurück, die bereits Bestandteil der sogenannten Cambridger „oral tradition" waren[30]. Wie so oft müssen wir bei Keynes' akademischem Lehrer nachschauen. Marshall hatte die Quantitätstheorie in die Kassenhaltungstheorie verwandelt, d. h. aus $M \cdot V = P \cdot Y^r$ wurde $M = k \cdot P \cdot Y^r$. Wobei $k = \frac{1}{V}$, der Kassenhaltungskoeffizient als Kehrwert der Umlaufgeschwindigkeit des Geldes definiert ist. Jetzt las man die Gleichung nicht mehr von links nach rechts – die Geldmenge M bestimmt das Preisniveau P, weil V und Y^r exogen bestimmt sind – sondern von rechts nach links. Gegeben der Kassenhaltungskoeffizient k, dann bestimmt die Höhe des nominalen Outputs $P \cdot Y^r$ die Höhe der Geldmenge, besser die Höhe der nachgefragten Geldmenge. Dass dieser Kassenhaltungskoeffizient nicht konstant ist, sondern von der Höhe des Zinssatzes beeinflusst wird, war „oral tradition"

[30] Vgl. Eshag, E. (1963), *From Marshall to Keynes*, Oxford: Blackwell und Bigg, R.J. (1990), *Cambridge and the Monetary Theory of Production*, London: Macmillan, S. 18–25.

in Cambridge. Es finden sich hierfür auch Hinweise in den posthum veröffentlichten Schriften Marshalls zur Geldtheorie[31].

Keynes entwickelte diesen Kassenhaltungsansatz konsequent weiter, indem er deutlich machte, dass Geld nicht nur ein Zahlungsmittel ist, sondern auch als Vermögensgut angesehen werden muss. Die Ersparnis entsteht aus der Entscheidung, einen Teil des Einkommens nicht zu konsumieren. Eine zweite Entscheidung betrifft dann die Form, in der diese Ersparnis gehalten werden soll. Hier liegt ein breites Spektrum vor, das von Bargeld und Sichteinlagen über unterschiedlichste Wertpapiere und Aktien bis hin zu immobilen Vermögensgütern reicht. Wenn nun eine Person spart und ihre Ersparnisse z. B. vollständig in Aktien oder in einer Eigentumswohnung anlegt, entsteht dadurch nicht automatisch auch eine Neuinvestition, d. h., es entsteht dadurch nicht notwendig eine neue Eigentumswohnung. Es ist z. B. ebenso möglich, dass diese Person die Wohnung von einem Vorbesitzer erwirbt und dieser den Geldbetrag nutzt, um sich in ein bestehendes Wohnstift einzukaufen. So wird die Ersparnis der ersten Person in den Konsumstrom einer anderen Person verwandelt. Auch im Falle eines Aktienkaufs muss keine Neuinvestition verbunden sein. So kann der Verkäufer der Aktien zu diesem Verkauf gezwungen sein, weil er z. B. Schulden tilgen muss. In diesem Fall dient die Ersparnis der ersten Person eine in der Vergangenheit getätigte Ausgabe zu alimentieren, die investiv oder konsumtiv gewesen sein kann. Sparen, das sollte deutlich geworden sein, hat also weder einen direkten Einfluss auf die Investitionstätigkeit noch wirkt es unmittelbar auf den Zinssatz.

Die zur Zeit von Keynes herrschende neoklassische Theorie hatte nie zu Ende gedacht, dass Geld auch ein Vermögensgut mit dem Ziel der Wertaufbewahrung sein kann. Aber, fragt Keynes, warum sollte jemand „outside a lunatic asylum"[32] Geld als Vermögensgut halten, wenn es keinen oder nur einen geringen Zins verspricht? Er entwickelte zwei ganz unterschiedliche Begründungen dafür: Erstens, Geld wird von den Menschen gehalten, die die Zukunft der Zinsentwicklung und der Vermögenspreisentwicklung für unsicher halten. Eine Gruppe von Marktteilnehmern rechnet mit steigenden Zinssätzen (Bären), die andere Gruppe rechnet mit fallenden Zinssätzen (Bullen). Ob man nun zu den Bären oder zu den Bullen zählt, hängt davon ab, welches Zinsniveau als „normal" angesehen wird. Gegen diese Begründung wurde z. B. von Hicks eingewendet.[33] dass Keynes von einem „normalen" Niveau ausgehe, ohne eine Erklärung dieses „normalen" Niveaus zu geben. Hicks hat das die „bootstraps-theory of interest" genannt. Die Zinssätze hängen, bildlich gesprochen, am Schnürsenkel. Der jedoch hängt selbst in der Luft. In den Diskussionen mit Dennis Robertson muss Keynes die Schwäche dieser Begründung deutlich geworden sein, weshalb er noch eine zweite

---

[31] Marshall, A. (1923), *Money, Credit and Commerce*, a.a.O., S. 38–39 und S. 258–259.

[32] Keynes, J.M. *Collected Writings*, a.a.O., Band XIV, S. 116.

[33] Hicks, J.R. (1946), *Value and Capital*, Oxford: University Press, S. 164.

Argumentationslinie präsentiert. Zweitens, man hält Geld, um liquide zu bleiben. Es ist das Vermögensgut mit der höchsten Liquiditätsprämie. Vermögen wird dann nicht in Geldform gehalten, wenn der Geldzinssatz größer als die Liquiditätsprämie ist. Keynes behauptete nun, dass der Geldzinssatz nie unter die Liquiditätsprämie fallen könne, wodurch sie eine „untere Barriere" ergäbe, sodass die Investitionsnachfrage nicht ausreichend steigen könne, wenn man sich der Barriere nähere. Dieses Argument entwickelte Keynes im 17. Kapitel der *Allgemeinen Theorie*. Es ist allerdings fragwürdig, wenn nicht gar falsch. Denn bei einem hinreichend flexiblen Preisniveau, wovon Keynes ja ausging, kann der Eigenzinssatz des Geldes, d. h. der Geldzinssatz hinreichend klein werden. Das Argument einer „unteren Barriere" kann also nicht gehalten werden. Das berührt aber nicht die grundsätzliche Begründung einer zinsabhängigen Nachfrage nach Geld als einem Vermögensgut. Hier gilt: Je höher der Marktzins, desto weniger wird Geld zu spekulativen Zwecken gehalten, weil bei hohen Marktzinsen die Wertpapierkurse niedrig sind. Also kauft der Vermögensanleger eher Wertpapiere und meidet Geld. Sind die Wertpapierkurse dagegen sehr hoch, sodass man eher mit einem Kursverfall rechnen muss, ist es sinnvoll, Geld zu spekulativen Zwecken zu halten.

Die gesamte Geldnachfrage setzt sich also aus zwei Komponenten zusammen: Aus der Nachfrage nach Geld zu Transaktionszwecken und der Nachfrage nach Geld als Vermögensgut.

Während die Nachfrage nach Geld zu Transaktionszwecken im Wesentlichen positiv von der gesamtwirtschaftlichen Aktivität, d. h. von der Höhe des gesamtwirtschaftlichen Einkommens abhängt, hängt die Nachfrage nach Geld als Vermögensgut invers vom Zinssatz ab, d. h.

$$M^{\mathrm{d}} = k \cdot Y + L(i),$$

wobei M^{d} die Geldnachfrage, k der Kassenhaltungskoeffizient, Y das nominale gesamtwirtschaftliche Einkommen und i den Geldzinssatz bezeichnet. Wäre nun das Geldangebot M^{S} von der Zentralbank exogen gegeben, hätte man nur eine Gleichung mit zwei Unbekannten, Y und i. Erinnern wir uns: Die gesamtwirtschaftliche Nachfrage besteht aus der Konsumnachfrage und der Investitionsnachfrage, wobei erstere vom Einkommen und letztere u. a. als vom Zinssatz abhängig angesehen werden. Nimmt man an, dass jede Nachfragehöhe befriedigt werden kann, solange keine Vollbeschäftigung herrscht, ergäbe sich ein Gleichgewicht zwischen der gesamtwirtschaftlichen Nachfrage und der Produktion, wenn die durch die Produktion generierten Einkommen eine Güternachfrage erzeugen, die der Produktion entspricht.

Wenn $Y_{\mathrm{w}} = C_{\mathrm{w}}(Y_{\mathrm{w}}) + I_{\mathrm{w}}(i)$, jeweils in Lohneinheiten gemessen wird und auch die Geldmarktgleichung in Lohneinheiten ausgedrückt wird, haben beide Gleichungen die gleichen Dimensionen. Es liegen zwei Gleichungen und zwei endogene Variablen Y, i vor. Geld- und Gütermarkt sind zunächst und ohne weitergehende Überlegungen interdependent, d. h., sie beeinflussen sich gegenseitig und einer der beiden Märkte kann nur im Gleichgewicht sein, wenn der andere es auch ist.[34] Keynes war aber kein Walrasianer, sondern von Marshalls Periodenanalyse geprägt. Ist der Finanzmarkt ein „schneller" Markt, bildet sich immer ein temporäres Gleichgewicht heraus, das den Zinssatz bestimmt. Dieser bestimmt dann die Investitionsnachfrage und über den Multiplikatorprozess das Konsumnachfrageniveau und somit die Einkommenshöhe. Aus der Einkommenshöhe ergeben sich dann die Transaktionsnachfrage nach Geld und die gesamte Geldnachfrage und diese haben dann Rückwirkungen auf den Finanzmarkt. Sollte, aus welchen Gründen auch immer, der Finanzmarkt auf eine geringe Güternachfrage nicht reagieren, d. h. nicht mit Zinssenkungen reagieren, kann sich also eine Situation einstellen, bei der die Ökonomie unausgelastete Produktionskapazitäten aufweist und Unterbeschäftigung herrscht. Dieser Fall wurde unter dem Namen der Liquiditätsfalle prominent. Der Zinssatz liegt auf einem sehr niedrigen Niveau bzw. die Kurse festverzinslicher Wertpapiere sind hoch. Weil nun die Mehrheit der Anleger nicht mit weiterhin steigenden, sondern eher fallenden Kursen rechnet, führt die Ersparnisbildung zum Geldhorten. Sofern Anleger Schulden haben, könnten sie diese durch die Ersparnisse auch tilgen, was auch nicht unbedingt zu Zinssenkungen führt.

Wird ein Rückgang der gesamtwirtschaftlichen Nachfrage durch einen Rückgang der Investitionsnachfrage ausgelöst, kommt es nicht, wie die alte neoklassische Theorie argumentierte, zu einem kompensierenden Anstieg der Konsumnachfrage, sondern genau zum Gegenteil. Durch den Multiplikatoreffekt sinken die Einkommen und deshalb auch die Konsumnachfrage. Der alten neoklassischen Theorie zufolge hätte ein Rückgang der Investitionsnachfrage bei konstanten Ersparnissen zu einer Zinssatzsenkung führen müssen. Durch die Zinssenkung wäre die Investitionstätigkeit wieder stimuliert worden und die Haushalte hätten ihr Einkommen umgeschichtet, d. h. weniger gespart und mehr konsumiert. So wäre nach herkömmlicher Vorstellung die Störung vom Zinsmechanismus verarbeitet und behoben worden.

Die zentrale Ursache der Instabilität der gesamtwirtschaftlichen Nachfrage lokalisiert Keynes bei der Investitionsnachfrage:

> „Mit der heute vorherrschenden Trennung von Eigentum und Management und mit der Entwicklung organisierter Investmentmärkte ist jedoch ein neuer Faktor von großer Wichtigkeit eingeführt worden, der zuweilen das Investment erleichtert, zuweilen aber auch stark zu der Unbeständigkeit des Systems beiträgt".[35]

Keynes unterscheidet zwei Typen von Investoren. Solche mit einer seriösen langfristigen Orientierung und sogenannte „Spieler". Ob der Kapitalmarkt ‚funktioniere', hänge davon ab, welcher der beiden Typen dominiere.

---

[34] Dies gilt nur, solange zwei Märkte betrachtet werden. Kommen weitere Märkte hinzu, gilt das natürlich nicht mehr.

[35] Keynes, J.M. (2017), *Allgemeine Theorie*, a.a.O., S. 128.

„Auf wirklicher langfristiger Erwartung beruhende Investitionen sind heute so schwierig, dass sie kaum durchführbar sind. Wer dies versucht, muß sicherlich arbeitsreichere Tage verbringen und größere Risiken eingehen als derjenige, der versucht, besser als die Masse zu raten, wie sich die Masse verhalten wird …"[36]

„Wenn die Kapitalentwicklung eines Landes das Nebenerzeugnis der Tätigkeiten eines Spielkasinos wird, wird die Arbeit schlecht getan werden. Die Wall Street, als Einrichtung betrachtet, deren eigentlicher sozialer Zweck die Leitung neuer Investments in die einträglichsten Kanäle, in Größen der zukünftigen Erträge gemessen, ist, kann nicht Anspruch darauf erheben, dass der von ihr erreichte Erfolgsgrad ein hervorstechender Triumph des laissez-faire Kapitalismus ist – was nicht überraschen kann, wenn meine Annahme richtig ist, dass die besten Köpfe von der Wall Street in der Tat auf eine andere Aufgabe gerichtet sind."[37]

Aus welchen Gründen auch immer die gesamtwirtschaftliche Nachfrage fällt, es kommt zu einem Rückgang der Einkommen. Je größer die Preisanpassung, desto stärker sind die Gewinneinkommen betroffen. Reagiert hingegen die Mengenseite stärker, führt dies letztendlich auch zu einem Rückgang der Arbeitsnachfrage, wenn Geldlöhne nicht gesenkt werden können. Die Folge ist Arbeitslosigkeit. Keynes weist in ganz verschiedenen Schriften immer wieder darauf hin, dass umfassende Geldlohnsenkungen in einer dezentralen Ökonomie kaum, in einer zentral gesteuerten Ökonomie leichter durchsetzbar scheinen. Gleichwohl diskutiert er die Maßnahme einer Geldlohnsenkung und kommt zu dem Ergebnis, dass die Wirkungsrichtung nicht eindeutig sei. Neben Effekten, die die Beschäftigung steigen ließen, wirkten andere entgegengesetzt. Immerhin maß er einer scharfen, einmaligen Senkung der Geldlöhne einen die gesamtwirtschaftliche Nachfrage belebenden (!) Effekt bei:

„Wenn wir in einen Zeitabschnitt einer abnehmenden Nachfrage eintreten, würde eine plötzliche kräftige Kürzung der Nominallöhne auf ein so niedriges Niveau, dass niemand an seine unbegrenzte Dauer glaubt, das für eine Zunahme der effektiven Nachfrage günstigste Ereignis sein. Dies könnte aber nur durch eine staatliche Verfügung erreicht werden und ist in einem System freier Lohnverhandlungen kaum durchführbar."[38]

Langsame, sukzessive Geldlohnsenkungen hielt er nicht nur für wirkungslos, sondern geradezu für gefährlich, weil sie eine deflationäre Entwicklung, also eine sinkende Konsum- und Investitionsnachfrage begünstigen statt zu konterkarieren.

Keynes zeigt, dass Ausweitungen der Geldmenge den nahezu gleichen gesamtwirtschaftlichen Effekt haben wie Geldlohnsenkungen. Steigt das Preisniveau bei konstantem Geldlohn, sinkt nämlich der Reallohn. Dieses theoretische Argument ist wirtschaftspolitisch ambivalent. Vor dem Hintergrund der zurzeit von Keynes herrschenden deflationären Entwicklung in Großbritannien bekämpft eine expansive

---

[36] Ebenda, S. 157.

[37] Keynes, J.M. (2017, S. 135).

[38] Ebenda, S. 224.

Geldpolitik sowohl den deflationären Prozess als auch die Arbeitslosigkeit. Wenn jedoch Arbeitslosigkeit allein oder wie in den 70er und 80er Jahren gepaart mit Inflation vorherrscht, würde eine expansive Geldpolitik die inflationären Tendenzen weiter befördern. Keynes selbst sprach sich für eine „Politik stabiler Nominallöhne" aus, um auch ein stabiles Preisniveau zu ermöglichen. Langfristig werde der technische Fortschritt die Produktionskosten senken. In diesem Fall stünde man vor zwei lohnpolitischen Alternativen: Ein sinkendes Preisniveau bei konstanten Geldlöhnen oder steigende Geldlöhne bei möglichst stabilem Preisniveau. Er hatte eine deutliche Vorliebe für den zweiten Weg, weil auf diesem ein Wandel der Branchenstrukturen leichter vonstatten gehe und weil mäßig steigende Nominallöhne eine psychologische Ermutigung für die Beschäftigten darstelle.

Obgleich Keynes in der *Allgemeinen Theorie* wesentlich öfter über geldpolitische Maßnahmen als über fiskalpolitische räsoniert, versteht nicht nur die Öffentlichkeit unter „Keynesianismus" eher eine ausgabenorientierte Fiskalpolitik. Keynes hat als Regierungsberater in den Zeiten großer Arbeitslosigkeit öffentliche Investitions- und Beschäftigungsprogramme befürwortet und auch gefordert. Das haben aber auch Ökonomen wie Henderson und Pigou unterstützt, die beide zunächst keine Anhänger der Keynesschen Theorie waren. Zumindest von Pigou wissen wir, dass er nach Keynes' Tod und nachdem er Keynes' Theorie aufgearbeitet und durchdacht hatte, sie für richtig hielt[39]. Im folgenden Kapitel schauen wir auf die Entwicklung der Makroökonomie aus der monetären Perspektive.

12.4 Geld bei Wicksell und Keynes

Der schwedische Ökonom Knut Wicksell, dem wir bereits im vorherigen Kapitel in der Kapitaltheorie und der Gleichgewichtstheorie begegnet sind, hat in der Geldtheorie bereits im späten 19. Jahrhundert die Quantitätstheorie als Theorie zur Bestimmung des Preisniveaus aufgegeben. Inspiriert durch die österreichische Kapitaltheorie, entwickelte er eine Theorie der Bestimmung des Preisniveaus (bzw. dessen Veränderung), in der das Verhältnis des Dahrlenszinssatzes zum Güterzinssatz den Ausgangspunkt bildet.[40] Den Güterzinssatz, der reales Sparen und Investieren ausgleicht, nennt Wicksell den *natürlichen Kapitalzinssatz;* der Zinssatz, der das Kreditangebot und die Kreditnachfrage ausgleicht, nennt er den Darlehenszinssatz. Wenn nun die Banken diesen Geldzinssatz über den natürlichen Kapitalzinssatz setzen, dann führt das zu einem Rückgang der Kreditnachfrage und der Ausgaben und damit zu einem Rückgang „der Konjunktur", wie es Wicksell nennt. Umgekehrt, wenn der Darlehenszins unter dem natürlichen Kapitalzins

---

[39] Vgl. hierzu: Pigou, A.C. (1950), *Keynes's General Theory*, London; Macmillan.
[40] Wicksell, K. (1898), *Geldzins und Güterpreise,* Jena: G. Fischer.

liegt, stimuliert das die Ausgaben und damit die Konjunktur. Bei steigender Nachfrage kommt es zu einem Anstieg des Preisniveaus, bei nachlassender Nachfrage zu einem fallenden Preisniveau. So bestimmt also in der Wicksellschen Theorie der Darlehenszinssatz das Preisniveau. Ein konstantes Preisniveau wäre also dann gewährleistet, wenn der Darlehnszinssatz dem natürlichen Zinssatz entspräche. Kreditangebot und Kreditnachfrage regulieren diesen Darlehenszinssatz und so spiegelt diese Theorie ein bankendominiertes Finanzsystem wider, was bekanntlich in den meisten Ländern Kontinentaleuropas vorherrschend war.

Rund 30 Jahre später entwarf John Maynard Keynes in seiner *Treatise on Money* eine ganz ähnliche Theorie, nachdem er sich einige Jahre kritisch mit der Quantitätstheorie beschäftigt hatte. Dabei spielt die Kassenhaltung eine wichtige Rolle. Wenn die nicht nur von Transaktionszwecken, sondern auch von Vorsichtsgründen und vom Motiv des „Geldhortens" abhängig ist, dann wirken alle drei Motive auf den Kassenhaltungskoeffizienten k ein. So ergibt sich durch Umformulierung der Quantitätsgleichung $M = k \cdot P \cdot Y^r$. Während in der Quantitätstheorie die Kausalität von der Geldmenge M auf das Preisniveau P gerichtet ist, kann die Cambridger Kassenhaltungstheorie auch andersherum gelesen werden – vom nominalen Einkommen auf die Geldmenge gerichtet, also als eine Geldnachfragetheorie. Folgt man dieser theoretischen Idee, dann bleibt das Preisniveau als Variable zu bestimmen und da setzte Keynes Theorie in seiner *Treatise on Money* an. Das Preisniveau bleibt stabil, wenn Sparen und Investieren im Ausgleich sind. Übersteigt die Investitionstätigkeit die Ersparnis, steigen die Preise. In den Unternehmen entstehen Extragewinne, die Keynes, Marshall folgend, Quasirenten nennt. Fällt die Investitionstätigkeit unter die Ersparnis, setzt der umgekehrte Fall ein, die Preise fallen und es ergeben sich Verluste, negative Quasirenten also. Wie bei Wicksell findet auch in der Keynesschen *Treatise* Preisanpassung statt, weil vorausgesetzt ist, dass sich die Ökonomie in einem langfristigen Gleichgewicht befindet und die Ressourcen alle ausgelastet sind. Die Entwicklung des Preisniveaus wird durch Abweichungen der Investitionen von der Ersparnis gesteuert. Die Geldmenge spielt innerhalb dieser theoretischen Welt keine Rolle mehr. Keynes hat also nicht erst in der *General Theory* die Quantitätstheorie als Theorie des Preisniveaus hinter sich gelassen und folgt ganz explizit Knut Wicksell:

> „*Following Wicksell, it will be convenient to call the rate of interest which would cause the second term of our second fundamental equation to be zero (which means I = S, V.C.) the natural rate of interest, and the rate which actually prevails the market rate of interest. (...) Every departure of the market rate tends, on the other hand, to set up a disturbance of the price level by causing the second term of the second fundamental equation to depart from zero. (...) We have, therefore, something with which the ordinary quantity equation does not furnish us, namely, a simple and direct explanation why a rise in the bank rate tends, (...) to depress price levels.*"[41]

---

[41] Keynes, J.M. (1930, 1971), *Treatise on Money,* Vol. I, London: Macmillan, S. 139.

An einer späteren Stelle hebt er Wicksells Buch und Beitrag nochmals hervor und merkt an:

> „…*In substance and intention Wicksell's theory is closely akin to the theory of this treatise, though he was not successful, in my opinion, in linking up his theory of bank rate to the quantity equation.*"[42]

Keynes beschäftigt sich in der *Treatise* ausführlich mit dem System der Banken und kaum mit dem Finanzmarkt. Davon zeugt der zweite Band der *Treatise,* in der es um geldpolitische Maßnahmen und das Zusammenwirken der Banken und Zentralbanken auch in internationaler Perspektive geht. Auf einen Aspekt, der in den 1960er Jahren diskutiert[43], dann aber wieder in den Hintergrund trat und erst jüngst durch die Finanzkrise 2009 wieder beachtet wurde, möchte ich noch kurz hinweisen. Keynes unterscheidet in der *Treatise* zwei Sphären der Geldzirkulation. Einmal natürlich die des Warenkaufs und -verkaufs, die er „industrial circulation" nannte. Davon unterschied er die Sphäre der „financial circulation", in der vor allem Anlage- und Spekulationsmotive vorherrschen.

Diese Zusammenhänge treten in Keynes' *General Theory* in den Hintergrund, während das „Casino", d. h. die Börse und der Kapitalmarkt, in den Vordergrund gerückt wird. Hat das etwas mit einer zunehmenden Dominanz der Kapitalmärkte zu tun? Das dürfte wohl nicht ausschlaggebend gewesen sein, denn zwischen *Treatise* und *General Theory* liegen 6 Jahre, in denen sich die wirtschaftlichen Verhältnisse in England nicht gerade fundamental verändert hatten. Bleiben innertheoretische Gründe. Keynes hatte ein theoretisches Problem seiner I = S Analyse im *Treatise* mehrfach durchdacht und mit seinen Schülern (Circus) diskutiert. Wenn man die Quasirenten in die von den Unternehmen erzielten Einnahmen hineinrechnet, gibt es quasi niemals eine Divergenz zwischen Sparen und Investieren, weil jede Investition über den Multiplikator Prozess die erforderliche Ersparnis erzeugt, die zu einer Gleichheit beider Größen führt. Damit war aber der sogenannte natürliche Zinssatz, wie ihn Wicksell nannte, unbestimmt. Es gab nur die güterwirtschaftlich relevante Grenzleistungsfähigkeit des Kapitals, die die Investitionshöhe bestimmt, wenn man den Zinssatz exogen vorgibt; aber woher nehmen, wenn die Ersparnis sich unabhängig vom Zinssatz immer an die Investitionshöhe anpasst? Mit dieser theoretischen Änderung der Kausalzusammenhänge ließ er den Zinssatz gleichsam „in der Luft hängen". Als Lösung lag die Umwandlung des Cambridger Kassenhaltungsansatzes in eine Geldnachfragetheorie nah. Das war die Geburtsstunde der Keynesschen Liquiditätspräferenztheorie. Dabei ist der entscheidende Gedanke, dass Geld auch als eine Alternative zu anderen Vermögensgütern angesehen werden kann: Geld kann zu spekulativen Zwecken gehalten (nachgefragt) werden, z. B. genau dann, wenn ein Marktteilnehmer erwartet, dass die Preise anderer Vermögensgüter nicht mehr dauerhaft steigen werden. Findet er einen, der glaubt, dass die Preise von Vermögensgütern weiter

---

[42] Ebenda, S. 167.

[43] Gurley, J.G. und E.S. Shaw (1960), *Money in a Theory of Finance,* Washington: Brookings.

steigen werden, verkauft er ihm seine oder nur einen Teil und hält den Erlös in Geld. Somit reagiert die Geldnachfrage auf die erwarteten Vermögenspreisänderungen, die sich invers zur Verzinsung dieser Vermögensgüter verhalten. Nun ist der Vermögensmarkt nicht der Geldmarkt, aber diese Märkte hängen über Arbitrageprozesse voneinander ab. Der Geldmarkt ist der Interbankenmarkt, Nicht-Banken treten dort nicht als Akteure auf. Aber Banken interagieren nicht nur mit anderen Banken, sondern eben auch mit Nicht-Banken und dadurch entsteht mindestens ein Kanal, durch den die Preisbildung auf Vermögensmärkten und auf dem Geldmarkt miteinander verbunden sind.

Das Geldangebot wird von der Zentralbank beeinflusst, die Geldnachfrage kommt aus dem Bankensektor, der die Transaktionsbedürfnisse der Nicht-Banken, deren vorsichtsbedingte Geldhaltung und die spekulative Geldhaltung aller Wirtschaftseinheiten einschließlich der Geschäftsbanken selbst zu einer Geldnachfrage bündelt. Und auf diesem Geldmarkt bildet sich ein Zins, der den Zins auf allen Vermögensmärkten beeinflusst, aber auch umgekehrt auf den Geldmarktzins einwirkt, wenn auf den Vermögensmärkten Zinsänderungen stattfinden. Keynes verkürzt die Betrachtung auf den Zinssatz einer staatlichen Schuldverschreibung mit unendlicher Laufzeit – den Consol. Der symbolisiert stellvertretend den Vermögensmarkt. Die spekulative Geldnachfrage reagiert invers auf die Verzinsung des Consols. Je höher dessen interne Verzinsung, desto geringer ist die spekulative Geldnachfrage und vice versa. Die gesamte Geldnachfrage, bestehend aus transaktionsbedingter und vorsichtsbedingter Nachfrage und der spekulativen Geldnachfrage hängt von der Höhe des gesamtwirtschaftlichen Einkommens, der Risikohaltung und von der Höhe des Zinssatzes ab. Damit hatte Keynes die Bestimmung des Zinssatzes in den Geld- und Vermögensmarkt verlagert und so sein „Problem" des in der Luft hängenden Zinssatzes gelöst. Nicht der reale Kapitalgütermarkt wie bei Wicksell oder in der *Treatise* bestimmen den (natürlichen) Zinssatz, sondern der Geld- und Vermögensmarkt.

Keynes' *General Theory* wurde von zahlreichen Ökonomen, vor allem von britischen Zeitgenossen rezensiert und interpretiert. Er konnte auf nur wenige der Interpretationen eingehen, da er 1946 im Alter von 63 Jahren starb. Auf eine dieser Interpretationen jedoch, die von Bertil Ohlin, ist er mehrfach eingegangen. Ohlin versuchte die Keynessche Liquiditätspräferenztheorie mit dem Wicksellschen Ansatz zu vermitteln, indem er Keynes' Theorie als eine Theorie der ausleihbaren Mittel (loanable funds) zu fassen versuchte. Die Debatte fand im *Economic Journal* statt und ist natürlich nachlesbar[44], so dass eigentlich jeder, der interessiert ist, sich die Argumentation der beiden Autoren anschauen kann. Keynes behandelt in seiner Antwort „The ‚Ex-ante' Theory of the Rate of Interest" ein Motiv der Geldhaltung, das in der *General Theory* nicht explizit behandelt wird, das er aber bereits in der *Treatise* berücksichtigt hatte, nämlich das „finance motive" und die damit verbundene „financial circulation" (Treatise). Es geht dabei um die Geldhaltung der Unternehmen um Investitionen zu tätigen, also das

---

[44]Keynes, J. M. (1937), Alternative Theories of the Rate of Interest, The Economic Journal, 47(186), p. 241–252.

Spiegelbild zur Transaktionskasse auf der Seite der Konsumenten. Keynes betont, dass es keiner ex-ante Ersparnis bedürfe, also kein Nettoangebotszuwachsan Kreditmöglichkeiten notwendig sei, um Investitionen zu finanzieren.

> „…*the finance required during the interregnum between the intentions to invest and its achievement is mainly supplied by specialists, in particular by the banks, which organise and manage a revolving fund of liquid finance. For ,finance' is essentially a revolving fund. It employs no savings. It is, for the community as a whole, only a book-keeping transaction.*"[45]

Wenn also der Nichtbanken-Sektor liquider werden will, dann muss der Bankensektor auf Liquidität verzichten, was nur bei steigenden Zinssätzen möglich wird. Alternativ kann natürlich die Zentralbank den Geschäftsbanken bei steigenden Zinssätzen Liquidität zur Verfügung stellen.

> „… *a higher scale of activity involves an increased demand for liquid resources which cannot be met without a rise in the rate of interest, unless the banks are ready to lend more cash or the rest of the public to release more cash at the existing rate of interest. If there is no change in the liquidity position, the public can save ex ante and ex post and ex anything else until they are blue in the face, without alleviating the problem in the least – unless, indeed, the result of their efforts is to lower the scale of activity to what it was before.*"[46]

Keynes macht hier deutlich, dass zusätzliche Ersparnisbildung überhaupt nicht nötig ist, um zusätzliche Investitionen zu finanzieren. Geldangebot und Geldnachfrage bestimmen den Zinssatz, dieser bestimmt die Investitionsnachfrage und über den Multiplikator wird das Aktivitätsniveau, d. h. der gesamtwirtschaftliche Output bestimmt. Gemäß der einkommensabhängigen Sparfunktion ergibt sich die Ersparnis, die der anfänglichen Investition entspricht. Keynes trennt die Spar- bzw. Konsumentscheidung strikt von der Anlageentscheidung. Was vom Einkommen nicht konsumiert wird, ist Ersparnis. Diese kann nun unterschiedlich „angelegt" oder gehalten werden. Damit wird Sparen und Anlegen sauber voneinander getrennt behandelt und nicht vermischt.

Die Diskussion dieser Thematik hat allerdings einen die weitere Diskussion bestimmenden Verlauf genommen und darauf wollen wir im Folgenden eingehen. John Hicks hat in seinem Buch *Value and Capital*[47] in einem einfachen Modell ohne Bankensystem gezeigt, dass der Zinssatz sowohl im Geldmarkt als auch im Markt für Kredite eine Rolle spielt. Er zeigt schlüssig, dass in diesem einfachen Modell Geldmarkt und Kreditmarkt sich spiegelbildlich verhalten. In diesem einfachen Fall gibt es n Güter und somit auch n Preise zu bestimmen. Ein Gut, Geld, wird als Numeraire gewählt, was n−1 Preise zu bestimmen ergibt. Hinzu tritt der Zinssatz, so dass also wieder n Preise zu bestimmen sind. Aber es gibt n−1 Gütermärkte, den Kreditmarkt und den

---

[45] Keynes, J. M. (1973), Collected Writings, Bd. XIV, S. 219.

[46] Ebenda S. 222.

[47] Hicks, J. (1946), *Value and Capital,* Oxford: Clarendon Press.

Geldmarkt, also n + 1 Märkte. Gemäß Walras Gesetz ist einer der Märkte linear abhängig und damit hat man n Preise, die durch n Gleichungen bestimmt werden. Streicht man den Geldmarkt, bestimmt der Kreditmarkt den Zinssatz, streicht man den Kreditmarkt, bestimmt der Geldmarkt den Zinssatz. Aus dieser Spiegelbildlichkeit folgert Hicks, dass beide Theorien – die Keynessche Liquiditätspräferenztheorie und die Theorie der ausleihbaren Mittel – zum gleichen Resultat führen müssen. Was aber gelte, so eine schelmische, aber durchaus ernste Frage von Abba Lerner, wenn man den Markt für Erdnüsse streiche? Formal völlig unproblematisch, aber inhaltlich werden Fragen aufgeworfen. Wird der Zinssatz nun in zwei Märkten bestimmt oder gar in noch mehr Märkten und was sagt das dann über die Theorie der Liquiditätspräferenz oder der ausleihbaren Mittel aus? Patinkin, der dieses Thema aufgriff[48], betont, dass in einem allgemeinen Gleichgewichtsmodell alle Märkte alle relativen Preise simultan bestimmen und spitzt das auf die Frage zu, ob der Zinssatz rein monetär oder durch die Güterwirtschaft, also durch die realen Größen bestimmt wird.

> „... *we might say interest is a "real" phenomenon if it influences only the commodity markets; and a "monetary" one if it influences only the bond/or money markets.*"[49]
> ...*" it is a real phenomenon if its long run equilibrium value is not affected by exogenous changes which do not affect relative prices, and is affected by those that do. And it is a monetary phenomenon if its long run value is affected by exogenous changes which affect only the absolute price level.*"[50]

Langfristig wird der Zins von Veränderungen der Zeitpräferenz oder der Grenzproduktivität des Kapitals bestimmt, nicht von Veränderungen der Geldmenge oder der Liquiditätspräferenz. Und das entspricht ganz und gar der neoklassischen Theorie, die Keynes für einen Spezialfall hielt, weil ein langfristiges Gleichgewicht eben Vollbeschäftigung beinhaltet und genau diese Voraussetzung nicht generell eingehalten werden kann. Bei Unterbeschäftigung können Änderungen der Geldmenge bzw. der Liquiditätspräferenz zu Beschäftigungsveränderungen und damit zu „realen" Effekten führen. In der Neoklassischen Synthese führte das zu der „Weisheit", dass „Geld langfristig neutral sei, d. h. nur auf das Preisniveau einwirke, kurzfristig es aber nicht neutral sei, sondern reale Effekte auslöse. „Kurzfristig" bedeutet hier „bei Unterbeschäftigung" oder solange Unterbeschäftigung herrscht. Wenn also 20 Jahre lang Unterbeschäftigung herrscht, dann ist die „kurze Frist" recht lang.

Keynes wollte mit seiner Liquiditätspräferenz-Theorie verdeutlichen, dass Sparen und Anlegen zwei verschiedene Entscheidungen darstellen und Ersparnisse, also nicht konsumiertes Einkommen, können in völlig verschiedene Vermögensgüter angelegt werden, die sich im Grad der Liquidität deutlich unterscheiden. Das liquideste

---

[48] Patinkin, D. (1965), *Money, Prices and Interest, 2.ed.*, New York: Harper & Row, S. 378–381.

[49] Ebenda, S. 378.

[50] Ebenda, S. 379.

Vermögensgut ist Geld und wenn man Vermögen in Geld hält, dann verzichtet man auf einen Zinsertrag[51]. Zinsen sind also die Opportunitätskosten der Geldhaltung.

Kann diese Theorie der Liquiditätspräferenz eine dauerhafte Unterbeschäftigungssituation – Keynes sprach von einem Gleichgewicht bei Unterbeschäftigung – begründen helfen? Dazu verdeutlichen wir uns noch einmal die Denkweise der alten neoklassischen Schule (The ‚classical view‘). Die Investitionsnachfrage ist zu gering im Verhältnis zur Ersparnis und auf dem Arbeitsmarkt herrscht Unterbeschäftigung. Der Marktzinssatz liegt über dem natürlichen Zinssatz. Die Ersparnisse sind größer als die Investitionen, was zu einem Rückgang des Marktzinssatzes führt. Die Ersparnisse nehmen ab (der Konsum nimmt zu) und die Investitionen nehmen zu. Die Güternachfrage steigt, das Preisniveau beginnt ebenfalls zu steigen und der Reallohn fällt. Auf dem Arbeitsmarkt wird die Arbeitslosigkeit abgebaut. Das System kehrt in sein langfristiges Gleichgewicht zurück.

In der Keynesschen Theorie würde auch die Belebung der Investitionen (via Multiplikator) die Arbeitslosigkeit abbauen. Voraussetzung ist, dass der Zinssatz hinreichend unter die marginale Effizienz des Kapitals sinkt, um die Investitionen zu steigern. Da der Zinssatz nicht von der Ersparnis, sondern vom Verhalten der Anleger abhängt, besteht die Möglichkeit, dass die Anleger ihre Portfolios nicht umschichten wollen und deshalb der Zinssatz nicht hinreichend sinkt. Unterstellt man der Einfachheit halber, dass nur Geld und ein festverzinsliches Wertpapier als Alternativen zur Verfügung stehen, dann wäre dies eine Situation, in der die Anleger keine Kurssteigerungen des Wertpapiers erwarten und deshalb Geld halten wollen. Es käme zu keinen wesentlichen Transaktionen und der Zinssatz würde nicht sinken. In einer solchen Situation liegt eine *Liquiditätsfalle* vor. Hierbei muss der Zinssatz nicht in der Nähe der Nullzinsen liegen, sondern es reicht vollkommen, dass die Marktteilnehmer in großer Zahl keine Kurssteigerungen des festverzinslichen Wertpapiers erwarten und deshalb Liquidität, d. h. Geld halten wollen. Wenn keiner mehr das Wertpapier kaufen will, finden auch keine Transaktionen statt. Keynes hat den Begriff der Liquiditätsfalle nicht benutzt oder gar geprägt[52], aber der Kerngedanke findet sich in der *General Theory:*

> „*There is the possibility, …, that, after the rate of interest has fallen to a certain level, liquidity-preference may become virtually absolute in the sense that almost everyone prefers cash to holding a dept which yields so low a rate of interest. In this event the monetary authority would have lost effective control over the rate of interest.*"[53]

---

[51] Bei negativen Zinsen zahlen die Geldhalter ab einem festgelegten Betrag eine Art "Gebühr". Gegenwertig sind also die Opportunitätskosten der Geldhaltung nicht nur der Verzicht auf einen Zinsertrag, sondern Geldhaltung kostet zusätzlich etwas.

[52] I. Barens gibt den Hinweis, dass der Begriff „death-trap" von Dennis Robertson stammt. Siehe Barens, I. (2012), „To use the words of Keynes…" Olivier J. Blanchard on Keynes and the ‚liquidity trap‘, in: Krämer, H. et al. (Hrsg), *Macroeconomics and the History of Economic Thought*, London, New York: Routledge, S. 209–218.

[53] Keynes, J.M. (1936, a.a.O., S. 207).

12.5 Unvollkommene Konkurrenz und die Skalenertragsdebatte

Das Monopol als Gegensatz zum freien Wettbewerb kannte man in der Ökonomik schon lange. Schließlich beruhte ein Teil der merkantilistischen Wirtschaftspolitik auf dem Erteilen von Monopolrechten. Die Vor- und Nachteile monopolistischer Märkte kannte man aus der Anschauung hinreichend. Auch in theoretischer Hinsicht wurde das Monopol keinesfalls ausgespart. Sicherlich herausragend war die lange ignorierte Untersuchung von A. Cournot aus dem Jahr 1838.[54] Wahrscheinlich, weil sich Cournot der Mathematik bediente, wurde sein Werk vor allem unter dem Label „mathematische Ökonomik" verbucht. Auch sein Kritiker J. Bertrand, der Cournots Duopolmodell 1883, sechs Jahre nach Cournots Tod, aufgriff[55] und die Folgen des Preiswettbewerbs analysierte, wird in diese Rubrik eingeordnet.

Nun entzündete sich die Skalenertragsdebatte nicht am Monopol, sondern an den „leeren Schachteln" der ökonomischen Theorie. Ausgelöst wurde sie durch den gleichnamigen Aufsatz „Of empty economic boxes" des Cambridger Wirtschaftshistorikers J. H. Clapham[56], der die Brauchbarkeit der Unterscheidung zwischen steigenden, konstanten und fallenden Skalenerträgen infrage stellte, indem er die Frage stellte, welcher Sektor in welche Schachtel einzuordnen sei. Gelänge dies nicht, so seien die Schachteln leer und unnütz. Dieser Artikel verdeutlicht, dass nicht nur im deutschsprachigen Raum der „Methodenstreit" zwischen den eher empirisch orientierten Wirtschaftshistorikern und den deduktiv argumentierenden Ökonomen aufkam, sondern dieses Thema auch innerhalb der Cambridger Universität ausgefochten wurde. Es kam also zu einem Austausch von Argumenten zwischen J. H. Clapham und A. C. Pigou. Diese Debatte inspirierte Piero Sraffa, sich „im fernen Italien" mit der Marshallschen Ökonomik auseinanderzusetzen, denn Marshalls Theorie war in Italien vor allem von M. Pantaleoni gelehrt und verbreitet worden. Sraffa schrieb 1925 einen wichtigen Aufsatz[57], in dem er die Inkonsistenzen der Marshallschen Preistheorie aufzeigte. Bis zum heutigen Tage ist dieser Aufsatz lesenswert, denn die dort entwickelten Argumente sind selten in die traditionellen Lehrbücher der Mikroökonomie eingegangen. Zunächst argumentiert

---

[54] Cournot, Augustin (1838), *Untersuchungen über die mathematischen Grundlagen der Theorie des Reichtums*, Jena 1924 (franz. Original: *Recherches sur les principes mathématiques de la théorie des richesses*, 1838).

[55] Bertrand, Joseph (1883), Théorie Mathématique de la Richesse Sociale, *Journal des Savants*, Septembre, S. 499–508.

[56] Clapham, J. (1922), Of Empty Economic Boxes. The Economic Journal, 32(127), S. 305–314.

[57] Sraffa, P. (1925), Sulle relazioni fra costo e quantità prodotta, *Annali di economia*, 2, S. 277–328. (Über die Beziehung zwischen Kosten und produzierter Menge, deutsche Übersetzung, in: Schefold, B. (ed.) (1986), *Ökonomische Klassik im Umbruch*, Frankfurt/Main: Suhrkamp).

Sraffa, dass die drei verschiedenen Typen von Skalenerträgen aus ganz verschiedenen theoretischen Fragestellungen stammen. Fallende Erträge wurden in der Klassik im Rahmen der Verteilungstheorie und zwar speziell der Bodenrenteneinkommen vorausgesetzt. Steigende Erträge wurden hingegen im Rahmen der Wachstums- und Entwicklungstheorie der Spezialisierung und der zunehmenden Arbeitsteilung zugeordnet. In der Neoklassik werden sie auf die gleiche theoretische Stufe gehoben und einfach als abstrakte Eigenschaft der Produktionstechnologie begriffen. Wenn also steigende Erträge vorherrschen, dann sind die Durchschnittskosten und auch die Grenzkosten eine fallende Funktion der produzierten Menge. Wenn aber die Grenzkosten unter den Durchschnittskosten liegen, dann wird jede Unternehmung versuchen, ihre Produktion auszudehnen. Jedes Unternehmen des Sektors, dem das gelingt, wird mit sinkenden Grenzkosten und steigenden Gewinnen belohnt. Dieser Wettbewerbsprozess wird die Zahl der Unternehmen in diesem Sektor reduzieren, sodass Konzentrationsprozesse entstehen und die Marktform der vollkommenen Konkurrenz verschwindet. Ergo: Steigende Skalenerträge sind mit vollkommener Konkurrenz nicht kompatibel. Abnehmende Skalenerträge und damit steigende Durchschnitts- und Grenzkosten tauchen im Rahmen des Ertragsgesetzes auf, wenn ein fixer, also knapper Produktionsfaktor, hier die Landfläche, existiert. Dabei muss nun unterschieden werden, ob der fixe Faktor von allen Unternehmen der Branche genutzt wird und somit Wettbewerb um diesen fixen Faktor herrscht, oder ob jedes Unternehmen einen speziellen fixen Faktor hat. Im letzteren Fall kann keine vollkommene Konkurrenz herrschen, da kein freier Marktzugang zum jeweiligen fixen Faktor besteht. Man denke an eine besondere Lage eines bestimmten Weines, was typisch für monopolistischen Wettbewerb ist. Wird der fixe Faktor von allen Unternehmen genutzt, hat natürlich der Eigentümer des fixen Faktors ein Monopol, nicht hingegen die nachfragenden Unternehmen. Aber jetzt ist die Grenzkostenfunktion und damit die Angebotsfunktion von Unternehmen A nicht mehr unabhängig von der des Unternehmens B und damit ist die ceteris paribus Bedingung der Marshallschen Partialanalyse verletzt. Also sind auch abnehmende Skalenerträge mit wesentlich anderen Modellaxiomen nicht kompatibel. Bleiben konstante Skalenerträge. Diese sind mit der Annahme vollkommener Konkurrenz kompatibel, allerdings bleibt die Zahl der Unternehmen im Markt unbestimmt, weil ja für jedes neu eintretende Unternehmen die gleichen Grenz- und Durchschnittskosten vorliegen. Die Grenz- und Durchschnittskosten verlaufen horizontal. Oskar Morgenstern hat die Argumente Sraffas in einem Aufsatz[58] aus dem Jahr 1931 zusammengefasst, aber möglicherweise mehr in der damals entstehenden Betriebswirtschaftslehre Resonanz gefunden als in der Volkswirtschaftslehre.

F.Y. Edgeworth, der seinerzeit zusammen mit Keynes Herausgeber des *Economic Journal* war, forderte Sraffa auf, eine englische Version seines Aufsatzes für das

---

[58] Morgenstern, O. (1931), Offene Probleme der Kosten- und Ertragstheorie. *Zeitschrift Für Nationalökonomie/Journal of Economics*, 2(4), S. 481–661.

Economic Journal zu schreiben. In diesem deutlich kürzeren Aufsatz[59] fasst er die Argumente des 1925er Aufsatzes zusammen, kommt dann aber auf das Monopol zu sprechen und entwickelt auf den folgenden Seiten die Grundelemente der Theorie monopolistischen Wettbewerbs. Er nennt die verschiedensten Möglichkeiten der Produktdifferenzierung durch die eine Kundenbindung entsteht, wodurch sich Nachfrageelastizität reduziert.

> *„Je weniger elastisch die Nachfrage nach einem Produkt ist, desto größer ist seine (die des Monopolisten, V.C.) Macht auf dem Markt. Der äußerste Fall, den man angemessen „absolutes Monopol" nennen kann, besteht, wenn die Elastizität der Nachfrage für die Waren einer Firma gleich 1 (eins) ist. (…) Sobald diese Elastizität anwächst, wird die Konkurrenz spürbar; sie wird mit steigender Elastizität immer intensiver, bis die unendliche Elastizität der Nachfrage nach den Produkten eines einzelnen Unternehmens dem Fall des vollständigen Wettbewerbs entspricht."*[60]

Sraffa wies den Weg für die Theorie der unvollkommenen Konkurrenz, den Joan Robinson dann auch eingeschlagen hat. Durch Sraffas Argumentation wurde Marshalls Theorie der repräsentativen Unternehmung allerdings so scharf kritisiert, dass sie sich davon nie mehr erholt hat. Stattdessen hat die moderne Makroökonomie dann den repräsentativen Haushalt als einfacher zu modellierenden Agenten ausgewählt.

Die Theorie der unvollkommenen Konkurrenz erwies sich als ein fruchtbares Feld, auf dem sich vor allem im anglo-amerikanischen Sprachraum die Industrieökonomik bzw. das Gebiet der Industrial Organisation entwickelte, das methodisch auf der Marshallschen Partialanalyse und nicht auf der walrasianischen Allgemeinen Gleichgewichtstheorie aufbaute. Marshall selbst hatte den Weg dafür mit seinem Buch *Industry and Trade* bereitet. Dieses Spätwerk, das reich an Anschauung ist, wurde in der Fachwelt seinerzeit kaum mehr wahrgenommen[61], obwohl es die Anwendung der ökonomischen Theorie zur Erklärung realer ökonomischer Prozesse beispielhaft demonstriert. Marshall hat sich in diesem Buch jedoch ein ganzes Stück von der statischen Partialanalyse entfernt. Vor allem im ersten Teil, in dem er die Stärken und Schwächen der vier seinerzeit führenden Industrienationen, USA, UK, Frankreich und Deutsches Reich miteinander verglich, kommt eine historisch-evolutorische Perspektive zur Geltung, die man eher von Vertretern der Historischen Schule in Deutschland erwartet hätte. Der zweite Teil erörtert vor allem Änderungen in den Unternehmensformen und deren Organisation. Der dritte

---

[59] Sraffa, P. (1926), The Laws of Returns under Competitive Conditions, *Economic Journal*, 36, S. 335–555. (deutsche Übersetzung: Die Ertragsgesetze unter Wettbewerbsbedingungen, in: Barnikel, H.H. (Hrsg.)(1968), *Wettbewerb und Monopol*, Darmstadt: Wissenschaftliche Buchgesellschaft.

[60] a.a.O., S. 27/28.

[61] Caspari, V. (1996), Alfred Marshalls Industry and Trade zwischen Wirtschaftsgeschichte und Wirtschaftstheorie, in: *Studien zur Entwicklung der ökonomischen Theorie XV*, hrsg. von H. Rieter, Schriften des Vereins für Socialpolitik NF, Bd. 115/XV, Berlin.

Teil behandelt verschiedene Formen der Monopolisierung, der Kartellbildung und der unvollkommenen Konkurrenz.

Man kann darüber spekulieren, ob die ökonomischen Probleme der Nachkriegszeit so dominant und anders gelagert waren, dass die akademischen Ökonomen sich thematisch inzwischen ganz anders orientiert hatten oder ob man Marshalls Ansatz ganz einfach für antiquiert oder gar für ungeeignet hielt. Marshalls Schüler Keynes wurde allerdings deutlich mehr Aufmerksamkeit geschenkt als Marshall selbst. Das spricht m. E. dafür, dass sich durch die Nachkriegsentwicklungen die Problemstellungen geändert hatten, denn Keynes war seinerzeit Mitglied der britischen Delegation in Paris und wurde über die Fachwelt hinaus bekannt, weil er die dem Deutschen Reich von den alliierten Siegermächten auferlegten Reparationszahlungen für viel zu hoch hielt. Sein Buch[62] über den Versailler Friedensvertrag erschien genau wie *Industry and Trade* im Jahr 1919 und war, wie man oft sagt, ein „Bestseller". Innerhalb nur eines halben Jahres wurden 100.000 Exemplare verkauft und es wurde in 12 Sprachen übersetzt. Ein solcher Erfolg war *Industry and Trade* nicht beschieden.

12.6   Die Herausbildung der walrasianischen Allgemeinen Gleichgewichtstheorie

12.6.1 Walras und Pareto

Obwohl es mit dem Ingenieur A.N. Isnard (1748–1803) einen wichtigen und sehr frühen Vorläufer[63] der Allgemeinen Gleichgewichtstheorie des Tausches gab, gilt Leon Walras (1834–1910) als der Begründer der neoklassischen Allgemeinen Gleichgewichtstheorie des Tauschs, der Produktion und der Kapitalbildung. Walras studierte in Paris Ingenieurwesen, konnte sich mit diesem Fach jedoch nie identifizieren und trieb vor allem historische und sozialwissenschaftliche Studien. Durch persönliche Verbindungen erhielt er einen Posten bei einer Bank. Es gelang ihm trotz einiger Veröffentlichungen im *Journal des Économistes* nicht, in Frankreich eine Dozentur in Économie Politique zu erhalten. Dies gelang ihm 1870 in der Schweiz, Kanton Waadt, wo er in Lausanne auf einen Lehrstuhl für politische Ökonomie berufen wurde, den er bis 1892 innehatte. Ihm folgte 1893 Vilfredo Federico Pareto (1848–1923) (eigentlich Wilfried Fritz Pareto), der als Sohn eines italienischen Emigranten in Paris geboren wurde und sein Studium des Ingenieurwesens in Turin abschloss. Er arbeitete zunächst bei der italienischen Eisenbahn und in der Stahlindustrie, bevor er sich ökonomischen und soziologischen

---

[62] Keynes, J.M. (1919), *The Economic Consequences of the Peace*, London: Macmillan.

[63] Jaffé, W. (1969), A. N. Isnard, Progenitor of the Walrasian General Equilibrium Model, *History of Political Economy*, Vol. 1, S. 19–43.

Fragestellungen zuwandte. Beide gelten als die Begründer der Lausanner Schule der Neoklassik.

Neben vielen verschiedenen Besonderheiten der Lausanner Schule war die Kernfrage, ob es ein eindeutiges System von Konkurrenzpreisen gibt, bei dem alle Märkte gleichzeitig geräumt sind, d. h., ob die bei den jeweiligen Preisen angebotene Menge der nachgefragten Menge entspricht. Das Problem ist mathematisch nicht ganz trivial und das Zählen von Gleichungen und Unbekannten war zwar eine gängige Methode, doch sie garantierte keine eindeutige Lösung. Das Problem schlummerte, bis es durch Gustav Cassels Behauptung, die Preistheorie benötige keine werttheoretische Basis, wiedererwachte.

12.6.2 Die Weiterentwicklung der Allgemeinen Gleichgewichtstheorie durch Cassel und Wald

Gustav Cassel (1866–1945) hatte in Uppsala Mathematik studiert und 1894 über Differentialgleichungen promoviert. Er arbeitete einige Jahre als Mathematik Lehrer an einem Gymnasium, bevor er sich entschloss, das Fach zu wechseln. Zum Studium der Ökonomie ging er 1898 zunächst nach Tübingen, um aber nach wenigen Monaten nach Berlin zu wechseln. Dort schrieb er sich bei Adolph Wagner und Gustav von Schmoller ein. Im Frühjahr 1899 wechselte er nach Göttingen, wohin ihm auch seine Familie folgte. Dort studierte er u. a. bei Wilhelm Lexis. Zwischen 1898 und 1902 war Cassel ungemein produktiv; er veröffentliche in der seinerzeit hochrangigen *Zeitschrift für die gesamte Staatswissenschaft* vier Aufsätze. Der Aufsatz „Grundriss einer elementaren Preislehre"[64] bildete gleichsam den paradigmatischen Ausgangspunkt seiner Interpretation der Walrasschen Allgemeinen Gleichgewichtstheorie, die in seinem Buch *Theoretische Sozialökonomie*[65] (1918) in ausgearbeiteter Form zu finden ist. Dort wird ein einfaches System mit Angebots- und Nachfragegleichungen aufgestellt und die mögliche Existenz einer Gleichgewichtslösung diskutiert, ohne auf Nutzenfunktionen zurückzugreifen. Cassel fand die seinerzeit herrschende Debatte, ob nun die Produktionskosten preisbestimmend seien wie in der Klassik, oder doch die Nutzenabschätzung entscheidend sei und damit die Preise nachfragebestimmt wären, müßig und den Kern der Sache nicht treffend. Cassel nahm in preistheoretischen Fragen eine ähnliche Position wie Marshall ein, der immer darauf verwies, dass beide Seiten einer Schere das Papier schneiden, womit er deutlich machen wollte, dass die hinter dem Angebot und der Nachfrage stehenden „Kräfte" simultan die Preise der Güter bestimmen. So sah es auch Cassel. Cassels Buch *Theoretische Sozialökonomie* bekam

---

[64] Cassel, G. (1899), Grundriss einer elementaren Preislehre, *Zeitschrift für die gesamte Staatswissenschaft*, 55(3), S. 395–458.

[65] Cassel, G (1918), *Theoretische Sozialökonomie*, Leipzig:Wintersche Verlagsbuchhandlung.

in den 1920er Jahren in Deutschland den Charakter eines Lehrbuchs und prägte die Neuorientierung der Wirtschaftstheorie, nachdem die Historische Schule an Bedeutung und Einfluss verloren hatte. Jedenfalls bereitete Cassel mit seiner Interpretation der Walrasschen Allgemeinen Gleichgewichtstheorie den Nährboden für tiefergreifende Diskussionen über die Gleichgewichtstheorie.

Die Frage, ob es für ein System von Nachfrage- und Angebotsgleichungen eine eindeutige nichttriviale Lösung gibt, beschäftigte auch eine Gruppe von Mathematikern und Ökonomen im Wien der 30er Jahre (1928–1936), die sich im Kolloquium des Mathematikers Karl Menger, Sohn des Ökonomen und Begründers der österreichischen Schule Carl Menger, trafen. Zu diesem Kreis gehörte u. a. der Mathematiker Abraham Wald, der von dem Bankier Karl Schlesinger finanziell unterstützt wurde und der ebenfalls am Kolloquium teilnahm. Ausgangspunkt der Diskussionen war das reduzierte Modell von Cassel, der annahm, dass die Nachfrage nach Konsumgütern nur von deren Preisen, nicht aber von den Preisen für die Produktionsfaktoren abhängt. Dies impliziert, dass die Einkommen der Konsumenten entweder exogen gegeben oder die Faktorausstattungen kollinear sind. Diese Modellannahmen wurden kritisiert, weil sie natürlich den Allgemeinheitsgrad eines Modells einschränken, das eine Wirtschaft mit Faktormärkten, auf denen sich die Faktorpreise bilden und damit die Einkommen der Konsumenten ergeben, abbilden sollte.

Wald[66] arbeitet mit der inversen Nachfragefunktion (oder auch Preis-Absatz Funktion), also $p = f(x)$, statt $x = F(p)$. Das beinhaltet allerdings, dass die Preise der Konsumgüter nun tatsächlich unabhängig von den Preisen der Produktionsfaktoren sind, wie Hildenbrand[67] betont. Walds Beweis ist ein Fortschritt in der mathematischen Beweismethodik gegenüber der von Walras angewandten Methode, sein ökonomisches Modell ist jedoch nicht das von Walras. Hildenbrand fasst es schärfer:

„*Wald solved, from an economic point of view, the wrong system of equations.*"[68]

Der grundlegende Beweis für die Existenz eines allgemeinen Gleichgewichts bei vollkommener Konkurrenz wurde in den späten 1950er Jahren von Arrow und Debreu sowie von McKenzie erbracht. Allerdings lag diesem Beweis wiederum ein ganz anderes ökonomisches Grundmodell als dem von Walras zugrunde. Die Entwicklung hin zu diesem Modell – das einer intertemporalen Ökonomie – wollen wir im nächsten Abschnitt noch kurz skizzieren.

---

[66] Wald, A. (1936), Über einige Gleichungssysteme der mathematischen Ökonomie. *Zeitschrift für Nationalökonomie* 7, S. 637–670.

[67] Hildenbrand, W. (1998), An exposition of Wald's existence proof, in: Dierker, E. und Sigmund, K. (Hrsg.) *Karl Menger – Ergebnisse eines Mathematischen Kolloquiums*, Wien–New York: Springer, S. 54–55.

[68] Hildenbrand, W. a.a.O., S. 59.

12.6.3 Temporäre und intertemporale Gleichgewichtstheorie

Neben John Hicks[69] hatte auch Erik Lindahl ein neues Gleichgewichtskonzept eingeführt. Im Kapitel über die Kapitaltheorie wurde darauf schon eingegangen. Vorarbeiten finden sich allerdings auch bei F.A. von Hayek,[70] der bereits 1928 über intertemporale Preissysteme nachgedacht hat.

Für Modelle mit Zukunftsmärkten haben Arrow und Debreu[71], Debreu[72] sowie McKenzie[73] umfassende Beweise für die Existenz eines Konkurrenzgleichgewichts vorgelegt. Die mathematische Beweistechnik aus dem Bereich der Funktionalanalysis beruht auf dem Fixpunktsatz von Kakutani. Ältere Beweise beruhen auf dem Satz von Brouwer, der auch von John von Neumann im von ihm entwickelten von Neumann Wachstumsmodell angewandt wurde. Auf das von Neumann Modell werden wir hier nicht explizit eingehen,[74] weil es eigentlich der Wachstumstheorie zugerechnet wird. Sieht man vom von Neumann Modell ab, dann hatten die Grundmodelle von Hicks oder Arrow und Debreu, das bei Walras ungelöste Problem der Reproduktion bzw. der Akkumulation von Kapitalgütern ausgeblendet. Das hat Edmond Malinvaud 1953 in seinem Aufsatz „Capital Accumulation and Efficient Allocation of Resources" nachgeholt und explizit behandelt.[75]

12.7 Ordoliberalismus und Soziale Marktwirtschaft

Die folgende Entwicklung fand nahezu ausschließlich im deutschsprachigen Raum statt. Dort war das Erbe der Historischen Schule noch bekannt und stieß auf die inzwischen eher neoklassisch ausgerichteten ökonomischen Schulen. Es kam zu einer Vielzahl unterschiedlichster Denkansätze, von denen einige mehr als recht eigentümlich waren, so

[69] Hicks, J.R. (1946), *Value and Capital*, a.a.O., S. 116–129.

[70] Hayek, F. A. von (1928), Das intertemporale Gleichgewichtssystem der Preise und die Bewegungen des „Geldwertes", *Weltwirtschaftliches Archiv*, 28, S. 33–76.

[71] Arrow, K.J. und Debreu, G. (1954), Existence of an equilibrium for a competitive economy, Econometrica 22 (3), S. 265–290.

[72] Debreu, G. (1959), *Theory of Value*, New Haven und London: Yale Univerity Press.

[73] McKenzie, Lionel W. (1959), On the Existence of General Equilibrium for a Competitive Economy, *Econometrica* 27 (1), S. 54–57.

[74] Siehe z. B. Bruckmann, G. und Weber, W. (Hrsg.) (1971), Contributions to the von Neumann Growth Model, *Zeitschrift für Nationalökonomie, Supplementum* 1, oder Kurz, H.D. und Salvadori, N. (1993), Von Neumann's growth model and the ‚classical' tradition, *European Journal of the History of Economic Thought* (1), S. 129–159.

[75] Malinvaud, E. (1953), Capital Accumulation and Efficient Allocation of Resources, *Econometrica*, 21 (2), S. 233–268.

dass beispielsweise Schumpeter nur beißenden Spott dafür übrig hatte.[76] Es war Walter Eucken, dem beide Herangehensweisen an das Erkenntnisobjekt „Wirtschaft" vertraut waren und der die vermeintlichen Stärken und Schwächen sowohl der Historischen Schule als auch der Neoklassik zu erkennen glaubte. Da sich die Sichtweisen seit dem Methodenstreit zwischen Menger und Schmoller gleichsam unversöhnlich gegenüberstanden, benannte Eucken diese Situation als „Die große Antinomie".[77] Auf der einen Seite der empirische Historismus, der jeden Tatbestand als historisch-individuell begriff und auf der anderen die theoretische Verallgemeinerung, die die historische Entstehung und Einbettung übersah. Mahnend gegen den historischen Empirismus gerichtet schrieb er:

> *„Indessen lehrt die Wissenschaftsgeschichte (…), dass dem Empirismus die Erkenntnis der Wirklichkeit misslingt. Man braucht nur an das Schicksal der deutschen Historischen Schule zwischen 1870 und 1930 zu denken, die aus dem berechtigten Streben entstand, energisch in die wirtschaftliche Wirklichkeit einzudringen, und die in Wahrheit Generationen von Nationalökonomen schuf, denen gegenüber die Klage über Wirklichkeitsfremdheit Berechtigung besitzt – weit größere Berechtigung jedenfalls als gegenüber der Klassik. Das ist kein Zufall".[78]*

Eucken wies darauf hin, dass Materialsammlung und Beobachtung von Fakten allein keine Erkenntnisse hervorbringe, sondern nur die fragende Untersuchung. Letztere muss sich aber immer ein Stück weit auf einen vorgedachten Gesamtzusammenhang beziehen. Dieser aber entspringe einer theoretischen Hypothese von Ursache und Wirkung. Gleichwohl sah Eucken die Gefahr eines Theoretisierens, das sich vollständig von den historischen Tatsachen entfernte. Weil er jede der beiden Richtungen für sich genommen als eine Art wissenschaftliche Sackgasse begriff, lag ihm sehr an einer Auflösung der Antinomie von historischer und theoretischer Nationalökonomie. In seinen „Grundlagen der Nationalökonomie" entwarf Eucken das Konzept der Ordnung, d. h. der Wirtschaftsordnung, um mit dessen Hilfe eine Brücke von den konkreten wirtschaftlichen Sachverhalten zu den abstrakten ökonomischen Zusammenhängen zu schlagen. Zwei idealtypische Ordnungsformen gäbe es:

1. Eine Ordnung, in der dezentral geplant und entschieden wird. Die wirtschaftliche Koordination wird über Märkte geregelt.
2. Eine Ordnung, in der zentral geplant und entschieden wird. Die wirtschaftliche Koordination wird durch Befehle, Anordnungen oder Vorgaben hergestellt.

---

[76] Vgl. Schumpeter, Joseph (1916–17), Das Grundprinzip der Verteilungstheorie, *Archiv für Sozialwissenschaft und Sozialpolitik* 42, S. 1–88.

[77] Eucken, W. (1939, 1989), *Die Grundlagen der Nationalökonomie*, 9. unveränderte Aufl., Berlin–Heidelberg–New York: Springer, S. 15 ff.

[78] Eucken, W. (1989, a.a.O., S. 35).

In der historischen Realität lägen immer Mischformen vor. Als Beispiele behandelte Eucken eine Klosterwirtschaft, eine mittelalterliche Stadtwirtschaft oder eine gelenkte Marktwirtschaft im Nationalsozialismus.

Bevor man die ökonomischen Abläufe in einer konkreten Wirtschaft analysieren will, müsse die Wirtschaftsordnung beschrieben und bestimmt werden. Welches Ordnungsprinzip dominiert – ist es eher eine zentrale Planung oder wird weitgehend dezentral geplant und entschieden – muss zuerst behandelt werden. Weitere Fragen folgen. Wie sind die handelnden Akteure organisiert, welche Marktform liegt vor? Bevor also die ökonomische Analyse im engeren Sinn durchgeführt werden könne, müsse die Analyse der Ordnungsmerkmale erfolgen. Eucken machte am Ende seiner „Grundlagen" deutlich, welche Aufgabe eine allgemeine Wirtschaftspolitik lösen muss: Sie müsse das Ineinandergreifen der verschiedenen Ordnungselemente im Blick haben, d. h. sie müsse Wirtschaftsordnungspolitik sein. Wie passt die Steuergesetzgebung zur Standortpolitik, zur Umweltpolitik oder zur Familienpolitik? Ordnungspolitik müsse verhindern, dass wirtschaftspolitische Einzelmaßnahmen zu einem inkohärenten und inkonsistenten Sammelsurium verkommen.

Der Ordoliberalismus betont dieses ordnungspolitische Denken und Handeln besonders, weil einem Liberalismus des „anything goes" die Selbstauflösung drohe. An den Folgen des freien Wettbewerbs lässt sich das verdeutlichen. Liegen in einer Branche steigende Skalenerträge (economies of scale and scope) vor, dann setzen sich dort Monopolisierungstendenzen durch. Es kommt zu einem Konzentrationsprozess, in dem die Zahl der Unternehmen kleiner wird und die Unternehmen unterschiedlich große Marktanteile halten. Der Wettbewerb wird eingeschränkt und es entstehen allerlei Ineffizienzen. Im Grenzfall bildet sich in der Branche ein Monopol. Um dies zu verhindern, müsse ein wettbewerbsrechtliches Rahmenwerk geschaffen werden, dass der Staat durchsetzt und für dessen Bestand er sorgt. Es bedarf also eines starken Staates, der sich seiner ordnungspolitischen Aufgabe bewusst ist und diese auch wahrnimmt. Ein Nachtwächterstaat im Sinne eines Minimalstaats, der sich auf die klassischen Staatsaufgaben beschränkt, lehnte der Ordoliberalismus ab. Er beeinflusste das wirtschaftspolitische Konzept der „Sozialen Marktwirtschaft" nicht unwesentlich. Andere Einflüsse kamen aus der Theorie der Wirtschaftsstile und durch Ludwig Erhards akademischen Lehrer Franz Oppenheimer, der einen „dritten Weg" zwischen Kapitalismus und Kommunismus suchte.

Der Zweite Weltkrieg hatte nicht nur für die davon direkt betroffenen europäischen Staaten, sondern auch für die USA langfristige wirtschaftliche Folgen. Die USA waren als Siegermacht mitverantwortlich für den Wiederaufbau und die politisch-ökonomische Neuordnung Deutschlands und Europas. Sie hatten zwar keine Zerstörungen im eigenen Territorium erlitten, aber natürlich hatten auch sie, wie alle europäischen Kriegsteilnehmer, viele Menschen aus einer Generation im besten Lebens- und Arbeitsalter verloren. In Europa lagen zusätzlich zu dem Verlust von Teilen der Bevölkerung viele wirtschaftlich wichtige Regionen in Schutt und Asche. Dieser Wiederaufbau ging unterschiedlich schnell vonstatten, was auch durch die Teilung Europas in zwei verschiedene politökonomische Systeme mitverursacht wurde. Die Länder Osteuropas gerieten unter den Einfluss der Siegermacht Sowjetunion und dort etablierten sich planwirtschaftliche Systeme, die politisch das Modell der „Diktatur des Proletariats" verfolgten. Hier wurden die Parlamente von den jeweiligen kommunistischen Parteien dominiert, auch wenn es formal noch andere Parteien gegeben hat. Man nannte sich Volksdemokratie. Ein etwas anderes Modell verfolgte man in Jugoslawien, hier gab es neben „volkseigenen", also staatlichen Unternehmen auch Unternehmen, die sich im Eigentum der eigenen Belegschaft befanden. In den mittel- und westeuropäischen Ländern herrschten marktwirtschaftliche Wirtschaftsordnungen vor und politisch dominierten die Mehrparteiendemokratien sowie die Rechtsstaatlichkeit, d. h. die Unterordnung des Staats unter das Recht. Letzteres fehlte natürlich in den sogenannten Volksdemokratien, denn dort war die Gewaltenteilung weitgehend aufgehoben. Aber auch in Westeuropa gab es nach dem Ende des Zweiten Weltkriegs noch Diktaturen. So herrschte in Spanien von 1936 bis 1975 das Regime des General Franco, das sowohl planwirtschaftliche als auch faschistische Elemente aufwies. Ganz ähnlich in Portugal, das ab 1933 ständestaatlich strukturiert wurde und politisch von der einzig zugelassenen Partei *União Nacional* und dem Diktator Salazar regiert wurde. 1974 beendete die *Nelkenrevolution* diese

V. Caspari, *Ökonomik und Wirtschaft,* https://doi.org/10.1007/978-3-662-65497-2_13

faschistische Epoche. Auch in Griechenland herrschte von 1967 bis 1974 eine Militär-diktatur.

In Skandinavien hatte sich sehr früh die Idee eines Sozialstaats entwickelt, die vor-nehmlich von sozialdemokratischen Regierungen verwirklicht wurde. Das führte zu sehr hohen Grenzsteuersätzen, die teilweise über 100 % lagen. Die gesellschaft-liche Akzeptanz dieser Steuerpolitik nahm ab und es kam zu einer Liberalisierung des Schwedischen Sozialstaatsmodells. Einen nicht unerheblichen Beitrag zu der Kritik am schwedischen Steuermodell hat die überzeugte Sozialdemokratin Astrid Lindgren durch ihr Märchen „Pomperipossa in Monismanien" beigetragen. Sie stellte sich gegen diese Entwicklung, als sie realisierte, dass ihr Grenzsteuersatz bei 102 % lag. Auch in Norwegen und in Dänemark haben sich ähnliche Sozialstaatsmodelle mit sozialdemo-kratischer Prägung etabliert.

In den westeuropäischen Kernländern etablierten sich unterschiedliche Sozial-staatsmodelle. Gleichwohl haben aber all diese Länder auf den Markt als Regulations-mechanismus gesetzt und dieses Steuerungssystem dem der Planwirtschaft vorgezogen. Das war die Grundlage für einen Wettbewerb der Wirtschaftssysteme, ein Thema, das auch die akademische Volkswirtschaftslehre lange beeinflusst hat. Vielleicht nicht augen-scheinlich und ganz direkt, sondern eher indirekt, weil man die Systemergebnisse immer vor Augen und natürlich verglichen hat. Man fragte sich, ob und wie die verschiedenen Systeme die unterschiedlichen makro- und mikroökonomischen Zielsetzungen erreicht haben. Welches System hat mehr Wirtschaftswachstum erzielt, welches mehr Beschäftigung und welches mehr Preisstabilität? Und natürlich stellte man auch die Frage nach der Effizienz, d. h. der möglichst guten Nutzung der zur Verfügung stehenden Ressourcen. Dieser europäische Systemwettbewerb erlosch, als sich 1991 die Sowjet-union und mit ihr die sozialistischen Länder Osteuropas auflösten und dort Systeme ein-geführt wurden, die marktwirtschaftliche Elemente nutzen.

In der Nachkriegszeit herrschte ein enormer Aufholprozess, denn die von der Kriegs-wirtschaft betroffenen Volkswirtschaften hatten ihre Ressourcen und ihre Produktions-technologien auf die kriegswirtschaftlichen Notwendigkeiten ausgerichtet. Nach dem Krieg waren die Unternehmen von diesen Vorgaben befreit und so wuchsen die ver-schiedenen europäischen Volkswirtschaften mit zum Teil beträchtlichen Raten. In Deutschland lag die jahresdurchschnittliche Wachstumsrate in dem Zeitraum von 1950 bis 1973 bei 4,9 % und in Frankreich im gleichen Zeitraum bei 4,2 %. In den USA war nichts aufzuholen und so lag das Land in seinem langfristigen Trend bei durchschnitt-lich gut 2 % p. a., während Großbritannien seinen schwachen Wachstumstrend von ca. 2,5 % jahresdurchschnittlich beibehielt. Japan hatte in diesem Zeitraum mit 8,1 % die höchste jahresdurchschnittliche Wachstumsrate. Diese dynamische Wachstumsent-wicklung flachte dann in den folgenden Jahrzehnten sehr ab, z. T. weil das „catching-up" erfolgreich war, aber auch weil mit den Vietnam-Kriegslasten (USA) und den beiden Ölpreiserhöhungen in den 1980er Jahren sowohl die USA als auch die anderen Industrienationen wirtschaftlich turbulente Zeiten durchstehen mussten. Die jahresdurch-schnittlichen Wachstumsraten im Zeitraum von 1973 bis 1998 lagen in der BRD und in

Großbritannien bei 1,9 %, in den USA und Frankreich bei 1,5 % bzw. 1,6 %, in Japan immerhin noch bei 2,5 %. Gleichzeitig nahm in nahezu all diesen Ländern die Inflationsrate deutlich zu (Abb. 13.1).

Die Inflation erreichte in den 1970er Jahren mit über 26 % Spitzenwerte in Großbritannien, ca. 15 % in Frankreich und den USA sowie 8 % in Deutschland. Nur in Deutschland kam es nochmals am Beginn der 1990er Jahre im Zusammenhang mit der Wiedervereinigung zu einem kurzen Anstieg der Inflationsrate. Dann nahm die Inflation deutlich ab und pendelte in den meisten Industrienationen nach der Jahrtausendwende bei ca. 2 % und niedriger (Abb. 13.2).

Die hier abgebildeten Zeitreihen der Beschäftigungsentwicklung können stellvertretend für die Entwicklung der hier betrachteten Zeitspanne interpretiert werden. In Großbritannien herrschte sowohl in den 1950er und 1960er Jahren Vollbeschäftigung, während in den 1950er Jahren in Deutschland die Arbeitslosigkeit anfangs noch hoch war und dann mit dem hohen Wirtschaftswachstum rasch sank, um in den 1960er Jahren mit Werten von unter 1 % noch unter die Arbeitslosenquote Großbritanniens

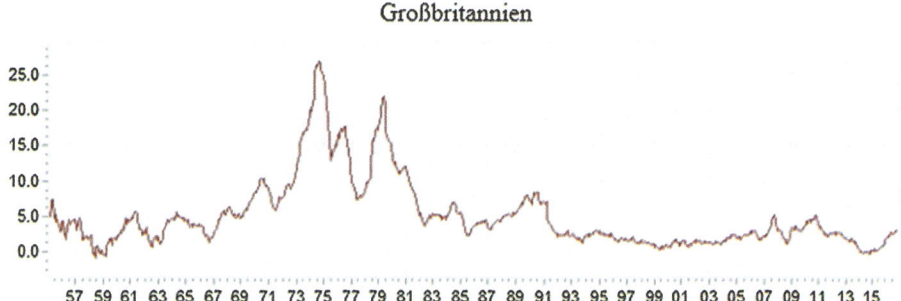

Abb. 13.1 (**a**) Inflationsraten in Großbritannien von 1953–2018, (**b**) Inflationsraten in Frankreich von 1953–2018, (**c**) Inflationsraten in Deutschland von 1953–2018, (**d**) Inflationsraten in den USA von 1953–2018. (Quelle: https://de.inflation.eu/)

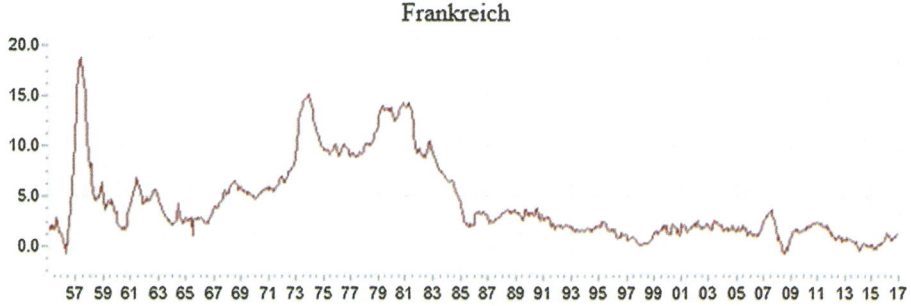

Abb. 13.1 (Fortsetzung)

Abb. 13.1 (Fortsetzung)

Abb. 13.1 (Fortsetzung)

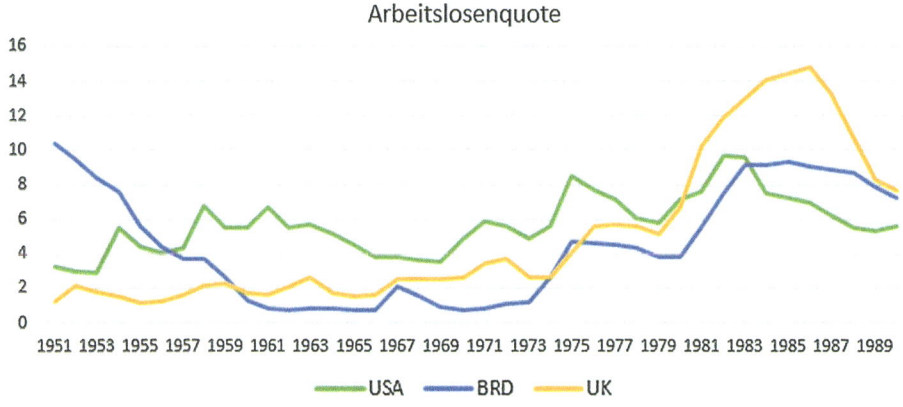

Abb. 13.2 Arbeitslosenquoten für USA, BRD und UK (Quellen: Statistisches Bundesamt, Bureau of Labor Statistics, Labour Market Statistics Group, Central Statistical Office)

zu sinken. In Deutschland lag gleichsam „Überbeschäftigung" vor. Ab 1973 war diese Phase vorüber und in allen drei Industrieländern nahm die Arbeitslosigkeit deutlich zu. Während sie in den USA Anfang der 1980er Jahre wieder zu sinken begann, nahm sie sowohl in Deutschland wie auch in Großbritannien weiter zu, um erst Mitte der 1980er Jahre wieder etwas zu sinken.

Von 1950 bis 1973, also etwas mehr als 20 Jahre, herrschte in diesen europäischen Ländern Vollbeschäftigung und ein insgesamt beachtliches Wirtschaftswachstum. Letzteres nahm nach 1973 deutlich ab und gleichzeitig trat Arbeitslosigkeit als nahezu verschwundenes Phänomen wieder auf. Gleichzeitig kam es durch die beiden Ölpreisschocks zu einem Anstieg der Inflationsrate. Das schwächer gewordene Wirtschaftswachstum bei steigender Arbeitslosigkeit und erheblichen Inflationsraten wurde mit dem neu geschaffenen Begriff „Stagflation" charakterisiert.

Wirtschaftspolitisch war die Nachkriegszeit von einem großen Steuerungsoptimismus geprägt, der direkt mit dem Keynesianismus, der vor allem in den USA und auch in Großbritannien die Wirtschaftspolitik dominierte, in Verbindung gebracht wurde und wird. Im Nachkriegsdeutschland wollte man von „Wirtschaftssteuerung" nichts mehr wissen, weil die nationalsozialistische Wirtschaftspolitik über die Industrie- und Handwerksverbände die wirtschaftlichen Prozesse bis ins Detail gelenkt hatte. Deshalb dominierten in den 50er und 60er Jahren die wirtschaftspolitischen Vorstellungen des Ordoliberalismus, der sich vom Neoliberalismus der Chicago-School dadurch unterschied, dass er dem Automatismus einer spontanen Ordnung á la Hayek misstraute, weil z. B. die Wettbewerbsprozesse auf freien Märkten zu Konzentrationsprozessen führen und so der freie Wettbewerb dazu tendiert, sich selbst abzuschaffen. Das Gegengift kann nur der Staat schaffen, indem er eine geeignete Wettbewerbsordnung etabliert und erhält. In Westdeutschland wurde ab 1953 gegen erhebliche Widerstände aus den Arbeitgeberverbänden, die noch die Kartellierung der Weimarer Republik favorisierten, das *Gesetz gegen Wettbewerbsbeschränkungen* („Kartellgesetz") erkämpft und 1958 im Bundestag verabschiedet. Die Fusionskontrolle, ein sehr wichtiges wettbewerbspolitisches Instrument, wurde erst in der zweiten Novellierung 1973 implementiert. In den 60er Jahren begannen auch in Deutschland die Ideen des Keynesianismus gewichtiger zu werden. Dass eine Markwirtschaft, eine „soziale" zudem, neben der gesamtwirtschaftlichen Effizienz auch einer makroökonomischen Stabilisierung bedarf, war dem Ordoliberalismus fremd, die ihm nahestehenden Ökonomen wie Walter Eucken oder auch der Wirtschaftsminister und spätere Bundeskanzler Ludwig Erhard glaubten, man benötige dazu nur eine stabilitätsorientierte Geld- und Währungspolitik. Mit dem Stabilitäts- und Wachstumsgesetz aus dem Jahr 1967 wurde die Vorstellung von einer erreichbaren gesamtwirtschaftlichen Stabilität zum Ziel staatlichen Handelns erklärt und damit die gesetzliche Grundlage für eine gesamtwirtschaftliche Steuerung gelegt. Dieser Steuerungsoptimismus herrschte rund ein Jahrzehnt und wurde durch die gesamtwirtschaftlichen Effekte der zwei Ölpreisschocks der Jahre 1973/74 und 1979/80 erschüttert. Die infolge der Ölpreiskrise ansteigende Arbeitslosigkeit wurde mit fiskalpolitischen Maßnahmen zur Steigerung der effektiven Nachfrage bekämpft. Das Ergebnis war,

dass es durch rezessive Tendenzen im Jahr 1975 zu einem BIP Rückgang von 0,9 %
kam und gleichzeitig die Inflation weiter zunahm. Damit war der Begriff der „Stagflation" geboren und in nahezu allen Ländern, in denen dieses neue Krisenphänomen
auftauchte, geriet die keynesianische Nachfragesteuerung in Misskredit und wurde in
der Geldpolitik von monetaristischen und in der Fiskalpolitik von angebotsorientierten
Konzepten abgelöst. In Großbritannien trat dieser Umschwung im Jahr 1979 ein und
ist mit dem Namen Margaret Thatchers verbunden. In den USA begann der neue wirtschaftspolitische Kurs mit der ersten Amtsperiode von Ronald Reagan im Januar 1981.
Beide Namen stehen stellvertretend für ein wirtschaftspolitisches Konzept, das vor
allem auf Deregulierung verschiedener Märkte, Rückzug des Staates und Geld*mengen*-
steuerung setzte. In der Bundesrepublik Deutschland wurde dieser Prozess durch Otto
Graf Lambsdorff vorbereitet, der als Wirtschaftsminister der SPD/FDP Regierung eine
wirtschaftspolitische Wende hin zu mehr marktwirtschaftlicher Politik und eine Rück-
führung der Staatsverschuldung forderte.[1] Die Wende zu einer am sogenannten „Neoliberalismus" orientierten Wirtschaftspolitik kam im Jahr 1982, als Helmut Kohl durch
ein konstruktives Misstrauensvotum die Kanzlerschaft in einer CDU/FDP Regierung
übernahm und Lambsdorff erneut das Wirtschaftsministerium (bis 1984) führte.

Großbritannien war bis zur Deregulierung durch Margaret Thatcher eine „mixed
economy", d. h. private und verstaatlichte Unternehmen existierten nebeneinander.
Gleichzeitig hatten die Gewerkschaften großen sozial- und wirtschaftspolitischen Einfluss.

In den USA wurde eine lange Periode republikanischer Präsidenten (1969 bis 1993)
nur einmal für vier Jahre von einem demokratischen Präsidenten (Jimmy Carter, 1977–
1981) unterbrochen. Ronald Reagan unterschied sich von seinen republikanischen Vor-
gängern durch eine vorgebliche Angebotspolitik, deren Hauptpfeiler die schrittweise
Senkung der Einkommenssteuer um 30 % war; zusätzlich wurden Abschreibungen
erleichtert und die Rüstungsausgaben des Staates erhöht. Ziel dieser Politik war die
Bekämpfung der Stagflation, wobei die Fiskalpolitik Reagans eher nachfragesteigernd
wirkte, weil die sehr restriktive Geldpolitik der US Notenbank (FED) eine massive
Rezession ausgelöst hatte. Denn Ende der 1970er Jahre war die Inflationsrate bereits
recht hoch und erreichte im März und April 1980 einen jahresdurchschnittlichen Wert
von 14,8 %. Gleichzeitig stieg die Arbeitslosenquote weiter an, um 1982 mit 9,7 % ihren
höchsten Wert zu erreichen. Dies rechnete man Präsident Jimmy Carter an, was zur Wahl
Ronald Reagans führte. Reagans stimulierende Fiskalpolitik wurde durch die Geldpolitik
der Inflationsbekämpfung von Paul Volcker begleitet. Volcker übernahm 1979 den Vorsitz in der Notenbank.

---

[1] Das sogenannte „Lambsdorff-Papier", das den Titel „Konzept für eine Politik zur Überwindung
der Wachstumsschwäche und zur Bekämpfung der Arbeitslosigkeit" trägt, orientierte sich inhaltlich ausdrücklich an den wirtschaftspolitischen Vorstellungen von Margaret Thatcher und Ronald
Reagan.

In diesen drei hochentwickelten Industrieländern setzte sich unter verschiedenen Begriffen wie Deregulierung, Angebotspolitik und Monetarismus eine Abkehr vom Steuerungsoptimismus der 1960er und 70er Jahre durch. Parallel dazu nahm man von der keynesianischen Theorie in Gestalt der sogenannten *Neoklassischen Synthese* Abstand und die neoklassischen Theoriekonzepte wurden schrittweise erweitert. So kehrte im Monetarismus eine modifizierte Quantitätstheorie „zurück" und in den Modellen der Theorie realer Konjunkturzyklen tauchte die klassische Dichotomie wieder auf. Geld bzw. Geldpolitik wirkte superneutral, d. h., beeinflusste nur das Preisniveau nicht jedoch die relativen Preise. Erwartungen wurden nun „rational" gebildet, was bedeutet, dass die Wirtschaftssubjekte neoklassische Modelle „im Kopf" haben und die Informationen im Sinne dieser Modelle interpretieren und ihre Erwartungen danach ausrichten.

Es gab aber auch Entwicklungen in der ökonomischen Theorie, die kaum Bezug zur wirtschaftsgeschichtlichen Entwicklung dieser Epoche hatten. So etwa der Übergang von der exogenen zur endogenen Wachstumstheorie. Beschäftigten sich die akademischen Ökonomen mit wachstumstheoretischen Themen, weil die realen Volkswirtschaften stagnierten oder weil sie wuchsen? Beides ist per se denkbar. Aber es gibt auch theorie-endogene Debatten und Entwicklungen, die tatsächlich wenig oder sogar gar keinen Bezug zu realen ökonomischen Fragestellungen oder Problemen haben. Die Wiederentdeckung der klassischen ökonomischen Theorie ist ein solches Beispiel.

13.1 Die Wiederentdeckung der klassischen Theorie durch Piero Sraffa

Den im Folgenden dargestellten Ansatz „neoricardianisch" zu nennen, hat sich eingebürgert, stellte allerdings eine gewisse Einengung dar, denn Ökonomen dieser Theorierichtung würden eher von dem Surplus-Ansatz oder von einer Wiederbelebung der klassischen Theorie sprechen, wie sie von Smith, Ricardo u. a. entwickelt wurde. Den Ausgangspunkt dieser Theorierichtung stellt das von Piero Sraffa 1960 veröffentlichte Buch *Warenproduktion mittels Waren*[2] dar, das eine Verallgemeinerung der klassischen, von David Ricardo entwickelten Theorie der Produktionspreisbildung präsentiert. Sraffa zeigt u. a., dass die klassische Theorie keine „ergänzende" Nachfragetheorie benötigt, um eine konsistente Preistheorie zu entwickeln. Aus Sraffas Sicht stellt die klassische Theorie keinen unfertigen Vorläufer der Neoklassik dar, sondern sie ist eine eigenständige, von der neoklassischen Theorie von Angebot und Nachfrage zu unterscheidende ökonomische

---

[2] Sraffa, P. (1960), *Production of Commodities by means of Commodities*, Cambridge U.P., deutsche Ausgabe (B. Schefold, (Hrsg.) 1976), *Warenproduktion mittels Waren*, Frankfurt/Main, Suhrkamp.

Theorie[3]. Dieser auf Sraffa (1960) beruhende Ansatz wurde von verschiedenen Ökonomen sowohl inhaltlich als auch mathematisch-analytisch ausgearbeitet[4].

Vergleicht man auf einer proto-ökonomischen Ebene die neowalrasianische Allgemeine Gleichgewichtstheorie mit der neoricardianischen Allgemeinen Gleichgewichtstheorie, so lassen sich die folgenden Unterschiede herausstellen.

Die neowalrasianische Allgemeine Gleichgewichtstheorie beruht darauf, dass

- es gegebene Anfangsausstattungen von Gütern und Produktionsfaktoren gibt,
- die Technologiemenge gegeben, bekannt und konvex ist,
- die Präferenzen der Wirtschaftssubjekte so sind, dass sie sich in eine reflexive, transitive und konvexe Präferenzordnung bringen lassen.

Aus den Präferenzordnungen und den Anfangsbeständen lässt sich für jeweils jedes Wirtschaftssubjekt eine Nachfrage ableiten, die mit fallendem (steigendem) Marktpreis zunimmt (abnimmt) und ein Angebot ableiten, das mit fallendem (steigendem) Marktpreis abnimmt (zunimmt). Gleichgewicht zwischen Angebot und Nachfrage, d. h. Markträumung, herrscht, wenn der Auktionator einen Preisvektor gefunden hat, bei dem auf jedem Markt Angebot = Nachfrage gilt.

Im neoricardianischen Allgemeinen Gleichgewichtsmodell

- wird die Produktionsstruktur (Input–Output Koeffizienten) zunächst als gegeben betrachtet.
- werden Produktionssysteme danach unterschieden, ob sie nur die Subsistenz sichern oder auch ein Surplus (= positives Nettoprodukt) erzeugen können.
- wird entweder der Lohnsatz durch die Subsistenz oder der Kapitalzinssatz durch den Geldzinssatz bestimmt.

Sraffa unterscheidet zwischen Subsistenzökonomien und Ökonomien, die einen Überschuss (positives Nettoprodukt) produzieren können. In einer Subsistenzökonomie ergeben sich die normalen Preise, also die Produktionspreise aus den Produktionsbedingungen, d. h. den Produktionskoeffizienten, die man als Input–Output Koeffizienten oder Durchschnittsproduktivitäten interpretieren kann. Wenn alle Güter Basisgüter sind, dann ist das gleichbedeutend mit der mathematischen Eigenschaft der Unzerlegbarkeit

---

[3] Die Gegenposition wird z. B. von Samuel Hollander vertreten und geht auch auf Marshall zurück, der vor allem die Kontinuität seines Ansatzes mit der klassischen Theorie betonte. Zur „neoricrdianischen" Position siehe vor allem die Arbeiten von P. Garegnani; z. B. Garegnani, P. (1998), Sraffa: the theoretical world of the old classical economists', *European Journal for the History of Economic Thought*, 5, S. 415–429.

[4] Solche Ausarbeitungen finden sich bei Pasinetti (1977), Schefold (1989) und Kurz/Salvadori (1995).

der Matrix der Produktionskoeffizienten. Die Eigenschaft eines Basisgutes bedeutet, dass alle Güter direkt oder indirekt in die Produktion aller Güter eingehen. In diesem Fall existiert ein links- und ein rechtsseitiger Eigenwert, der kleiner als eins ist. Zu diesen Eigenwerten gehören links-, bzw. rechtsseitige Eigenvektoren, die als Preisvektor bzw. als Aktivitätsvektor zu interpretieren sind[5]. Diese normalen Preise sind völlig unabhängig von Präferenzen und werden nur durch die Reproduktionsbedingungen bestimmt. Herrschen diese Preise, dann sichert der Tausch zu diesen Preisen die Reproduktion der in diesem System arbeitenden Menschen und der Produktionsmittel.

Liegt ein positives Nettoprodukt vor, stellen sich zwei Fragen: Erstens, nach welchen Regeln wird das Nettoprodukt verteilt und zweitens, wieviel davon wird konsumiert, wieviel investiert bzw. gespart? Befindet man sich in einer kapitalistischen Ökonomie, werden die Arbeiter gemäß der geleisteten Arbeitszeit entlohnt und die Kapitaleigentümer erhalten eine Wertsumme, auch Gewinn oder Profit genannt, die sich in Prozent des vorgeschossenen Kapitalwerts darstellen lässt. Es lässt sich nun zeigen, dass in einem solchen Produktionssystem mit einem positiven Nettoprodukt Preise bestimmen lassen, wenn man eine der beiden Verteilungsvariablen, Lohnsatz oder Kapitalzinssatz, vorgibt. Gibt man den Kapitalzinssatz vor und wählt den Lohnsatz als Numéraire, dann sind alle relativen Preise (Preise in kommandierter Arbeit, p_i/w) bestimmt. Diese Preise sind allerdings wiederum keine Marktpreise, wie im neowalrasianischen Modell, sondern normale oder „natürliche" Preise im Sinne von Smith und Ricardo. Diese Produktionspreise sind durch die Reproduktionsbedingungen und durch die Verteilung bestimmt. Während also im neoklassischen Denken Preise dazu dienen sollen, relative Knappheiten zu signalisieren und Märkte zu räumen, sichern natürliche Preise oder Produktionspreise die Reproduktionsfähigkeit der am Wirtschaftsprozess Beteiligten. Alle daran beteiligen Wirtschaftssubjekte können sich ökonomisch reproduzieren d. h. „überleben".

In der klassischen Theorie begriff man den lebensnotwendigen Konsum auch als für die Reproduktion der Arbeitskraft notwendig und rechnete ihn daher nicht zum Nettoprodukt. Dieser lebensnotwendige Konsum ist freilich nicht über alle Zeiten hinweg konstant und kann nur kulturspezifisch bestimmt werden. Rein physiologisch ist natürlich eine bestimmte Kalorienzahl eine wichtige Größe, die aber in der Zusammensetzung sehr unterschiedlich sein kann, weil sich die Nahrungsmittel, die an verschiedenen Orten gedeihen und kultiviert werden, sehr unterscheiden. In Asien wird der Kohlenhydratbedarf überwiegend durch Reis, im ariden Europa durch Weizen, Gerste, Roggen und Hafer gedeckt. Um diesen lebensnotwendigen Konsum zu decken, müssen die abhängig Beschäftigten einen Reallohn erhalten, der es ihnen ermöglicht, die lebensnotwendigen Konsumgüter zu erwerben. Dieser Lohn wird in der klassischen Theorie auch Subsistenzlohn genannt. Entspricht der Reallohn dem Subsistenzlohn, dann teilt sich das Nettoprodukt nur auf die Produktionsfaktoren Boden und Kapital auf. Das war die Kernfrage in der durch die Kontinentalsperre motivierten Debatte zwischen David Ricardo

---

[5] Siehe hierzu das Perron-Frobenius Theorem.

und Thomas R. Malthus[6]. Ricardo hatte dazu das Korn-Korn-Modell entwickelt und seine Hypothese des „Profit-Squeeze" vorgestellt, gemäß der die steigende Differentialrente vor allem den Anteil des Gewinns am Nettoprodukt schrumpfen lässt und somit die Grundbesitzer von der Kontinentalsperre profitieren, aber die Unternehmer benachteiligt werden.[7]

Der klassische Surplus-Ansatz stützte sich in der Verteilungstheorie eben nicht wie die Neoklassik auf ein einheitliches Erklärungsprinzip, das eigentlich der Theorie der Bodenrente entstammte und auch dieser vorbehalten blieb, sondern entwickelte für jeden Produktionsfaktor (Arbeit, Kapital und Boden) ein eigenständiges Erklärungskonzept.[8] Zur Erklärung der Höhe der Bodenrente diente das Marginalprinzip, zur Bestimmung des Lohns eine soziologisch-historische Begründung und der Profit wurde als Residualgröße begriffen und nicht auf eine, wie auch immer definierte, Kapitalproduktivität zurückgeführt.

Während in der Zeit der klassischen Ökonomen der Subsistenzlohnbegriff insofern sinnvoll erschien, als es dazu auch eine historische Anschauung und Erfahrung gab, ist dieser im 20. Jahrhundert unter dem Einfluss der gewerkschaftlichen Macht und der in den europäischen Ländern verbreiteten Sozialstaatsmodelle zumindest für die Lohnbildung nicht mehr evident, obgleich der Subsistenzlohn konzeptionell in der Sozialgesetzgebung oder auch als Mindestlohn noch existiert. Was wir hingegen seit dem Ende des Zweiten Weltkriegs beobachten, ist, dass der Reallohn tendenziell mit der Arbeitsproduktivität wächst – mal stärker, mal schwächer. Es scheint aus heutiger Sicht eher sinnvoll zu sein, das Sraffasche Produktionsmodell über die exogene Setzung des Kapitalzinses und nicht über den Reallohn zu schließen. Dazu müsste man aber eine theoretische Beziehung zwischen den verschiedenen Geldzinssätzen und dem, was Marx „die Profitrate" oder Böhm-Bawerk „den Kapitalzins" nannte, herstellen.[9]

Wenden wir uns nun der oben angesprochenen anderen Frage zu: Wieviel vom Nettoprodukt wird gespart, wieviel investiert (gespart)? Adam Smith hatte dazu eine eindeutige Antwort, die eng mit der Verteilungsfrage verbunden war. Gewinne werden investiert, die Bodenrenten vornehmlich konsumiert; entweder als Luxuskonsum oder in Form von Lohneinkommen des Dienstpersonals. Das war Gegenstand von Smiths Vergleich zwischen Glasgow und Edinburgh und seiner misslichen Unterscheidung zwischen produktiver und unproduktiver Arbeit, die als ein Relikt physiokratischer Ideologie bei Smith und später auch bei Marx überlebt hat.

---

[6]Salvadori, N. und Signorino, R. (2013), The Malthus versus Ricardo 1815 Corn Laws Controversy: An appraisal, *MPRA Paper 50.534*, University Library of Munich, Germany.

[7]Siehe das Abschn. 6.3.2 zu David Ricardo.

[8]Sraffa, P. (1951), *Introduction to The Works and Correspondence of David Ricardo*, Vol. I, Cambridge: University Press.

[9]Vgl. Pivetti, M. (1991), An Essay on Money and Distribution, London: Macmillan, und Panico, C., A. Pinto, and M. P. Anyul (2012), Income distribution and the size of the financial sector: a Sraffian analysis, *Cambridge Journal of Economics,* 36 (6), S. 1455–1477.

Diese klassische Perspektive wurde u. a. von Joan Robinson und Nicholas Kaldor aufgenommen und mit Hilfe der Kreislauftheorie reformuliert, so dass sich an dieser Stelle eine Brücke zwischen der klassischen und der post-keynesianischen Tradition schlagen lässt. Hierauf werden wir im Kapitel über den Postkeynesianismus zurückkommen.

Bislang haben wir angenommen, dass die Produktionsstruktur einerseits sowie das Aktivitätsniveau der Ökonomie andererseits gegeben und konstant sind. Beide Annahmen können gelockert werden. Behandeln wir zunächst die Technikwahl. Technologischer Wandel führt zu Änderungen der Produktionskoeffizienten und der Arbeitsinputs und damit zur Wahl einer neuen bzw. einer anderen Technik. Sowohl in dem neoklassischen als auch im neoricardianischen Ansatz werden Techniken nach den gleichen Kriterien ausgewählt: Sie müssen kostenminimierend sein. In der neoricardianischen Theorie kann es allerdings zu zwei Phänomenen bei der Technikwahl kommen, die im neoklassischen Grundmodell ausgeschlossen sind. Es handelt sich um das sogenannte „Reswitching" und das „Capital reversing". Reswitching bedeutet, dass eine Technik, die bei einem niedrigen Reallohnsatz und einer hohen Realzinsrate (Profitrate) – also eine eher arbeitsintensive Technik – sowie bei einem hohen Reallohnsatz und einer niedrigen Profitrate wieder kostenminimierend ist, obwohl sie zwischenzeitlich durch eine kapitalintensive Technik substituiert worden war. Diese Wiederkehr einer „alten" Technik ist im neoklassischen Grundmodell ausgeschlossen. Paul Samuleson merkte hierzu an:

> *„The phenomenon of switching back at a very low interest rate to a set of techniques that had seemed viable only at a very high interest rate involves more than esoteric difficulties. It shows that the simple tale told by Jevons, Böhm-Bawerk, Wicksell and other neoclassical writers – alleging that, as the interest rate falls in consequence of abstention from present consumption in favor of future, technology must become in some sense more 'roundabout,' more 'mechanized' and 'more productive' – cannot be universally valid."*[10]

„Capital reversing" oder anders „reverse capital deepening" ist ebenfalls im neoklassischen Standardmodell ausgeschlossen. „Capital deepening" meint einen Anstieg der Kapitalintensität, d. h. des Verhältnisses von Kapital zu Arbeitseinheiten. Wenn also Reallöhne steigen, prognostiziert das neoklassische Standardmodell einen Anstieg der Kapitalintensität, d. h. es werden kapitalintensivere Techniken gewählt. Wenn nun die Reallöhne in Relation zur Profitrate fallen, müssten gemäß neoklassischem Standardmodell arbeitsintensivere oder weniger kapitalintensive Techniken zum Einsatz kommen. Im neoricardianischen Modell wird nun aber gezeigt, dass bei steigender Profitrate eine Technik mit höherer Kapitalintensität kostenminimierend ist und gewählt wird. Das ist eben der „perverse" Fall des „reverse capital deepening", was der Tatsache geschuldet ist, dass die Faktorpreiskurve der kostenminimierenden Technik im relevanten Bereich konkav zum Ursprung und nicht linear oder konvex zum Ursprung verläuft. Warum das auftreten kann, wird im anschließenden Abschnitt über die Kapitalkontroverse behandelt.

---

[10] Samuelson, P. (1966), A Summing Up, *The Quarterly Journal of Economics*, 80, S. 568.

Das neoricardianische Forschungsparadigma wurde von relativ wenigen Ökonomen bearbeitet und hat sich seit der Publikation von Piero Sraffas *Warenproduktion mittels Waren* vergleichsweise langsam entwickelt. Die Stoßrichtung der Entwicklung ist kritisch, d. h. es wird meist gezeigt, dass die „Welt" komplexer als das neoklassische Standardmodell ist und damit die üblichen neoklassischen Modellergebnisse – man kann sie auch Parabeln nennen – nur Spezialfälle sind und damit gerade nicht als Parabeln dienen können.

13.2   Wachstumstheorie, Produktionsfunktion und Kapitalkontroverse

Nachdem wachstumstheoretische Überlegungen nach Marx' Tod nahezu verschwunden waren, wurden sie erst in den 1940er Jahren wieder zu einem Thema in der Volkswirtschaftslehre. Die initialen Beiträge stammten von Roy F. Harrod und Evsey D. Domar.[11] Die Kernideen beider Autoren sind im Harrod-Domar Wachstumsmodell zusammengefasst. Dieser Modelltyp kam zu dem Ergebnis, dass kapitalistische Volkswirtschaften sehr große Instabilitäten aufweisen, denn, so das Modellresultat, gleichschrittiges, d. h. stabiles Wachstum könne nur „auf des Messers Schneide" stattfinden. Würde dieser gleichschrittige Wachstumsprozess gestört, käme die Ökonomie in eine tiefe Rezession bzw. in einen Boom. Eine endogene Stabilisierung im Wachstumsgleichgewicht sieht das Modell nicht vor. Dies hatte problematische Begleitvorstellungen, denn vor dem Hintergrund der gerade überwundenen Weltwirtschaftskrise sprach diese Modellprognose nicht gerade für die Selbstregulierung marktwirtschaftlicher Wirtschaftssysteme, sondern ließ vermuten, dass marktwirtschaftliche Systeme irgendwie „gesteuert" werden müssten, um tief greifende Krisen zu verhindern. So gesehen stützte das Harrod-Domar Modell den bereits durch Keynes' *General Theory* begründeten Pessimismus gegenüber einem sich selbst regulierenden marktwirtschaftlichen Systems. Vor dem Hintergrund des Systemwettbewerbs zwischen Marktwirtschaft und Planwirtschaft war das ein weiteres Argument für die Steuerung der Wirtschaft durch eine zentrale Institution. Das von Solow[12] entwickelte Wachstumsmodell hatte diese Instabilität nicht. Warum? Solow nahm an, dass Arbeit und Kapital gegeneinander substituierbare Produktionsfaktoren seien, sodass bei vollkommen flexiblen Reallöhnen und Realzinsätzen langfristig Vollbeschäftigung herrscht und alle Produktionskapazitäten optimal ausgelastet werden. Das langfristige *steady state* Gleichgewicht existiert und ist vor allem stabil.

---

[11] Harrod, R.F. (1939), An Essay in Dynamic Theory, *Economic Journal* (49), S. 14–33.

Domar, E. (1946), Capital expansion, Rate of Growth and Employment In: *Econometrica* (14), S. 137–250.

[12] Solow, R.M (1956), A Contribution to the Theory of Economic Growth, *Quarterly Journal of Economics,* 70, 1956, S. 65–94.

Nun ergab sich allerdings, dass eine solche Ökonomie im *steady state* nicht dauerhaft wachsen, sondern nur durch fortwährend steigende Kapitalakkumulation höhere *steady state* Gleichgewichte anvisieren kann, bis die Ökonomie in die Überakkumulation gerät und die Bevölkerung verhungert, weil sie auch noch das letzte Korn nicht konsumiert, sondern in die Erde steckt. Dauerhaft wachsen kann also eine Ökonomie nur, wenn es einen Faktor gibt, der die Produktion auch im steady state Gleichgewicht steigert. Natürlich ist das der technische Fortschritt. Doch konnte man die Entstehung des technischen Fortschritts und seine ökonomischen Determinanten nicht modellendogen erklären. Im Solow Modell und auch in den nachfolgenden Modellen vom Ramsey-Cass-Koopmans Typ blieb der technische Fortschritt ein exogener Einflussfaktor. Er fiel gewissermaßen „vom Himmel", weshalb man auch vom „Manna-Charakter" des technischen Fortschritts sprach. Das Solow Modell bzw. das Ramsey-Cass-Koopmans Modell bildeten den Ausgangspunkt für unterschiedliche Diskussions- und Theorieentwicklungsstränge, denen wir nicht allen detailliert nachgehen können.

Drei Entwicklungslinien möchte ich in den folgenden Abschnitten nachgehen. Zunächst werde ich die Debatten um den Kapitalbegriff behandeln, die zwischen Ökonomen der beiden Cambridger Universitäten, nämlich Cambridge in England und Cambridge in Massachusetts, USA ausgetragen wurden und als „Die Cambridge-Cambridge Kapitalkontroverse" in die Annalen eingegangen ist.[13] Danach werde ich kurz auf die Theorie optimalen Wachstums und auf das Überakkumulationsproblem eingehen und zuletzt die Entwicklung der endogenen Wachstumstheorie skizzieren.

13.2.1 Die Kapitalkontroverse

In den 1960er Jahren und bis in die 70er Jahre hinein entbrannte eine fundamentale Debatte über die Kapitaltheorie, die Bedeutung und Zulässigkeit einer aggregierten Produktionsfunktion und damit indirekt auch eine Debatte über ein Fundament der makroökonomischen Theorie, und zwar sowohl der kurzfristigen Theorie des Outputs und der Beschäftigung sowie der langfristigen Theorie des Wachstums und der Entwicklung.

Nicht nur Harrod, Domar und Solow, auch die Cambridger Ökonomin Joan Robinson arbeitete in den 50er Jahren an einer Theorie des wirtschaftlichen Wachstums. Ihr Buch *The Accumulation of Capital* erschien 1956. Im Rahmen dieses Buchs stellte sie sich die Frage, wie man Änderungen des technischen Wissens bzw. der Produktionsverfahren abbilden müsse. Die Antwort der neoklassischen Theorie bestand im Hinweis auf die Produktionsfunktion, die die Eigenschaft der verwendeten Techniken widerspiegeln sollte. Diese Konstruktion war in den Augen von Robinson ein „powerful instrument of miseducation".

---

[13] Ausführlich behandelt hat das Geoffrey Harcourt in: Harcourt, G. C. (1972), *Some Cambridge controversies in the theory of capital*, Cambridge: University Press.

„The student of economic theory is taught to write Y = f (N, K), where N is a quantity of labour, K a quantity of capital and Y a rate of output of commodity. He is instructed to assume all workers alike, and to measure N in man-hours of labour; he is told something about the index-number problem involved in choosing a unit of output; and then he is turned on to the next question, in the hope that he will forget to ask in what units K is measured. Before he does ask, he has become a professor, and so sloppy habits of thought are handed on from one generation to the next."[14]

Sie verwies darauf, dass man in der kurzen Periode auf Kapital im Sinne spezieller Kapitalgüter verzichten könne, weil es nur um Kapazitäten ginge, die man in den gleichen Einheiten wie den Output messen könne. Wolle man hingegen Wachstum und Kapitalakkumulation behandeln, müsse man über Kapitalgüter und deren Akkumulation nachdenken. Man kann Kapitalgüter nicht in physischen Einheiten aggregieren, so dass nur die Aggregation in Zeiteinheiten, wie in der österreichischen Kapitaltheorie üblich, oder in Werteinheiten durchgeführt werden kann, wobei dann die Frage gestellt werden muss, in welchen Werteinheiten das geschehen soll.

„Should capital be valued according to its future earning power or its past cost? When we know the future expected rate of output associated with a certain capital good, and expected future prices and costs, then, if the rate of interest is given, we can value the capital good as a discounted stream of future profit... But to do so, we have to begin by taking the rate of interest as given, whereas the main purpose of the production function is to show how wages and the rate of interest are determined by technical conditions and the factor ratio."[15]

Bewertet man in „historischen" Produktionskosten, dann ist der Kapitalzinssatz in Form der vergangenen Kapitalkosten enthalten. Und wenn man, wie Böhm-Bawerk oder Wicksell, das Kapital in datierte Arbeits- und Bodenleistungen auflöst, ist der Zinssatz ebenfalls eine bestimmende Größe. (Statt Kapitalzinssatz verwenden wir als Kurzform „Zinssatz") Hier würde man den Zins als gegeben annehmen, um ihn dann aus der Kapitalnachfrage herzuleiten. Partialanalytisch gesehen setzt man voraus, was zu zeigen ist. Es bleibt nur ein totalanalytischer Simultanansatz.

Wie die traditionelle neoklassische Theorie argumentiert, lässt sich recht gut anhand des Solow-Swan Modells verdeutlichen. Wie erreicht eine marktwirtschaftlich organisierte Ökonomie durch Konkurrenzpreise das langfristige *steady-state* Gleichgewicht? (Abb. 13.3)

Die erste Antwort lautet: durch Anpassung der Kapitalintensität. Was passiert, wenn $k \neq k^*$? Gehen wir von dem Fall aus, $k > k^*$. In dieser Situation wird mit „zu viel" Kapital, bzw. „zu wenig" Arbeit produziert. Das Arbeitsangebot ist größer als die Nachfrage. Die Kapitalnachfrage ist kleiner als das Kapitalangebot. Der Lohnsatz muss

---

[14] Robinson, J. (1953/4), The production function and the theory of capital, *Review of Economic Studies,* 21, S. 81–106, hier S. 81.

[15] Robinson, J. (1953, S. 81).

Abb. 13.3 Steady-state Gleichgewicht

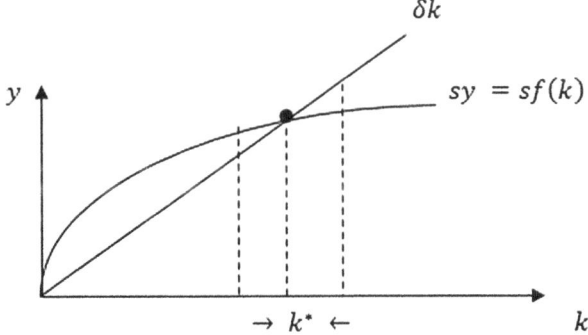

fallen und der Zinssatz muss steigen. Steigt der Zinssatz, dann wird – wenn die Grenzproduktivität des Kapitals eine fallende Funktion ist – weniger Kapital nachgefragt. Wenn der Lohnsatz fällt, wird – bei fallender Grenzproduktivität der Arbeit – mehr Arbeit nachgefragt.

Die repräsentative Unternehmung maximiert den Gewinn π unter Einhaltung der produktionstechnischen Restriktionen, d. h.

$$\pi = p \cdot Y - wN - rK, \text{ wobei } Y = F(K, N).$$

Für die Produktionsfunktion sollen die üblichen Eigenschaften, d. h. konstante Skalenerträge und abnehmende partielle Grenzerträge gelten.

$$\max \pi = p \cdot F(K, N) - wN - rK, \; p = 1$$

$$1. \frac{\partial \pi}{\partial N} \rightarrow p \frac{\partial F}{\partial N} - w = 0,$$

$$2. \frac{\partial \pi}{\partial K} \rightarrow p \frac{\partial F}{\partial K} - r = 0.$$

Wenn konstante Skalenerträge vorliegen, dann gilt Eulers Theorem, d. h.

$$3. \; dY = \frac{\partial F}{\partial} dK + \frac{\partial F}{\partial N} - dN,$$

das Gesamtprodukt wird vollständig durch die Beiträge der beiden Faktoren ausgeschöpft, d. h.

$$4. \; Y = w \cdot N + rK.$$

Löst man (4) nach K auf, erhält man:

$$K = \frac{Y}{r} = \frac{w}{r} N. \text{ Somit ist } \frac{dK}{dN} = -\frac{w}{r}.$$

Aus (3) erhalten wir für $\frac{dK}{dN} = -\frac{\frac{\partial F}{\partial N}}{\frac{\partial F}{\partial K}} = -\frac{w}{r}$.

Steigt der Lohnsatz im Verhältnis zum Zinssatz, wird weniger Arbeit und mehr Kapital in der Produktion eingesetzt.

Man kann die Verteilungsgleichung aber auch nach dem Lohnsatz auflösen, wenn man nämlich unterstellt, dass aus der makroökonomischen Perspektive die Faktormengen gegeben sind:

Aus (4) $Y = wN + rK$.

ergibt sich $w = \frac{Y}{N} - r\frac{K}{N}$.

Wie ändert sich die Lohnrate, wenn sich der Zinsatz ändert, d. h.

$$\frac{dw}{dr} = -\frac{K}{N} = -k?$$

Offensichtlich fällt die Lohnrate, wenn der Zinssatz steigt und umgekehrt und zwar nach Maßgabe der Kapitalintensität k.

Wir schreiben (4) in pro Kopf Größen:

$$\frac{Y}{N} = w\frac{N}{N} + r\frac{K}{N}, \quad \frac{Y}{N} = y, \quad \frac{K}{N} = k$$

$$\text{bzw.} y = w + r \cdot k \text{ bzw.} r = y - \frac{w}{k},$$

was die folgende Lohnkurve ergibt. Für $w = 0$ folgt $r = \frac{y}{k}$, d. h. wäre der Lohnsatz null, ginge das gesamte Surplus an die Kapitalbesitzer, wobei allerdings die durchschnittliche Kapitalproduktivität bzw. der Kehrwert des Kapitalkoeffizienten (Y/K) die obere Grenze des Zinssatzes markiert. Für $r = 0 \rightarrow y = w = w^{\max}$ stellt sich der umgekehrte Fall ein. Hier wird das Surplus vollständig an die Lohnempfänger verteilt. Ist die Lohnkurve linear, dann ist für jede Kombination von Lohnsatz und Zinssatz die Kapitalintensität (k) konstant und es gilt (Abb. 13.4)

$$tg\alpha = k = \frac{y - w}{r} = \frac{dw}{dr}.$$

Wir untersuchen nun, wie diese Lohn-Zins-Kurven für Produktionsmodelle verlaufen, in denen Kapital als Produktionsmittel selbst produziert wird und als Produktionsmittel eingesetzt wird. Das hier präsentierte Modell wurde in der kapitaltheoretischen Diskussion von beiden beteiligen Parteien benutzt.

Die Ökonomie besteht aus zwei Sektoren. Ein Sektor produziert ein Konsumgut mit Hilfe von Arbeit und einem Kapitalgut. Der zweite Sektor produziert ein Kapitalgut mittels Arbeit und dem gleichen Kapitalgut.

$$qa_K + l_K = q$$

$$qa_c + l_c = q$$

Abb. 13.4 Lineare Lohnkurve

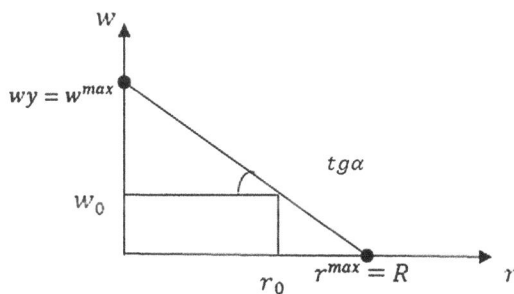

Wir unterstellen konstante Skalenerträge und a_K, a_c, $l_K = l_c$ sind die Produktionskoeffizienten in der Kapitalgut- bzw. Konsumgutindustrie. a_K bezeichnet die Menge des Kapitalguts, die benötigt wird um eine Einheit des Kapitalguts herzustellen; analog a_c, l_c bezeichnet die Menge Arbeit, die im Konsumgutsektor eingesetzt wird; analog l_K. q bezeichnet das Produktionsniveau. Wir nehmen an, Arbeit ist homogen und wird in beiden Sektoren gleich entlohnt und zwar mit w_n. Das Preissystem lautet:

$$(1 + r)a_K P_K + w_n l_K = P_K$$

$$(1 + r)a_c P_K + w_n l_c = P_c,$$

wobei r den Zinssatz, und P_k, P_c die Preise des Kapitalguts bzw. des Konsumguts bezeichnen. Wählt man das Konsumgut als Wertstandard, ergibt sich $P_C = 1$ und

$$(1 + r)a_K p_K + w l_K = p_K$$
$$(1 + r)a_K p_K + w l_c = 1,$$

$$\text{mit} \frac{P_K}{P_c} = p_K \text{ und } w = \frac{w_n}{P_e}.$$

Das System hat drei Variable (p_K, w, r) aber nur 2 Gleichungen. Wir können jeweils eine dieser Variablen als Funktion der zwei verbleibenden Variablen ausdrücken. Für den Lohnsatz w ergibt sich:

$$w = \frac{1 - a_K(1 + \text{r})}{l_C + (l_K a_C - l_C a_K)(1 + r)}.$$

Bilden wir die erste Ableitung der Lohngleichung, dann erhalten wir Auskunft über deren Steigung:

$$\frac{dw}{dr} = -\frac{a_C l_K}{N^2}.$$

Da der Nenner positiv ist, ergibt sich eine fallende Lohnkurve, d. h., die Beziehung zwischen Reallohnsatz und Zinssatz ist invers.

Die zweite Ableitung liefert uns die Information über die Krümmung der Lohnkurve:

$$\frac{d^2w}{dr^2} = (a_C l_K - a_K l_C) - \frac{2a_C l_K}{N^3}.$$

Der Nenner ist für $0 \leq r \leq R$ immer positiv. Alle Produktionskoeffizienten sind positiv, d. h. a_C, $l_K > 0$, so dass auch der Zähler positiv ist. Damit spielt der Klammerausdruck vor dem Bruch eine wichtige Rolle. Zunächst wollen wir untersuchen, welche ökonomisch-technische Information er enthält. Wir begreifen das Verhältnis von Kapitalguteinsatz zu Arbeitseinsatz in den beiden Sektoren als relativen Mechanisierungsgrad (Kapitalintensität):

$$m = \frac{\frac{a_C}{l_C}}{\frac{a_K}{l_K}} = \frac{a_C l_K}{a_K l_C}$$

Wenn in beiden Sektoren das Verhältnis von Kapitalguteinsatz zu Arbeitseinsatz gleich ist, dann ist $m = 1$. Ist $m > 1$, dann ist der Konsumgutsektor mechanisierter als der Kapitalgutsektor und bei $m < 1$ ist der Kapitalgutsektor mechanisierter als der Konsumgutsektor. Zwischen dem relativen Mechanisierungsgrad und dem Klammerausdruck $(a_C l_K - a_K l_C)$ besteht die folgende Äquivalenzbeziehung (Abb. 13.5, 13.6, 13.7):

Abb. 13.5 Lineare Lohnkurve

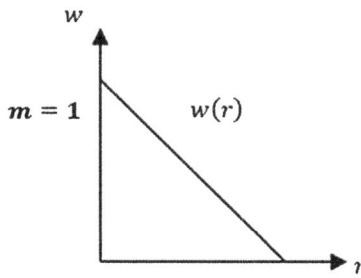

Abb. 13.6 Konvexe Lohnkurve

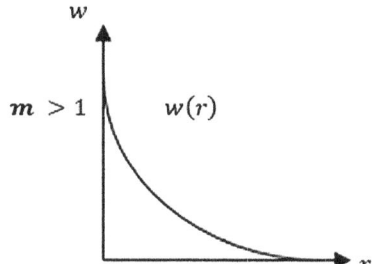

Abb. 13.7 Konkave
Lohnkurve

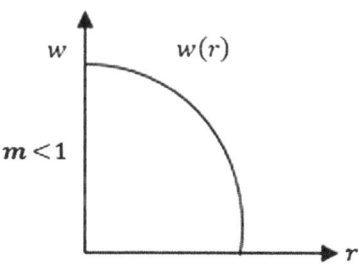

- Wenn $m = 1 \leftrightarrow (a_C l_K - a_K l_C) = 0$,
- wenn $m > 1 \leftrightarrow (a_C l_K - a_K l_C) > 0$,
- wenn $m < 1 \leftrightarrow (a_C l_K - a_K l_C) < 0$.

Somit gilt für die Lohnkurve:

- $m = 1$, $\frac{d^2 w}{dr^2} = 0$, die Lohnkurve ist linear
- $m > 1$, $\frac{d^2 w}{dr^2} > 0$, die Lohnkurve ist konvex
- $m < 1$, $\frac{d^2 w}{dr^2} < 0$, die Lohnkurve ist konkav

Der relative Preis des Kapitalguts lässt sich ebenfalls bestimmen. Wir benötigen ihn später, um den Wert des Kapitalstocks zu berechnen:

$$p_K = \frac{l_K}{l_C + (a_C l_K - a_K l_C)(1 + r)}$$

Man sieht, dass p_K eine Funktion von r ist, d. h. p_K ändert sich mit r gemäß folgender Gleichung:

$$\frac{dp_K}{dr} = -(a_C l_K - a_K l_C) \frac{l_K l_C a_K}{N^2}$$

Auch hier zeigt sich, dass die Richtung der Preisänderung vom relativen Mechanisierungsgrad m abhängt.

Für $m = 1$ ist $\frac{dp_K}{dr} = 0$, d. h. p_K constant.

Für $m > 1$ ist $\frac{dp_K}{dr} < 0$, d. h. p_K fällt, wenn r steigt.

Für $m < 1$ ist $\frac{dp_K}{dr} > 0$, d. h. p_K steigt, wenn r steigt.

Im nächsten Schritt bewegen wir uns auf die Parabelwelt der Produktionsfunktion zu. In dieser Welt wird Kapital als Input eingesetzt, jedoch nur Konsumgüter als Nettooutput produziert. In dem Zwei-Sektorenmodell muss somit das Aktivitätsniveau so gewählt werden, dass die gesamte Kapitalgutproduktion im Konsumgütersektor aufgebraucht wird und kein Kapitalgut im Nettooutput auftaucht. Das Mengensystem lautet:

$$qa_K + l_K = 1q,$$

$$qa_C + l_C = q,$$

Es muss also gelten: $Ia_K + a_C = I$, wobei I den Einheitsvektor bezeichnet.

$$\text{bzw.} a_C = I(1 - a_K), \quad \frac{a_C}{1 - a_K} = I.$$

Das Bruttoprodukt besteht also aus I Einheiten des Kapitalguts und 1 Einheit des Konsumguts. Das Nettoprodukt beträgt eine Einheit des Konsumguts. Der Arbeitseinsatz beträgt:

$$L = Il + l_C,$$

bzw. $L = \frac{a_C}{1-a_K} \cdot l_K + l_C$, erweitern mit $\frac{1-a_K}{1-a_K}$ ergibt: $= \frac{(l_K a_C - l_C a_K) + l_C}{1 - a_K}$.

Der gesamte Kapitalgütereinsatz C beträgt:

$$C = I = a_c + Ia_K = a_c + a_K \frac{a_C}{1 - a_K} = \frac{a_C}{1 - a_K}$$

Der Wert des Kapitalstocks K ist:

$$K = p_K \cdot C = p_K \cdot \frac{a_C}{1 - a_K}.$$

Man beachte, dass die Kapitalintensität k keine mengenmäßige, sondern eine Wertgröße darstellt, da sie vom relativen Preis des Kapitalgutes abhängt:

$$k = \frac{K}{L} = p_K \frac{a_c}{l_C + (l_K a_C - l_C a_K)}.$$

Um die Kapitalintensität des 2-Sektoren-Modells einfach berechnen zu können, wenden wir die bereits eingeführte Methode an, der zufolge $k = \frac{y-w}{r} = tg\alpha$ ist, d. h. wir messen die Kapitalintensität des Systems durch die Steigung einer die Lohnkurve schneidenden Sekante (Abb. 13.8).

Die durch die Sekante gemessene Kapitalintensität ergibt sich analytisch wie folgt:

$$k = \frac{y - w}{r} = \frac{w^{\max} - w}{r}$$

Da $y = \frac{1}{L}$ und w berechnet wurden, setzen wir die Terme ein:

$$k = \frac{\frac{1-a_K}{l_C+(l_K a_C - l_C a_K)} - \frac{1-a_c(1+r)}{l_C+(l_K a_C - l_C a_K)(1+r)}}{r}.$$

Formt man in mehreren Schritten um, ergibt sich:

$$k_s = \frac{l_K}{l_C + (l_K a_C - l_C a_K)(1 + r)} \cdot \frac{a_C}{l_C + (l_K a_C - l_C a_K)} = p_k \frac{a_C}{l_C + (l_K a_C - l_C a_K)} = k_S,$$

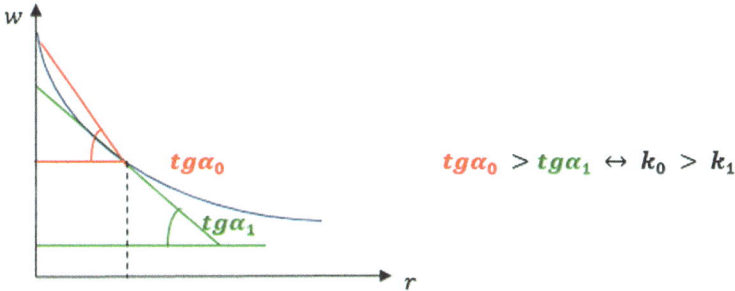

Abb. 13.8 Lohnkurve und Kapitalintensität

wobei das tiefgestellte S für „durch Sekantenlösung berechnete Kapitalintensität" steht. Dagegen berechnet sich die Kapitalintensität aus der aggregierten Produktionsfunktion als Steigung einer Tangente an die Lohnkurve

$$-k = \frac{dw}{dr}.$$

Wir nennen diese „durch Tangentenlösung berechnete Kapitalintensität" und bezeichnen sie mit k_{T}.

Nach unseren Berechnungen war:

$$k_{\mathrm{T}} = -\frac{dw}{dr} = \frac{a_C l_{\mathrm{K}}}{N^2},$$

$$k_{\mathrm{T}} = \underbrace{\frac{l_{\mathrm{K}}}{N}}_{p_{\mathrm{K}}} \cdot \frac{a_C}{N},$$

$$k_{\mathrm{T}} = p_{\mathrm{K}} \cdot \frac{a_C}{l_C + (l_{\mathrm{K}} a_C - l_C a_{\mathrm{K}})(1 + r)}. \text{ Hingegen gilt für } k_{\mathrm{S}} = p_{\mathrm{K}} \frac{a_C}{l_C + (l_{\mathrm{K}} a_C - l_C)}.$$

Man sieht sofort, dass im Allgemeinen $k_{\mathrm{S}} \neq k_{\mathrm{T}}$ gilt.

Ist die Lohnkurve des disaggregierten Modells konvex, gilt $k_{\mathrm{S}} > k_{\mathrm{T}}$. In diesem Fall unterschätzt die aggregierte Produktionsfunktion die Kapitalintensität. Ist die Lohnkurve des disaggregierten Modells konkav, gilt $k_{\mathrm{S}} < k_{\mathrm{Tp}}$. Das aggregierte Modell überschätzt die Kapitalintensität. Nur wenn in der disaggregierten Welt eine lineare Lohnkurve vorliegt, bildet das aggregierte Modell die disaggregierte Welt parabelhaft ab. Die Parabel der neoklassischen Theorie ist nur gültig, wenn das disaggregierte Modell eine lineare Lohnkurve hat. Die Lohnkurve ist linear, wenn die Kapitalintensität in allen Sektoren des disaggregierten Modells gleich ist.

Die Fehleinschätzung des aggregierten Modells bleibt nicht auf die Kapitalintensität beschränkt. Sie erstreckt sich auch auf das Pro-Kopf-Produkt und auf die Einkommensverteilung

$$y = w + rk, \frac{P}{W} = \frac{rK}{wL} = \frac{r}{w}k.$$

$$y = w + rk$$

$$dy = dw + drk + dkr$$

$$\frac{dy}{dk} = r + \frac{dw}{dk} + \frac{dr}{dk}k$$

$$r + \frac{dy}{dk}, \text{ wenn } \frac{dw}{dk} + \frac{dr}{dk}k = 0$$

Aber die Bedingung $\frac{dw}{dk} + \frac{dr}{dk}k = 0$ ergibt k $= -\frac{dw}{dk} \cdot \frac{dk}{dr} = -\frac{dw}{dr}$,

d. h. nur wenn die Steigung der Lohnkurve (Tangente) die Kapitalintensität korrekt misst ($k_T = k_S$), dann ist die Grenzproduktivität des Kapitals (GPK) $= r$. Wenn also $m = 1$, dann ist $GPK = r$. Wenn hingegen $m > 1$, dann gilt $GPK < r$ und wenn $m < 1$, dann muss $GPK > r$ sein.

Vergegenwärtigen wir uns nochmals, unter welchen Bedingungen die Parabel, d. h. die Ein-Gut-Welt, eine gültige Approximation der Mehr-Güter-Welt darstellt: dann und nur dann, wenn in der disaggregierten Welt für jedes Produktionsverfahren eine lineare Lohnkurve vorliegt. Eine lineare Lohnkurve bedeutet, dass in allen Sektoren die gleichen Proportionen von Produktionsmitteln zu Arbeit vorliegen müssen, denn nur dann wirken sich Änderungen des Kapitalzinssatzes nicht auf die Preise der Kapitalgüter aus, sodass die wertmäßige Kapitalintensität konstant bleibt. Dieses Resultat traf den vehementen Kritiker der Marxschen Arbeitswertlehre, Paul Samuelson, besonders tief, denn ironischerweise ist die Bedingung gleicher Kapitalintensität in allen Sektoren nicht nur eine Voraussetzung unter der die neoklassische Parabelwelt eine korrekte Modellierung der disaggregierten Realität darstellt, sondern auch die Voraussetzung, unter der die Marxschen Arbeitswerte den Produktionspreisen entsprechen. Samuelson war bei seinem analytischen Rekonstruktionsversuch der aggregierten Produktionsfunktion genau dem gleichen Spezialfall aufgesessen wie Marx.

Wenn man nun im Allgemeinen davon ausgehen muss, dass in einer Welt mit mehreren Sektoren und Produkten auch gleichzeitig noch unterschiedliche Techniken zur Verfügung stehen, entsteht ein Problem, das die optimale Allokation von Arbeit und Kapital infrage stellt. In der Literatur ist das unter dem Begriff „reswitching" und „capital-reversal" bekannt geworden ist.

Nehmen wir an, es gäbe für die einfache 2-Sektoren-Welt zwei verschiedene Techniken, um das Endprodukt herzustellen. Beide Techniken führten zu linearen Lohnkurven. Dann läge die folgende Situation (graphisch) vor (Abb. 13.9):

Ist der Lohnsatz hoch (w_α), wird die Technik α gewählt, ist der Lohnsatz niedrig (w_β), wird die Technik β gewählt. Am Punkt S sind die Techniken gleich profitabel. Dieses

Abb. 13.9 Zwei Lohnkurven mit Switch-Punkt (S)

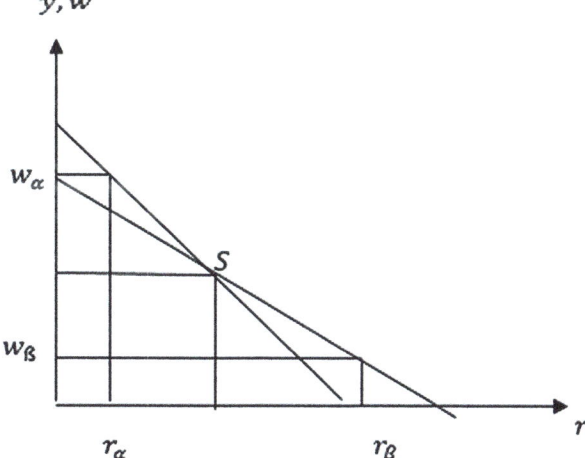

Abb. 13.10 Umhüllende aller Lohnkurven

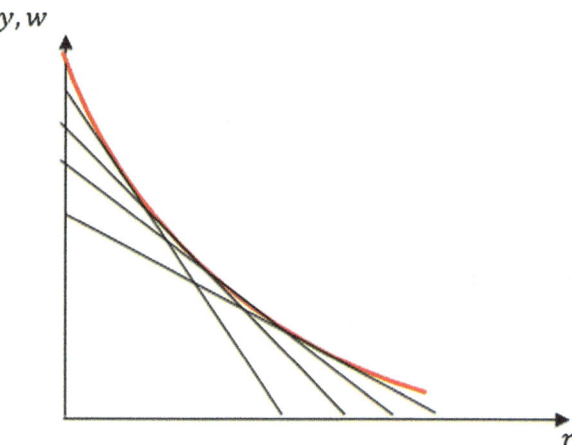

Ergebnis ist auch mit der Parabel-Welt kompatibel, weil bei einem relativ zum Zinssatz hohen Lohn eine kapitalintensive Technik gewählt wird, bei einem niedrigen Lohn und hohen Zinssatz wird eine arbeitsintensive Technik gewählt. Wir erkennen auch leicht, dass $k_\alpha > k_\beta$. Gibt es nun eine ganze Schar solcher Techniken mit linearen Lohnkurven, ergibt sich eine nahezu konvexe Umhüllende (Abb. 13.10).

Bei einem hohen Zinssatz werden arbeitsintensive Verfahren gewählt, so dass die Kapitalnachfrage gering ist. Fällt der Zinssatz, werden kapitalintensive Verfahren nachgefragt und die Kapitalnachfrage steigt. Die Kapitalnachfragefunktion ist somit monoton fallend, wenn der Zinssatz steigt (Abb. 13.11).

Liegen nun nicht-lineare Lohnkurven für zwei Techniken, z. B. der folgende Fall, vor, dann werden die kostenminimalen Techniken wie folgt gewählt (Abb. 13.12):

Abb. 13.11 Kapitalnachfrage

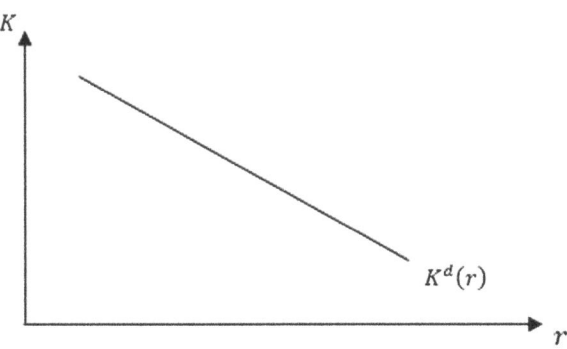

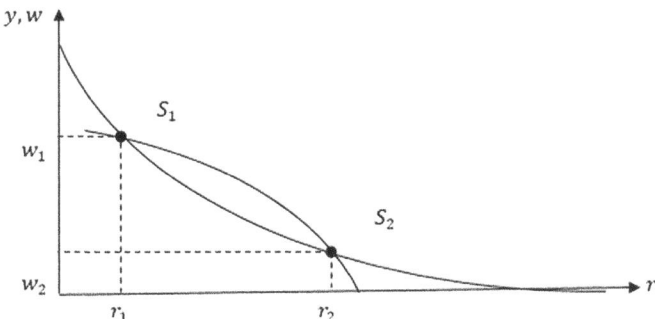

Abb. 13.12 Zwei Lohnkurven mit zwei Switch-Punkten

- für alle w oberhalb von S_1 (w_1) wird Technik (T_α) gewählt.
- für alle w zwischen von S_1 (w_1) und S_2 (w_2) wird Technik (T_β) gewählt.
- für alle w unterhalb von S_2 (w_2) wird wieder (T_α) gewählt.

Im Unterschied zum obigen Fall der linearen Lohnkurven kann bei nicht-linearen Lohn-kurven eine Technik „wiederkehren", d. h. bei sehr hohen und sehr niedrigen Lohnsätzen profitabler sein als eine konkurrierende Technik. Wie verhält sich nun die Kapitalintensi-tät auf der Umhüllenden? Bei niedrigem r wird T_α gewählt. Steigt r an, wird bis r_1 T_α beibehalten und die Kapitalintensität nimmt ab. Ab w_1 wird auf T_β gewechselt. Dort ist die Kapitalintensität sehr niedrig und steigt nun mit fallenden w bis w_2 erreicht wird. Ab w_2 springt die Kapitalintensität wieder hoch und fällt nun wieder mit weiter fallendem w (steigendem r) bis R_{max}. Das bedeutet, dass die Kapitalnachfragefunktion zwei Sprung-stellen aufweist und zwischen den Sprungstellen steigend verläuft (Abb. 13.13).

Abb. 13.13 Kapitalnachfrage
bei zwei Switch-Punkten

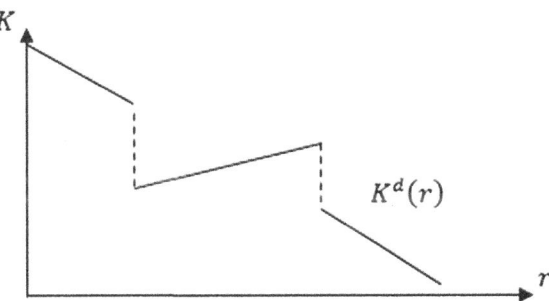

Je mehr Techniken zur Verfügung stehen, desto größer wird die Zahl der Sprung-stellen. Der partiell steigende Verlauf der Kapitalnachfragefunktion führt zur Instabili-tät des Gleichgewichts. In den „Sprungstellen" ist die Kapitalnachfrage nicht eindeutig bestimmt. Insgesamt besteht die Möglichkeit multipler und instabiler Gleichgewichte auf dem „Kapitalmarkt".

Samuelson, der antrat, um die neoklassische Parabel zu rechtfertigen, schrieb in seinem die Reswitching-Debatte zusammenfassenden Artikel:

> *„If all this causes headaches for those nostalgic for the old time parables of neoclassical writing, we must remind ourselves that scholars are not born to live an easy existence. We must respect, and appraise, the facts of life."*[16]

Eine gewisse Zeit wurde dieses Ergebnis von den führenden Ökonomen tatsächlich respektiert und wenn eine aggregierte Produktionsfunktion verwendet wurde, war das immer mit dem Hinweis verbunden, man befinde sich in einer „unrealen" Ein-Gut-Welt. Rund 20 Jahre später hatte man diese Forschungsresultate vergessen. Und Hand aufs Herz: In welchem modernen Lehrbuch der Makroökonomie oder der Wachstumstheorie wird auch nur an einer Stelle darauf hingewiesen, dass alle präsentierten „Erkenntnisse" nur für eine Ein-Gut-Welt gelten und damit einen Spezialfall darstellen?

Man kann und darf natürlich spekulieren, warum das Kernresultat der kapital-theoretischen Kontroverse vergessen wurde und damit auf die Weiterentwicklung der ökonomischen Theorie keinen Einfluss genommen hat. Wäre eine ähnliche Entwicklung in einer Naturwissenschaft denkbar? Die kapitaltheoretische Kritik beruht nicht auf einer empirischen Widerlegung der Theorie, sondern ist eine Kritik an der logischen Konstruktion der Theorie. Die produktions- und verteilungstheoretischen Grund-annahmen der neoklassischen Theorie sind ein Spezialfall, der gerade deshalb nicht als Parabel dienen kann.

---

[16] Samuelson, P. (1966), A Summing Up, *The Quarterly Journal of Economics*, 80, S. 583.

Woran es auch liegen mag, deutlich sollte werden, dass die Vorstellung, die Fachentwicklung folge einem Prinzip, demzufolge die falschen Theorien ausgesondert und die wahren und bewährten Theorien beibehalten werden, nicht aufrecht zu halten ist. Lehrbücher enthalten demzufolge ausschließlich das Unvergessene, welches nicht automatisch auch das „Richtige" sein muss.

13.2.2 Optimales Wachstum und Überakkumulation

Die Theorie optimalen Wachstums war eine Weiterentwicklung in der Wachstumsforschung, die zu den inzwischen auch „vergessenen" Turnpike-Theoremen führte[17], was wahrscheinlich damit zu tun hat, dass man planungstheoretische Modelle nicht mehr für so interessant hielt. Die diesen Modellen zugrunde liegende Fragestellung ist, wie kommt eine Ökonomie möglichst rasch vom „status quo", beschrieben durch die Anfangsausstattungen, zu einem deutlich besseren Zustand, also einem Zustand mit deutlich höherem BIP pro Kopf oder Kapitalbestand als gegenwärtig. Die metaphorische Antwort ist: Man suche die zu der Anfangsausstattung am nächsten gelegene „Autobahn" (deshalb Turnpike), fahre auf ihr, auch wenn es nicht der direkteste Weg ist, und biege dann auf die lokale Straße zum eigentlichen Ziel ab. Die Metapher „Autobahn" steht für den Wachstumspfad, auf dem die Ökonomie am schnellsten wachsen kann, ohne dass die Bevölkerung verhungert.

> „Thus in this unexpected way, we have found a real normative significance for steady growth – not steady growth in general, but maximal von Neumann growth. It is, in a sense, the single most effective way for the system to grow, so that if we are planning long-run growth, no matter where we start, and where we desire to end up, it will pay in the intermediate stages to get into a growth phase of this kind … ."[18]

Der von Neumann-Pfad ist dieser Wachstumspfad. Auf ihm gilt, dass die Wachstumsrate der Ökonomie gleich dem Kapitalzinssatz ist; es gilt also $r = g$ und das ist z. B. erfüllt, wenn alle Gewinne investiert und alle Lohneinkommen konsumiert werden.

Modelle dieses Typs haben, wie bereits erwähnt, den Charakter von Planungsmodellen, weil sie die Frage, ob ein Konkurrenzpreissystem solche optimalen Pfade generiert, nicht direkt stellen, sondern eher aus der Perspektive eines wohlwollenden Planers auf das Allokations- und Wachstumsproblem schauen. Nun kann man sich aber auch die Frage stellen, ob Konkurrenzpreise, d. h. vollkommener Wettbewerb, zu einem optimalen Wachstums- und Allokationsprozess führen können. Die Frage ist also, ob die

---

[17]Vgl. Dorfman, R., Samuelson, P.A., Solow, R.M. (1958) (DOSSO), *Efficient Programs of Capital Accumulation*, Linear Programming and Economics Analysis, New York: McGraw Hill. McKenzie, L. (1976), Turnpike Theory. *Econometrica*, 44(5), S. 841–865.

[18]DOSSO (1958, S. 331).

„unsichtbare Hand" nicht nur das statische, sondern auch das dynamische Allokations-
problem lösen kann. Hier ist Skepsis angebracht, denn es ist theoretisch gut belegt, dass
die Wettbewerbspreisbildung die Überakkumulation von Kapital nicht verhindern kann
und somit eine dynamische Ineffizienz bestehen kann. Auf die dynamische oder auch
intertemporale „invisible hand" kann man sich demnach im Allgemeinen nicht, sondern
nur in bestimmten Konstellationen verlassen.

> *„It is now well known that there are competitive growth paths which are inefficient, that
> is, which in some periods provide less consumption goods than the economy is capable
> of. Perhaps less widely recognized is that this phenomenon is intrinsic to capitalistic
> production, in that it is intimately related to the overaccumulation of capital goods."*[19]

In einer Welt mit einem produzierten Gut, wie im Solow Modell, besteht das Überakkumulationsproblem darin, dass die Ökonomie einen Kapitalbestand akkumuliert hat,
der größer als der Kapitalbestand ist, der bei Einhaltung der goldenen Regel gewählt
würde. Diese Ökonomie könnte also einen höheren Konsum pro Kopf realisieren, wenn
sie weniger spart und investiert. In einer Welt mit vielen Kapital- und Konsumgütern
müssten die Wettbewerbspreise diese Ineffizienz aufdecken. Sie tun es im Allgemeinen
nicht, was David Cass bewiesen hat. Die intertemporale „invisible hand" ist deutlich
weniger theoretisch abgesichert als die statische. Diese Resultate scheinen angesichts
der weiteren theoretischen Entwicklung – vor allem in der auf der Allgemeinen Gleichgewichtstheorie beruhenden dynamischen Makroökonomie – nicht mehr präsent zu sein.
Ein weiteres Beispiel dafür, dass Lehrbücher oft genug nicht den Stand des Wissens im
Fach, sondern auch das Vergessen im Fach repräsentieren.

13.2.3 Endogenes Wachstum

Einen anderen Entwicklungsstrang stellt die Erfolgsgeschichte der endogenen
Wachstumstheorie dar. Die von Solow unbeantwortete Frage war, welche ökonomischen
Faktoren den technischen Fortschritt bestimmen und wie man das modellieren könnte.
Der Wirtschaftshistoriker Nathan Rosenberg hatte in seinen Arbeiten die Geschichte
technologischer Entwicklungen, die Bedeutung von Erfindungen, die Bedeutung
von Forschung und Entwicklung in den Unternehmen und die dadurch entstehenden
Externalitäten beschrieben.[20]

---

[19] Cass, D. (1972), Distinguishing Inefficient Competitive Growth Paths: A Note on Capital
Overaccumulation and Rapidly Diminishing Future Value of Consumption in a Fairly General
Model of Capitalistic Production, *Journal of Economic Theory* 4, S. 224–240.

[20] Rosenberg, N. (1982), *Inside the black Box: technology and economics*, Cambridge: University
Press.

Diese Externalitäten bestehen darin, dass technisches Wissen nicht allein dem Entdecker, sondern auch anderen Wirtschaftssubjekten zur Verfügung steht. Dieses Wissen hat, wenn es nicht durch Patente geschützt wird, den Charakter eines öffentlichen Gutes. Allerdings kann mit diesem Wissen nicht jeder etwas anfangen, weil seine Nutzung selbst Wissen, also Humankapital voraussetzt. Beides, die Externalitäten durch spill-over Effekte sowie die Humankapitalbildung wirken den an sonst fallenden Grenzerträgen der Faktoren „Kapital" und „Arbeit" entgegen, so dass die Akkumulation beider Faktoren nicht notwendig zu abnehmenden sondern zu steigenden Erträgen führen kann.[21] Das technologische Wissen führt zu neuen quasi „maßgeschneiderten" Kapitalgütern, die von den Forschungs- und Entwicklungsabteilungen der Investitionsgüterunternehmen entwickelt werden, um in den anderen Sektoren als Input eingesetzt zu werden. Dort führen sie dann zu einer Verschiebung der Produktionsfunktionen nach oben, d. h. sie generieren Wachstum. Wenn nun die Unternehmen bei monopolistischer Konkurrenz durch ihre Forschungs- und Entwicklungsaktivitäten kurzfristige Monopolrenten (Extragewinne) erzielen können, ergibt sich ein beständiger Fluss neuer Kapitalgüter und der technische Fortschritt wird zu einem endogenen Faktor, der nun nicht mehr „vom Himmel fällt". Aghion und Howitt haben die Grundidee von Romer um einen Gedanken Schumpeters ergänzt und damit das Modell endogenen Wachstums in einem gewissen Sinne vereinfacht. Im Romer-Modell werden kontinuierlich neue Kapitalgüter eingesetzt, ohne die bisher eingesetzten Kapitalgüter vollständig zu verdrängen. Man könnte also sagen, dass neue Elektrolokomotiven sukzessive genutzt werden ohne alte Dampflokomotiven vollends auszumustern. Den Gegenentwurf hierzu lieferte Schumpeter mit seiner Idee der kreativen Zerstörung. Alte Kapitalgüter und alte Produktionsverfahren werden vollständig durch neue Techniken und neue Kapitalgüter ersetzt. Um im obigen Bild zu bleiben: Dampflokomotiven werden komplett durch Elektroloks ersetzt. Diese neuen Verfahren und Kapitalgüter entstehen in den Unternehmen, die sich alle in einem monopolistischen Wettbewerb zueinander befinden. In diesem Bereich entspricht das Modell dem Paul Romers.

Empirische Untersuchungen zur endogenen Wachstumstheorie werfen unterschiedliche Probleme und Fragen auf. So hat Jones[22] darauf hingewiesen, dass in zahlreichen OECD Ländern die Anzahl der akademisch ausgebildeten Ingenieure und Naturwissenschaftler, also spezielles Humankapital, massiv gewachsen ist und man eigentlich eine Steigerung der Rate des technischen Fortschritts erwarten dürfte. Tatsächlich beobachtet man allerdings genau das Gegenteil, nämlich eine säkular sinkende totale Faktorproduktivität, die als empirisches Maß für den technischen Fortschritt angesehen wird. Andere empirische Beobachtungen, wie z. B. das Vorliegen von bedingter bzw.

---

[21] Romer P.M. (1986), Increasing Returns and Long-Run Growth, *Journal of Political Economy*, 94, S. 1002–1037.

[22] Jones, C.I. (1995), R&D-Based Models of Economic Growth, *Journal of Political Economy*, 103, S. 759–784.

von Club-Konvergenz sind kompatibel mit den Modellprognosen der endogenen Wachstumstheorie. Eine höchst aktuelle Frage ist, wie die Auswirkungen der Informations- und Kommunikationstechnologie einzuschätzen sind. Bleibt es beim „Solowschen Produktivitätsrätsel" und den pessimistischen Perspektiven Robert Gordons[23] oder kommt die „Digitale Revolution" und entfesselt die Produktivität ähnlich wie es einst die Dampftechnik und die Elektrizität vermochten?

13.3 Etappen des Keynesianismus

Nach der Publikation der *General Theory of Employment, Interest and Money* im Februar 1936 wurden zahlreiche Besprechungsaufsätze in verschiedenen Fachzeitschriften veröffentlicht[24]. Keine der Besprechungen war so nachhaltig wie die zweite von John Hicks. Sein Aufsatz[25] von 1937 enthält die ursprünglichen Bausteine des in der grundständigen Lehre bis zum heutigen Tage verwendeten IS-LM Modells. Hicks präsentierte vier verschiedene IS-LM Modelle und ein von ihm so bezeichnetes „klassisches" Modell. Im Unterschied zu den Lehrbuchversionen der IS-LM Analyse handelt es sich beim Hicksschen Ansatz um ein Modell mit zwei Sektoren: einen Konsumgütersektor und einen Investitionsgütersektor. Daher gibt es auch zwei Güterpreise, zwei (nicht modellierte) Arbeitsnachfragen und einen uniformen Geldlohn. Das Modell operiert deshalb auch mit einem gegebenen Geldlohn und der Output (= Einkommen) wird nominal ausgedrückt. Die für Hicks entscheidende Frage war nicht die nach der Unterbeschäftigung, sondern ob ein Anstieg der Investitionsnachfrage zu einem Anstieg des Zinssatzes führt. Das „klassische" Modell besteht aus den folgenden drei Gleichungen:

$$M = kY \tag{13.1.1}$$

$$I = I(i) \tag{13.1.2}$$

$$I = S(i, Y) \tag{13.1.3}$$

Die drei Gleichungen bestimmen die folgenden drei Unbekannten: das Nominale Einkommen Y, den Wert der Investitionen I und den Zinssatz i. Da die Geldmenge M von der Zentralbank bestimmt wird und der Kassenhaltungskoeffizient k durch institutionelle Faktoren bestimmt ist, wird das nominale Einkommen allein durch die Geldmenge

[23] Gordon, R.J. (2016), *The Rise and Fall of American Growth, Princeton*: University Press.

[24] Hier eine Auswahl: Champernowne, D. (1936), Unemployment, Basic and Monetary: The Classical Analysis and the Keynesian, *The Review of Economic Studies*, 3(3), S. 201–216.

[25] Hicks, J. (1937), Mr. Keynes and the "Classics": A suggested interpretation, *Econometrica* 5, S. 157–159.

bestimmt. In diesem Modell führt ein Anstieg der Investitionsnachfrage zu einem Anstieg des Zinssatzes, aber das Nominaleinkommen bleibt unverändert.

Im zweiten Modell wird die Kassenhaltungstheorie durch die „reine" Liquiditätspräferenz ersetzt und das Sparen als nur vom Nominaleinkommen abhängig angenommen. Wieder ergeben sich drei Gleichungen:

$$M = L(i) \qquad (13.2.1)$$

$$I = I(i) \qquad (13.2.2)$$

$$I = S(Y) \qquad (13.2.3)$$

In diesem Modell bestimmen Geldangebot und Geldnachfrage den Zinssatz. Dieser bestimmt die Investitionen und der Multiplikator bestimmt das Nominaleinkommensniveau. In diesem Modell führt ein Anstieg der Investitionsnachfrage nicht zu einem Zinsanstieg, aber zu einem Anstieg des Nominaleinkommens. Hicks nennt dieses Modell „Mr. Keynes' Special Theory".

Im dritten Modell berücksichtigt Hicks, wie Keynes in der *General Theory,* neben der reinen Liquiditätspräferenz auch die Transaktionsnachfrage nach Geld. Es ergeben sich die drei folgenden Gleichungen:

$$M = L(i, Y) \qquad (13.3.1)$$

$$I = I(i) \qquad (13.3.2)$$

$$I = S(Y) \qquad (13.3.3)$$

Dieses Modell ist nicht kausal strukturiert, sondern es besteht Interdependenz. Die Gl. (13.3.2) und (13.3.3) bilden die IS-Kurve (Gleichgewicht von Sparen und Investieren) und Gl. (13.3.1) ist die LM-Kurve (Gleichgewicht zwischen Geldangebot und Geldnachfrage). Beide zusammen bestimmen das Nominaleinkommen und den Zinssatz. Hicks wollte verdeutlichen, dass nicht der Multiplikator, sondern die Liquiditätspräferenztheorie die entscheidende Neuerung gegenüber der „klassischen" Position ist. Um das zu zeigen, ersetzt er Gl. (13.3.1) durch den Kassenhaltungsansatz und nennt dieses Modell den „Treasury View".

$$M = kY \qquad (13.4.1)$$

$$I = I(i) \qquad (13.4.2)$$

$$I = S(Y) \qquad (13.4.3)$$

Man erkennt, dass in diesem Fall, analog dem „klassischen" Modell, das Nominaleinkommen durch die Geldmenge bestimmt wird und der Multiplikator nun die Höhe der Ersparnisse bestimmt. In diesem Fall führt ein Anstieg der Investitionsnachfrage zu einem Zinsanstieg, um die Investitionen an die bereits bestimmte Ersparnis anzupassen. Die ursprünglich von Keynes intendierte Kausalität vom Investieren über das Einkommen zur Ersparnis steht hier auf dem Kopf.

Das fünfte Modell nannte Hicks „Generalized General Theory". In diesem Modell gelten die folgenden drei Gleichungen:

$$M = L(i, Y) \tag{13.5.1}$$

$$I = I(i, Y) \tag{13.5.2}$$

$$I = S(i, Y) \tag{13.5.3}$$

Dieses Modell erlaubt eine Bestimmung des Zinssatzes durch Sparen und Investieren bei jeweils gegebenem Niveau des Nominaleinkommens. Dieser Zinssatz kann vom Zinssatz im Geldmarkt (Gl. 13.5.1) abweichen. Das erinnert an Keynes Modell in der *Treatise on Money* bzw. an Wicksells Theorie der kumulativen Prozesse. Wenn der Geldzinssatz niedriger als der durch Sparen und Investieren bestimmte Zinssatz ist, kommt es zu inflationären Aufschwüngen und vice versa.

Wir wissen aus der Korrespondenz zwischen Keynes und Hicks, dass Keynes das 5. Modell kritisierte, weil er das laufende Einkommen in der Investitionsfunktion ablehnte und es durch das zukünftig erwartete Einkommen ersetzt wissen wollte. Alles in allem konnte er sich mit Hicks' 3. Modell am ehesten anfreunden.

In dem für die weitere Keynes-Interpretation so wichtigen Aufsatz von Hicks finden wir keine explizite Behandlung der Unterbeschäftigung, bzw. eines stabilen Zustandes mit Unterbeschäftigung. Man kann allerdings erahnen, dass es durch das IS-LM Modell bestimmte Einkommenshöhen geben kann, bei denen Sparen gleich Investieren und das Geldangebot der Geldnachfrage entspricht, aber dieses Einkommensniveau ein Beschäftigungsniveau beinhaltet, dass niedriger als das Vollbeschäftigungsniveau ist. Das von Hicks aus der *General Theory* übernommene zweisektorale Modell erleichtert nicht gerade die Behandlung dieser Fragestellung. Es ist wesentlich einfacher, das in einem Modell mit nur einem Produktionssektor zu behandeln. Das wurde dann 1944 von Franco Modigliani[26] nachgeholt. In Modiglianis Aufsatz geht es u. a. um die Frage, ob die Liquiditätspräferenztheorie als „Ursache" für Unterbeschäftigung anzusehen ist. Modigliani leitet die Arbeitsnachfrage aus der Grenzproduktivität der Arbeit ab. Das Arbeitsangebot modelliert er wie folgt: Er nimmt an, dass, solange keine Vollbeschäftigung vorliegt, das Arbeitsangebot beim herrschenden Lohnsatz w völlig elastisch ist und erst wenn Vollbeschäftigung erreicht ist, das Arbeitsangebot nur zunimmt, wenn der Lohnsatz im Verhältnis zum Preisniveau steigt. Mit dieser bis zur Vollbeschäftigung geltenden horizontalen Arbeitsangebotsfunktion kommt es bei einer

---

[26] Modigliani, F. (1944), Liquidity Preference and the Theory of Interest and Money. *Econometrica*, *12*(1), S. 45–88.

fallenden Arbeitsnachfrage zu einer Untergrenze, unter die der Lohnsatz nicht fallen kann. Modigliani ersetzt nun in seinem Modell die Liquiditätspräferenzfunktion durch die kassenhaltungstheoretische Variante der Quantitätsgleichung und erhält als logisches Resultat, dass Arbeitslosigkeit in diesem Modell nicht durch den rigiden Zinssatz, sondern durch den nach unten starren Lohnsatz entsteht. Er fasst die Hauptaussagen seines Aufsatzes wie folgt zusammen:

> „*I. The liquidity-preference theory is not necessary to explain underemployment equilibrium; it is sufficient only in a limiting case: the 'Keynesian case'. In the general case it is neither necessary nor sufficient; it can explain this phenomenon only with the additional assumption of rigid wages.*
>
> *II. The liquidity-preference theory is neither necessary nor sufficient to explain the dependence of the rate of interest on the quantity of money. The dependence is explained only by the assumption of rigid wages.*
>
> *III. The result of the liquidity-preference theory is that the quantity of active money depends not only on the total quantity of money but also on the rate of interest and therefore also on the form and position of the propensities to save and to invest. Hence in a system with flexible wages the rate of interest and the propensities to save and to invest are part of the mechanism that determines the price level. And in a system with rigid wages they are part of the mechanism that determines the level of employment and real income.*"[27]

Modigliani kommt zu dem nicht überraschenden Ergebnis, dass auch in dem von Hicks so bezeichneten „klassischen" Modell Unterbeschäftigung oder Arbeitslosigkeit auftritt, wenn die Löhne nach unten inflexibel sind und sie in Lohnverhandlungen zu hoch ausfallen. Darauf hatte bereits Pigou in seiner *Theory of Unemployment* hingewiesen (Pigou, 1933, S. 252 ff.), und das war mit der klassischen Theorie vollständig kompatibel. Keynes ging es allerdings um „unfreiwillige Arbeitslosigkeit", eine Situation also, in der Arbeitnehmer mit dem bisher herrschenden Reallohn völlig einverstanden waren und dieser sich auch nicht geändert hatte. Keynes lokalisierte das Problem auf der Nachfrageseite des Gütermarktes. Den Unternehmen bricht die Nachfrage weg und weil es einerseits zu keinen ausreichend kompensierenden Güterpreissenkungen kommt und Gewinneinbußen nicht hingenommen werden, müssen nun die Kosten reduziert werden. Eine Möglichkeit ist es, Arbeitnehmer zu entlassen. Das aus Sicht der walrasianischen Theorie Merkwürdige daran ist, dass dem Angebotsüberschuss auf dem Arbeitsmarkt nun kein Nachfrageüberschuss auf dem Gütermarkt gegenübersteht, sondern dort beim herrschenden Marktpreis auch ein Angebotsüberschuss vorliegt. Nehmen wir alternativ an, die Güterpreise seien vollkommen flexibel. Dann würde sich auf dem Gütermarkt schnell ein neues Gleichgewicht, allerdings bei niedrigerem Output, einstellen. Auf dem Arbeitsmarkt wäre der Reallohn wegen der schnellen Güterpreisanpassung gestiegen, so dass nun der Geldlohn pari passu sinken müsste. Sinkt der Geldlohn so weit, dass wieder der alte Reallohn herrscht, bewegt sich die Angebotsfunktion auf dem Gütermarkt nach

---

[27] Modigliani (1944, S. 75–76).

rechts, wodurch bei weiterer Preissenkung auf dem Gütermarkt der Output und damit die Beschäftigung wieder steigen werden, bis auf beiden Märkten wieder jeweils ein Gleichgewicht vorliegt. Wenn aber mindestens einer der beiden Preise – Geldlohn oder Güterpreis – inflexibel ist, dann blieben bei einem inflexiblen Geldlohn die Haushalte beim ursprünglichen gleichgewichtigen Reallohn in einem nicht-optimalen Zustand, den sie freiwillig nicht gewählt hatten. Don Patinkin, der eine Synthese aus walrasianischer Mikroökonomie und Keynesscher Makroökonomie anstrebte[28], erkannte, dass eine solche Unterbeschäftigungssituation kein Gleichgewicht im walrasianischen Sinn sein kann, es sei denn, es lägen dauerhaft „falsche" Preise oder Löhne vor. Warum? Wenn alle Preise und Löhne flexibel wären, dann kann auf dem Arbeitsmarkt kein Überschussangebot (Arbeitslosigkeit) vorliegen, wenn sich alle anderen Märkte im Gleichgewicht befinden. Das widerspricht ganz einfach dem Walras-Gesetz, das besagt: wenn auf n-1 Märkten ein Gleichgewicht vorliegt, muss auch auf dem n-ten Markt ein Gleichgewicht herrschen. Wenn also der Gütermarkt sich im Gleichgewicht befindet, dann muss auch auf dem Arbeitsmarkt ein Gleichgewicht herrschen. Damit war die Möglichkeit von „unfreiwilliger Arbeitslosigkeit" bei flexiblen Preisen und Löhnen grundsätzlich nicht vereinbar mit dem Walrasianischen Gleichgewichtsbegriff. Patinkin hielt unfreiwillige Arbeitslosigkeit für ein Ungleichgewichtsphänomen.

> *„Not being able to sell all they want, they cannot employ all they want". This is the neglected obverse side of involuntary unemployment (...) involuntariness: its domain consists only of positions off the demand or supply curves. Indeed, it is this very departure from these curves, and the resulting striving of individuals to return to the optimum behaviour which they represent, which provides the motive power of the dynamic process itself."*[29]

Resümierend stellte er fest:

> *„First, we see that involuntary unemployment can exist even in a system of perfect competition and wage and price flexibility. ... Second, we see that a deficiency in commodity demand can generate a decrease in labor input without requiring a prior increase in the real wage rate."*[30]

Wenn also die Haushaltsentscheidung durch andere Beschränkungen als das Einkommen bei Vollbeschäftigung (Angebot von Arbeit multipliziert mit dem gleichgewichtigen Lohnsatz) beeinflusst wird, dann befindet sich dieser Haushalt nicht mehr auf der durch seine Optimierung beschriebenen Angebotskurve; Patinkin sprach von „*off*-curve

---

[28] Patinkins *Money, Interest and Prices* (1956, 1965) hat den Untertitel „An Integration of Value and Monetary Theory". Teil I wird mit „microeconomics", Teil II mit „macroeconomics" betitelt.

[29] Patinkin (1965, a.a.O., S. 322–323).

[30] Ebenda, S. 323–324.

behaviour". Könnte er sich auf einer anderen als der durch die walrasianische Mikroökonomie beschriebenen „Kurve" befinden?

Robert Clower (1926–2011) gab eine Antwort auf diese Frage. Kurz zusammengefasst lautet sie: die Walrasianische Mikroökonomie beschreibt ein Verhalten unter
der Voraussetzung, dass die Preise im Gleichgewicht sind, d. h., sie beschreibt z. B.
die Güternachfrage der Haushalte unter der Nebenbedingung, dass die Haushalte zum
herrschenden Lohnsatz die gesamte geplante Arbeitszeit „verkaufen" können. Wie aber
lautet die Güternachfrage der Haushalte, wenn sie nicht ihre gesamte geplante Arbeitsmenge verkaufen können, sondern z. B. nur 70 % davon? Analog die Unternehmen:
Wieviel Arbeitsmenge werden sie nachfragen, wenn sie ihren geplanten gewinn-
maximalen Output nicht vollständig verkaufen können?

In seinem bahnbrechenden Aufsatz *Die Keynesianische Gegenrevolution. Eine
theoretische Kritik*[31] entwickelte Clower die *Duale Entscheidungshypothese*, in
der er das Keynessche Konzept der effektiven Nachfrage entscheidungstheoretisch
rekonstruierte.

Die Nachfrage des Haushalts nach Konsumgütern hängt von den Preisen dieser und
vom Einkommen ab. Das Einkommen ist im einfachsten Fall die Arbeitszeit, die der
Haushalt auf dem Arbeitsmarkt „verkaufen" kann, bewertet mit dem Lohnsatz, der am
Arbeitsmarkt herrscht. Wenn der Haushalt sein gesamtes Arbeitsangebot „verkaufen"
kann und zudem auf dem Arbeitsmarkt der markträumende Lohn herrscht, dann kann
der Haushalt eine walrasianische Konsumgüternachfrage formulieren oder einfacher ausgedrückt: Er formuliert die Konsumgüternachfrage bei Vollbeschäftigung. Wenn er sein
Arbeitsangebot aber nur teilweise „verkaufen" kann oder der herrschende Lohnsatz nicht
der markträumende Lohnsatz ist, dann formuliert er eine andere Konsumgüternachfrage
als die bei Vollbeschäftigung. Das Unternehmen verkauft damit Konsumgüter, die auch
nicht der Menge entsprechen, die bei Vollbeschäftigung des Haushalts von diesem nachgefragt würde. Das Unternehmen würde z. B. mehr Konsumgüter produzieren können,
wenn der Haushalt „vollbeschäftigt" wäre. Das Unternehmen könnte seinerseits mehr
Arbeit nachfragen, wenn es mehr produzieren könnte.

Clower unterscheidet deshalb zwei Nachfragen und zwei Angebote. Die „notionalen"
bzw. die geplanten Angebote und Nachfragen, die vorlägen, wenn Gütermarkt und
Arbeitsmarkt im Gleichgewicht wären und die „effektiven" Nachfragen und Angebote,
die vorliegen, wenn auf den Märkten kein Gleichgewicht herrscht, wenn also zu
Ungleichgewichtspreisen und -mengen gehandelt wird. Man kann sich die gerade
geschilderte Situation in zwei Diagrammen verdeutlichen (Abb. 13.14 und 13.15). Die
schwarze Line stellt in beiden Diagrammen die Gewinngleichung dar, für die gilt: der
Gewinn ergibt sich aus Erlös (px) abzüglich der Lohnkosten (wN), $G = px - wN$. Löst
man nach x auf, dann lautet die Gleichung $x = G/p - w/pN$.

---

[31] Der Artikel von Clower erschien bereits 1963 in deutscher Sprache in der *Schweizerischen Zeitschrift für Volkswirtschaft und Statistik*, 99, S. 8–31.

Abb. 13.14 Walrasianisches
Haushalts- und
Unternehmengleichgwicht

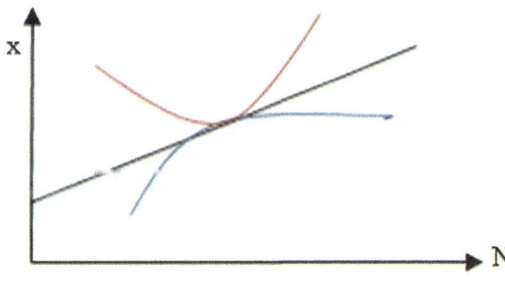

Abb. 13.15 Haushalt
und Unternehmen im
Ungleichgewicht

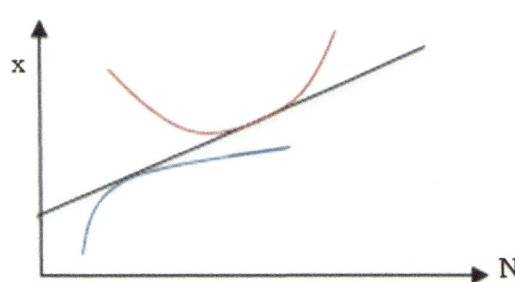

In Abb. 13.14 wird das Walrasianische Gleichgewicht abgebildet. Die rote Kurve
ergibt sich aus der Nutzenmaximierung des Haushalts und gibt bei den herrschenden
Preisen das nutzenmaximale Arbeitsangebot und die nutzenmaximale Güternachfrage an. Die blaue Kurve ergibt sich aus der Gewinnmaximierung des Unternehmens
und gibt die gewinnmaximale Angebotsmenge und die gewinnmaximale Arbeitsnachfrage an. Im walrasiansichen Gleichgewicht entsprechen bei den herrschenden Preisen
die jeweils angebotenen Mengen des Gutes und der Arbeitsmenge den nachgefragten
Gütermengen und Arbeitsmengen. Wird nun außerhalb des Gleichgewichts getauscht
(Diagramm 18), fragt das Unternehmen weniger Arbeit nach als der Haushalt anbietet
und der Haushalt fragt mehr Güter nach als das Unternehmen anbietet. Da nun die tatsächlichen Markttransaktionen relevant sind, wird der Transaktionsumfang immer von
der kurzen Marktseite bestimmt. Daraus folgt, dass der Haushalt seine geplante Arbeitsmenge nicht verkaufen kann – er unterliegt quasi der Kurzarbeit – und hat daher ein
niedrigeres Einkommensniveau, was tatsächlich zu einer geringeren Nachfrage als bei
Vollbeschäftigung führt.

Clowers Ansatz beruht nicht auf der Annahme starrer oder träger Preise, sondern es
genügt anzunehmen, dass Kauf und Verkauf zu ungleichgewichtigen Preisen, also Tausch
außerhalb des Gleichgewichts, d. h. „false trading", wie Hicks[32] es nannte, stattfindet.

---

[32] Hicks, J.R. (1946), *Value and Capital*, 2nd ed., Oxford, S. 128–129.

Dadurch entstehen Gleichgewichte, die nur dann instabil sind, wenn die Haushalte oder Unternehmen ökonomische Anreize haben, ihr Verhalten zu ändern, denn kein Auktionator macht sie auf ein Überschussangebot oder eine Überschussnachfrage aufmerksam. Haushalte und Unternehmen müssen andere Informationen als reine Preissignale erhalten, um durch Verhaltensänderungen ein Marktgleichgewicht zu erreichen.

Axel Leijonhufvuds Interpretation der Keynesschen Theorie ging in eine ähnliche Richtung wie die Clowers. Er publizierte 1968 ein damals vielbeachtetes Buch mit dem Titel *On Keynesian Economics and the Economics of Keynes,* in dem er die These vertrat, Keynes habe die Anpassungsgeschwindigkeit der Preis- und Mengenänderungen umgekehrt. Mengenänderungen seien schneller als Preisänderungen. Leijonhufvud sah den wesentlichen Beitrag von Keynes in dessen Kritik an der Selbstregulierungsfähigkeit der kapitalistischen Marktwirtschaft. Diese Selbstregulierung werde gestört durch Informations- und Koordinationsfehler, die es dem marktgesteuerten System nicht erlaubten, den geeigneten intertemporalen Entwicklungspfad einzuschlagen. Das Kernproblem sei der „falsche" langfristige Zinssatz im Zusammenhang mit den langfristigen Zinserwartungen. Der Marktzinssatz sei zu hoch bzw. die Kurswerte der festverzinslichen Papiere zu niedrig, so dass der Zinssatz, der nötig wäre um Sparen und Investieren zum Ausgleich zu bringen, sich nicht einstellt und damit der gleichgewichtige Entwicklungspfad nicht beschritten werden könne.

> *„Wir beschäftigen uns mit einem System, in dem lediglich Märkte für gegenwärtige Güter und ein Finanzmarkt vorhanden sind. Das bedeutet, daß die gegenwärtigen Pläne für Nachfrage und Angebot verschiedener Güter und materieller Vermögenswerte in der Zukunft sich nicht bereits in der Gegenwart auf Märkten anzeigen, auf denen aufgrund des Wettbewerbs gewährleistet ist, daß diese Pläne sich entsprechen."*[33]

Leijonhufvud rückte damit die *General Theory* wieder näher an Keynes' *Treatise on Money* und natürlich an Wicksells Theorie aus *Geldzins und Güterpreise* heran. Er hat dieses Thema zu einem späteren Zeitpunkt ausführlicher in einem längeren Essay zur Entwicklung der Makroökonomie wieder aufgegriffen und fortgeführt.[34]

Clower und Leijonhufvud gaben mit ihren Arbeiten einen Anstoß zu weiteren Arbeiten, die sich mit verschiedenen Fragestellungen rund um das Thema „Tausch bei nicht markträumenden Preisen" rankten. Für diese Forschungsrichtung entstand der Begriff „Disequilibrium Macroeconomics". Diese wurde neben einem wichtigen Beitrag von R. Barro und H. I. Grossman[35] hauptsächlich von europäischen Ökonomen verfolgt und sie ist mit den Namen J. P. Benassy, J. Drèze, J. M. Grandmont, J. Muellbauer, R. Portes und E. Malinvaud verbunden.

---

[33] Leijonhufvud, A. (1973, [1966]), *Über Keynes und den Keynesianismus*, Köln, S. 207.

[34] Vgl. Leijonhufvud, A. (1981), The Wicksell Connection: Variations on a Theme, in: Leijonhufvud, A., *Information and Coordination – Essays in macroeconomic theory*, S. 131–202.

[35] Barro, R. und Grossman, H. (1971), A General Disequilibrium Model of Income and Employment, *The American Economic Review*, 61(1), S. 82–93.

Clower und Leijonhufvud zogen sich aus dem von ihnen angestoßenen Forschungs-programm zurück, weil bei beiden die Überzeugung wuchs, dass die Reformulierung Keynesscher Theorie auf der Grundlage der walrasianischen Mikroökonomie, der Keynesschen Theorie nicht gerecht wurde. Beide betonten die Marshallianischen Wurzeln der Keynesschen Makroökonomie.[36,37]

Die anderen oben genannten Ökonomen begannen verschiedene Fragestellungen aus-zuloten, z. B. ob ein Allgemeines Gleichgewicht bei arbiträr fixierten Preise existiert, welche „spill-overs" Tausch bei „falschen" Preisen nach sich ziehen können, usw. Das führte zu zahlreichen Veröffentlichungen, von denen eine exemplarisch vorgestellt werden soll und zwar das Modell von John Muellbauer und Richard Portes[38].

Im Modell von Muellbauer und Portes gibt es einen repräsentativen Haushalt, der über zwei Perioden intertemporale Konsum-Ersparnis Entscheidungen und Arbeits-angebotsentscheidungen treffen muss. Ein repräsentatives Unternehmen maximiert seinen Periodengewinn und trifft intertemporale Arbeitsnachfrage- und Güterangebots-entscheidungen.

Haushalt: $Max\ U = U\left[x_1, (T_1 - N_1), x_2, (T_2 - N_2)\right]$

Nebenbedingungen:	a) $x_1 \geq 0$; $(T_1 - N_1) \geq 0$; $m_1 \geq 0$.	
	b) $x_2 \geq 0$; $(T_2 - N_2) \geq 0$;	
	c) $m_0 + w_1 N_1 = p_1 x_1 + m_1$	(Budget Periode 1)
	d) $m_1 + w_2 N_2 = p_2 x_2$	(Budget Periode 2)
	e) $\overline{x_2} \geq x_2$	(Rationierung ist möglich)
	f) $\overline{N_2} \geq N$	(Rationierung ist möglich)
	g) $(p_2, w_2, \overline{x_2}, \overline{N_2}) = f(p_1, w_1)$	(Preiserwartungen sind statisch)

Hierbei bezeichnen x_1 und x_2 den Konsum in Periode 1 bzw. 2, $(T_1 - N_1)$ bezeichnet die Freizeit (analog für Periode 2), N_1, N_2 die Arbeitszeit in Perioden 1 und 2. Das Budget des Haushalts besteht aus dem exogen vorgegebenen Geldbestand m und dem Lohn-einkommen wN. Dieses Einkommen kann konsumiert px oder gespart m werden. Somit lautet die Budgetbeschränkung in Periode 1: $m_0 + w_1 N_1 = p_1 x_1 + m_1$ (Abb. 13.16).

Es wird angenommen, dass in $t = 2$ nicht gespart wird, also $m_2 = 0$ gilt. Wird der Haushalt nicht rationiert, dann gelten die Nebenbedingungen a) bis d). Erwartet er, dass er in $t = 2$ im Gütermarkt rationiert wird, gilt zusätzlich Nebenbedingung e), d. h., er

---

[36] Leijonhufvud, A. (1974), The Varieties of Price Theory: What Microfoundations for Macrotheory, *UCLA Discussion Paper*.

[37] Clower, R. (1975), Reflections on the Keynesian Perplex, *Zeitschrift für Nationalökonomie*, 35, S. 1–24.

[38] Muellbauer, J und Portes, R. (1977), Macroeconomic Models with quantity rationing, *The Economic Journal*, 88, S. 788–821.

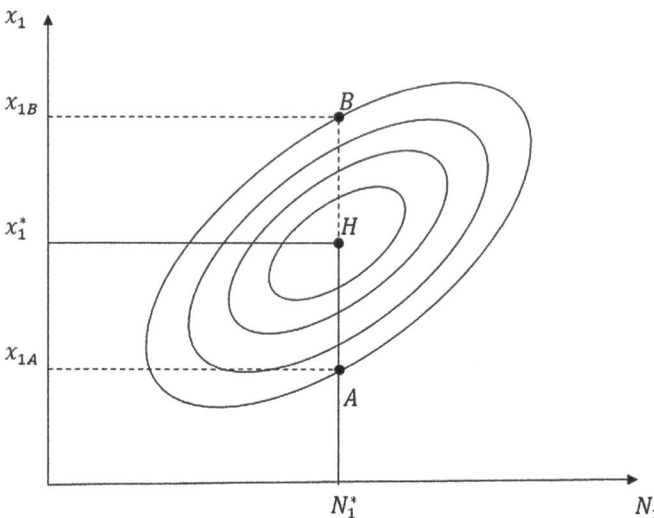

Abb. 13.16 Haushaltsentscheidungen im zwei Perioden Fall ohne Rationierung

kann die geplante Konsumnachfrage nicht realisieren. Erwartet er hingegen, dass er im Arbeitsmarkt rationiert wird, gilt zusätzlich die Nebenbedingung f), d. h., die effektive Beschäftigung ist kleiner als die geplante. Wie auch in den gegenwärtig verwendeten dynamischen allgemeinen Gleichgewichtsmodellen wird das Modell mit Methoden der dynamischen Optimierung gelöst. Die Lösung lässt sich graphisch veranschaulichen. Durch die Möglichkeit der intertemporalen Substitution entstehen ellipsenförmige Indifferenzkurven. Wenn der Haushalt N_1^* Arbeitsleistungen realisieren kann, dann kann er (A) heute wenig konsumieren x_{1A} und sparen oder heute viel konsumieren x_{1B} und in der Zukunft sparen. Drei Situationen können nun eintreten (Abb. 13.17).

1. Der Haushalt wird auf keinem Markt rationiert, d. h. er realisiert H (N_t^*, x_t^*) und erreicht das maximale Nutzenniveau. Die effektive und die geplante (notionale) Konsumnachfrage und das effektive und geplante (notionale) Arbeitsangebot fallen zusammen.
2. Wenn der Haushalt auf dem Gütermarkt rationiert wird, dann kann er den geplanten Konsum nicht realisieren und reduziert dann sein Arbeitsangebot. Man erhält für jedes Rationierungsniveau des Konsums das optimale Arbeitsangebot, wenn man $\overline{x_1}$ von $\overline{x_1} = 0$ bis x_1^* laufen lässt. Man erhält so das *effektive* Arbeitsangebot $\overline{N}^S(x_1)$.
3. Wird der Haushalt auf dem Arbeitsmarkt rationiert, wird er seine Güternachfrage reduzieren. Man erhält für jedes Rationierungsniveau des Arbeitsangebots die optimale Konsumnachfrage, wenn man $\overline{N}_1$ von $\overline{N}_1 = 0$ bis N_t^* laufen lässt. Man erhält die effektive Konsumnachfrage $\overline{x}^d(N_1)$.

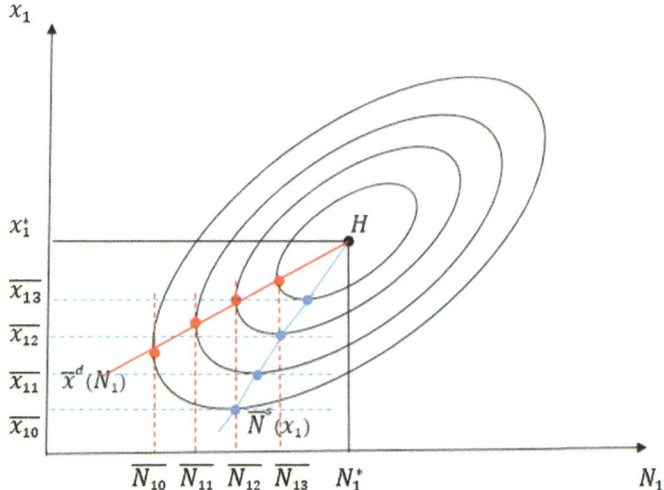

Abb. 13.17 Haushaltsentscheidungen im zwei Periodenfall mit Rationierung

Führt man die gleiche Prozedur auf der Unternehmensseite durch, erhält man die effektive Arbeitsnachfrage des Unternehmens $\overline{N}^d(x_1)$ und das effektive Güterangebot des Unternehmens $\overline{x}^s(N_1)$ (Abb. 13.18).

In einem Vollbeschäftigungsgleichgewicht walrasianischer Provenienz sind bei den herrschenden (fixen) Preisen und Löhnen beide Märkte geräumt, d. h. die Punkte F und H fallen zusammen, weil keine Rationierungslagen vorliegen (Abb. 13.19).

Bei „klassischer" Arbeitslosigkeit ergeben sich die erwarteten Überschussnachfragen. Arbeitslosigkeit bedeutet, dass auf dem Arbeitsmarkt ein Überschussangebot (ES) vorliegt, sodass dem Walras-Gesetz zufolge auf dem Gütermarkt eine Überschussnachfrage (ED) vorliegen muss. In diesem Fall ist das Preisniveau relativ niedrig und der Geldlohn relativ hoch. Dadurch ist der Reallohn sehr hoch und wegen steigender Grenzkosten die Profitabilität der Produktion gering (Abb. 13.20).

Bei „keynesianischer" Arbeitslosigkeit liegt natürlich auch ein Überschussangebot (ES) auf dem Arbeitsmarkt vor, aber auf dem Gütermarkt herrscht ebenfalls ein Überschussangebot (ES). Das ist mit der herkömmlichen walrasianischen Gleichgewichtstheorie nicht kompatibel, weil dort die geplanten Angebote und Nachfragen und nicht die effektiven Größen zugrunde gelegt werden. Ganz anders im rationierungstheoretischen Modell, das auch die effektiven Größen berücksichtigt (Abb. 13.21).

„Keynesianische" Arbeitslosigkeit tritt auf, wenn das Preisniveau relativ hoch ist und zugleich auch der Geldlohn hoch ist. Im Modell von Muellbauer und Portes ist dadurch der reale Wert der Geldhaltung (m) sehr niedrig. „Klassische" Arbeitslosigkeit erfordert andere wirtschaftspolitische Korrekturen als „keynesianische" Arbeitslosigkeit. Eine Senkung der Geldlöhne, die bei „klassischer" Arbeitslosigkeit wirksam wäre, würde

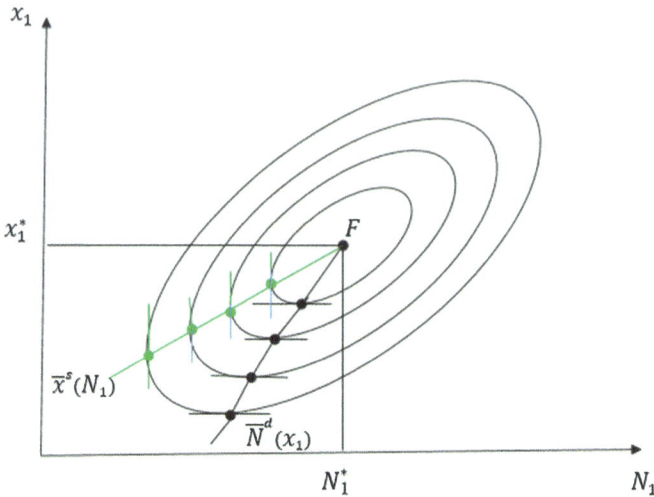

Abb. 13.18 Unternehmensentscheidungen im zwei Periodenfall mit Rationierung

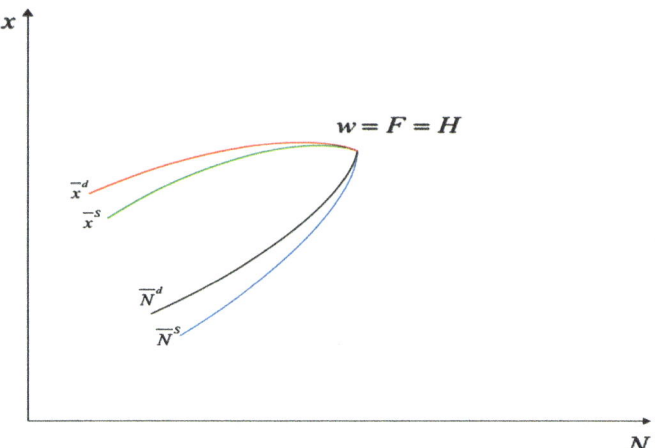

Abb. 13.19 Walrasianisches Gleichgewicht

im Falle „keynesianischer" Arbeitslosigkeit das Ungleichgewicht eher vertiefen statt beheben, weil die Ursache ein Mangel an effektiver Güternachfrage ist, der durch Lohnsenkung nicht behoben werden kann.

 Diese Richtung in der rationierungstheoretisch ausgerichteten Makroökonomie, die auch als Neokeynesianismus bezeichnet wurde, war eine auf Europa beschränkte Entwicklung. Sie wurde in den USA weder wahrgenommen noch aufgegriffen, obwohl

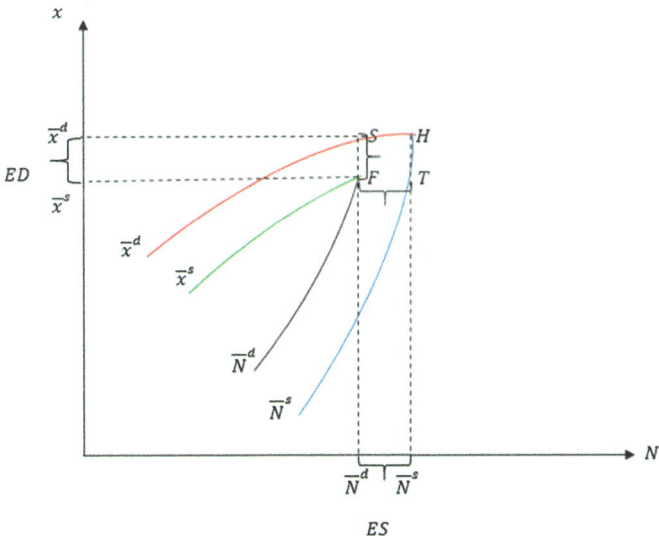

Abb. 13.20   Klassische Arbeitslosigkeit

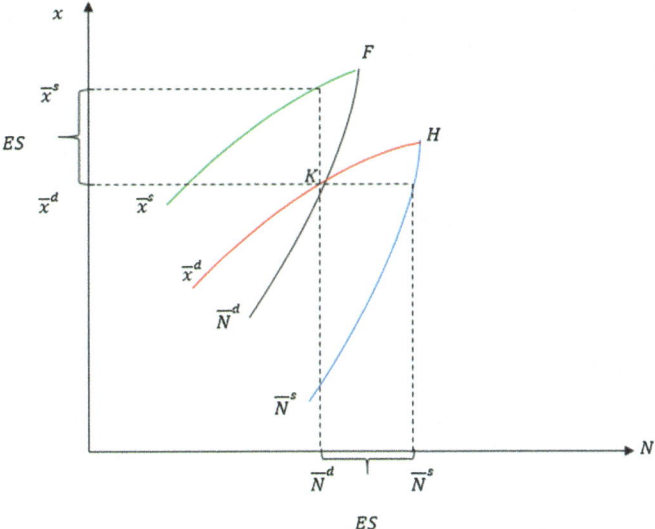

Abb. 13.21   Keynesianische Arbeitslosigkeit

Barro und Grossman (1971) einen wesentlichen Beitrag zu dieser Strömung beigesteuert hatten. Backhouse und Boianovsky verweisen in ihrer Studie zur Entwicklung der Ungleichgewichtsanalyse[39] auf einen Brief von Solow, in dem dieser bemerkt, er sei wohl einer der Wenigen, vielleicht sogar der Einzige gewesen, der in den Vorlesungen zur fortgeschrittenen Makroökonomie in den PhD-Vorlesungen diese Richtung behandelt habe.[40] Tatsächlich nahm die Makroökonomie in den USA eine ganz andere Entwicklung als in Europa. Bezeichnend war auch, dass Barro und Grossman von einer von inflexiblen Preisen und Löhnen ausgehenden rationierungstheoretischen Modellbildung Abstand nahmen, obwohl sie einen zentralen Beitrag zu dieser Forschungsrichtung beigesteuert hatten. Robert Barro begann sich aber völlig anders zu orientieren, d. h., er folgte dem von Robert Lucas entwickelten Ansatz der Neuen Klassischen Makroökonomie. Gründe hierfür nennt Barro in seinem Aufsatz „Second Thoughts on Keynesian Economics"[41] aus dem Jahr 1979. Was ihm explizit missfalle sei, dass durch die Fix Preis Modelle der Eindruck entstünde, der private Sektor sei allokativ ineffizient und diese Ineffizienzen müssten durch staatliche Eingriffe behoben werden. Offensichtlich passten die Ergebnisse der Fix Preis Modelle nicht in sein und auch nicht zu dem an der *University of Chicago* vertretenen politökonomischen Weltbild, wohin Barro 1972, nicht nur geographisch gesehen, wechselte.

Hinzu kamen natürlich andere Evidenzen, nämlich dass Preise und Löhne nicht wirklich inflexibel sind, sondern sich unterschiedlich schnell bzw. langsam an Angebots- und Nachfrageänderungen anpassen, sodass die Annahme absolut fester Preise und Löhne übertrieben erschien.

In den USA geriet die Keynesianische Theorie zunächst durch Friedmans Monetarismus einerseits und durch die Debatten über die Phillips Kurve und die „natural rate of unemployment" von Phelps andererseits unter Druck und so nahm die Entwicklung dort eine ganz andere Richtung. Friedmans Monetarismus beruhte auf drei partialanalytischen Erkenntnissen:

a) der permanenten Einkommenshypothese, der zufolge die Multiplikatorwirkungen von Einkommensschwankungen ziemlich gering sind und damit die These vom „stabilen privaten Sektor" unterstützt wurde.

b) Die Quantitätsgleichung wird in Erweiterung des Cambridger Kassenhaltungsansatzes als Geldnachfragetheorie begriffen und

c) Veränderungen des Geldangebots ziehen nahezu immer Änderungen des nominalen Einkommens nach sich und führen damit zu Preisänderungen.

---

[39] Backhouse, R.E und Boianovsky, M. (2013), *Transforming Modern Macroeconomics*: Exploring Disequilibrium Microfoundations, 1956–2003, Cambridge: University Press.

[40] Ebenda, a.a.O., S. 154.

[41] Barro, R. (1979), Second Thoughts on Keynesian Economics, *American Economic Review*, P&P, S. 54–59.

Wenn also der private Sektor stabil ist, dann resultieren Konjunkturbewegungen und Inflation aus den Schwankungen des Geldangebots, d. h. sind Folge einer keynesianischen Geldpolitik, die den Zinssatz und nicht das Geldangebot im Blick hat. Friedman plädierte deshalb für eine Verstetigung des Geldangebots, bzw. eine Geldmengenregel.

Dem Monetarismus lag kein ökonomisches Gesamtmodell zugrunde, ja es fehlte ein der neoklassischen Synthese entgegenzustellendes Gesamtmodell. Das bildete sich durch die Arbeiten von Lucas und Sargent[42] schrittweise heraus und stellte den Kern der „Neuen Klassischen Makroökonomie" dar. Darauf aufbauend entwickelten Kydland und Prescott[43] die Grundidee eines Modells realer Konjunkturzyklen. Man nennt solche Modelle dynamische stochastische allgemeine Gleichgewichtsmodelle (DSGE). Während das klassische Grundmodell ein aggregiertes intertemporales Allokations- und Wachstumsmodell mit unendlichem Zeithorizont ist, wird im Konjunkturmodell zusätzlich berücksichtigt, dass der repräsentative Haushalt neben intertemporalen Konsum- und damit Sparentscheidungen auch intertemporale Entscheidungen über sein Arbeitsangebot trifft. Die Konjunkturschwankungen entstehen in diesem Modell durch das Schwanken der totalen Faktorproduktivität, auch als Solow-Residuum bekannt, die den Einfluss des technischen Fortschritts abbildet. Solche kleinen (oder auch größeren) Innovationen finden unregelmäßig statt. Deshalb modelliert man sie als exogenen Schock. Dieser Schock erzeugt „Schockwellen", die als stochastischer Prozess modelliert werden. Insgesamt breiten sich die Schockwellen dann in die gesamte Modellökonomie aus und werden dort verarbeitet, d. h. sie führen zu konjunkturellen Schwankungen. Diese Schwankungen stellen optimale Anpassungsprozesse dar und zwar in dem Sinne, dass im Prozess der Anpassung kein Markt im Ungleichgewicht ist. Die Modellökonomie bleibt auch während der konjunkturellen Schwankungen im Gleichgewicht, d. h. alle im Modell berücksichtigten Märkte sind geräumt.

Nicht ganz unwichtig für die Entwicklung der Neuen Klassischen Makroökonomie war die Hypothese rationaler Erwartungen. Einfach ausgedrückt bedeutet sie, dass alle Wirtschaftssubjekte im Modell das Modell und seine Funktionsweise kennen und die gleichen Wirtschaftssubjekte alle verfügbaren Informationen zur Kenntnis nehmen und aus diesen und ihrer Modellkenntnis die Marktergebnisse „vorhersagen", d. h., auch ihre Handlungen daran ausrichten.

> *„In order to explain fairly simply how expectations are formed, we advance the hypothesis that they are essentially the same as the predictions of the relevant economic theory."*[44]

---

[42] Lucas, R.E. und Sargent, Th. (1979), After Keynesian Macroeconomics, *Federal Reserve Bank of Minneapolis, Quarterly Review*, 3(2), S. 1–16.

[43] Kydland, F. und Prescott, E. (1982), Time to build and Aggregate Fluctuations, *Econometrica*, 50(6), S. 1345–1370.

[44] Muth, J.F. (1961), Rational Expectations and the theory of price movements, *Econometrica*, 29, S. 315–335.

Das verhindert zwar nicht, dass die Entscheidungen der Wirtschaftssubjekte auch mal falsch sein können, aber dass sie sich ständig irren, ist ausgeschlossen. Bei adaptiven Erwartungen korrigiert das Wirtschaftssubjekt z. B. seine Kleidungswahl für morgen, weil es heute bei Sonnenschein und warmen Temperaturen zu warm angezogen und mit einem Regenschirme ausgestattet war. Es wird sich morgen leichter anziehen und ohne Regenschirm das Haus verlassen. Wenn das Wetter jedoch rasch wechselt, kann es passieren, dass es immer genau die falsche Wahl trifft, sich also ständig irrt. Bei rationaler Erwartungsbildung schaut das Wirtschaftssubjekt den Wetterbericht für morgen und wählt danach Kleidung und gegebenenfalls einen Regenschirm. Unser Subjekt weiß, dass Meteorologen Modelle benutzen, die wissenschaftlich fundiert sind und es weiß, dass in diese Modelle viele Informationen einfließen. Der Automatismus des dauerhaften Irrens ist ausgeschlossen, nicht jedoch, dass der Wetterbericht sich einmal irrt und damit unser rationales Wirtschaftssubjekt sich auch.

Die Hypothese rationaler Erwartungen geht auf die oben zitierte Arbeit von John Muth aus dem Jahr 1961 zurück und wurde von Lucas, Sargent, Wallace und anderen Ökonomen, die der Neuen Klassischen Makroökonomie zuzurechnen sind, in die Makroökonomie integriert. Anfangs glaubte man, dass rationale Erwartungen mit der Keynesianischen Theorie nicht verträglich seien, was sich jedoch schnell als falsch erwies, weil nicht die Informationsmenge entscheidend ist, sondern das Modell über die Wirtschaft, auf dessen Grundlage die Entscheider die Informationen interpretieren und ihre Entscheidungen treffen.

Die Neue Klassische Makroökonomie und die sich daraus ableitende Theorie realer Konjunkturzyklen haben sich über die Jahre hinweg stark verbreitet und die alten Modelle der neoklassischen Synthese verdrängt, zumindest in der akademischen Welt. In vielen an der Anwendung makroökonomischer Modelle interessierten Institutionen fuhr man mehrgleisig und behielt die alten IS-LM, bzw. AD-AS Modelle bei und stellte ihnen die neuen DSGE Modelle zur Seite.[45]

Die im anglo-amerikanischen Raum dem Keynesianismus zugeneigten Ökonomen – man nennt sie auch „saltwater economists" im Gegensatz zu den „freshwater economists"[46] – kritisierten vor allem die kontrafaktischen Modelltypen der Neuen Klassischen Makroökonmie. So sind zahlreiche Preise nicht gerade flexibel. Das gilt auch für Lohnkontrakte, deren Laufzeit sich auf bis zu drei Jahren erstrecken kann. Hinzu kommt, dass die neuklassischen Modelle nahezu immer mit der Annahme vollkommener Konkurrenz auf allen Märkten operierten und Geld im Entscheidungskalkül der Haushalte nicht vorkam. Auch das Verhalten der Zentralbank blieb unberücksichtigt.

---

[45] Siehe Mankiw, G. (2006), The macroeconomist as scientist and engineer, *Journal of Economic Perspectives*, 20, S. 29–46.

[46] Sogenannte Keynesianer dominieren die economic departments an der Ost- bzw. Westküste (saltwater), während sich die „freshwater" economists an den departments rund um die großen Seen befinden.

So entstanden zunächst Modelle, die diese Teilaspekte modellierten, wie zum Beispiel das Dixit-Stiglitz Modell, das zur Behandlung monopolistischer Konkurrenz diente. Erst in einer zweiten Welle entstand dann ein Modelltypus, in dem das neuklassische Grundmodell, d. h. ein repräsentativer intertemporal optimierender Haushalt, beibehalten wurde. Allerdings herrscht auf dem Gütermarkt monopolistische Konkurrenz, die Güterpreise sind in der Anpassung an Angebots- oder Nachfrageänderungen träge, d. h. es wird unterstellt, dass sich kurzfristig immer nur ein kleiner Teil der Preise ändert und der größere Anteil unverändert bleibt (Calvo pricing). Ganz analog berücksichtigt man auf dem Arbeitsmarkt „staggered contracts", die ähnlich wirken, wie das Calvo pricing auf dem Gütermarkt. Hinzu kommt, dass die Geldnachfrage des Haushalts modelliert wird. Hier hat sich der Ansatz, Geld in die Nutzenfunktion zu integrieren, weitgehend durchgesetzt. Auf der Geldangebotsseite muss das Verhalten der Zentralbank berücksichtigt werden. Dazu kann man auf verschiedene Varianten der Taylor-Regel zurückgreifen. Dieser neue Modelltypus ist unter dem Label *New Keynesian Macroeconomics* in die Literatur eingegangen. Vom Typus ist es ein neuklassisches intertemporales allgemeines Gleichgewichtsmodell, das mit Elementen angereichert wurde, die dem alten Keynesianischen Ansatz entnommen wurden. Gegenüber dem alten Ansatz der Neoklassischen Synthese hat sich vor allem der Gleichgewichtsbegriff vollständig geändert. So herrscht im New Keynesian Modell zu jedem Zeitpunkt ein Gleichgewicht im Sinne von Marktraumung und der repräsentative Haushalt befindet sich in einem individuellen Optimum. Auch Arbeitslosigkeit kann nicht als suboptimale oder ungleichgewichtige Situation begriffen werden. Allerdings bleibt ein Modell mit trägen Preisen und Löhnen im Vergleich zu einem Modell mit flexiblen Preisen und Löhnen nach einem exogenen Schock länger entfernt vom langfristigen steady state Gleichgewicht. Da aber auf jedem intertemporalen Pfad die Bedingungen erster Ordnung und die Transversalitätsbedingung eingehalten werden, ist jeder dieser Pfade pareto-optimal. Insofern ist der steady state Gleichgewichtspfad unter wohlfahrtstheoretischen Gesichtspunkten nicht „besser" als alle anderen pareto-optimalen Pfade.

Die Unterschiede zwischen dem neuen und dem alten Keynesianischen Modell könnten nicht größer sein, denn im alten Keynesianischen Ansatz begründet die ungleichgewichtige Situation auf dem Arbeits- oder Gütermarkt den fiskalischen Staatseingriff, um die Fehlallokation zu beheben. Im New Keynesian Modell gibt es keine Fehlallokation und damit auch keine Begründung für einen Staatseingriff.

Mit der neuklassischen Revolution in der Makroökonomie hat sich schrittweise das walrasianische Paradigma weitgehend durchgesetzt, wobei mit dem Übergang zum intertemporalen Gleichgewichtskonzept das statische walrasianische Gleichgewichtskonzept durch das neo-walrasianische Malinvaud-Arrow-Debreu Gleichgewichtskonzept abgelöst wurde. Die für die Keynessche Theorie wesentlichen Elemente der marshallianischen Ökonomik verschwanden dagegen vollkommen. Es lohnt sich daher, das Thema Mikroökonomische Fundierung der Makroökonomie unter dem Gesichtspunkt der Unterschiede zwischen marshallianischer und walrasianischer Denkweise etwas genauer zu betrachten.

13.3.1 Mikrofundierung der Makroökonomie

Der Anspruch, mikroökonomische und makroökonomische Theorie zunächst erst einmal kompatibel zu machen, setzte mit den Arbeiten von Patinkin ein, der sein Buch *Money, Interest and Prices* in zwei Teile, je einen zur Mikroökonomie und einen zur Makroökonomie, unterteilt hatte. Im mikroökonomischen Teil ging es um die Integration von Geld in die Nachfragefunktion. Indem Patinkin die realen Geldbestände (Realkasse) in die Nachfragefunktionen aufnimmt, sind die (Überschuss)-Nachfragefunktionen zwar homogen vom Grade Null, d. h. es liegt keine Geldillusion vor, aber Änderungen der realen Geldmenge, d. h. der Kaufkraft des Geldes, wirken analog zu Änderungen der relativen Preise. Damit konnte Patinkin über den Realkasseneffekt (Keynes-Effekt plus Pigou-Effekt) herleiten, dass bei flexiblem Preisniveau die Ökonomie in ein Vollbeschäftigungsgleichgewicht zurückkehren kann und nicht in einem Gleichgewicht bei Unterbeschäftigung verharren muss.

Durch diese Verbindung von Walrasianischer Mikroökonomie mit Keynesianischer Makroökonomie entstand die *Neoklassische Synthese,* deren Kernbotschaft war, dass persistente Arbeitslosigkeit als Ungleichgewichtsphänomen entstehen kann und die Ursachen in Preis- und Lohnrigiditäten zu suchen seien. Weiterhin ergab sich die Einschätzung, dass Geld(politik) kurzfristig die Konsum- und Investitionsentscheidungen beeinflussen könne und somit Geld kurzfristig nicht neutral sei. Langfristig hingegen führten Erhöhungen der Geldmenge immer zu einem höheren Preisniveau und vice versa, d. h. langfristig sei Geld neutral. Die *Neoklassische Synthese* war rund zwanzig Jahre das dominante Paradigma der Makroökonomik. Es wurde vor allem durch das Stagflationsphänomen der 1970er Jahre und die Phillips-Kurve herausgefordert.

Dass die Makroökonomik nicht auf völlig anderen theoretischen Konzepten beruhen sollte als die Mikroökonomik, folgt aus dem Bestreben, konsistente Theorien zu schaffen. Eigentümlich ist allerdings, dass man die Keynessche Makroökonomik für nicht mikroökonomisch fundiert hielt. Wenn man qualifizierend hinzugefügt hätte „walrasianisch mikrofundiert", dann könnte man zustimmen, aber zu behaupten, Keynes' Theorie fehle eine Mikrofundierung, heißt verkennen, dass Keynes seine Mikroökonomie nicht bei Leon Walras, sondern bei Alfred Marshall und Arthur Cecil Pigou gelernt hat. Man kann sich fragen, ob Marshalls und Pigous Ökonomik keine Mikroökonomik ist.[47]

Die Walrasianische Richtung in der Mikroökonomik beruht auf der Theorie des Tauschs, im einfachsten Fall handelt es sich um den bilateralen Tausch. Um ein Konkurrenzpreissystem abzuleiten, benötigt man die Anfangsbestände, die zufällig und als gegeben angesehen werden. Damit ist die Verteilung vorgegeben und sie definiert,

---

[47]Vgl. Caspari, V. (1989), *Walras, Marshall, Keynes*: *Eine Untersuchung zum Verhältnis von mikroökonomischer und makroökonomischer Theorie*, Berlin: Duncker & Humblot.

sobald die Gleichgewichtspreise herrschen, die Einkommensbeschränkungen der Marktteilnehmer. Der Gleichgewichtspreisvektor wird vom „Auktionator", einer Institution
ohne wirtschaftliches Eigeninteresse, gefunden, indem dieser „Auktionator" schrittweise
die Überschussnachfragen reduziert bis sie null werden. Erst wenn das Gleichgewicht
erreicht ist, wird am Markt gehandelt, d. h. finden Transaktionen statt.

In einem nächsten Schritt wird „Zeit", d. h. der zeitliche Aspekt berücksichtigt.
Die Güter werden datiert, erhalten einen Zeitindex. Aus einem n-Güter Raum wird ein
$n \times t$ – Güter Raum, wobei t der Zeitindex ist. Ganz analog die Preise, die ebenfalls
einen Zeitindex erhalten. Parallel dazu gibt es die Zukunftsmärkte, z. B. den Markt für
Weizen in 6 Jahren. Damit werden die Kontrakte heute für alle zukünftigen Güter auf
den jeweiligen Zukunftsmärkten gehandelt. Auch hier werden vom „Auktionator" die
Gleichgewichtspreise gefunden. Gezahlt wird heute, ausgeliefert je nach Periode, was
bedeutet, dass an den zukünftigen Lieferungen nichts mehr geändert werden kann. Der
intertemporale Pfad ist, wenn Gleichgewicht herrscht, bestimmt und alle Transaktionen
werden über die Zeit exakt, wie heute festgelegt, bis zum Ende des Zeithorizonts ausgeführt. In dieser Form wurde der Zeitaspekt erstmals von Lindahl, Hicks und von
Hayek in die ökonomische Theorie eingeführt. Natürlich hatte Böhm-Bawerk die Idee
des intertemporalen Tauschs und die temporale Kapitaltheorie viel früher entwickelt.[48]

Zu jeder Mikrofundierung gehören handelnde Wirtschaftssubjekte. In der
Walrasianischen Mikroökonomie ist das der repräsentative Haushalt. Daneben gibt es
auch Unternehmen, die sich aber vollständig im Eigentum des repräsentativen Haushalts befinden. Die Entscheidungen, die das Unternehmen betreffen, werden im
Haushalt gefällt und zwar unter vollkommener Kenntnis der intertemporalen Ein-
kommensbeschränkung. Den Unternehmen wird unterstellt, dass sie die jeweiligen
Periodengewinne maximieren und diese ggf. an die Haushalte ausschütten. Der Haushalt hat eine periodenbezogene Nutzenfunktion und maximiert den Nutzen über den
gesamten Pfad. Es wird unterstellt, dass der Haushalt den Nutzen zukünftiger Güter
weniger als den Nutzen gegenwärtiger Güter schätzt und damit eine positive Zeitpräferenz vorliegt. Der Haushalt fragt also Güter nach und bietet Faktordienste (Kapital,
Arbeit) an. Die Unternehmen fragen die Faktordienste nach und bieten die Güter an.

Die Mikrofundierung umfasst also zwei theoretische Ebenen. Die Handlungsebene
der Wirtschaftssubjekte, die durch die Zielfunktion und die Beschränkungen beschrieben
wird. Die Marktebene, die durch eine „Markttechnologie", im Walrasianischen Modell
durch den Auktionator, die Konkurrenzbedingungen usw. beschrieben wird sowie durch
die Gleichgewichtsbedingung, die mit Markträumung gleichgesetzt werden kann. Da
in diesem Gleichgewicht nicht nur die Märkte geräumt werden, sondern sich auch alle
beteiligten Wirtschaftssubjekte in einem individuellen Optimum befinden, weist dieser
Zustand eine gewisse Stabilität auf, denn kein Wirtschaftssubjekt verspürt in diesem
Zustand einen Anreiz, sein Verhalten zu ändern.

---

[48] Siehe Kap. 10.

Schaut man sich die Marshallianische Mikroökonomie an, dann fällt sofort auf, dass es dort (a) keinen „Auktionator" gibt, (b) unvollkommene Konkurrenz geben kann, (c) kein Haushalt, sondern die „repräsentative Unternehmung" das handelnde Wirtschaftssubjekt ist. Behandeln wir jeden der genannten drei Punkte etwas genauer.

Kauf und Verkauf (Tausch) findet zu jedem Zeitpunkt, also aus Walrasianischer Sicht auch im Ungleichgewicht statt. In der Marshallianischen Theorie bildet sich bei freier Konkurrenz innerhalb der Marktperiode durch flexible Preise immer ein temporäres Gleichgewicht heraus: Der am Markt vorhandene Angebotsbestand wird verkauft, d. h., der Markt wird geräumt. Der Preis wird durch die Höhe der Nachfrage bestimmt. Das bei Marshall verwendete Beispiel ist der Fischmarkt. Die Unternehmung erzielt so einen vom Markt bestimmten Erlös. Um nun den Gewinn zu maximieren, hat die Unternehmung, die auch auf dem Faktormarkt unter freiem Wettbewerb agiert, drei Stellschrauben: Sie kann (1) die Produktionsmenge variieren – die Faktorpreise sind aufgrund der Konkurrenzbedingungen als gegeben anzusehen. Sie kann (2) die Kapazität (Kapitalbestand) variieren und (3) die Produktionstechnik verändern.

Im Fischmarkt-Szenario bedeutet das, die Fischer können (1) die Fangmenge variieren, (2) die Bootsgröße variieren und (3) die Fangtechnik (andere Netze usw.) verändern. Die Variation der Fangmenge erfordert wenig Zeit, die Anpassung der Bootsgröße und die Änderung der Technik erfordern hingegen einen längeren Anpassungszeitraum. Die Anpassung der Produktionsmenge erfolgt, wie Marshall es nennt, in der kurzen Periode, wohingegen die Anpassung des Kapitalbestands und der Technik in der langen Periode erfolgen. Wenn die jeweiligen Anpassungen vorgenommen wurden, dann liegt ein Gleichgewicht der kurzen bzw. der langen Periode vor.

Da die Keynessche *General Theory* nur Gleichgewichte der kurzen Periode betrachtet, konzentrieren wir uns auf diesen Gleichgewichtstyp. Nehmen wir also an, der Markt wird „täglich" durch flexible Preise geräumt, aber die Unternehmen erzielen bei den herrschenden Marktpreisen übernormale Quasirenten, d. h. der Marktpreis liegt über den Grenzkosten. Damit kann jedes Unternehmen durch einen höheren Output seinen Gewinn steigern. Dieses Signal führt zu einer Produktionsausweitung, was eben bei gegebenem Kapitalbestand zu steigenden Grenzkosten führt. Der höhere Output führt auf dem Markt zu fallenden Marktpreisen und so nähert sich der Markt dem Gleichgewicht der kurzen Periode an. Dieses ist erreicht, wenn der Marktpreis den Grenzkosten entspricht. In diesem Anpassungsprozess sind die übernormalen Quasirenten abgebaut worden, der Marktpreis ist gesunken und die Angebotsmenge (Output) ist gestiegen. Ein Ruhezustand ist eingetreten, wenn die (übernormalen) Quasirenten – das Signal für die Unternehmen den Output auszudehnen – weggefallen sind.

Nun stellen wir uns den umgekehrten Fall vor. Es kommt auf dem Gütermarkt zu einem exogenen, negativen Nachfrageschock. Der Marktpreis fällt sofort, weil eine wesentlich niedrigere Nachfrage auf den alten gleichgewichtigen Output trifft. Die repräsentative Unternehmung erzielt *unter*normale Quasirenten, der Marktpreis könnte sogar unter die Grenzkosten fallen. Das signalisiert dem Unternehmen, den Output zu senken, weil bei niedrigerem Output die Grenzkosten überproportional sinken. Das Unternehmen reagiert also in beiden Anpassungsprozessen mit der Menge. Die geringere Produktionsmenge benötigt weniger Arbeitskräfte. So sinkt die nachgefragte Arbeitsmenge und das ursprüngliche Gleichgewicht auf dem Arbeitsmarkt wird gestört. Es entsteht Arbeitslosigkeit. In diesem Fall ist der Reallohn gestiegen, weil der Güterpreis gefallen war und der Geldlohn noch nicht angepasst wurde. Der Reallohn liegt auf der Arbeitsnachfragefunktion und ist zu hoch. Einige Arbeiter sind entlassen worden, aber die noch beschäftigten Arbeiter „genießen" einen höheren Reallohn. Wie charakterisierte Keynes die Situation der „unfreiwilligen Arbeitslosigkeit?

> *„Men are involuntarily unemployed if, in the event of a small rise in the price of wage.goods relatively to the money wage, both the aggreagte supply of labour willing to work for the current money-wage and the aggregate demand for it at that wage would be greater than the existing volume of employment."*[49]

Kommt es hier, wie auf dem Gütermarkt, zu einer Mengenreaktion, die dann den Geldlohn (bzw. Reallohn) sinken lässt und zum Gleichgewicht zurückführt? Die Marshallianische Denkweise passt gut zur Unternehmensperspektive und weit weniger zur Haushaltsperspektive, denn der durch Güterpreissenkung gestiegene Reallohn stellt das Pendant zur Quasirente im Unternehmen dar. Während Quasirenten nicht unbedingt an die Haushalte ausgeschüttet werden müssen und damit im Unternehmen verbleiben, führt ein unerwarteter Reallohnanstieg zu einem positiven Einkommenseffekt im Haushalt, dessen Auswirkungen weniger unklar sind als überraschende Gewinne. Es bliebe als Argument, dass die freigesetzten Arbeiter die hohen Reallöhne der noch beschäftigten Arbeiter durch niedrigere Geldlohnangebote unterbieten. Man kann sich aber fragen, warum die Unternehmen diese billigeren Arbeiter trotz nicht vorhandener Nachfrage nach Gütern einstellen sollten. Lediglich eine Substitution der teureren durch billigere Arbeitskräfte ist denkbar. Das würde die Grenzkosten der Unternehmen senken, aber die Arbeitslosigkeit nicht beseitigen. Bei niedrigeren Grenzkosten verschöbe sich nun die Güterangebotsfunktion nach rechts unten, was beim herrschenden Marktpreis wieder zu übernormalen Quasirenten bei den Unternehmen und damit zu einer Mengenausdehnung führen würde, woraufhin sich dann die Arbeitsnachfragefunktion nach rechts unten verschieben würde. Schrittweise würden sich bei niedrigerem Preis und niedrigerem Reallohn die ursprüngliche Gleichgewichtsmenge und das alte Vollbeschäftigungsgleichgewicht wieder einstellen. Der Weg zum Gleichgewicht ist mit Imponderabilien gepflastert.

---

[49] Keynes, J.M. (1936), S. 15; deutsche Übersetzung: „Arbeiter sind unfreiwilligerweise arbeitslos, wenn im Falle einer geringen Preissteigerung von Lohngütern im Verhältnis zum Geldlohn sowohl das gesamte Angebot von Arbeit, das bereit wäre, zum laufenden Geldlohn zu arbeiten, als auch die gesamte Nachfrage nach Beschäftigung zu diesem Lohn größer wäre als die bestehende Beschäftigungsmenge."

Im Unterschied zum Haushalt hat ein Unternehmen keine arbiträre Erstausstattung, d. h. es maximiert nicht unter Nebenbedingungen, sondern es maximiert eine Differenz, nämlich die zwischen Erlösen und Kosten. Die repräsentative Unternehmung reagiert auf über- oder unternormale Gewinne, bzw. in Marshalls Terminologie, auf Quasirenten. Um von über- oder unternormal reden zu können, benötigt man eine Theorie der normalen Gewinne und genau die ist das verteilungstheoretische Pendant zu der im walrasianischen Modell arbiträren Verteilung der Anfangsausstattungen. In der langen Periode und bei freier Konkurrenz wird die repräsentative Unternehmung „nur" einen normalen Gewinn realisieren. Wie aber bestimmt sich dieses „normale" Gewinnniveau?

Während ein repräsentativer walrasianischer Haushalt intertemporale Konsumentscheidungen und damit Sparentscheidungen trifft, muss eine repräsentative Unternehmung intertemporale Ausgabenentscheidungen fällen, d. h., Arbeit und zirkulierende Kapitalgüter kaufen sowie über Investitionen in fixes Kapital entscheiden.

Initiiert durch Clower und Leijonhufvud haben die Vertreter der „Disequilibrium Economics" an einem Paradigma zur mikroökonomischen Fundierung der Keynesschen Makroökonomie gearbeitet, das sich nicht der Markttechnik eines Auktionators bediente, sondern wie bei Marshall, Transaktionen außerhalb des Gleichgewichts zuließ, ja als normal ansah. Diese Forschungsrichtung hat sich, wie wir gesehen haben, nicht durchgesetzt. Erfolgreich war das Forschungsprogramm der neuen Klassischen Makroökonomie mit seiner radikalen (neo-)walrasianischen Mikrofundierung. Die Modelle der neuen Keynesianschen Makroökonomie sind, wie oben bereits deutlich wurde, nur eine Variante dieses Forschungsprogramms. Die alten Keynesianischen Modelltypen, beruhend auf IS-LM, AS-AD oder rationierungstheoretischen Grundlagen, wurden abgelöst und sind mehr oder weniger dem Vergessen anheim gefallen. Richard Lipseys Befund aus dem Jahr 2001, durch die „Lucas Revolution" sei „messy truth" durch „exact error" ersetzt worden, mag stimmen, ändert aber nichts an der Tatsache, dass die Makroökonomik diesen Weg gegangen ist. Die (neo-)walrasianische New Keynesian Economics hat mit der Keynesschen Theorie nahezu nichts mehr gemeinsam. Lediglich mit der Neoklassischen Synthese gibt es noch einige Gemeinsamkeiten. Keynes' Ausgangsproblem war, dass „unfreiwillige Arbeitslosigkeit" persistent sein konnte und er sich die Frage stellte, warum und wodurch die Selbstregulierung der Marktwirtschaft außer Kraft gesetzt werden kann. Seine Diagnose war, dass durch das Auseinanderfallen von Spar- und Investitionsentscheidungen das Saysche Theorem keine universelle Gültigkeit hat und somit die gesamtwirtschaftliche Nachfrage dauerhaft niedriger als das gesamtwirtschaftliche Angebot sein kann. Dadurch wird nicht nur die Produktionskapazität nicht ausgelastet, auch Arbeitskräfte, die eigentlich zum herrschenden Reallohn bereit sind zu arbeiten, können nicht beschäftigt werden, weil die Unternehmen ihre Produkte nicht verkaufen können.

In guter Marshallianischer Tradition isoliert Keynes die aus seiner Sicht relevanten Ursachen und führt diese dann in einem Gesamtbild zusammen. Aus Keynesscher Sicht spielt die unternehmerische Investitions- und Anlagetätigkeit die alles entscheidende Rolle. Sowohl für die realwirtschaftliche Investitionstätigkeit als auch für die finanzwirtschaftlichen Anlageentscheidungen ist der Zustand der langfristigen Erwartungen wesentlich. Vor diesem Hintergrund müssen Gewinn- und Zinsentwicklungen bedacht werden. Anlegen ist die Alternative zum Investieren. Ein Aspekt, der von James Tobin in seiner Q-Theorie berücksichtigt wurde, weil bereits existierendes Kapital immer eine Alternative zu neuem Kapital darstellt.

Alfred Marshall behandelt „den Haushalt" wenn überhaupt, dann nur am Rande. Er kennt nur die Marktnachfrage. Überhaupt spielen Haushalte in Marshalls Theorie keine Rolle. Insofern betrat Keynes mit seiner Konsumnachfragetheorie Neuland. Die Konsumnachfrage hängt für Keynes im Wesentlichen vom laufenden Einkommen ab. Intertemporale Konsumentscheidungen sieht er mit Skepsis:

> *„Ein Akt individueller Ersparnis bedeutet sozusagen einen Entschluss, heute kein Abendessen zu haben. Aber er erfordert keinen Entschluss, nach einer Woche oder einem Jahr ein Abendessen zu haben oder ein Paar Schuhe zu kaufen oder irgendeine bestimmte Sache an irgendeinem bestimmten Zeitpunkt zu verbrauchen. Er verschlechtert somit das Geschäft, heute ein Abendessen zuzubereiten, ohne das Geschäft der Vorsorge für einen zukünftigen Verbrauchsakt anzuregen. Er ist kein Ersatz in der Form einer zukünftigen Verbrauchsnachfrage für die verminderte gegenwärtige Verbrauchsnachfrage, – er stellt eine Nettoverminderung dieser Nachfrage dar. Überdies stützt sich die Erwartung zukünftigen Verbrauchs so stark auf die laufende Erfahrung gegenwärtigen Verbrauchs, dass eine Verminderung des letzteren voraussichtlich erstere vermindern wird, mit der Folge, dass der Akt der Ersparnis nicht nur den Preis der Verbrauchsgüter vermindern und die Grenzleistungsfähigkeit des bestehenden Kapitals unberührt lassen wird, sondern tatsächlich dazu tendieren kann, auch diese zu vermindern. In diesem Fall kann er sowohl die gegenwärtige Investitionsnachfrage wie auch die gegenwärtige Verbrauchsnachfrage vermindern."*[50]

In der NewKeynesian Economics wird das anders gesehen. Investitions- und Sparentscheidungen können nicht auseinander fallen, sonst wäre der repräsentative Haushalt in seinen Entscheidungen inkonsistent; die Unternehmergehirnhälfte würde anders entscheiden als die Haushaltsgehirnhälfte. Und natürlich hat unser repräsentativer Haushalt eine Nutzenfunktion mit einer klar definierten intertemporalen Substitutionselastizität, d. h. er hat genaue Vorstellungen darüber, wieviel Konsum in t durch Konsum in $t+1$ „ersetzt" werden soll, ohne das Nutzenniveau zu ändern. In einem Grenzfall, wenn der Diskontfaktor gleich dem Zinsfaktor ist ($\beta=(1+r)$), löst sich der Konsum vollständig vom intertemporalen Einkommensstrom, d. h., der Konsum ist in jeder Periode gleich groß. In diesem Fall gilt die extremste Version der permanenten Einkommenshypothese Friedmans und nicht die von Keynes.

---

[50] Keynes, J.M. (1936, 2017), *Allgemeine Theorie der Beschäftigung, des Zinses und des Geldes*, Berlin: Duncker & Humblot, S. 179.

Nachvollziehbar ist, dass in einem solchen Modell das Saysche Theorem gilt und Arbeitslosigkeit auf alles andere als auf eine zu geringe gesamtwirtschaftliche Nachfrage zurückgeführt werden kann. Als Ersatz werden Friktionen sowie Preis- und Nominallohnstarrheit herangezogen. Es ist nahezu nichts mehr von der ursprünglichen Keynesschen Theorie übrig geblieben.

13.3.2 Postkeynesianismus

Wenn man von der reinen Wortbedeutung ausginge, würde man mit dem Begriff Postkeynesianismus den gesamten Zeitraum nach Keynes bezeichnen. Das ist freilich nicht so. Tatsächlich versteht man darunter zwei verschiedene Richtungen der makroökonomischen Theoriebildung nach Keynes. Zum einen kann man dazu die direkten Schüler von Keynes zählen,[51] zum anderen hatte sich in den USA eine Gruppe von Ökonomen rund um das *Journal of Post Keynesian Economics* und dessen Protagonisten Sidney Weintraub herausgebildet. Dazu zählen u. a. Paul Davidson, Hyman P. Minsky und Alfred S. Eichner. Wir behandeln beide Gruppen getrennt voneinander.

Kurz nach der Publikation der *Treatise on Money* formierte sich eine Gruppe von graduierten Studierenden, die das Keynessche Buch und verwandte Themen diskutierten. Es waren Richard Kahn, Joan Robinson, Austin Robinson, James Meade und Piero Sraffa. Als Sprecher der Gruppe fungierte Richard Kahn, der Keynes die Diskussionsergebnisse der Gruppe überbrachte. Die Gruppe löste sich formal 1931 auf, ihre Mitglieder blieben aber inhaltlich und persönlich mit Keynes und mit der Universität Cambridge eng verbunden. Später, nach dem Ende des Zweiten Weltkriegs trat noch Nicholas Kaldor hinzu, der nach dem Abitur in Budapest und einem Jahr Studium in Berlin 1927 an die London School of Economics wechselte. Ab 1949 war er zunächst als Lecturer und dann ab 1966 als Professor an der Universität in Cambridge tätig.

Richard Ferdinand Kahn wurde 1905 als ein Sohn deutsch-jüdischer Eltern in England geboren. Die guten Kenntnisse der deutschen Sprache prädestinierten ihn für die Übersetzung von Wicksells *Geldzins und Güterpreise,* ein Projekt, das 1929 von der *Royal Economic Society* initiiert wurde. Das Konzept des Multiplikators, das aus der Makroökonomie nicht mehr wegzudenken ist, entwickelte Richard Kahn in seinem Aufsatz „The Relation of Home Investment to Unemployment"[52] aus dem Jahr 1931. Bereits 1929 hatte Kahn in seiner Dissertation *The Economics of the Short Period*[53] wesentliche Bausteine sowohl für die Theorie des unvollkommenen Wettbewerbs marshallscher

---

[51] Pasinetti nennt sie Cambridge Keynesians. Vgl. Pasinetti, L.L. (2007), *Keynes and the Cambridge Keynesians,* Cambridge: University Press.

[52] Kahn, R.F. (1931), The Relation of Home Investment to Unemployment, *The Economic Journal,* 41, S. 173–198.

[53] Kahn, R.F. (1929), *The Economics of the Short Period,* London: Macmillan.

Provenienz als auch für die Entwicklung der Keynesschen Makroökonomik geleistet.[54] Für Keynes war Kahn ein wichtiger intellektueller Diskussionspartner, der an der Wandlung der Keynesschen Makroökonomik von der *Treatise* zur *General Theory* aktiv beteiligt war. In der theoriegeschichtlichen Literatur war das bisher etwas umstritten. Moggridge (1994, S. 109) war skeptisch, dass es einen solchen Einfluss gab, Schumpeter (1954, S. 1172) hingegen hielt Kahn gar für Keynes' Co-Autor. Eine neuere Untersuchung von Maria Cristina Marcuzzo[55] kommt zu der folgenden Einschätzung:

> *„The major points are short-period analysis and the application of aggregate demand and supply to determine price levels and equilibrium quantities. Within this framework, the multiplier principle and the ‚supply schedule for output as a whole' were tools that proved particularly productive in building the ‚new theory'."*[56]

Es war auch Kahn, der Keynes dazu bewegen konnte, den mikroökonomischen Apparat Marshalls wieder zu beleben, statt ihn, wie in der *Treatise,* weitgehend zu ignorieren.[57]

Kahn war der einzige Cambridger Ökonom, der sich einmal etwas aufmerksamer mit der Entwicklung der keynesianischen Makroökonomie auseinandergesetzt hat, als er auf Malinvauds *Theory of Unemployment reconsidered* mit einem Aufsatz reagierte.[58] Überhaupt fehlte es an einer Auseinandersetzung mit dem IS-LM Modell, das lapidar als „Bastard Keynesianism" abqualifiziert wurde, obwohl Keynes' Korrespondenz mit Hicks belegt, dass er mit einer Modellvariante der Hicksschen Interpretation einverstanden war. Insgesamt kann man der Einschätzung Pasinettis[59] und der Kings[60] zustimmen, dass die Cambridger Ökonomen dem makroökonomischen Mainstream vorwiegend mit intellektueller Arroganz aber weniger mit Argumenten begegneten. Das bekam sogar das Circus-Mitglied und der spätere Nobel-Preisträger James Meade zu spüren, der lange in Oxford und an der LSE lehrte. Meade bekam 1949 einen Ruf nach Cambridge, den er jedoch ablehnte und in London blieb. Ab 1957 wechselte er dann doch nach Cambridge, wo er bis 1974 lehrte und forschte. Allerdings zog er sich bereits 1968 von seiner Professur auf ein Senior Research Fellowship an seinem College zurück, weil ihm das

---

[54] Marcuzzo, M.C. (1996), Joan Robinson and Richard Kahn – the origin of short period analysis, in: Marcuzzo, M.C., Pasinetti, L.L., Roncaglia, A., (eds.), *The Economics of Joan Robinson*, S. 10–28, London, New York: Routledge.

[55] Marcuzzo, M.C. (2002), The Collaboration between J.M. Keynes and R.F. Kahn from the Treatise to the General Theory, *History of Political Economy*, 34:2, S. 421–447.

[56] Marcuzzo, M.C. (2002), S. 443.

[57] Vgl. ebenda, S. 444.

[58] Kahn, R. F. (1977), A review of Edmond Malinvaud, Theory of Unemployment reconsidered, *Cambridge Journal of Economics*, S. 375–388.

[59] Pasinetti, L.L. (2007, a.a.O., S. 38 ff.).

[60] Vgl. King, J.E. (2017), Postkeynesian Economics in Cambridge, in: *The Palgrave Companion to Cambridge Economics*, (ed. by R.A. Cord), London: Palgrave Macmillan, hier: S. 148, 151.

Klima an der Cambridger Fakultät missfiel. Als Research Fellow konnte er lehren und zwei Bücher schreiben. Meade war kein Kritiker, sondern eher ein Vertreter der neoklassischen Synthese, aber keinesfalls ein Ökonom, der von der unbeschränkten Selbstregulierungsfähigkeit der Marktwirtschaft überzeugt war. Es stimmt allerdings, dass Meade in wachstumstheoretischer Hinsicht dichter an Solow als an Harrod lag. Meades große Verdienste lagen in der theoretischen Vorbereitung keynesianischer Wirtschaftspolitik.

Der agilste und innovativste „Cambridge Keynesian" war Nicholas Kaldor. Seine Beiträge zur Wachstumstheorie und zur Verteilungstheorie waren bedeutend. Die Kaldorsche Verteilungstheorie[61] beruht auf der $I = S$ Identitätsgleichung. Spaltet man die Ersparnis auf Ersparnisse aus Löhnen (W) und Ersparnisse aus Gewinnen (P) auf, dann lautet sie $I = s_w W + s_p P$, wobei s_w und s_p die Sparneigung aus Löhnen bzw. aus Gewinnen bezeichnen. Berücksichtigt man $W = (Y - P)$ und formt um, erhält man $I = (s_p - s_w)P + s_w Y$. Nimmt man an, dass die Sparneigung aus Löhnen sehr klein bzw. null ist, folgt $I = s_p P$ bzw. $1/s_p\ I = P$, d. h. die Investitionstätigkeit bestimmt die Gewinnhöhe[62]. Dividiert man beide Seiten durch den Kapitalstock K, dann folgt $1/s_p\ I/K = P/K$. Nun ist I/K die Akkumulationsrate des Kapitals g_K und P/K ($= r$) die Realverzinsung der Produktionsmittel (Kapital). Somit ergibt sich $g_K/s_p = r$, d. h., die Kapitalakkumulationsrate und die Sparneigung aus Gewinnen bestimmen die Realverzinsung des Kapitals. Hier wird die Realverzinsung der Produktionsmittel (Kapital) nicht aus der Grenzproduktivität des Kapitals, sondern aus den Kreislaufbedingungen und dem Sparverhalten der Gewinneinkommensbezieher abgeleitet. Kaldor konnte auch zeigen, dass die Anpassung der Ersparnis an die Investitionen durch Veränderungen der Einkommensverteilung zustande kommen kann, insbesondere, wenn die Volkswirtschaft sich nahe an der Vollbeschäftigungssituation befindet. Dann steigen nämlich die Preise und nicht die Mengen. Diese Preissteigerungen führen bei konstanten Löhnen zu einem Anstieg der Gewinnquote, bzw. zu einer Senkung der Lohnquote. Pasinetti ergänzte die Kaldorsche Verteilungstheorie, indem er die Möglichkeit zuließ, dass auch Arbeiter Gewinneinkommen erzielen können.[63] Er zeigte, dass sich durch diese Modifikation die wesentlichen Eigenschaften und Schlussfolgerungen von Kaldors Verteilungsmodell nicht ändern.

Auch Joan Robinson hatte 1956, im gleichen Jahr wie Kaldor, ihr Opus Magnum *The Accumulation of Capital* veröffentlicht. Sie wollte mit dieser Arbeit die Keynessche Theorie um die „lange Periode" ergänzen. Dies hatte sie bereits 1936 in ihrem Aufsatz

---

[61] Kaldor, N. (1956), Alternative Theories of Distribution, *Review of Economic Studies*, S. 83–100.

[62] Keynes hatte diesen Fall in der *Treatise* als den „Witwenkrug" (widow' ' cruse) bezeichnet. Der umgekehrte Fall war „Danaid' ' jar" ein Gefäß mit einem Leck.

[63] Pasinetti, L.L. (1962), Rate of Profit and Income Distribution in Relation to the Rate of Economic Growth, *Review of Economic Studies*, 29, S. 267–279.

„The long-period theory of employment"[64] als Lücke in der Keynesschen Theorie identifiziert.

> *„The purpose of this essay is to outline a method by which Mr. Keynes' system of analysis may be extended into the regions of the long period and by which it may become possible to examine the long-period influences which are at work at any moment of time."*[65]

Wie bei Kaldor spielt auch in Robinsons *Accumulation of Capital* die Gewinnquote P/Y bzw. die Profitrate P/K im Verhältnis zur Akkumulationsrate eine zentrale Rolle. Robinsons „Golden Age" herrscht, wenn die Akkumulationsrate des Kapitals der Profitrate entspricht und auch Vollbeschäftigung herrscht, d. h. wenn die Wachstumsrate der Beschäftigung gleich der Kapitalakkumulationsrate ist. Robinson unterscheidet im Folgenden zahlreiche Abweichungen vom „Golden Age" und führt noch andere Wachstumspfade mit dem wohlklingenden Namen „Platinum Age" ein.

Joan Robinson hatte bereits 1933 eines der grundlegenden Werke zur Theorie der unvollkommenen Konkurrenz *(The Economics of Imperfect Competition)* publiziert; im gleichen Jahr erschien übrigens auch Edward H. Chamberlins *Theory of Monopolistic Competition*. Sie war eine Anhängerin der „Keynesianischen Revolution" und hatte zwei Bücher zur Beschäftigungstheorie, eines mit eher didaktischen Schwerpunkten, geschrieben[66], aber ihre anderen Beitrage gingen weit über die Fragen der Keynesschen Theorie der kurzen Periode hinaus. Eine ihrer Arbeiten kann als Initialzündung der sogenannten „Cambridge-Cambridge Kontroverse über Kapitaltheorie" angesehen werden.[67] Sie wurde in den 1970er Jahren als eine Kandidatin für den „Nobelpreis" gehandelt, doch sie erhielt ihn nicht. Man kann begründet vermuten, dass ihre damaligen politischen Äußerungen, in denen sie die Entwicklungen in China und Nord-Korea befürwortete, dem Auswahlkomitee zu problematisch erschienen.

Piero Sraffa, der ebenfalls Mitglied des ‚Circus' war, kam mit der Hilfe von Keynes im Jahr 1927 nach Cambridge. Keynes kannte ihn durch ein Treffen im Jahre 1922. Auf Keynes Anregung hin schrieb er für den *Manchester Guardian* einen Beitrag über die Lage des Bankensystems im Nachkriegs-Italien. Da Sraffa in diesem Artikel die Verwicklung der Faschisten in die Bankenkrise ansprach, bekam er ernsthafte Schwierigkeiten mit der faschistischen Regierung in Italien, weshalb Keynes ihn nach Cambridge holte.

---

[64] Robinson, J. (1936), The long-period theory of employment, *Zeitschrift für Nationalökonomie*, 7, S. 74–93.

[65] Robinson, J. (1936, S. 74).

[66] Robinson, J.V. (1937), *Introduction to the Theory of Employment*, London: Macmillan, und Robinson, J.V. (1937), *Essays in the Theory of Employment*, Oxford: Basil Blackwell.

[67] Robinson, J.V. (1953–1954), The Production Function and the Theory of Capital, *Review of Economic Studies*, 21, S. 81–106.

Sraffa hatte in seinem Aufsatz von 1925 „Sulle relazioni fra costo e quantità prodotta" Marshalls Theorie der langen Periode einer fundamentalen Kritik unterzogen. Einen Ausweg aus diesem Dilemma fand R. Kahn, indem er sich auf die kurze Frist beschränkte, in der steigende Skalenerträge und damit fallende langfristige Grenzkosten nicht auftauchen können. Einen anderen Ausweg beschritten Joan Robinson und Austin Robinson mit der Theorie unvollkommener Konkurrenz. Keynes hatte offensichtlich den Weg Kahns eingeschlagen und das Konzept des langfristigen Gleichgewichts, an dem er in der *Treatise* noch festgehalten hatte, aufgegeben. Sraffa kannte die *Treatise* sehr gut, denn sie war ja Gegenstand der Diskussionen im ‚Circus', dessen Mitglied er war. Keynes' *Treatise* wurde von F.A. von Hayek in einer zweiteiligen Rezension 1931 in *Economica* kritisiert. Keynes bat Sraffa im Gegenzug, Hayeks *Prices and Production* im *Economic Journal* zu rezensieren. Das führte zu der in der Literatur so genannten „Sraffa-Hayek Debatte".[68]

Piero Sraffa zog sich jedoch aus der makroökonomischen Debatte um die Keynessche Theorie weitgehend zurück und steckte seine Energie in die Edition der Werke David Ricardos. Peu à peu arbeitete er auch an der Rekonstruktion der klassischen ökonomischen Theorie. Mit der Publikation von *Production of Commodities by means of Commodities* (deutsch: *Warenproduktion mittels Waren)* im Jahr 1960 lieferte er zwei Jahre nach Debreus *Theory of Value* das neo-ricardianische Pendant zur neo-walrasianischen Theorie des Allgemeinen Gleichgewichts. Neben den Keynesianern der „ersten Stunde" entstand so eine zweite ökonomische Schule in Cambridge, die unter dem Namen „Neoricardianer" oder „Anglo-Italian School" bekannt wurde.

Die amerikanischen Postkeynesianer vertraten eigenständige Ideen, die von den Cambridger Postkeynesianern oft ignoriert oder schlichtweg abgelehnt wurden. Das traf vor allem Paul Davidson, aber auch seinen akademischen Lehrer Sidney Weintraub.[69] Davidson sah große Mängel in den Modellen der neoklassischen Synthese, weil sie aus seiner Sicht wesentlichen Botschaften der Keynesschen Theorie nicht mehr enthielten. Für Keynes sei die Unsicherheit, nicht das Risiko, ein wesentlicher Aspekt von Investitions- und Anlageentscheidungen gewesen. Das werde nicht ausreichend bedacht. Als weiteren Punkt hob Davidson die Rolle des Geldes und insbesondere das Neutralitätspostulat in der langen Frist als inkompatibel mit der Keynesschen Theorie hervor. Davidson knüpfte an Überlegungen von Keynes zu einer „monetären Theorie der Produktion" an, die aus der Übergangsphase von der *Treatise* zur *General Theory* stammten. Er glaubte, von dort ausgehend eine Interpretation der Keynesschen Theorie leisten zu können. Barens hat aber zu Recht darauf hingewiesen, dass Davidson dadurch

---

[68] Sraffa, P. (1932a), Dr. Hayek on Money and Capital, *Economic Journal*, 42, S. 42–53. Hayek, F. A. (1932), Money and Capital: A Reply, *Economic Journal*, 42, S. 237–249. Sraffa, P. (1932b), A Rejoinder, *Economic Journal*, 42, S. 249–251.

[69] Vgl. King, J.E. (2017), Post Keynesian Economics in Cambridge, in: *The Palgrave Companion to Cambridge Economics* (ed. R.A. Cord), S. 147–148.

hinter die *General Theory* zurückzufällt, weil für Keynes die „Theorie der monetären Produktion" nichts anderes als ein gedanklicher Zwischenschritt auf dem Weg zum Prinzip der effektiven Nachfrage war. Hat man das Prinzip der effektiven Nachfrage formuliert, benötigt man keine „Zwischenschritte" mehr.[70] Lautet das Inhaltsverzeichnis des geplanten Buchs („General Theory") im Jahr 1932 noch „Monetary Theory of Production",[71] findet man bereits ein Jahr später, 1933, den Titel „Monetary Theory of Employment" im Inhaltsverzeichnis und kurz darauf hat der nächste Entwurf den Titel „The General Theory of Employment".[72]

Davidson kritisiert an der Neoklassischen Synthese, dass dort Geld langfristig neutral sei, was Keynes doch gerade kritisiert habe. In der kurzen Periode, d. h. in der von Keynes gewählten Periodenabgrenzung, ist Geld nicht neutral. Davidson müsste zeigen, dass Geld langfristig nicht neutral ist, was ihm allerdings auch nicht gelingt, da er die lange Frist modelltheoretisch gar nicht behandelt. Er hat weder eine Theorie der Kapitalakkumulation noch eine des technischen Fortschritts.

Durch die Finanzkrise 2009 und die sich anschließende „Große Rezession" wurde der makroökonomische Fokus auf den Finanzsektor und die Funktionsweise der Finanzmärkte gelenkt. In diesem Zusammenhang wurde Hyman Minskys „Financial Instability" Hypothese, die dieser in seinem 1975 erschienenen Buch *John Maynard Keynes* vorstellte, wiederentdeckt. Minsky führt die Instabilität des Finanzsystems auf eine Kreditspirale zurück, der abnehmende Sicherheiten gegenüberstehen. Im Falle einer normalen kreditfinanzierten Investition zahlt der Investor und Kreditnehmer aus den Investitionserträgen Zins und Tilgung. Bei stabilem Wirtschaftswachstum und der Erwartung, dass dieses anhält, nimmt die Risikobereitschaft der Kreditnehmer zu. Sie zahlen jetzt nur noch die Zinsen aus den Erträgen und leisten die Tilgung aus neuen Krediten. Auf der letzten Stufe der Euphorie werden dann sogar die Zinszahlungen durch Kredite finanziert. Letzteres beobachtet man häufig in der letzten Phase einer Börsenhausse, wenn nicht nur Aktien kreditfinanziert gekauft werden, sondern die Zinsen für den laufenden Kredit selbst wieder durch Kreditaufnahme finanziert werden. Das alles wird gewagt, weil man von rasant steigenden Kursen ausgeht und berechnet hat, dass beim unterstellten Verkaufskurs alle Verbindlichkeiten getilgt werden können und noch ein Gewinn verbleibt. Wenn nun in solchen spekulativen Übertreibungen einzelne Kreditnehmer illiquide werden, weil sie keine Folgekredite erhalten, müssen diese ihre Vermögensgüter verkaufen, bevor das Gut seinen unterstellten, gewinnbringenden Preis (Kurs) erreicht hat. Diese Verkäufe führen dann zu weiteren Preis- bzw. Kursrückgängen, was weitere Kreditnehmer in die Illiquidität treibt. Die Abwärtsspirale nimmt ihren Lauf, in deren Folge nun massive Vermögensverluste auftreten und Investoren und Anleger insolvent werden. Diese dem Finanzsystem inhärente Instabilität hatte Minsky in seinem

---

[70] Vgl. Barens, I. (1978), *Geld und Unterbeschäftigung*, Berlin: Duncker & Humblot, S. 219 ff.

[71] Keynes, J.M. (1971, 1979), *Collected Writings*, Bd. XXIX, S. 49.

[72] Ebenda, S. 62/63.

oben genannten Buch ausführlich beschrieben und die These gewagt, dass es gerade im Finanzkapitalismus häufig zu solchen Finanzkrisen käme.

Die bislang behandelten amerikanischen Postkeynesianer griffen Elemente aus der Keynesschen Theorie auf, während der nun im Folgenden zu behandelnde Ökonom, Alfred S. Eichner eher an einem mikroökonomischen Fundament der Marshall-KeynesTradition anknüpfte. Eichners Buch *The Megacorp and Oligopoly* erschien 1976 und beanspruchte eine Alternative zur walrasianisch geprägten Mikrofundierung der Makroökonomie zu liefern. Bei Eichner wird die Preispolitik des modernen oligopolistischen Unternehmens zum Instrument der Investitionsfinanzierung, d. h. zur Generierung von Gewinnen mit dem Ziel des internen Unternehmenswachstums. Eichner entwickelte eine etwas raffiniertere Version der Vollkostenpreisbildung, wobei das „full-cost pricing" oder „mark-up pricing" bereits in den 1930er und 1940er Jahren als Kritik am Marginalismus geäußert wurde.[73] Im Rahmen von keynesianischen Lehrbuchmodellen findet sich das „mark-up pricing" auch und wird dort mit der Begründung eingeführt, dass auf dem Gütermarkt monopolistische Konkurrenz angenommen werde. So z. B. im Lehrbuch *Macroeconomics* von Olivier Blanchard, das inzwischen in zahlreiche Sprachen übersetzt wurde und sich einer weltweiten Verbreitung erfreut.[74]

Der Überblick über die ersten Postkeynesianer bliebe allerding unvollständig, würde man den polnischen Ökonomen Michał Kalecki vergessen. Er hat ebenfalls wichtige Fußspuren in den verschiedenen Spielarten des Postkeynesianismus hinterlassen. Kalecki kam 1937 als Emigrant nach Cambridge und suchte einen „Broterwerb". Man konnte ihm vorübergehend helfen, doch er war in Cambridge nicht sehr glücklich, weil er schnell einige sehr einflussreiche Personen, wie z. B. Dennis Robertson, der seinerzeit Vorsitzender des Fakultätsrats war, gegen sich aufbrachte[75]. So ging er 1939 an das Oxford *Institute of Statistics,* wo er bis zum Ende des Zweiten Weltkrieges blieb und später in den USA arbeitete, bis er 1955 nach Polen zurückkehrte, wo er in der Planungskommission und an der Hochschule für Planung und Statistik arbeitete, bis er 1970 starb. Kalecki hatte einige kreislauftheoretische Einsichten, die weitgehend denen von Keynes entsprachen, vorweggenommen[76]. Vor allem, dass die Investitionen die zur Finanzierung notwendigen Ersparnisse hervorbringen und nicht umgekehrt. In seinen theoretischen Ansätzen kommen die Einflüsse von Marx und Tugan-Baranowski zum Tragen, aber auch die Arbeiten über mark-up pricing in Oxford ließ er in seine Theorien einfließen.

---

[73] Z. B. Hall, R.L. und Hitch, C.H. (1939), ‚Price Theory and Business Behaviour,‘ Oxford Economic Papers, os-2, S. 12–45. Coutts, K., Godley, W., Nordhaus, W. (1978), *Industrial Pricing in the United Kingdom*, Cambridge: University Press.

[74] Vgl. Blanchard, O. (2017), *Macroeconomics*, 7. Aufl., Prentice-Hall.

[75] Vgl. King, J.E. (2017, S. 140).

[76] Kalecki, M. (1933, [1976]), Umrisse einer Theorie des Konjunkturzyklus, in: *Werkauswahl,* Neuwied: Luchterhand, S. 41–56.

Ähnliche Vorstellungen wie Kalecki entwickelte auch Erich Preiser in Deutschland[77], der als Schüler von Franz Oppenheimer ein Vertreter der Monopolgradtheorie der Verteilung war.

13.4 Geldtheoretische Strömungen und Heterodoxien in der zweiten Hälfte des 20. Jahrhunderts

Die Entwicklungen in der Geldtheorie waren und sind meistens untrennbar mit denen der makroökonomischen Theorien verbunden und können daher nicht losgelöst von diesen betrachtet werden. Nach dem 2. Weltkrieg bis in die 1960er Jahre dominierte die Sichtweise der Neoklassischen Synthese. Geld ist kurzfristig nicht neutral – langfristig schon. Die Geldpolitik betreibt im Wesentlichen Zinssteuerung, um die Liquidität der Banken zu beeinflussen und damit die Kreditvergabe an den Unternehmenssektor zu steuern. Die Ziele der Geldpolitik waren und sind in den verschiedenen Ländern unterschiedlich. Preisniveaustabilität wird nahezu immer verfolgt, aber es treten auch Ziele wie „Vollbeschäftigung" und außenwirtschaftliche Stabilisierung hinzu, insbesondere wenn man die Wechselkurse der eigenen Währung stabilisieren will.

Der Monetarismus und damit die längst verschwunden geglaubte Quantitätstheorie bekam in den späten 1960er Jahren eine größere Bedeutung, obwohl die Anfänge bereits mit den Forschungen von Milton Friedman und Anna Schwartz in den 1940er Jahren begannen. Diese Forschungen erschienen 1963 in dem Buch *A Monetary History of the United States*[78]. Dort wurde u. a. der Einfluss des Geldangebots auf die Fluktuationen des BIPs untersucht.

Dabei geben die Autoren an, die folgenden Beobachtungen gemacht zu haben:

1. Geldmengenänderungen seien immer mit einer Veränderung des nominalen BIPs und der Preise verbunden gewesen, wobei sich die Geldmenge zuerst geändert habe und die anderen Variablen sich nachträglich geändert hätten.
2. Die Beziehung zwischen monetären und güterwirtschaftlichen Variablen sei stabil.

Die erste Beobachtung wird verdichtet zu der Hypothese, dass geldpolitische Maßnahmen einen stärkeren Einfluss auf das BIP gehabt hätten als fiskalpolitische und die zweite Beobachtung führt zu der Hypothese, dass ein quantitätstheoretischer Zusammenhang zwischen Geldmenge und Preisniveau bestünde. James Tobin hat aus keynesianischer Sicht diese Hypothesen mit dem Aufsatz *Money and Income: Post hoc*

---

[77] Preiser, E. (1933), *Grundzüge der Konjunkturtheorie*, Tübingen: Mohr.
[78] Friedman, M und Schwarz, A. (1963), *A Monetary History of the United States, 1867–1960*, Princeton University Press.

ergo propter hoc einer scharfen Analyse unterzogen.[79] Tobin zeigt in seinem Beitrag, dass das von Friedman behauptete zeitlich vorauslaufende Geldangebot auch in einem ultraeinfachen Ausgaben-Einnahmen Modell keynesianischer Provenienz auftritt und somit das beobachtete Vorauseilen des Geldangebots nicht unbedingt die quantitätstheoretische Perspektive Friedmans stützt. Außerdem gab es auch empirische Untersuchungen von Kareken und Solow[80], die zu anderen Ergebnissen als Friedman kamen.

Modigliani setzt sich in seiner „presidential adress" auf der Jahrestagung 1976 der *American Economic Association* mit zentralen monetaristischen Positionen auseinander.[81] Modigliani gesteht den Monetaristen zu, dass der Kapitalismus stabiler sei, als das einfache Ausgaben-Einnahmemodell suggeriere; vor allem sei natürlich der Multiplikator kleiner als in solchen Modellen angenommen. Das lege seine eigenen Untersuchungen zur langfristigen Konsumfunktion (Lebenszyklus Hypothese) nahe, nicht nur die permanente Einkommenshypothese Friedmans. Modigliani geht auf die Friedmansche Phillips-Kurven Argumentation ein, die zu einer vertikalen aggregierten Angebotsfunktion führt und behandelt auch in diesem Zusammenhang die Rationale Erwartungshypothese. Schließlich geht er auf Angebotsschocks ein und fragt, wie man durch Geldmengenpolitik den inländischen Preisauftrieb bremsen will, wenn die Importpreise massiv steigen. Man müsste die inländischen Preise senken und dürfte keine Nominallohnsteigerungen zulassen. Für beide Ziele gibt es keine marktwirtschaftskonformen Instrumente. Der Monetarismus plädierte für eine massive Drosselung des Geldmengenwachstums durch eine Reduktion des Geldangebots, dessen Resultat ein Zinsanstieg und dann ein Einbruch der effektiven Nachfrage zur Folge hätte. Die künstlich erzeugte Rezession stoppt dann den inländischen Preisauftrieb, weil die steigende Arbeitslosigkeit die Verhandlungsmacht am Arbeitsmarkt zugunsten der Arbeitgeber verschiebt und so Lohnerhöhungen abbremst oder sogar stoppt. Harry Johnson hat den Erfolg des Monetarismus in seiner Richard T. Ely – Lecture quasi vorhergesagt, weil die Monetaristen einen scheinbar gangbaren Weg aus der Inflationsentwicklung der 1970er Jahre wiesen.

> *„New ideas win a public and a professional hearing, not on their scientific merits, but on whether or not they promise a solution to important problems that the established orthodoxy has proved itself incapable of solving. (…) the monetarist counter-revolution has ultimately been successful because it has encountered a policy problem -inflation- for which*

---

[79] Tobin, J. (1970), Money and Income: Post hoc ergo propter hoc, *The Quarterly Journal of Economics*, 84(2), pp. 301–317.

[80] Kareken, J. and Solow, R. M. (1963), Lags in Monetary Policy, in: *Commission on Money and Credit, Stabilization Policies*: Englewood Cliffs, NJ.: Prentice-Hall, Inc., 1963, S. 14–25.

[81] Modigliani, F. (1977), The Monetarist Controversy or, should we forsake stabilization policies? *American Economic Review*, 67(2), S. 1–19.

the prevailing Keynesian orthodoxy has been able to prescribe only policies of proven or presumptive incompetence, in the form of incomes or guidelines policy, but for which the monetarist counter-revolution has both a theory and a policy solution."[82]

Johnson prophezeite aber, dass trotz eines wirtschaftspolitischen Erfolgs des Monetarismus, dieser wieder verschwinden werde, weil die wirtschaftstheoretische Basis der Quantitätstheorie zu dünn sei:

„The most serious defects of the monetarist counter-revolution from the academic point of view are, on the one hand, the abnegation of the restated quantity theory of money from the responsibility of providing a theory of the determination of prices and of output, and, on the other hand, its continuing reliance on the methodology of positive economics."[83]

Harry Johnson hatte zwar recht, aber es dauerte schon einige Zeit, bis der Monetarismus verschwand, wobei er aus den Lehrbüchern schneller als in den Zentralbanken verbannt wurde. In den USA fand während der Ära des Vorsitzenden der US-amerikanischen Zentralbank (FED) Paul Volcker die Einführung und Abkehr vom Monetarismus statt. Volcker war es, der im Oktober 1979 verkündete, von der Zinssteuerung zur Geldmengensteuerung überzugehen und die Zunahme der Geldmenge deutlich zu begrenzen, um die hohe Inflation in den USA zu bannen. Das gelang auch, freilich war der Preis ziemlich hoch, denn die Arbeitslosenquote stieg von 5,8 % im Jahr 1979 auf fast 11 % am Ende des Jahres 1982. Die Inflationsrate war im gleichen Zeitraum von 11,2 % auf 6,2 % im Jahresdurchschnitt gefallen. Es kam im Oktober 1982 zu einer Krisensitzung des Federal Open Market Committees, in der beschlossen wurde, den Diskontsatz zu senken. Exakt das Gegenteil der monetaristischen Empfehlung und Friedman prognostizierte einen Wiederanstieg der Inflationsrate in den zweistelligen Bereich und eine dann nachfolgende schwere Rezession. Volcker hatte im Herbst 1982 die Geldmengensteuerung aufgegeben und war zur Zinssteuerung übergegangen. Daraufhin senkte er den Diskontsatz, was aus monetaristischer Sicht grundfalsch war. In dieser Situation prognostizierte Friedman hohe Inflationsraten, die nicht kamen, stattdessen sank die Inflationsrate. Das ist die erste, die berühmte Fehlprognose. Im Jahre 1983 sank dann die Wachstumsrate der amerikanischen Geldmenge M3, worauf Friedman für das Jahr 1984 eine Rezession voraussagte. Auch diese Prognose war falsch, worauf er konstatierte:

„I was wrong, absolutely wrong, (…) and I have no good explanation as to why I was wrong."[84]

---

[82] Johnson, H.G. (1971), The Keynesian Revolution and the Monetarist Counter-Revolution, *American Economic Review*, 61(2), S. 12.

[83] Ebenda, a.a.O. S. 12.

[84] Vgl. Wapshott, N. (2021), *Samuelson.Friedman – the battle over the free market*, New York: Norton, S. 543.

Die zweite Episode belegt, dass überhaupt keine Rede davon sein kann, Friedman habe von der monetären Verlangsamung Mitte der achtziger Jahre, die ja schon allein in den amerikanischen Zahlen sichtbar war, nichts mitbekommen. Gerade auf ihr gründete doch seine damalige falsche Rezessionsprognose. Faktisch war damit das monetaristische geldpolitische Experiment in den USA beendet. Allerdings muss man berücksichtigen, dass die Zentralbanken keinen reinen Monetarismus verfolgt haben, sondern sich ihrer geldpolitischen Instrumente pragmatisch bedient haben. Dabei blieb allerdings eine Geldmengenziel recht lange vorherrschend. So blieb die Zentralbank der Schweiz von 1973 bis 1999 und die Deutsche Bundesbank bis zur Einführung des Euro im Jahre 2001 bei einem Geldmengenziel[85]. Andere Zentralbanken, wie die FED oder die Bank of England gingen bereits früher zum Konzept des Inflationsziels über. In der Europäischen Zentralbank (EZB) entwickelte man unter dem Einfluss Otmar Issings, des ersten Chef-volkswirts der EZB, die Zwei-Säulen-Strategie, wobei die erste Säule das Geldmengen-ziel bildete. Recht schnell wurde daraus dann die zweite Säule, die mit den Jahren dann auch verschwand und vom Konzept eines Inflationsziels abgelöst wurde. Hintergrund dieser Entwicklung war, dass der Zusammenhang zwischen Geldmenge, Zinssätzen und Preisniveau immer instabiler wurde. Damit waren die letzten Reste monetaristischer Geldpolitik verschwunden, obgleich sich die Theorie der Geldpolitik durch die Ent-wicklung in der Makroökonomie wesentlich früher vom Monetarismus verabschiedet hatte. Die Praxis hält nicht immer, aber oft zäher als die Theorie am Tradierten fest.

Die weitere Entwicklung der Theorie der Geldpolitik hängt wiederum sehr eng mit der Weiterentwicklung der Makroökonomie zusammen, die wir bereits im voran-gehenden Kapitel behandelt haben. Die durch Robert Lucas initiierte Entwicklung der Theorie realer Konjunkturzyklen verdeutlicht bereits, dass „Geld" nicht als Ursache konjunktureller BIP Schwankungen angesehen wurde und hier also ein Aspekt des Monetarismus weiterlebte, nämlich das Neutralitätspostulat. Geld wirkt neutral auf die güterwirtschaftlichen Vorgänge, d. h. berührt nicht die Struktur der relativen Preise, wirkt aber auf das Preisniveau. Es gilt also die alte klassische Dichotomie. Konjunkturelle Schwankungen können demnach weder durch geldpolitische Impulse entstehen noch bekämpft werden, da sie durch stochastische Schwankungen des technischen Fort-schritts, gemessen durch die Totale Faktorproduktivität, ausgelöst werden.

Werden in solchen Modellen nominale Rigiditäten berücksichtigt, wie z. B. durch Menükosten oder zeitlich gestaffelte Lohnverträge hervorgerufen, dann können geld-politische Maßnahmen auf die relativen Preise durchschlagen und somit die güterwirt-schaftlichen Prozesse beeinflussen. Geld ist kurzfristig nicht mehr neutral. Zinspolitik wirkt dann auf die intertemporalen Konsumentscheidungen der Haushalte und auf die Investitionsentscheidungen der Unternehmen. Wenn sich die zähen Preise und Löhne dann langsam an die geänderten Daten angepasst haben, zeigt sich das in einer

---

[85] Peytrignet, Michel (2007): Die Geldmenge als monetäres Zwischenziel. In: Die Schweizerische Nationalbank 1907–2007, Verlag Neue Zürcher Zeitung, S. 254–273.

Anpassung des Preisniveaus, analog zur neoklassischen Lehre. Für die Theorie der
Geldpolitik bedeutet dieser Schwenk zum sogenannten NewKeynesianism, dass die
Geldmenge als Steuerungsgröße irrelevant ist und die Zinspolitik aus der alten Welt
der neoklassischen Synthese zurückgekehrt ist. Geldpolitik ohne Geld, so könnte man
spotten, sei wie Hamlet ohne den Geist[86] oder vielleicht eher wie Goethes Faust ohne
Mephisto. Geldpolitische Entscheidungen werden mit Hilfe des nominalen Zinssatzes
getroffen.[87] Da nicht alle Preise als flexibel begriffen werden, wird somit auch der Real-
zinssatz von Änderungen des Nominalzinsatzes beeinflußt. Der Realzins wiederum
wirkt auf die aggregierte Nachfrage und damit auf die Differenz zwischen Potenzial-
output und aggregierter Nachfrage. Diese Differenz, bekannt unter dem Begriff der
Produktions-Lücke (output gap), wirkt sich über die NewKeynesian Phillips Kurve auf
die Inflationsrate aus. Hinzu tritt das „inflation-targeting", demzufolge die Zentralbank
eine Inflationsrate oder auch einen Korridor für diese anstrebt, die bzw. der mit Preisniveaustabilität verträglich ist. Dazu benötigt die Zentralbank eine Inflationsprognose,
mit deren Hilfe die Inflationserwartungen stabilisiert werden sollen, um die sogenannten
Zweitrundeneffekte, welche die Lohn-Preis-Spirale verursachen, zu minimieren oder
ganz auszuschalten.[88]

13.4.1 Heterodoxe Strömungen

Neben dem Hauptstrom der Lehrmeinung gibt es freilich immer auch diverse, mal gut
mal weniger gut begründete abweichende Positionen. Die Arbeit Hyman Minskys, den
man dem amerikanischen Postkeynesianismus zurechnet, ist ein interessanter Fall. Seine
„financial instability hypothesis" wurde erst nach der Finanzkrise 2008 wiederentdeckt.
Ob sie wieder vergessen werden wird, bleibt abzuwarten. Die Grundidee Minskys lässt
sich wie folgt skizzieren: Den Ausgangspunkt bildet ein Blick auf die Finanzierungs-
struktur von Unternehmen oder auch Haushalten. Minsky unterscheidet drei verschiedene Strukturen: Abgesicherte, spekulative und Ponzi-Strukturen. Im ersten Fall
reicht der Cashflow, um die Zinszahlungen zu bedienen und die Schulden sukzessive zu
tilgen. Im zweiten Fall gelingt es mit Hilfe des Cashflows nicht mehr zu tilgen, sondern
nur noch die Zinsen zu zahlen. Die Schuld muss bei Fälligkeit dann durch erneute

---

[86] Laidler, D. (2003), Monetary Policy without Money: Hamlet without the Ghost, in:
Macroeconomics, monetary policy, and financial stability: a festschrift in honour of Charles
Freedman, Ottawa Bank of Canada, S. 111–134.

[87] Einen breiten Überblick zur Geldpolitik auf der Grundlage des NewKeynesian Ansatzes liefert
der Sammelband von Wieland, V. (Editor) (2010), *The Science and Practice of Monetary Policy
Today*, Berlin-Heidelberg: Springer Verlag.

[88] Vgl. Woodford, M. (2007), The case for forecast targeting as a monetary policy strategy, *Journal
of Economic Perspectives,* 21(4), S. 3–24.

Kreditaufnahme abgelöst werden. Im sogenannten Ponzi-Fall gelingt es dem Schuldner nicht einmal mehr die Zinsen zu zahlen. Er kann die Insolvenz nur solange abwenden, wie es ihm gelingt, den Wert seiner Vermögenswerte in der Bilanz zu erhöhen. Gelingt es nicht und müssen die Vermögenswerte verkauft werden, beginnt der Preisverfall der Vermögenswerte mit möglichen rezessiven Auswirkungen auf die Gesamtwirtschaft.

Minsky dachte, dass bei florierender Wirtschaft die Risikofreude insgesamt zunimmt und so die drei genannten Fälle der Reihe nach eintreten, bis dann ein Teil der Schuldner ins Ponzi-Stadium eintritt und Insolvenzen die Folge sind. Je nach Zahl und Stärke dieser Zusammenbrüche, in die natürlich die Geschäftsbanken involviert sind, kommt es zu mehr oder weniger massiven gesamtwirtschaftlichen Rezessionen, die man auch als Bilanzrezessionen bezeichnet. Diese Form der Rezession entsteht nicht durch exogene Schocks, sondern endogen im Finanzsystem.

Mit Minsky wird eine wesentliche Eigenschaft eines Geldsystems mit Geschäftsbanken sehr deutlich. Die Geschäftsbanken können Geld – Kreditgeld – schöpfen und sind dabei weder auf die durch die Zentralbank angebotene Geldmenge noch auf die Ersparnisse der Haushalte und der Unternehmen angewiesen. Das verdeutlicht, dass die Zentralbank den Prozess der Kreditgeldschöpfung nur begrenzt steuern kann und dass Sparen die Investition ebenfalls nicht limitiert. Die ausleihbaren Mittel können um Kredit (-geld) erweitert werden. Diese Fähigkeit des Bankensystems war natürlich John M. Keynes hinreichend bekannt, doch in der *Allgemeinen Theorie* blieb genau dieser Aspekt ausgespart, denn dort ging er von einer vorgegebenen Geldmenge aus. In der *Treatise on Money* war das nicht der Fall; dort hat Keynes zwischen „industrial circulation" und „financial circulation" unterschieden. Ein großer Teil der „financial circulation" findet innerhalb des Geschäftsbankensektors statt. Das dort geschaffene „Innengeld" kann die von der Zentralbank vorgegebene Geldmenge erweitern und ihr Volumen wird in diesem Sektor endogen bestimmt. Ein Gedanke, der bereits von den Vertretern der „Banking-School" im 19. Jahrhundert formuliert wurde. Das verdeutlicht, dass das gesamte Geldangebot eben nicht fixiert ist und es legt nahe, dass die Zentralbank diese endogen bestimmte Geldmenge nur eingeschränkt beeinflussen kann und eine Geldmengensteuerung á la Friedman kaum möglich ist.

Alte und Neue Institutionenökonomik

Der Institutionalismus geht als Richtung innerhalb der Volkswirtschaftslehre auf amerikanische Ökonomen des beginnenden 20. Jahrhunderts zurück. Zu nennen sind vor allem Thorstein Veblen (1857–1929), John R. Commons (1862–1945) aus der ersten Generation sowie Wesley Mitchell (1874–1948), J. R. Galbraith (1908–2006) und Anthony Downs aus den zwei nächsten Generationen. Der amerikanische Institutionalismus wurde vor allem von der Historischen Schule, hier vor allem von Schmoller, beeinflusst, erhielt aber auch direkten Nachschub durch deutschsprachige Emigranten, die teilweise noch vollständig im Geiste der Historischen Schule im Deutschen Reich akademisch sozialisiert wurden. Man denke hier z. B. an A. O. Hirschmann.

Die Vertreter der Historischen Schule selbst waren keine Institutionalisten, doch bedingt durch ihre Stufen- oder Entwicklungstheorien betonten sie die kulturellen und damit auch die institutionellen Unterschiede zwischen verschiedenen Entwicklungsstufen von Wirtschaft und Gesellschaft. Der Focus der Historischen Schule lag jedoch auf dem Entwicklungsaspekt, d. h., den Vertretern dieser Ansätze ging es darum, eine Erklärung und Berücksichtigung der Faktoren zu liefern, die zu erklären halfen, warum sich z. B. die verschiedenen deutschen Territorien erst später als England, Belgien und die Schweiz industrialisiert hatten, warum der Kapitalismus anders war als in England, Freihandel nicht jedem Land immer nur Vorteile bringt. Natürlich waren Institutionen von Bedeutung, die Historische Schule hatte ihr Hauptaugenmerk auf politische und kulturelle Aspekte gerichtet. Vor allem die ältere Historische Schule war nicht so antitheoretisch, wie oft behauptet. Ihre Vertreter dachten freilich, jede Epoche, jede Entwicklungsstufe brächte eine ihr eigene und passgenaue ökonomische Theorie hervor. Bei den Vertretern der jüngeren Historischen Schule, vor allem bei Gustav von Schmoller, war die Theorieskepsis viel stärker ausgeprägt. Sie dachten, die Zeit für die stufenbezogenen Theorien sei noch nicht gekommen, da man noch viel zu wenig empirische Kenntnisse über die Wirt-

© Springer-Verlag GmbH Deutschland, ein Teil von Springer Nature 2022
V. Caspari, *Ökonomik und Wirtschaft,* https://doi.org/10.1007/978-3-662-65497-2_14

schaftswelt habe. Deshalb legten sie ihren Schwerpunkt auf empirische Untersuchungen auch zu Einzelaspekten der verschiedenen Länder und Regionen. Unter „Empirie" verstand man seinerzeit etwas anderes als gegenwärtig. Es ging vor allem um die Beschreibung historischer Prozesse, die man als einmalige und daher individuelle, nicht generalisierbare Abläufe begriff. Heute würde das als Wirtschaftsgeschichte angesehen werden, wobei man dabei natürlich Begriffe benötigt, die in einem gewissen Maße theoretische Überlegungen und Abstraktionen bereits voraussetzen. So gesehen, waren die Vertreter der Historischen Schule natürlich nicht theorielos, aber sie sperrten sich gegen das, was Walras und andere „reine ökonomische Theorie" nannten.

Der moderne Neo-Institutionalismus, vertreten durch Ökonomen wie North, Coase und Williamson, greift Fragestellungen auf, die von der neoklassischen Theorie zu den sogenannten „Randbedingungen" gezählt werden, wie etwa der Rechtsrahmen, die politische Verfassung des Staates, das Staatshandeln – aber auch das Handeln in Hierarchien als Gegenpol zum Handeln auf Märkten. Der Neo-Institutionalismus endogenisiert diese Sachverhalte, d. h., er erklärt deren Entstehung und Funktionsweise mit genau dem Erklärungsansatz, mit dem auch das rationale Handeln der Haushalte und Unternehmen behandelt wird. Er folgt damit dem Erklärungskonzept des methodologischen Individualismus, und darin liegt ein wesentlicher Unterschied zur Historischen Schule, denn diese war methodisch eher holistisch, d. h. ganzheitlich, ausgerichtet. Diesem Ansatz zufolge werden Institutionen als etwas begriffen, was die individuellen Verhaltensweisen formt und somit bestimmte Verhaltenstypen hervorbringt.

In einem holistischen Ansatz kommt es leicht zu Urteilen wie „das ist typisch x y", d. h., aus der Sicht des methodologischen Individualismus kommt es zu Pauschalaussagen über Personen oder Personengruppen, für die eine durch eine bestimmte Institution erzeugte „Verhaltensauffälligkeit" gruppentypisch ist: „Deutsche sind fleißig und obrigkeitsorientiert, Franzosen schludrig und freiheitsliebend". Das typische Verhalten der „Deutschen" wird auf den alles beherrschenden Drill des preußischen Militärs zurückgeführt. Das typische Verhalten der Franzosen auf ihre Revolutionserfahrung, die erkämpfte Demokratie und das dadurch gestärkte Klassenbewusstsein.

Wie entstehen Institutionen? Auch in der Beantwortung dieser Frage unterscheidet sich der methodologisch-individualistische Neo-Institutionalismus von der holistischen Historischen Schule. Der methodologische Individualismus kennt zwei Erklärungsmöglichkeiten für das Entstehen von Institutionen:

1. Spontane Konformität: Eine Gruppe von Individuen erkennt ein gemeinsames Interesse und schafft zu dessen Wahrung eine Institution (Bsp.: Gewerkschaften).
2. Unsichtbare Hand – Lösungen: Im evolutionären Prozess bilden sich Institutionen heraus, ohne von Einzelnen in planvoller Absicht gewollt oder implementiert worden zu sein.

Aus holistischer Perspektive sind Institutionen das Resultat einer Idee, die sich schrittweise vergegenständlicht, d. h. real und wirksam wird. Getragen wird diese Idee von einer wichtigen gesellschaftlichen Gruppe, die die Macht hat, die Idee durchzusetzen. Die platonische Erbschaft dieses Ansatzes ist nicht zu übersehen. Meist wird im Staat die Vergegenständlichung solcher ethischer Ideen (Sittlichkeit) gesehen. In ihm kommen die politische Macht und die ethischen Ideen zusammen und „gebären" Institutionen bzw. institutionelle Regelungen. So erklärte die Historische Schule die Entstehung von Institutionen.

Der moderne neo-institutionalistische Ansatz passt methodologisch gut zur neoklassischen Version der ökonomischen Theorie, denn er ist in vielerlei Hinsicht komplementär zu ihr. Er ergänzt das „System der Allokation über Märkte" um das Konzept „Allokation in Hierarchien" (Principal-Agent-Ansatz) und schafft über den Transaktionskostenansatz sogar noch eine Art Metaebene, die die Frage zu beantworten gestattet, wann „Markt" und wann „Hierarchie" das kostengünstigere System darstellt. Institutionen werden somit unter dem Gesichtspunkt der Effizienz gewählt bzw. bilden sich genau deshalb heraus, weil sie effizient sind. Darüber hinaus füllt der Neo-Institutionalismus Bereiche aus, denen sich die ökonomische Theorie nicht zuwandte oder für die sie sich gar für unzuständig erklärte. Mit der modernen Institutionenökonomik konnte man diese Lücke schließen. Allerdings führte das nun zu Problemen mit den Nachbardisziplinen. Einerseits werden wirtschaftspolitisch relevante Fragestellungen, z. B. der Rechtspolitik, aber auch Fragen der Gesellschaftsordnung, der Organisationsformen usw. mithilfe eines genuin ökonomischen Erklärungsansatzes behandelbar. Andererseits brechen damit ökonomische Erklärungsansätze in andere Sozialwissenschaften ein und führen zum Vorwurf des ökonomischen Imperialismus, weil in anderen Sozialwissenschaften oft ein Methodenpluralismus vorherrscht, während man in der Ökonomik die Einheitlichkeit in der Methodik favorisiert.

War die Institutionenökonomik zunächst eher mikroökonomisch ausgerichtet, so hat sie sich in den letzten Jahren auch in der makroökonomischen Sphäre ausgebreitet. Das herausragende Beispiel ist die Behandlung langfristiger Wachstums- und Entwicklungsfragen. Ursprünglich war das ein zentrales Thema der Historischen Schule der Nationalökonomie und wurde in den 1990er Jahren ein wichtiges Thema von Wirtschaftshistorikern, die sich fragten, warum die industrielle Revolution in Europa und hier wiederum in England ausbrach und nicht am chinesischen Yang Tse Delta, das im 18. Jahrhundert ähnlich entwickelt und protoindustrielle Strukturen hatte, wie der Nordwesten Europas. Wie erklärt man diesen europäischen Sonderweg? Ein Entwicklungsmuster, das sonst nirgendwo auf dem Erdball aufzufinden war und bis zum heutigen Tage als Blaupause erfolgreicher wirtschaftlicher und gesellschaftlicher Entwicklung gilt. Waren es die Geografie, das Klima, die Nutztiere, die Pflanzen, die diesen Weg bestimmten[1] oder war es die Aufklärung und die sich daraus entwickelnde Wissenschaft

---

[1] Vgl hierzu: Diamond J. (1999), *Guns, Germs and Steel:* The Fates of Human Societies, New York, London (Norton) (deutsche Ausgabe (2006), *Arm und Reich:* Die Schicksale menschlicher Gesellschaften, Frankfurt/M.: Fischer.

und Technik[2] oder doch das politische System des Liberalismus?[3] In die lange Reihe von herausragenden wirtschaftshistorischen Abhandlungen zu dieser Thematik gesellten sich zuletzt auch Vertreter der Institutionenökonomik in der Tradition von Douglass North. Welchen Einfluss haben Institutionen auf diesen langfristigen Prozess? North, Wallis und Weingast[4] gaben darauf eine Antwort. Systeme mit leichtem Zugang zu Ressourcen und Eigentum seien erfolgreicher als Ordnungen mit erschwertem Zugang. Eine ähnlich gelagerte Antwort gaben Acemoglu und Robinson[5] und sie untermauerten ihre Argumentation mit Fallbeispielen und den zur Verfügung stehenden empirischen Daten, die mit Hilfe ökonometrischer Analysemethoden ausgewertet wurden. Inklusive Institutionen fördern, extraktive Institutionen hemmen die wirtschaftliche und gesellschaftliche Entwicklung, denn nur wer die Resultate seiner Anstrengungen und Ideen zu seinem eigenen Vorteil nutzen kann, wird sich bemühen und engagieren.

Gerade durch diese makroökonomische Wendung in der Institutionenökonomik findet auch in diesem Feld die Volkswirtschaftslehre Anschlussmöglichkeiten an andere sozialwissenschaftliche Fächer wie die Politologie und die Geschichtswissenschaft.

---

[2] Mokyr, J. (2002), *The Gifts of Athena,* Princeton University Press.

[3] McCloskey (2016), *Bourgois Equality. How Ideas, not Capital or Institutions, Enriched the World,* Chicago University Press.

[4] North, D., Wallis, J.J. und Weingast, B.R. (2013), *Violence and Social Orders,* Cambridge: University Press.

[5] Acemoglu, D. und Robinson, J. A. (2012), *Why Nations Fail.* The Origins Of Power, Prosperity, and Poverty, New York: Crown.

Literatur

Abel, W. (1980). *Strukturen und Krisen der spätmittelalterlichen Wirtschaft*. Lucius & Lucius.

Acemoglu, D., & Robinson, J. A. (2012). *Why nations fail. The origins of power, prosperity, and poverty*. Crown.

Anderson, P. (1978). *Von der Antike zum Feudalismus*. Suhrkamp.

Aristoteles. (1973). *Politik*. DTV.

Aristoteles. (1911). *Die Nikomachische Ethik* (4. Aufl.). Hamburg: Meiner.

Armengaud, A. (1985). Großbritannien und Irland, Frankreich, Belgien und die Niederlande 1850–1914. In W. Fischer (Hrsg.), *Handbuch der europäischen Wirtschafts- und Sozialgeschichte: Bd. 5*. Klett-Cotta.

Arrow, K. J., & Debreu, G. (1954). Existence of an equilibrium for a competitive economy. *Econometrica, 22*(3), 265–290.

Backhouse, R., & Boianovsky, M. (2013). *Transforming Modern Macroeconomics; Exploring Disequilibrium Microfoundations*. University Press.

Balabkins, N. W. (1993). Schmoller and Althoff at the University of Strasburg. *Journal of Economic Studies, 20*(4/5), 189–200.

Barens, I. (1978). *Geld und Unterbeschäftigung*. Duncker & Humblot.

Barens, I., et al. (2012). "To use the words of Keynes…" Olivier J. Blanchard on Keynes and the 'liquidity trap. In H. Krämer (Hrsg.), *Macroeconomics and the history of economic thought* (S. 209–218). Routledge.

Barro, R., & Grossman, H. (1971). A general disequilibrium model of income and employment. *The American Economic Review, 61*(1), 82–93.

Barro, R. J. (1979). Second thoughts on Keynesian economics. *American Economic Review, 69*(2), 54–59.

Becher, J. J. (1668). *Politischer Discurs (Von den eigentlichen Ursachen/des Auf- und Abnehmens/der Stadt/Lander/und Republicken)*. Verlag Wirtschaft und Finanzen.

Behringer, W. (2010). *Kulturgeschichte des Klimas* (5. Aufl.). Beck.

Bertrand, J. (1883). Théorie Mathématique de la Richesse Sociale. *Journal des Savants, 67*, 499–508.

Biéler, A. (1961). *La Pensée Economique et Social de Calvin*. Librairie de l'Université – Georg & Cie S.A.

Bigg, R. J. (1990). *Cambridge and the monetary theory of production*. Macmillan.

Blanchard, O. (2017). *Macroeconomics* (7. Aufl.). Prentice-Hall.

Blaug, M. (1997). *Economic theory in retrospect* (5. Aufl.). Cambridge University Press.

Bloch, M. (1982). *Die Feudalgesellschaft*. Propylen Verlag.

© Springer-Verlag GmbH Deutschland, ein Teil von Springer Nature 2022
V. Caspari, *Ökonomik und Wirtschaft*, https://doi.org/10.1007/978-3-662-65497-2

Böckh, A. (1851). *Die Staatshaushaltung der Athener* (2. Aufl.). Georg Reimer.

Bogaert, R. (1986). *Grundzüge des Bankwesens im alten Griechenland.* Universitätsverlag Konstanz.

Bonaventura. (1589). *Opera Omnia: Bd. 2.* Commentarii Lucae, VI. 81, Vatican, MDLXXXIX.

Bookmann, H. (1989). *Das Mittelalter. Ein Lesebuch aus Texten und Zeugnissen des 6. bis 16. Jahrhunderts* (2. Aufl.). Beck.

Borchardt, K. (1977). Die industrielle Revolution in Deutschland 1750–1914. In C. M. Cipolla (Hrsg.), *Europäische Wirtschaftsgeschichte: Bd. 4.* Uni-Taschenbücher.

Borchardt, K. (1982). Wirtschaftliche Ursachen des Scheiterns der Weimarer Republik. In K. Borchardt (Hrsg.), *Wachstum, Krisen, Handlungsspielräume der Wirtschaftspolitik: Studien zur Wirtschaftsgeschichte des 19. und 20. Jahrhunderts.* Vandenhoeck & Ruprecht.

Borchardt, K. (1985). *Grundriss der deutschen Wirtschaftsgeschichte.* Vandenhoeck & Ruprecht.

Brentano, L. (1931). *Mein Leben im Kampf um die soziale Entwicklung Deutschlands.* Eugen Diederichs.

Bruckmann, G., & Weber, W. (Hrsg.). (1971). Contributions to the von Neumann Growth Model. *Zeitschrift für Nationalökonomie, Supplementum 1.*

Bücher, K. (1922). *Beiträge zur Wirtschaftsgeschichte.* VDM Verlag Dr. Müller.

Bürgin, A. (1993). *Zur Soziogenese der politischen Ökonomie. Wirtschaftsgeschichtliche und dogmenhistorische Betrachtungen.* Marburg: Metropolis.

Buridanus, J. (1920). Questiones super decem libros ethicorum Aristotelis ad Nichomachum, Ausgabe Paris 1489. In K. Diehl & P. Mombert (Hrsg.), *Ausgesuchte Lesestücke zum Studium der politischen Ökonomie: Bd. IV, Wert u. Preis, 1. Abteilung.* Braunsche Hofbuchdruckerei.

Butzer, K. W. (1972). *Environment and archaeology.* Methuen young books.

Calvin, J. CO 10a, 245–246; Übersetzung: Albrecht Thiel. http://www.ekd.de/calvin/wirken/zinsnehmen.html. Zugegriffen: 6. Apr. 2018.

Caspari, V. (1989). *Walras, Marshall, Keynes: Eine Untersuchung zum Verhältnis von mikroökonomischer und Makroökonomischer Theorie.* Duncker & Humblot.

Caspari, V. (1996). Alfred Marshalls Industry and Trade zwischen Wirtschaftsgeschichte und Wirtschaftstheorie. In von H. Rieter (Hrgs.), *Studien zur Entwicklung der ökonomischen Theorie XV: Bd. 115/XV. Schriften des Vereins für Socialpolitik NF.* Duncker & Humblot.

Caspari, V., & Schefold, B. (Hrsg.). (2004). *Beiträge zur ökonomischen Dogmengeschichte.* Verlag Wirtschaft und Finanzen.

Cass, D. (1972). Distinguishing inefficient competitive growth paths: A note on capital overaccumulation and rapidly diminishing future value of consumption in a fairly general model of capitalistic production. *Journal of Economic Theory, 4,* 224–240.

Cassel, G. (1899). Grundriss einer elementaren Preislehre. *Zeitschrift für die gesamte Staatswissenschaft, 55*(3), 395–458.

Cassel, G. (1918). *Theoretische Sozialökonomie.* Wissenschaftliche Buchges.

Chamberlin, E. H. (1933). *Theory of monopolistic competition.* Harvard University Press.

Champernowne, D. (1936). Unemployment, basic and monetary: The classical analysis and the Keynesian. *The Review of Economic Studies, 3*(3), 201 216.

Chari, V. V., Kehoe, P. J., & McGrattan, E. R. (2009). Symposium. *American Economic Journal: Macroeconomics, 1*(1), 242–266.

Childe, G. V. (1952). *Stufen der Kultur von der Urzeit zur Antike.* Kohlhammer.

Cipolla, C. M., & Borchardt, K. (1980). *Europäische Wirtschaftsgeschichte: Bd. 1–5.* Uni-Taschenbücher.

Clark, J. B. (1899). *The distribution of wealth.* Macmillan.

Clapham, J. (1922). Of empty economic boxes. *The Economic Journal, 32*(127), 305–314.

Clower, R. (1963). Die Keynesianische Gegenrevolution. Eine theoretische Kritik. *Schweizerische Zeitschrift für Volkswirtschaft und Statistik, 99,* 8–31.

Clower, R. (1965). The Keynesian counterrevolution: A theoretical appraisal. In: F. H. Hahn & F. P. R. Brechling (Hrsg.), *The theory of interest rates.* Macmillan.

Clower, R. (1975). Reflections on the Keynesian Perplex. *Zeitschrift für Nationalökonomie, 35,* 1–24.

Cook, S. J. (2009). *The intellectual foundations of Alfred Marshall's economic science* (S. 233–235). The University Press.

Cournot, A. (1924). *Untersuchungen über die mathematischen Grundlagen der Theorie des Reichtums.* VDM Verlag Dr. Müller (Erstveröffentlichung 1838).

Coutts, K., Godley, W., & Nordhaus, W. (1978). *Industrial Pricing in the United Kingdom.* University Press.

Crafts, N.F.R., & Harley, K. C. (2000). Simulating the two views of the British industrial revolution. *The Journal of Economic History, 60*(3), 819.

Dasgupta, A. K. (1990). An aspect of Marshall's period analysis. In J. K. Whitaker (Hrsg.), *Centenary essay on Alfred Marshall.* University Press.

Daudin, G., Morys, M., & O'Rourke, K. H. (2010). Globalization. In S. Broadberry & K. O'Rourke (Hrsg.), *Cambridge economic history of modern Europe* (Bd. 2, S. 1870–1914). University Press.

Debreu, G. (1959). *Theory of value.* Garland.

Diamond, J. (1999). *Guns, germs and steel: The fates of human societies.* Norton. Deutsche Ausgabe: Diamond, J. (2006). *Arm und Reich: Die Schicksale menschlicher Gesellschaften.* Fischer.

Diehl, K., & Mombert, P. (1920). *Ausgesuchte Lesestücke zum Studium der politischen Ökonomie: Bd. IV. Wert und Preis.* G. Fischer.

Domar, E. (1946). Capital expansion, rate of growth and employment. *Econometrica, 14,* 137–250.

Dorfman, R., Samuelson, P. A., & Solow, R. M. (1958). *(DOSSO), Efficient programs of capital accumulation, Linear Programming and Economics Analysis.* McGraw Hill.

Dubois, H. (1986). Frankreich 1350–1500. In W. Fischer (Hrsg.), *Handbuch der europäischen Wirtschafts- und Sozialgeschichte* (Bd. 3, S. 608–661). Klett-Cotta.

Duby, G. (1981). *Krieger und Bauern im frühen Mittelalter.* Europäische Verlagsanstalt.

Ebner, A. (2014). Ökonomie als Geisteswissenschaft? Die Ökonomik im Spannungsfeld zwischen Natur- und Geisteswissenschaften. In H. D. Kurz (Hrsg.), *Studien zur Entwicklung der ökonomischen Theorie: Bd. 115/XXVIII. Schriften des Vereins für Socialpolitik* (S. 74–103). Duncker & Humblot.

Eder, K. (1980). *Die Entstehung staatlich organisierter Gesellschaften: Bd. 64.* Suhrkamp.

Eichner, A. S. (1976). *The megacorp and oligopoly: Micro foundations of macro dynamics.* University Press.

Ellickson, R. C., & Thorland, C. A. (1995). Ancient land law: Mesopotamia, Egypt, Israel. *Chicago-Kent Law Review, 71,* 321–411.

Engels, F. (1972). Die Lage der arbeitenden Klasse in England. In F. Engels (Hrsg.), *Marx-Engels Werke: Bd. 1.* Dietz.

Eshag, E. (1963). *From Marshall to Keynes.* Blackwell.

Eucken, W. (1989). *Die Grundlagen der Nationalökonomie* (9. Aufl.). Springer (Erstveröffentlichung 1939).

Faccarello, G., & Kurz, H. D. (Hrsg.). (2016). *Handbook of the history of economic analysis* (Bd. I, S. 311–313). Elgar.

Finley, M. I. (1977). *Die antike Wirtschaft.* DTV.

Finley, M. I. (Hrsg.). (1979). *The Bücher-Meyer controversy.* Arno Press.

Fischer, W. (1988). Wirtschaftsgeschichte Deutschlands, 1919–1945. *HdWW, 9,* 85.

Fohlen, C. (1980). Die europäischen Volkswirtschaften im zwanzigsten Jahrhundert. In C. M. Cipolla & K. Borchardt (Hrsg.), *Europäische Wirtschaftsgeschichte: Bd. 5.* Uni-Taschenbücher.

Franz, W. et al. (Hrsg.). (2002). *Fusionen.* Mohr-Siebeck.

Fröhlich, N. (2010). Die Überprüfung klassischer Preistheorien mit Hilfe von Input-Output-Tabellen. *Wirtschaft und Statistik, 5*(2010), 503–508.

Gall, L. (1989). *Bürgertum in Deutschland.* Siedler Verlag.

Garegnani, P. (1998). Sraffa: The theoretical world of the ‚old classical economists'. *European Journal for the History of Economic Thought, 5,* 415–429.

Geitmann, R. (2008). Der Zins als Problem für Juden. Christen und Muslime. In M. Weis & H. Spitzeck (Hrsg.), *Der Geldkomplex.* Haupt Verlag.

Gordon, R. J. (2016). *The rise and fall of American growth.* University Press.

Gossen, H. H. (1854). *Die Entwicklung der Gesetze des menschlichen Verkehrs, und der daraus fließenden Regeln für menschliches Handeln.* Vieweg.

Green, A. G. (1902). The relative progress of the coal tar industry in England and Germany during the past fifteen years. *Science, 15*(366), 7.

Greitens, J. (2019). *Geld – Theorie – Geschichte.* Metropolis.

Groenewegen, P. (1995). *A soaring Eagle: Alfred Marshall 1842–1924.* Elgar.

Hall, R. L., & Hitch, C. H. (1939). Price theory and business behavior. *Oxford Economic Papers,* S. 12–45.

Häuser, K. (1994). Das Ende der Historischen Schule und die Ambiguität der deutschen National-ökonomie in den zwanziger Jahren. In K. W. Nörr, B. Schefold, & F. Tenbruck (Hrsg.), *Geisteswissenschaften zwischen Kaiserreich und Republik.* Steiner.

Hagemann, H., & Krohn, C. D. (1999). *Biografisches Handbuch der deutschsprachigen wirtschaftswissenschaftlichen Emigration nach 1933.* Saur-Verlag.

Handbuch der europäischen Wirtschafts- und Sozialgeschichte: Bd. 1–7. Klett-Cotta. (verschiedene Hrsg.)

Harcourt, G. C. (1972). *Some Cambridge controversies in the theory of capital.* University Press.

Hardach, K. (1980). Deutschland 1914–1970. In C. M. Cipolla & K. Borchardt (Hrsg.), *Europäische Wirtschaftsgeschichte: Bd. 5.* Uni-Taschenbücher.

Harley, C. K., & Crafts, N.F.R. (2000). Simulating the two views of the British industrial revolution. *The Journal of Economic History, 60*(3), 819–841.

Harrod, R. F. (1939). An essay in dynamic theory. *Economic Journal, 49,* 14–33.

Heckscher, E. F. (1932). *Der Merkantilismus: Bd. 2.* Gustav Fischer Verlag.

Henning, F.-W. (1987). Deutschland von 1914 bis zur Gegenwart. In W. Fischer (Hrsg.), *Handbuch der europäischen Wirtschafts- und Sozialgeschichte: Bd. 6.* Klett-Cotta.

Hicks, J. R., & Allen, R. (1934). A reconsideration of the theory of value. Part I. *Economica, 1*(1), 52–76.

Hicks, J. R. (1937). Mr. Keynes and the "Classics": A suggested Interpretation. *Econometrica, 5*(2), 147–159.

Hicks, J. R. (1946). *Value and capital* (2. Aufl.). University Press.

Hildenbrand, W. (1998). An exposition of Wald's existence proof. In: E. Dierker & K. Sigmund (Hrsg.), *Karl Menger – Ergebnisse eines Mathematischen Kolloquiums.* Springer.

Hobsbawm, E. J. (1969). *Industrie und Empire: Bd. 1. Britische Wirtschaftsgeschichte seit 1750.* Suhrkamp.

Hobsbawm, E. J. (1998). *Das Zeitalter der Extreme: Weltgeschichte des 20. Jahrhunderts.* DTV.

Hofmann, W. (1966). *Sozialökonomische Studientexte: Bd. 3.* Duncker & Humblot.

http://www.bvdf.de/inzahlen/zadafa06.html.

https://www.measuringworth.com/ppoweruk.

Issing, O. (Hrsg.) (2002). *Geschichte der Nationalökonomie*. 4. Aufl., Vahlen.

Jaffé, W. (1969). Isnard A. N., progenitor of the walrasian general equilibrium model. *History of Political Economy, 1*, 19–43.

Janssen, H. (2009). *Nationalökonomie und Nationalsozialismus* (3. Aufl.). Metropolis.

Jevons, W. S. (1871). *The theory of political economy*. Macmillan. Deutsche Ausgabe: (1923) *Theorie der politischen Ökonomie*. Fischer.

Johnson, H. G. (1971). The Keynesian revolution and the monetarist counter-revolution. *American Economic Review, 61*(2), 1–14.

Jones, C. I. (1995). R&D-based models of economic growth. *Journal of Political Economy, 103*, 759–784.

Kahn, R. F. (1929). *The economics of the short period*. Macmillan.

Kahn, R. F. (1931). The relation of home investment to unemployment. *The Economic Journal, 41*, 173–198.

Kahn, R. F. (1977). A review of Edmond Malinvaud, theory of unemployment reconsidered. *Cambridge Journal of Economics, 1*(4), 375–388.

Kaldor, N. (1956). Alternative theories of distribution. *The Review of Economic Studies, 23*(2), 83–100.

Kalecki, M. (1976). *Umrisse einer Theorie des Konjunkturzyklus. Michał Kalecki – Werkauswahl*. Luchterhand.

Kareken, J., & Solow, R. M. (1963). *Lags in monetary policy. Commission on Money and Credit, Stabilization Policies* (S. 14–25). Prentice-Hall, Inc.

Kaufer, E. (1998). *Spiegelungen wirtschaftlichen Denkens im Mittelalter*. Studien-Verlag.

Kellenbenz H., & Walter, R. (1986). Das Deutsche Reich 1350–1650. In W. Fischer (Hrsg.), *Handbuch der europäischen Wirtschafts- und Sozialgeschichte: Bd. 3*. Klett-Cotta.

Kellenbenz, H. (1991). *Die Wiege der Moderne. Wirtschaft und Gesellschaft Europas 1350–1650*. Klett-Cotta.

Keynes, J. M. (1919). *The economic consequences of the peace*. Macmillan.

Keynes, J. M. (1971a). *The treatise on money, 2 Vol, The collected writings of John Maynard Keynes, Band V und VI*. Macmillan and Cambridge University Press.

Keynes, J. M. (1936). *The general theory of employment, interest and money* (S. 122). Macmillan.

Keynes, J. M. (2017). *Allgemeine Theorie der Beschäftigung, des Zinses und des Geldes*. Duncker & Humblot.

Keynes, J. M. (1971b). *The collected writings of John Maynard Keynes, published for the royal economic society*. Macmillan and Cambridge University Press.

Kindleberger, C. P. (1973). *Die Weltwirtschaftskrise 1929–1939. Teil von: Fischer, Wolfram, Geschichte der Weltwirtschaft im 20. Jahrhundert: Bd. 4*. DTV.

King, J. E. (2017). Postkeynesian Economics in Cambridge. In A. Cord (Hrsg.), *The Palgrave companion to Cambridge economics*. Palgrave Macmillan.

Kleinert, J., & Klodt, H. (2002). Fusionswellen und ihre Ursachen. In W. Franz et al. (Hrsg.), *Fusionen*. Mohr-Siebeck.

Knies, K. (1850). *Die Statistik als selbständige Wissenschaft: Zur Lösung des Wirrsals in der Theorie und Praxis dieser Wissenschaft*. Luckhardt.

Knies, K. (1853). *Die politische Oekonomie vom Standpunkte der geschichtlichen Methode*. Schwetschke und Sohn.

Köster, R. (2011). *Die Wissenschaft der Außenseiter – Die Krise der Nationalökonomie in der Weimarer Republik*. Vandenhoeck & Ruprecht.

Krueger, A. (2003). An interview with Edmond Malinvaud. *Journal of Economic Perspectives, 17*, 181–198.

Kurz, H. D., & Salvadori, N. (1993). Von Neumann's growth model and the 'classical' tradition. *European Journal of the History of Economic Thought, 1*, 129–159.

Kurz, H. D. (1994). Auf der Suche nach dem „erlösenden Wort": Eugen von Böhm-Bawerk und der Kapitalzins. In B. von Schefold (Hrsg.), *Vademecum zu einem Klassiker der Theoriegeschichte: Eugen von Böhm-Bawerks „Geschichte und Kritik der Kapitalzins-Theorien".* Verlag Wirtschaft und Finanzen.

Kurz, H. D., & Salvadori, N. (1995). *Theory of production.* University Press.

Kurz, H. D. (2008a). *„Ricardian Vice".* International Encyclopedia of the Social Sciences (2. Aufl.). Thomson/Gale.

Kurz, Heinz D. (2008b/9). *Klassiker des ökonomischen Denkens: Bd. 1 und 2.* Beck.

Kydland, F., & Prescott, E. (1982). Time to build and aggregate fluctuations. *Econometrica, 50*(6), 1345–1370.

Laidler, D. (2003). *Monetary policy without money: Hamlet without the ghost. Macroeconomics, monetary policy, and financial stability: A festschrift in honour of Charles Freedman* (S. 111–134). Bank of Canada.

Landes, D. S. (1973). *Der entfesselte Prometheus.* Kiepenheuer & Witsch GmbH.

Langholm, O. (1998). *The legacy of scholasticism in economic thought: Antecedents of choice and power.* University Press.

Lee, R., & Devore, I. (1968). *Man the hunter.* Aldine Transaction.

Le Goff, J. (1965). *Fischer Weltgeschichte: Bd. 11. Das Hochmittelalter.* Fischer.

Le Goff, J. (2008). *Wucherzins und Höllenqualen. Ökonomie und Religion im Mittelalter.* Klett-Cotta.

Leijonhufvud, A. (1973). *Über Keynes und den Keynesianismus. Eine Studie zur monetären Theorie.* Kiepenheuer & Witsch (Erstveröffentlichung 1968).

Leijonhufvud, A. (1974). The varieties of price theory: What microfoundations for macrotheory. *UCLA Discussion Paper* 44.

Leijonhufvud, A. (1981a). *The Wicksell-connection. Information and coordination: Essays in macroeconomic theory.* Oxford University Press.

Leijonhufvud, A. (1981b). *The Wicksell connection: Variations on a Theme. Information and coordination – Essays in macroeconomic theory* (S. 131–202). Oxford University Press.

Lindahl, E. (1929). Prisbildningsproblemets uppläggning från kapitalteoretisk synpunkt. *Ekonomisk Tidskrift, 31*(2), 31–81.

Löwe, A. (1989). Konjunkturtheorie in Deutschland in den Zwanziger Jahren. In: B. Schefold (Hrsg.), *Studien zur Entwicklung der ökonomischen Theorie: Bd. VIII* (S. 75–86). Duncker & Humblot.

Lucas, R. E., & Sargent, T. (1979). After Keynesian Macroeconomics. *Federal Reserve Bank of Minneapolis Quarterly Review, 3*(2), 1–16.

Magnus, A. (1651). Ethica, IV. Bd., Liber V, Tract. II, caput IX. In K. Diehl & P. Mombert (Hrsg.), *(1920). Ausgewählte Lesestücke zum Studium der Politische Oekonomie, Wert und Preis I.* Braunsche Hofbuchdruckerei.

Malinvaud, E. (1953). Capital accumulation and efficient allocation of resources. *Econometrica, 21*(2), 233–268.

Maloncy, J. (1985). *Marshall, orthodoxy and the professionalisation of economics.* University Press.

Mankiw, G. (2006). The macroeconomist as scientist and engineer. *Journal of Economic Perspectives, 20,* 29–46.

Marcuzzo, M. C. (1996). Joan Robinson and Richard Kahn – The origin of short period analysis. In M. C. Marcuzzo, L. L. Pasinetti, & A. Roncaglia (Hrsg.), *The economics of Joan Robinson.* Routledge.

Marcuzzo, M. C. (2002). The collaboration between J.M. Keynes and R.F. Kahn from the treatise to the general theory. *History of Political Economy, 34*(2), 421–447.

Marshall, A., & Paley-Marshall, M. (1888). *The economics of industry*. Macmillan. (Erstveröffent-lichung 1879).

Marshall, A. (1897). The old generation of economists and the new. *Quarterly Journal of Economics, 11*(2), 115–135.

Marshall, A. (1920). *Principles of economics* (8. Aufl.). Macmillan (Erstveröffentlichung 1890).

Marshall, A. (1923). *Industry and trade* (4. Aufl.). Macmillan (Erstveröffentlichung 1919).

Marshall, A. (1965). *Money, credit and commerce*. A.M. Kelly (Erstveröffentlichung 1923).

McCloskey, D. (2016). *Bourgois equality. How ideas, not capital or institutions, enriched the world*. Chicago University Press.

McKenzie, L. W. (1959). On the existence of general equilibrium for a competitive economy. *Econometrica, 27*(1), 54–57.

McKenzie, L. W. (1976). Turnpike theory. *Econometrica, 44*(5), 841–865.

Meek, R. L. (1950). The decline of ricardian economics in England. *Economica, 17*(65), 43–62.

Meinecke, F. (1936). *Die Entstehung des Historismus: Bd. 2*. Oldenbourg.

Menger, C. (1968). *Grundsätze der VWL, Gesamte Werke: Bd. I*. Mohr (Erstveröffentlichung 1871).

Menger, C. (1883). *Untersuchungen über die Methode der Sozialwissenschaften, und der politischen Oekonomie insbesondere*. Duncker und Humblot.

Menger, C. (1884). *Die Irrthümer des Historismus in der deutschen Nationalökonomie*. Hölder.

Mercantilism. (2008) *The new palgrave* (2. Aufl., Bd. V, S. 568–569). MacMillan.

Meyer, E. (1989). *Geschichte des Altertums: Bd. 8*. Magnus.

Mieck, I. (1993). Wirtschaft und Gesellschaft Europas von 1650–1850. In W. Fischer (Hrsg.), *Handbuch der europäischen Wirtschafts- und Sozialgeschichte: Bd. 4*. Klett-Cotta.

Minsky, H. P. (1975). *John Maynard Keynes*. Columbia University Press.

Modigliani, F. (1944). Liquidity preference and the theory of interest and money. *Econometrica, 12*(1), 45–88.

Modigliani, F. (1977). The monetarist controversy or, should we forsake stabilization policies? *American Economic Review, 67*(2), 1–19.

Moggridge, D. E. (1994). Richard Kahn as an historian of economics. *Cambridge Journal of Economics, 18*, 107–116.

Mokyr, J. (2002). *The gifts of athena*. Princeton University Press.

Morgenstern, O. (1931). Offene Probleme der Kosten- und Ertragstheorie. *Zeitschrift für National-ökonomie/Journal of Economics, 2*(4), 481–661.

Muellbauer, J., & Portes, R. (1977). Macroeconomic models with quantity rationing. *The Economic Journal, 88*, 788–821.

Müller-Armack, A. (1959). Genealogie der Wirtschaftsstile. In H. G. Schachtschabel (Hrsg), (1971), *Wirtschaftsstufen und Wirtschaftsordnungen* (S. 156–207). Wissenschaftliche Buch-gesellschaft.

Muth, J. F. (1961). Rational expectations and the theory of price movements. *Econometrica, 29*, 315–335.

Niedhart, G. (1993). Großbritannien 1750–1850. In W. Fischer (Hrsg.), *Handbuch der europäischen Wirtschafts- und Sozialgeschichte: Bd. 4*. Klett-Cotta.

Niehans, J. (1990). *A history of economic theory: Classic contributions, 1720–1980*. The Johns Hopkins University Press.

Nietzsche, F. (1968). *Unzeitgemässe Betrachtungen. Zweites Stück: Vom Nutzen und Nachtheil der Historie für das Leben: Studienausgabe Bd. 1*. Fischer (Erstveröffentlichung 1874).

Noonan, J. T. (1957). *The Scholastic analysis of usury*. Microfilmaciones Pamplona.

North, D., Wallis, J. J., & Weingast, B. R. (2013). *Violence and social orders*. University Press.

North, M. (2009). *Kleine Geschichte des Geldes*. Beck.

Ochoa, E. O. (1989). Values, prices and wage-profit curves in the U.S. economy. *Cambridge Journal of Economics, 13*, 413–430.

Olivi, P. J. (2021). *Traktat über Verträge*. Felix Meiner Verlag.

Oncken, A. (1898). Das Adam Smith-problem. *Zeitschrift für Sozialwissenschaft, 1*, 25–33, 101–108, 276–287.

Panico, C., Pinto, A., & Anyul, M. P. (2012). Income distribution and the size of the financial sector: A Sraffian analysis. *Cambridge Journal of Economics, 36*(6), 1455–1477.

Pasinetti, L. L. (1962). Rate of profit and income distribution in relation to the rate of economic growth. *Review of Economic Studies, 29*, 267–279.

Pasinetti, L. L. (1977). *Lecture on the theory of production* (S. 183). Columbia University Press.

Pasinetti, L. L. (2007). *Keynes and the Cambridge Keynesians*. University Press.

Patinkin, D. (1965). *Money, interest and prices* (2. Aufl.). Harper and Row.

Peytrignet, M. (2007). *Die Geldmenge als monetäres Zwischenziel. Die Schweizerische Nationalbank 1907–2007*. Verlag Neue Zürcher Zeitung.

Pierenkemper, T. (2017). Gregory king (1648–1712) Buchillustrator und Sozialstatistiker – Zur Geschichte von Wirtschaftsstatistik und National Accounting. In V. Caspari (Hrsg.), *Kontinuität und Wandel in der Institutionenökonomie: Bd. XXXIII. Studien zur Entwicklung der ökonomischen Theorie* (S. 137–177). Duncker & Humblot.

Pigou, A. C. (Hrsg.). (1925). *Memorials of Alfred Marshall*. Macmillan.

Pigou, A. C. (1933). *The theory of unemployment*. Routledge.

Pigou, A. C. (1950). *Keynes's general theory*. Macmillan.

Pivetti, M. (1991). *An essay on money and distribution*. Palgrave Macmillan.

Polany, K. (1957). *The great transformation*. Beacon Press und Rinehart & Company. Deutschsprachige Ausgabe: (1977) *The Great Transformation. Politische und ökonomische Ursprünge von Gesellschaften und Wirtschaftssystemen*, Europaverlag und 1978 Suhrkamp.

Preiser, E. (1933). *Grundzüge der Konjunkturtheorie*. Mohr.

Quésnay, F. (1965). *Tableau economique* (3. Aufl.) M. Kuczynski (Hrsg.). Akademie (Erstveröffentlichung 1759).

Reich, H. (1991). *Eigennutz und Kapitalismus – Die Bedeutung des Gewinnstrebens im klassischen ökonomischen Denken*. Duncker & Humblot.

Ricardo, D. (1815). An essay on the influence of a low price of corn on the profits of stock. In P. Sraffa (Hrsg.), (1951). *The works and correspondence of David Ricardo: Bd. IV. Pamphlets and Papers 1815–1823* (S. 1–41). University Press.

Ricardo, D. (1951). On the principles of political economy, and taxation. In P. Sraffa (Hrsg.), *The works and correspondence of David Ricardo: Bd. 1*. University Press (Erstveröffentlichung 1817).

Ricardo, D. (1951). *Letters 1819 – June 1821, The works and correspondence of David Ricardo* (Bd. 8). University Press.

Ricardo, D. (1959). *Grundsätze der Politischen Ökonomie und der Besteuerung*. Akademie.

Richards, M. P. (2002). A brief review of the archaeological evidence for paleolithic and neolithic subsistence. *European Journal of Clinical Nutrition, 56*(12), 1270.

Rieter, H. (1971). *Die gegenwärtige Inflationstheorie und ihre Ansätze im Werk von Thomas Tooke*. de Gruyter.

Rieter, H. (2001). Historische Schulen. In O. Issing (Hrsg.), *Geschichte der Nationalökonomie*. Vahlen.

Robinson, J. V. (1933). *The economics of imperfect competition*. Macmillan.

Robinson, J. V. (1936). The long-period theory of employment. *Zeitschrift für Nationalökonomie, 7*, 74–93.

Robinson, J. V. (1937a). *Introduction to the theory of employment*. Macmillan.

Robinson, J. V. (1937b). *Essays in the theory of employment.* Blackwell.

Robinson, J. V. (1953–1954). The production function and the theory of capital. *Review of Economic Studies, 21,* 81–106.

Robinson, J. V. (1956). *The accumulation of capital.* Macmillan.

Romer, P. M. (1986). Increasing returns and long-run growth. *Journal of Political Economy, 94,* 1002–1037.

Rosenberg, N. (1982). *Inside the black box: Technology and economics.* University Press.

Rostovtzeff, M. I. (2012). *Gesellschafts- und Wirtschaftsgeschichte der hellenistischen Welt: Bd. 2.* Wissenschaftliche Buchgesellschaft (Erstveröffentlichung 1955).

Russel, J. C. (1983). Die Bevölkerung Europas 500–1500. In C. M. Cipolla (Hrsg.), *Europäische Wirtschaftsgeschichte: Bd. 1. Mittelalter.* Uni-Taschenbücher.

Salvadori, N., & Signorino, R. (2013). *The Malthus versus Ricardo 1815 corn laws controversy: An appraisal, MPRA paper 50534.* University Library of Munich.

Samuelson, P. A. (1966). A summing up. *The Quarterly Journal of Economics, 80,* 568–583.

Schefold, B. (1989). Schmoller als Theoretiker. In H. C. Recktenwald (Hrsg.), *Vademecum zu einem Klassiker der historischen Methode in der ökonomischen Wissenschaft.* Handelsblatt-Verlag.

Schefold, B. (Hrsg.). (1986). *Ökonomische Klassik im Umbruch.* Suhrkamp.

Schefold, B. (1994). *Wirtschaftsstile: Bd. 1. Studien zum Verhältnis von Ökonomie und Kultur.* Fischer.

Schefold, B. (1997). Grundzüge und Hauptautoren merkantilistischer Theorie. *Zeitschrift für Agrargeschichte und Agrarsoziologie, 2,* 163–180.

Schefold, B. (Hrsg.). (2004). *Beiträge Vademecum zu einem Klassiker der Theoriegeschichte: Eugen von Böhm-Bawerks „Geschichte und Kritik der Kapitalzins-Theorien".* Schäffer Poeschel.

Schefold, B. (2004). Einführung. Der dritte Band: Herkunft und Wirkung. In K. Marx (Hrsg.), *Das Kapital. Kritik der politischen Ökonomie. Dritter Band. Hamburg 1894: Bd. 15. 2004. MEGA II, 15: Karl Marx, Friedrich Engels, Gesamtausgabe. Zweite Abteilung: „Das Kapital" und Vorarbeiten.* Apparat (S. 871–910). Akademie. (Erstveröffentlichung 1894).

Schefold, B. (Hrsg.). (2004). *Wirtschaftssysteme im historischen Vergleich.* Steiner.

Schefold, B. (2009). Geschichte der Wirtschaftstheorie und Wirtschaftsgeschichte. Einleitung. *Jahrbuch für Wirtschaftsgeschichte, 50,* 9–26.

Schefold, B. (2018). Thomas von Aquin, Petrus Johannes Olivi und Antonius von Florenz. Mittelalterliche Kapitalkritik und die Weberthese. In v. T. Brechenmacher & C. Campmann (Hrsg.), *Historisches Jahrbuch: Bd. 138* (S. 92–118). Herder.

Schlicht, E. (1985). *Isolation and aggregation in economics.* Springer.

Schumpeter, J. A. (1916–17). Das Grundprinzip der Verteilungstheorie. *Archiv für Sozialwissenschaft und Sozialpolitik, 42,* 1–88.

Schumpeter, J. A. (1934). *Theorie der wirtschaftlichen Entwicklung* (9. Aufl.). Duncker & Humblot (Erstveröffentlichung 1911).

Schumpeter, J. A. (1954). *History of economic analysis* (S. 1965). Routledge.

Schumpeter, J. A. (1965). *Geschichte der ökonomischen Analyse: Bd. 2.* Vandenhoeck & Ruprecht.

Seipel, I. (1907). *Die wirtschaftsethischen Lehren der Kirchenväter.* Meyer.

Senior, N. W. (1965). *An outline of the science of political economy.* A. M. Kelly (Erstveröffentlichung 1836).

Shadwell, A. (1908). *England, Deutschland und Amerika: Eine vergleichende Studie ihrer industriellen Leistungsfähigkeit.* Carl Heymann.

Shimer, R. (2009). Symposium. *American Economic Journal: Macroeconomics, 1*(1), 280–297.

Sieferle, R. P. (1982). *Der unterirdische Wald. Energiekrise und industrielle Revolution.* Beck.

Smith, A. (1976). *An inquiry into the nature and the causes of the wealth of nations, glasgow edition.* Oxford University Press. Deutsche Ausgabe: Recktenwald, H. C. (Hrsg.). (1974). *Der Wohlstand der Nationen.* Beck (Erstveröffentlichung 1776).

Smith, A. (1977). *Theorie der ethischen Gefühle.* F. Meiner Verlag. (Erstveröffentlichung 1926).

Spahn, P. (2002). Profit und Zins bei John Stuart Mill. In E. W. Streissler (Hrsg.), *Studien zur Entwicklung der ökonomischen Theorie: Bd. XIX.* Duncker & Humblot.

Spiethoff, A. (1932). Allgemeine Volkswirtschaftslehre als geschichtliche Theorie Die Wirtschaftsstile. *Schmollers Jahrbuch, 56,* 51–84.

Sraffa, P. (1925). Sulle relazioni fra costo e quantità prodotta. *Annali di economia, 2,* 277–328. Deutsche Übersetzung: Über die Beziehung zwischen Kosten und produzierter Menge. In B. Schefold (Hrsg.). (1986). *Ökonomische Klassik im Umbruch.* Suhrkamp.

Sraffa, P. (1926). The laws of returns under competitive conditions. *The Economic Journal, 36,* 335–555. Deutsche Übersetzung: Die Ertragsgesetze unter Wettbewerbsbedingungen. In H. H. Barnikel (Hrsg.). (1968). *Wettbewerb und Monopol.* Wissenschaftliche Buchgesellschaft.

Sraffa, P. (1932a). Dr. Hayek on money and capital. *The Economic Journal, 42,* 42–53.

Sraffa, P. (1932b). A rejoinder. *The Economic Journal, 42,* 249–251.

Sraffa, P. (1951). *Introduction to the works and correspondence of David Ricardo* (Bd. I). University Press.

Sraffa, P. (1960). *Production of commodities by means of commodities,* Cambridge U.P. Deutsche Ausgabe: B. Schefold (Hrsg.). (1976), *Warenproduktion mittels Waren.* Suhrkamp.

Steuart, J. (1767). *Inquiry into the principles of political economy.* Tourneisen.

Streissler, E. W. (1995). Die Grenzproduktivitätstheorie der deutschen Protoneoklassik unter besonderer Berücksichtigung von Johann Heinrich von Thünen. In H. Rieter (Hrsg.), *Studien zur Entwicklung der ökonomischen Theorie XIV.* Duncker & Humblot.

Trevelyan, G. M. (1942). *A shortened history of England.* Longmans.

Tribe, K. (1993). Mercantilism and the economics of state formation. In L. Magnusson (Hrsg.), *Mercantilist economics: Bd. 33. Recent economic thought series.* Springer.

Tobin, J. (1970). Money and income: Post hoc ergo propter hoc. *The Quarterly Journal of Economics, 84*(2), 301–317.

Tooke, T. (1844). *An inquiry into the currency principle; The connection of the currency with prices, and the expediency of a separation of issue from banking.* Longman, Brown, Green and Longmans.

Tsoulfidis, L., & Thanasis, M. (2002). Values, prices of production and market prices: Some more evidence from the Greek economy. *Cambridge Journal of Economics, 26,* 359–369.

Vierhaus, R. (1978). Deutschland im Zeitalter des Absolutismus 1648–1763. In J. Leuschner (Hrsg.), *Deutsche Geschichte: Bd. 6.* Vandenhoeck & Ruprecht.

Volkhard, O. (2002). *Wettbewerb und Wettbewerbsbeschränkung in Politik und Wirtschaft.* Metropolis.

von Aquin, T. (1985). *Summe der Theologie: Bd. 3.* Kröner.

von Aretin, K. O. (1980). Vom Deutschen Reich zum Deutschen Bund. In J. Leuschner (Hrsg.), *Deutsche Geschichte: Bd. 7.* Vandenhoeck & Ruprecht.

von Böhm-Bawerk, E. (1961). *Kapital und Kapitalzins: Bd. 3.* Gustav Fischer Verlag (Erstveröffentlichung 1888).

von Hayek, F. A. (1928). Das intertemporale Gleichgewichtssystem der Preise und die Bewegungen des Geldwertes. *Weltwirtschaftliches Archiv, 28,* 33–76.

von Hayek, F. A. (1931). Reflections on the pure theory of money of Mr. J. M. Keynes. *Economica, 33,* 270–295.

von Hayek, F. A. (1932). Money and capital: A reply. *Economic Journal, 42,* 237–249.

von Hornigk, P. W. (1684). *Osterreich über alles, wann es nur will* (2. Aufl.). Hansebooks GmbH.

von Justi, J. H. G. (1993 [1756]). *Grundsätze der Policey-Wissenschaft in einen vernünftigen, auf den Endzweck der Policey gegründeten Zusammenhange und zum Gebrauch akademischer Vorlesungen. Göttingen, Nachdruck: Düsseldorf: Verlag Wirtschaft und Finanzen.*

von Justi, J. H. G. (1756). *Grundsatzeder Polizeywissenschaft.*

von Schmoller, G. (1904). *Die Gerechtigkeit in der Volkswirtschaft. Über einige Grundfragen der Sozialpolitik und der Volkswirtschaftslehre* (S. 213–261). Duncker & Humblot (Erstveröffentlichung 1881).

von Schmoller, G. (1883). Zur Methodologie der Staats- und Sozialwissenschaften. *Jahrbuch für Gesetzgebung, Verwaltung und Volkswirtschaft im Deutschen Reich, 7,* 975.

von Schultze-Gaevernitz, G. (1906). *Britischer Imperialismus und englischer Freihandel.* Duncker & Humblot.

von Stackelberg, H. (1934). *Marktform und Gleichgewicht.* J. Springer.

von Thünen, J. H. (1842). *Der isolierte Staat.* Gustav Fischer Verlag. (Erstveröffentlichung 1842).

Wagner-Hasel, B. (2011). *Die Arbeit des Gelehrten. Der Nationalökonom Karl Bücher (1847–1930).* Campus.

Wald, A. (1936). Über einige Gleichungssysteme der mathematischen Ökonomie. *Zeitschrift für Nationalökonomie, 7,* 637–670.

Walras, L. (1954). *Elements of pure economics.* (übers. W. von Jaffé), Homewood, Illinois. A. M. Kelly.

Wapshott, N. (2021). *Samuelson Friedman – The battle over the free market.* Norton.

Weber, M. (1991). *Wirtschaftsgeschichte: Abriss der universalen Wirtschafts- und Sozialgeschichte.* Duncker & Humblot.

Weber, M. (2006). Die sozialen Gründe des Untergangs der antiken Kultur. In: J. von Deininger (Hrsg.), *Zur Sozial- und Wirtschaftsgeschichte des Altertums. Schriften und Reden 1893 bis 1908: Bd. 6. Max Weber Gesamtausgabe.* Mohr Siebeck (Erstveröffentlichung 1891).

Whitaker, J. K. (1990). *Centenary essays on Alfred Marshall.* University Press.

White, L. (1962). *Medieval technology and social change.* Oxford University Press. Deutsche Übersetzung: (1968). Die mittelalterliche Technik und der Wandel der Gesellschaft.

Wicksell, K. (1898). *Geldzins und Güterpreise.* Fischer.

Wicksell, K. (1984). *Vorlesungen über Nationalökonomie: Bd. 1.* Scientia (Erstveröffentlichung 1913).

Wicksell, K. (1923). Realkapital och Kapitalränta. *Ekonomisk Tidskrift, 25*(5/6), 145–180.

Wieland, V. (Hrsg.). (2010). *The science and practice of monetary policy today.* Springer.

Wittfogel, K. A. (1962). *Die orientalische Despotie: Eine vergleichende Untersuchung totaler Macht.* Kiepenheuer & Witsch.

Woodford, M. (2007). The case for forecast targeting as a monetary policy strategy. *Journal of Economic Perspectives, 21*(4), 3–24.

Woodford, M. (2009). Symposium. *American Economic Journal: Macroeconomics, 1*(1), 267–279.

www.ggdc.net/maddison/. World population, GDP and Per Capita GDP, 1–2003 AD.

Xenophon. (1982). *Vorschläge zur Beschaffung von Geldeinnahmen oder über die Staatseinkünfte, eingeleitet und übersetzt von Eckart Schütrumpf.* Wissenschaftliche Buchgesellschaft.

The manufacturer's authorised representative in the EU is Springer
Nature Customer Service Centre GmbH, Europaplatz 3, 69115 Heidelberg,
Germany. If you have any concerns regarding our products, please
contact ProductSafety@springernature.com

Printed and bound by CPI Group (UK) Ltd, Croydon, CR0 4YY

24/04/2026

02096340-0009